«*El camino a casa* es una historia impresionante que, sin duda, merece la pena leer. El viaje de Radhanath Swami desde el mundo material hasta el espiritual y su impresionante misión de llegar al reino espiritual de la India resultan increíblemente inspiradores. Gracias a su determinación en la ferviente búsqueda de la verdad logró, finalmente, contemplar el alma cara a cara. Admiro a mi amigo Radhanath Swami por haber emprendido una peregrinación en la que vivió de primera mano la unión en la diversidad (una parte integral de la cultura india) y conoció a varios líderes espirituales mientras aprendía el *adhyatma vidya* (conocimiento del alma). *El camino a casa* es la historia de un buscador que se convierte en un iluminado. Ojalá su testimonio motive a muchas personas a experimentar lo mismo que él».

—B. K. S. Iyengar, autor de *yoga: wisdom & practice*

«Este libro es la mejor forma de comprender lo que significa consagrarse a alabar a Dios. La narración de Radhanath invita a la generación del *baby boom* a reflexionar sobre cómo encontramos, perdimos, mantuvimos, renunciamos y recuperamos la fe, sobre cómo nos las ingeniamos para que los años sesenta nos parecieran una época de gracia y prodigios, y estoy profundamente agradecido a Swami Radhanath por ello».

—Francis X. Clooney S. J.,

profesor de teología comparada en Harvard Divinity School

«Un viaje generacional hacia Oriente de la mano de la persona que encontró el verdadero objetivo de toda búsqueda. *El camino a casa* es uno de los retratos más íntimos y destacados de la vida y las aventuras de un *swami* norteamericano, y además, ofrece al lector la oportunidad de experimentar una transformación similar».

—DAVID FRAWLEY,
AUTOR DE *YOGA: THE GREATER TRADITION* Y *YOGA AND AYURVEDA*

«Un capítulo de lo más inspirador sobre 'nuestra historia' de peregrinación espiritual hacia Oriente. Muestra el sendero interior de iluminación de una forma fascinante y cautivadora».

—RAM DASS, AUTOR DE *BE HERE NOW*

«Qué gran alegría me produce que un santo como Radhanath Swami haya decidido compartir sus valiosos recuerdos con el mundo a través de este libro que tanto esperábamos. He tenido el privilegio de conocerlo muy bien, y no me cabe duda de que las generaciones venideras encontrarán fascinantes sus palabras y las considerarán una auténtica fuente de inspiración».

—ARVIND N. MAFATLAL, EMPRESARIO INDUSTRIAL

«Un relato delicado, completo, intuitivo e inspirador que indaga en la propia alma y la espiritualidad, que refleja el gran compromiso de Radhanath Swami para conseguir lo que se propone y que muestra cómo aprendió a depositar su confianza en Dios y en la esperanza, todo escrito con el máximo cariño y una sinceridad absoluta por parte del autor».

—YASH BIRLA, EMPRESARIO INDUSTRIAL

«Lo más destacable de este libro es su sinceridad y transparencia. Uno no deja de maravillarse con las valientes descripciones que hace Radhanath Swami de sus fracasos y sus defectos, de sus miedos e inquietudes, mientras recorre un lugar tras otro en busca de la aspiración máxima de la vida. Además, en cada capítulo nos honra con la aparición de varias personas de espíritu elevado que han influido en su pensamiento. Un libro de obligada lectura para todo aquel que persiga la espiritualidad».

—N. VAGHUL, PRESIDENTE DE ICICI BANK

«*El camino a casa* ofrece una mirada íntima e inusual hacia la iniciación y el proceso de convertirse en un *swami* a través del fuego del *bhakti* yoga y los extraordinarios paisajes sagrados de la India. Un camino que inspirará a todos».

—SHIVA REA, AUTORA DE *YOGA WAVE*

«Libros como este nos conceden la oportunidad de tener la compañía, o *satsang*, de los buscadores espirituales, santos y personas sagradas mediante la lectura del relato de sus vidas. Este hecho puede provocar una transformación de todo nuestro ser, porque nos convertimos en lo mismo que frecuentamos».

—SHARON GANNON, AUTORA DE *JIVAMURTI YOGA* Y *YOGA AND VEGANISM*

El camino a casa

AUTOBIOGRAFÍA
de un SWAMI NORTEAMERICANO

MANDALA

Una división de MandalaEarth
PO Box 3088
San Rafael, CA 94912
www.mandalaearth.com

 Encuéntrenos en www.facebook.com/MandalaEarth
 Síguenos en Twitter: @MandalaEarth

Información de catalogación de publicaciones disponible en la Biblioteca del Congreso de los Estados Unidos.

Mandala Publishing agradece a Joshua Greene, Arjuna van der Kooji y Rasikananda Das por sus contribuciones, y a Peter Simon, Lisa Nicolaus y Rasikananda Maharaja de Rishikesh por el uso de sus fotografías.

Fotografía de J. Krishnamurti cortesía de Krishnamurti Foundation Trust.

Fotografía de Tat Wala Baba cortesía de Shankar Maharaja de Rishikesh, Himalaya.

Pintura de Radha y Krishna con los *gopis* copyright © Indra Sharma.

Pintura de los santos Bhakti Rupa Goswami y Sanatana Goswami cortesía de Puskara Dasa.

Fotografía de A.C. Bhaktivedanta Swami Prabhupada cortesía de Bhaktivedanta Book Trust, Inc. www.krishna.com. Usado con permiso.

El resto de los imágenes copyright © Mandala Publishing

ISBN: 978-1-68383-876-0

Mandala Publishing, en asociación con Roots of Peace, sembrará dos arboles por cada árbol usado en la publicación de este libro. Roots of Peace es una organización humanitaria de fama internacional dedicada a la eliminación de las minas terrestres a través del mundo y a la transformación de tierras devastadas por la guerra a granjas productivas y hábitats de vida silvestre. Roots of Peace plantará dos millones de arboles de fruta y nuez en Afganistán y le proveerá a los granjeros de la región la habilidad y el apoyo necesario para mantener la tierra de forma sostenible.

Impreso en India por Thomson Press

10   9   8   7   6   5   4   3   2   1

El camino a casa

Autobiografía
de un SWAMI NORTEAMERICANO

Radhanath Swami

MANDALA

San Rafael • Los Ángeles • Londres

A todas mis guías de varias religiones, quienes me ofrecieron
su compasión y sabiduría mientras me tropezaba en mi camino hacia el hogar.

A mis padres, quienes me alimentaron con cariño y devoción.
Nunca renunciaron a su hijo rebelde.

A mi gurú, quien transformó mi vida con su amor sin condiciones.

A las almas sinceras —mis hermanos y hermanas—
que también buscan los tesoros olvidados del corazón.

tvayi me nanya-viṣaya
matir madhu-pate sakṛit
ratim udvahatad addha
gangevaugham udanvati

«Mi dulce Señor, tal como el río Ganges corre siempre hacia el mar sin obstáculo, permita que mi atención sea constantemente atraída a ti sin desviarse hacia ninguna otra cosa».

Srimad Bhagavatam 1.8.42
—Hablado por Madre Kunti

CONTENIDO

PRÓLOGO

SALÍ DE LAS AGUAS heladas del río Bagmati, procedentes del Himalaya, y contemplé dos montones de cenizas: uno de un pozo de cremación y otro de un fuego de sacrificio. Yo vestía solamente un taparrabos, y me estremecí al recibir el viento gélido. Entonces me invadió una fuerte sensación de nostalgia. ¿Qué hacía allí aterido de frío, solo, muerto de hambre y tan lejos de casa? ¿Acaso mi búsqueda sería en vano? Contemplé el cielo y vi resplandecer las estrellas a través de las ramas de una vieja higuera de Bengala. Las aves nocturnas entonaban una canción melancólica. Los fuegos sagrados ardían con intensidad por toda la orilla del río, y unos santos con cabellos enmarañados hasta las rodillas arrojaban ofrendas de hierbas aromáticas a las llamas, sacaban puñados de cenizas de entre las brasas y se las frotaban por la piel. Para completar el ritual, se levantaron y se encaminaron hacia el santuario sagrado que yo anhelaba ver.

Corría la primavera del año 1971 en el templo de Pashupatinath, (Nepal), y un reguero de peregrinos se había congregado allí aquella noche. Yo apenas había salido de la adolescencia, me hallaba a medio planeta de distancia de mi hogar en Chicago y necesitaba urgentemente el consuelo de un lugar sagrado donde poder orar por un rumbo, por un objetivo. Una hora antes me dirigí hacia la imponente entrada de un templo antiguo, repleta de tallas de leones míticos, serpientes, dioses y diosas. Subí por los escalones de piedra, emocionado por la expectación, hasta que de repente un guardia me clavó su garrote en el pecho. Caí de rodillas al suelo, sin aliento. Dos agentes de policía me flanquearon, el guardián me bloqueó la entrada y gritó: «¡Fuera de aquí, extranjero!». Su jefe, vestido con un turbante y atuendo militar, avanzó hacia mí hecho una furia y dio fuertes golpes con su vara a un cartel que rezaba: «Prohibido el acceso a los extranjeros».

«¡Fuera de aquí!», rugió. «Si intentas entrar de nuevo, te darán una golpiza y te meterán en prisión. Por no hablar de lo que hará contigo la muchedumbre furiosa». Ordenó a los agentes que se mantuvieran alerta.

Anduve desanimado por la orilla del río. Mi ardua búsqueda de sentido espiritual me había llevado hasta aquel lugar tan remoto, no podía abandonar sin más.

Mientras contemplaba a los santos, se me ocurrió una idea. Me arrodillé junto a un pozo en el que el fuego de sacrificio se había reducido a brasas y metí las manos en las cenizas cálidas y finas, al tiempo que retiraba los trozos de carbón reluciente. Sin dejar de temblar, me embadurné el cuerpo escuchimizado al completo, desde el cabello hasta los pies descalzos y llenos de callos.

Los guardias seguían allí y hacían la ronda con sus porras, pero no me reconocieron y me dejaron pasar. Cuando entré en el enorme patio al aire libre que rodeaba el altar antiguo, pensé: «Si me pillan aquí, me matarán». Varios miles de fieles formaban una fila desorganizada y aguardaban para ver el altar. Solo se permitía un acceso por persona. Esperé mi turno con paciencia en la fila, que avanzaba muy despacio. De repente, vi pasar al mismo jefe de policía que me detuvo antes. Tragué saliva y miré hacia otro lado, con la adrenalina al máximo. Se puso justo enfrente de mí, me escudriñó el rostro cubierto de cenizas y formuló una pregunta en la variante local de hindi. No entendí absolutamente nada. Si pronunciaba una sola palabra en inglés, estaba perdido. Al no recibir respuesta, me miró fijamente y escupió una retahíla de preguntas, esta vez en voz mucho más alta. Yo ya me veía con mis huesos en una mugrienta cárcel nepalí o algo peor, pero me mantuve impertérrito, porque sabía que el agente estaba formado para detectar cualquier indicio sospechoso. Así que me quedé allí quieto, en silencio. ¿Me habría reconocido? No tenía forma de saberlo.

Entonces se me ocurrió otra idea. Me coloqué la palma de una mano sobre los labios y meneé la otra. *Los mauni babas*, que habían hecho voto de silencio, lo expresaban así.

El jefe me aferró del brazo y me llevó a rastras. ¿Adónde me llevaba? ¿Estaba detenido? Metió un grito y, de repente, vinieron corriendo dos guardias, que me rodearon y me abrieron paso por entre los peregrinos hasta que llegamos al punto más masificado. Mis captores rugieron unas palabras con las porras en alto. ¿Me azotarían en público? ¿Me echarían a la multitud para que me despedazaran por haber mancillado su altar sagrado? No dejaban de vociferar para que la gente se dispersara, y yo estaba aterrado. Los hombres me arrastraron por entre la multitud y me plantaron justo enfrente del altar, una pagoda colorida de la que salían espirales de incienso de sándalo. Enfrente se alzaba un toro de piedra gigantesco, y en el altar había una figura de piedra de Shiva adornada con sedas que relucía por el oro y las joyas preciosas. El jefe levantó el palo y me apretó el brazo. ¿Iría a aporrearme justo delante de la imagen sagrada?

Rodeado por los guardias y con la porra alzada por encima de la cabeza, gritó unas órdenes al sacerdote, que corrió hacia el altar. Yo lo presenciaba todo muerto de miedo. El gran sacerdote apareció vestido con ropas de seda roja del santuario interior. Llevaba un llamativo círculo rojo de polvo pintado en la frente, y un colgante de oro y una guirnalda de semillas de *rudraksa* seca alrededor del cuello. Recitó el mantra «*Om Namah Shivaya*» en un tono profundo e hipnótico.

Mi captor, que iba bañado en sudor pese al viento helado, le gritó algo al sacerdote que, de nuevo, no entendí. Él lo escuchó atentamente. Asintió, cerró los ojos y se quedó en silencio. Transcurrieron unos segundos hasta que empezaron a oírse las protestas de la masa de peregrinos, que perdían la paciencia. Entonces, el gran sacerdote se enderezó, inspiró profundamente y comenzó a recitar mantras de los antiguos textos sánscritos. Me quedé sin palabras cuando me enfundó con un turbante de seda. Después me colocó un chal sobre los hombros, varias guirnaldas de jazmín y dama de noche alrededor del cuello, me ungió la frente con pasta de sándalo y me ofreció agua con sabor a azafrán para beber. Completamente perplejo, me fijé en que el policía contenía a la multitud creciente para concederme la oportunidad exclusiva de venerar al Señor y ser honrado por el templo. Después, hizo una reverencia con humildad, me pidió una bendición con las palmas unidas y se fue.

¿No me reconoció con el disfraz o sabía perfectamente quién era y decidió honrar mi determinación? Nunca lo sabré. De cualquier forma, recibí una lección de humildad. Había desafiado las leyes humanas y merecía una golpiza, pero Dios es misericordioso. De pie frente al altar, con los miembros cubiertos de cenizas, vestido con mi parco atuendo de asceta y con el pelo enmarañado y cubierto de sedas y flores, me sequé las lágrimas de los ojos, uní las palmas de las manos y oré para que se me revelara el sendero de la verdad mientras avanzaba por el camino.

Regresé a la orilla del río y me senté sobre la tierra gélida. Aquella noche había luna nueva. Las estrellas resplandecían en el cielo oscuro, la brisa flotaba con el aroma del jazmín y el ulular de un búho rompía el silencio. Miré aguas abajo, hacia la corriente, y me pregunté cuál sería la siguiente parada que me depararía el río del destino. ¿Cómo había llegado hasta una vida tan distinta a la de mi país de origen, pero, al mismo tiempo, tan cercana a mi alma?

I

El camino al Oriente

I MEJOR AMIGO DANNY y yo bajamos sigilosamente por las escaleras que crujían hacia su fresco y húmedo sótano. De repente, tuve un presentimiento: «No debería estar aquí». Me latía fuerte el corazón. En el medio del cuarto, una barra con pesas de 115 kilos descansaba en unos ganchos de acero. Mi compañero de clase presumía:

—Mi papá levanta esto todos los días.

Yo tenía siete años, era pequeño y delgado, y tenía el pelo negro, los ojos marrones y la piel morena. Al tocar las frías pesas, me sentí diminuto.

Danny se giró hacia mí.

—Richie, te voy a enseñar un gran secreto —susurró, llevándose el dedo índice a los labios—. ¿Me prometes que no se lo dirás a nadie?

Se subió a un estante, alcanzó la parte superior de una viga y bajó con una llave de latón. Luego, me llevó a un armario de madera más grande que nosotros, abrió el seguro y las puertas y señaló una pila de revistas.

—Anda —Danny sonrió—. Mira una.

Así lo hice. Estaba llena de fotos de mujeres desnudas en poses sugerentes. Mi pequeño cuerpo se congeló. Nunca había visto lo que había debajo de la ropa de una niña. Me parecía muy extraño y prohibido.

—Bueno, ¿no? —preguntó Danny.

Moví la cabeza, sin estar seguro de qué decir. Cerré la revista y la metí en el armario.

—Espera a que veas lo que está en el cajón. —Lo abrió y allí había dos pistolas y varias granadas de mano—. Mi papá siempre tiene las pistolas cargadas, y las granadas son reales. —Me dio una granada—. Toma, sostenla.

Al sostener el frío y pesado metal, temblé.

—Esto es increíble —dije entre dientes.

Tratando de esconder mi miedo, puse el arma cuidadosamente de regreso en el cajón.

—Richie, espera a que veas esto.

Danny abrió dos puertas dentro del armario que expusieron una especie de altar. Allí, una fotografía enmarcada contenía una figura cuyos ojos miraban fijamente los míos de manera inquietante. Horrorizado, me encontré cara a cara con Adolfo Hitler. Dos brazaletes bordados con cruces gamadas nazis caían ceremoniosamente a ambos lados de la foto, y debajo estaba colgada una daga con una cruz gamada brillante al relieve en el mango. Me dio un vuelco el corazón. Unas imágenes horribles aparecieron en mi mente. A menudo había escuchado a mis mayores hablar de la reciente matanza de mis parientes a manos de los nazis. No habíamos vuelto a saber nada de la familia de mi abuelo desde 1941, cuando los nazis ocuparon Lituania, nuestra tierra ancestral.

—Esto es un secreto, pero mis papás te odian —murmuró Danny.

Una ola de calor me subió por el estómago hasta la garganta.

—¿Por qué? ¿Qué hice yo?

—Porque eres judío. Dicen que mataste a Jesús.

—¿Qué? —Me quedé paralizado. Lo que estaba escuchando no tenía sentido.

—Mi papá dice que hasta Dios te odia.

Los fuertes pasos de sus padres crujían a través del techo, sobre nosotros. No sabía si debía correr, esconderme o llorar.

—¿Tú me odias, Danny?

—No, tú eres mi amigo. Como eres judío, puede ser que te odie cuando crezcas. Pero espero que no.

Se me quedó la mente en blanco.

Después de cerrar el armario, Danny me llevó arriba, a la mesa de la cocina, donde su mamá nos esperaba con dos platos de galletas de vainilla y dos vasos de leche fría. Sonrió con dureza. El alto crujido del suelo anunció la entrada del papá de Danny, un hombre fornido, de mandíbula cuadrada, un corte militar con pelo tornando a gris, ojos pequeños y penetrantes y una media sonrisa que me dio escalofríos. Me sentí completamente vulnerable en su presencia.

«¿Estarán envenenadas las galletas?», pensé. ¿Pero qué podía hacer? Me daba miedo no comer.

—Come, Richie. ¿Qué pasa? —me retó su madre.

Luché por esconder mi dolor mientras me comía las galletas. Con cada mordisco, rezaba a Dios para que me protegiera.

Pálido como un fantasma, caminé a casa. A esa edad tenía poco poder para razonar. Simplemente me sentía muy herido.

Mi mamá me recibió con una sonrisa tierna. Estaba parada en la cocina con un delantal atado a la cintura, estirando masa en nuestra mesa circular.

—Estoy preparando un *strudel* de manzana para ti, Richie. Tu favorito.

—Mamá —pregunté—. ¿Dios me odia?

—No, claro que no. Dios te ama. —Sus cejas se fruncieron mientras puso el rodillo sobre la mesa—. ¿Por qué me haces esa pregunta?

Tenía miedo de contárselo.

—No sé. Supongo que por curiosidad.

Para evitar más preguntas, subí a mi cuarto.

Creía a mi mamá. Creía que Dios me amaba. Mientras estaba en la cama, mirando al techo, luchaba por llegar a entender la contradicción entre el amor y el odio, ambos vinculados al mismo Dios.

En la inocencia de la niñez, rezaba en secreto en mis pensamientos o en un susurro. Solía rezar en la cama hasta quedarme dormido. Cuando rezaba, tenía una sensación de refugio y de que alguien me estaba escuchando. Creía que Dios me oía y que estaba conmigo. De todos modos, tenía muchas interrogantes sobre este ser divino.

—«¿Quién es este ser llamado Dios?» —me preguntaba a menudo.

¿Es una enorme nube o una sombra, casi invisible? ¿O es un amigo que escucha todas mis oraciones, tan real que casi lo puedo tocar con mis pensamientos?

Mis padres, Gerald e Idelle Slavin, no eran particularmente religiosos en el sentido estricto de la palabra. Más bien, expresaban su fe en Dios a través de su gratitud, generosidad, gentileza y dedicación a la familia. Crecieron durante la Depresión, y desde su niñez trabajaron duro para mantener a sus familias. Aunque querían lo mejor para sus hijos, se aseguraban de no consentirnos, animándonos a ser agradecidos por todo lo que tenemos y lo que se nos ha dado.

En 1955, cuando tenía cuatro años, nos mudamos de Chicago a Sherwood Forest, en Highland Park, Illinois, porque mis padres querían criarnos a mis dos hermanos y a mí en un ambiente libre de la contaminación y de los peligros de la gran ciudad. Nuestro barrio tranquilo estaba en un terreno llano, con césped y árboles abundantes. Los niños jugaban en los solares vacíos, y las silenciosas calles estaban llenas de casas casi idénticas entre sí.

—Nuestro pequeño Richie es dulce, pero muy extraño —decían mis padres a menudo—. ¿Por qué será así?

Yo tenía costumbres raras. Nadie sabía de dónde habían salido.

Hasta los ocho o nueve años, me negué a sentarme en sillas mientras comía, y prefería sentarme en el suelo, lo cual mis padres me prohibían. Como concesión, me permitían estar parado a la mesa, incluso en restaurantes. Era común que las camareras preguntaran si podían traerme una silla.

—Él no cree en las sillas —contestaba mi madre, encogiéndose de hombros.

Mientras mis padres se preocupaban mucho por su apariencia y siempre vestían bien, mi madre tenía que lavar mi ropa nueva una y otra vez hasta que se viese vieja antes de aceptar ponérmela. Cuando me compraban zapatos nuevos, los raspaba con rocas hasta que se viesen usados. Siempre que mis padres tenían un auto nuevo, pisaba fuertemente el suelo del asiento de atrás hasta que ya no lo fuese.

Tener mejores cosas que los demás me daba vergüenza. Yo idolatraba a los pobres y a los oprimidos. Una vez, mi padre llevó a la familia a comer a un club de campo local. Interrumpí todo al salir bruscamente porque no podía soportar que me sirviera un ayudante de camarero que era mi compañero de clase. Cuando el abuelo Bill me encontró en el auto sentado solo, le expliqué mis sentimientos.

—Está bien, pequeño Richie —dijo—. Hiciste lo correcto. Estoy orgulloso de ti.

El papá de mi papá, William «Bill» Slavin, dejó una marca profunda en mi vida. Su naturaleza cariñosa reflejaba la arraigada creencia en su religión. Me fascinaba observar la manera tranquila y sin pretensiones en la que trataba de armonizar sus tradiciones del Viejo Mundo con la vida en los Estados Unidos. A menudo, lo encontraba rezando en voz baja durante las comidas mientras nosotros comenzábamos a comer a su alrededor.

Cuando llegué a la edad de entrar en la escuela de hebreo, mi papá no tenía el dinero. Sin embargo, se esforzaba por darme siempre lo mejor. Cuando cumplí trece años, le pidió al rabino Lipis un *bar mitzvá* sencillo para bendecirme. El imponente rabino de pelo gris me enseñó las oraciones básicas gratis.

—Rabino, ¿me podría explicar el significado de estas oraciones? —le pregunté un día.

Sus dulces ojos marrones se llenaron de lágrimas, y me abrazó con un cariño que nunca olvidaré. En su acento yidis del Viejo Mundo, se le quebraba la voz de emoción.

—Pequeño Richie, me place tu sinceridad por entender el significado de esta ceremonia. Es algo cada vez más raro —me contestó.

—Rabino, ¿cómo debo rezar?

Se le dibujó una sonrisa amplia en su rostro cuadrado y levemente arrugado. Me sentí amparado por su cariño. Algo, creo yo, que todo niño necesita.

—En el Talmud —dijo—, un libro de leyes judías escrito por rabinos hace muchos años, se enseña que es mejor pedirle a Dios fuerza para vencer las tentaciones, las dificultades y las dudas para hacer su voluntad que pedirle que cumpla la nuestra.

El día de mi decimotercer cumpleaños, mi hermano mayor Marty me regaló el primer disco de Peter Paul y Mary, el trío de música folk de Greenwich Village. Sus canciones protestaban contra la guerra, los prejuicios y las injusticias sociales, pero las letras que hacían referencia a Dios eran las que más me estremecían el alma. Recostándome a escucharlas, cerraba los ojos, atraído como un imán por cada palabra. La primera canción del disco comenzaba: «Por la mañana temprano, al amanecer, le pedía al Señor que me ayudara a encontrar mi camino». Una y otra vez la escuchaba sin darme cuenta de que esta oración tan sencilla me guiaría durante los próximos años de mi vida.

En mi búsqueda por un significado, los músicos folk como Pete Seeger y Bob Dylan incitaron la rebelión que estallaría en mí. Sin embargo, si la música folk me dejaba embelesado por sus letras cargadas de significado, era el *blues* lo que le infundía emoción pura a mi corazón. El *blues* habla sobre el sentimiento y el anhelo, vuelca las penas de tu corazón en cada nota tocada y en cada palabra cantada, y encuentra alivio y alegría en dicha expresión. Mientras escuchaba al cantante de *blues* llorar por un amor perdido, yo lloraba también por el mío, aunque todavía no sabía quién era.

Yo era introvertido, tímido y me preocupaba por los sentimientos de los demás, pero Marty, mi hermano mayor, tenía una capacidad especial para irritar a la gente. Salvaje como un mono, lo llamaban Monk. En 1965, cuando tenía catorce años, entré en la Escuela Secundaria Deerfield, donde Monk se acababa de graduar. Al verme, algunos maestros exclamaban con desesperación:

—¡Oh, no! ¡Otro Monk no!

Desde el primer día de clases, me llamaron Pequeño Monk. El nombre se quedó, aunque olvidé su ironía hasta unos cuantos años después.

Como estudiante de primer año, me promovieron al equipo de lucha de la universidad. No puedo decir que tuviera mucho talento, pero cuando algo se me metía en la cabeza, me absorbía por completo. El entrenador y mis compañeros de equipo albergaban la gran esperanza de que, en los próximos años, fuera campeón. Al principio, me gustaba el reto. Ganaría becas si lo lograba. Sin embargo, me estaba pasando algo extraño. Había empezado a anhelar un objetivo en la vida más allá de la riqueza, el prestigio y las modas de la sociedad. ¿Cómo podía estar contento con la tierra idílica de Highland Park cuando sabía que encarcelaban a los afroamericanos como esclavos en guetos que estaban a tan solo unos kilómetros? ¿Cómo podía estar satisfecho con una medalla de lucha cuando forzaban a mis amigos mayores a afrontar los horrores de la guerra de Vietnam? Angustiado por estas preguntas, mis amigos y yo cuestionábamos la estructura misma de la vida que conocíamos.

En la búsqueda de un propósito, ardía con la pasión del movimiento por los derechos civiles de Martin Luther King Jr., y estudiaba minuciosamente las palabras de Malcolm X y los libros sobre reforma social. Junto a mis mejores amigos Bassoon y Gary, a quienes conocía desde que teníamos diez años, encontré un trabajo lavando autos después de la escuela y trabajé allí a tiempo completo durante el verano. Era difícil, pero me gustaba. Allí trabajábamos al son de la música *soul* entre hombres afroamericanos mayores de los guetos del sur de Chicago, un mundo completamente diferente a la seguridad de Highland Park. Escuchar el llanto de un cantante de *blues* o de *soul* en compañía de aquellos hombres, que habían sido maltratados por la pobreza, la discriminación racial y el alcoholismo, me conmovía el corazón. Tenía quince años y me preocupaba por preguntas sin respuesta.

Cuando un amigo cercano de solo dieciséis años murió cuando su auto resbaló en el hielo invernal y cayó a las aguas heladas del lago Michigan, empecé a preguntarme: «¿Quién soy y adónde voy?».

En búsqueda de un santuario, me mudé a nuestro sótano y forré las paredes con pósteres psicodélicos que brillaban bajo una luz negra. Unas redes colgaban del techo. El humo de incienso de jazmín flotaba como una nube. Algunas veces encendía una luz estroboscópica para aumentar la sensación onírica. En la privacidad de mi sótano, escuchaba la revolucionaria música de los sesenta. «A Day in the Life», de los Beatles, avivaba mi deseo de buscar una vida significativa más allá de lo superficial. Cuando me recostaba, cerraba los ojos y escuchaba a George Harrison cantar «Within You, Without You», lloraba con el canto de las cuerdas de su cítara por la paz interior. Una y otra vez escuchaba la conmovedora interpretación de «Old Man River» de Ray Charles mientras me sentaba inmóvil y lloraba por la difícil situación de los oprimidos. Cuando escuchaba a B.B. King, las notas de profunda tristeza que estallaban de su guitarra penetraban mi corazón, y yo me preguntaba por qué me hacían sentir tan bien las canciones tristes. Una noche, de madrugada, en medio de la confusión de cuestionarlo todo a mi alrededor, escuché a Johnny Rivers cantar «Look to Your Soul for the Answer» a través de los audífonos de mi estéreo. Respiré profundo, miré hacia arriba y exclamé:

—¡Sí, eso es!

Incitado por los tiempos, mis amigos íntimos y yo nos metimos de lleno en el espíritu de la contracultura de los sesenta. Como parte de la minoría en una escuela en la que predominaban los conservadores, los atletas y las porristas, comenzamos a dejarnos el pelo largo, a experimentar con marihuana y LSD y, en general, a rebelarnos contra los valores de la generación de nuestros padres.

Sin embargo, estaba indeciso. Odiaba decepcionar a la gente. Me moría de ganas de dejar el equipo de lucha, pero no me atrevía a decepcionar a mi entrenador y a mis compañeros. La escuela esperaba que ayudase al equipo a llegar al campeonato. El entrenador una vez comentó a todos:

—Cuando Pequeño Monk está decidido a ganar, es como un tigre hambriento que se pasea por la colchoneta. Es material de campeón. Pero parece que está distrayéndose.

Confundido, rezaba por encontrar una salida.

Un tiempo después, en un prestigioso torneo, derribé a mi contrincante en los primeros cinco segundos del partido. El público aclamaba y me animaba, pero me arrodillé como si estuviese paralizado. El hombro se me había salido de su sitio, y el hueso me había desgarrado los músculos del pecho. El dolor me punzaba todo el cuerpo. En aquel momento, con la dislocación del hombro, una pasión que ya había muerto trastornó mi vida. Temblando de agonía mientras cientos de personas en el gimnasio me miraban en estado de choque, le di las gracias a Dios en silencio. Era libre.

Sentía que, lo que no había tenido las agallas de abandonar yo mismo, lo había desechado el destino.

G ary Liss, cuya amistad se convertiría en un milagro en mi vida, era amigable, sociable y siempre aguardaba impaciente la próxima aventura. Gary era un rebelde que se encontró a sí mismo de verdad cuando descubrió la contracultura. Habíamos viajado a California juntos durante las vacaciones de verano de mi tercer año de secundaria. Nos deleitamos con la libertad que encontramos en Sunset Boulevard y en Haight-Ashbury. En estos refugios para los *hippies* conocimos a mucha gente bonita, idealistas como nosotros. En cuanto a los personajes más extravagantes que encontramos allí, evitábamos a los que parecían valorar ser destructivos, groseros y hedonistas.

En 1969, asistí a Miami Dade College, en Florida, junto a mis amigos íntimos de la secundaria: Bassoon, Steve y Gary. Yo, como muchos de mi generación, era joven, desenfrenado y ávido de aventura, pero en aquel momento me di cuenta de que algo estaba imponiéndose ante todo lo demás: un deseo de espiritualidad que ardía en mi corazón. Crecía diariamente. Alguien me regaló un libro titulado *The World's Great Religions*. Me tragué cada palabra, y quería devorar más y más. En mi posterior lectura de otros libros, descubrí una antigua técnica hindú que enseñaba la meditación silenciosa de la sílaba sagrada «Om». A través de mis viajes internos, descubrí una realidad sutil tan enriquecedora que anhelaba profundizar en ella.

Una mañana, vi un cartel en mi universidad que anunciaba una charla sobre meditación trascendental. Mike, un estadounidense con barba y pelo largo, habló sobre la ciencia de la conciencia que enseñaba Maharishi Mahesh Yogi. Estaba cautivado. Mike me invitó a Hollywood, Florida, donde podía recibir un mantra de meditación personal sin compromiso. Una vez allí, puse una flor, un pañuelo y treinta y cinco dólares en un altar en el que me susurraron al oído un mantra de una sílaba. La meditación diaria se convirtió en la parte más importante de mi vida.

La semilla de mi inclinación espiritual germinaba rápidamente, pero junto a ella crecía la mala hierba: mi aversión hacia la intolerancia y el fanatismo. En aquellos tiempos, por llevar el pelo largo en protesta hacia las normas del sistema, me convertí en un blanco fácil para aquellos que odiaban a los *hippies*, incluyendo a la policía, que solía pararme a menudo para registrarme y hostigarme. La verdad era que sentía un poco de triste realización cuando la gente me odiaba por mi pelo largo, por mi religión minoritaria o mis creencias. Sentía que era un honor ser perseguido por un ideal noble en lugar de «venderme» a la opinión popular y a las modas. Al mismo tiempo, comenzaba a entender que odiar a los que me odiaban era compartir la misma enfermedad. Anhelaba romper aquellas barreras sectarias y descubrir la esencia interna de todas las religiones, la universalidad de Dios.

Mientras estuve en la universidad, estudié Psicología y Humanidades, pero mi meditación y la música se mantuvieron como mis prioridades. Cerca de la universidad, en el pueblo de Opa Locka, había una casa llamada «el Cenicero», donde vivía el dedicado músico James Harmon. Nosotros lo conocíamos como el Oso Jimmy; era un hombre robusto, con pelo largo y barba, y un solista que tocaba la armónica en el Burning Waters Blues Band.

El Oso me quería como a un hermano menor. Un día, con una sonrisa orgullosa, me puso una de sus armónicas en la mano.

—Hermano, te voy a enseñar a tocar la armónica.

—Pero no entiendo de música —le respondí tímidamente.

—Eso no importa, hombre. Tu corazón tiene un sentimiento profundo, y de eso trata el *blues*.

Desde aquel día, mi armónica se convirtió en mi compañera inseparable de vida.

Por aquella época, me hice amigo de unos estudiantes afroamericanos, y a través de uno de ellos desarrollé una amistad especial con una mujer mayor que había sido una gran asociada del Dr. Martin Luther King Jr. Una mujer tierna pero tenaz, también había dedicado su vida a ser una líder de los derechos civiles. Como ella tenía aproximadamente cuarenta años y yo tenía dieciocho, la llamaba «mamá» y ella me llamaba «hijo». Compartimos discusiones introspectivas sobre la visión del Dr. King y su triste asesinato. Era una devota bautista, amable y cortés, pero intrépidamente decidida. Organizó una marcha por los derechos civiles en un barrio de Miami y me invitó a participar. Se le iluminó el rostro de la sorpresa cuando aparecí: un muchacho blanco en una marcha de negros en el sur. Con orgullo, me llevó de la mano a caminar con ella al frente.

Los espectadores se horrorizaron al verme allí. Los racistas blancos nos amenazaban y abucheaban mientras pasábamos. Algunos tiraban piedras y botellas mientras la policía se hacía de la vista larga. Mamá sonreía mientras más de trescientos manifestantes cantaban el himno de Sam Cooke, «A Change Is Gonna Come», y «We Shall Overcome». La marcha culminó con una concentración en el parque. Los manifestantes se sentaron en sillas plegables. Me senté al lado de mi amiga hasta que se levantó para ir al micrófono bajo una palma de coco. Denunciando las injusticias que sufrió su gente, exhortó a la audiencia a «una revuelta desprovista de violencia».

Su voz tronó con convicción.

—La violencia nos condenará a replicar los malos métodos. No debemos tener miedo, sino permanecer unidos y reivindicar nuestros derechos, no con armas ni con fuego, sino con integridad y fe en Dios Todopoderoso. Debemos hacer boicot cuando olamos la intolerancia. Frente a nuestros opresores nunca debemos atemorizarnos de la verdad. —Las lágrimas le llenaban los ojos, y su voz se alzaba mientras repetía las palabras de su mentor—. Esto es Estados Unidos, la tierra de la libertad. No nos daremos por vencidos hasta que las cadenas de la esclavitud se rompan para siempre y podamos gritar al cielo: «Libres al fin, libres al fin». El reverendo King tenía un sueño. Murió por su sueño. Nosotros moriremos por su sueño. Amén.

Los aplausos llenaron el parque. Al sentarse, me dijo algo al oído.

—¿Te gustó, hijo?

Asentí con la cabeza, mostrándole mi convicción. Después se levantó un orador, que pidió a gritos una revolución.

—¡Todas las esperanzas de una solución pacífica se terminaron cuando asesinaron al reverendo King! —gritó con la voz llena de indignación y de furia—. Hermanos y hermanas, despierten de su sueño. Debemos combatir el fuego con fuego. La libertad de esta nación se ganó gracias a la guerra, no a la paz. Debemos jurar exterminar al opresor blanco y quemar sus ciudades.

La mitad de la multitud daba alaridos de apoyo mientras otros suspiraban, avergonzados. Empapado de sudor, el hombre agitó el puño frenéticamente.

—Ellos traman dejarnos para siempre en la parte trasera de los autobuses y mantenernos prisioneros en los guetos. —El odio le ardía en los ojos mientras apuntaba hacia mí, gritando—. Miren aquí, hermanos y hermanas, vean a este insidioso hombre blanco. Hoy, en nuestra marcha, camina al frente sin vergüenza, dejándonos a nosotros los negros en la parte de atrás.

Sus seguidores clamaban con furia.

El hombre pasó a identificarme como el símbolo de todo lo que despreciaban. Continuó gritando, incitando venganza y castigo. Mi amiga saltó a defenderme, pero su protesta fue silenciada por la furia del hombre, pues ahora controlaba el micrófono y a la mayoría de la multitud.

Tomándome la mano con ternura, movió la cabeza, consternada.

—Hijo, lo siento muchísimo. Te traje al frente de la marcha y Dios lo sabe. Confiaste en mí, y ahora estás en peligro. —Me apretó la mano y suspiró—. Es mejor que te vayas cuanto antes. Y que Dios esté contigo.

Me moví sigilosamente de árbol en árbol, alejándome de la concentración. Mi amiga me miraba cuidadosamente, lista para levantarse y defenderme si era necesario. Me molestó la forma en que tanta gente que anhelaba igualdad y justicia se centraba en la desigualdad hasta el punto de la violencia. Sin embargo, con un hondo respiro de alivio mientras me iba del parque, me di cuenta de que mi admiración por el Dr. King y sus seguidores había aumentado con la experiencia del día. Sentí que permanecían fieles a sus ideales, que peleaban implacablemente por la opresión por fuera y por dentro. Mientras caminaba solo bajo el sol de Florida, me acordé de un pasaje que aclaraba la experiencia: «Si una persona no tiene un ideal por el que esté dispuesto a morir, no tiene nada verdaderamente valioso por lo que vivir». Entonces me vino a la mente: Martin Luther King, Jr. tenía un sueño por el que vivió y murió, y ese sueño cambió el mundo. ¿No tenemos ese poder dentro de todos nosotros si seguimos nuestro llamado?

Completé un año en Miami Dade. Las vacaciones de verano llegaron y me encontré solo, parado a la orilla de una autopista en el área rural de Pensilvania, haciendo dedo con mi pelo negro ondulado sobre la espalda. Era un día húmedo, y me dirigía a la ciudad de Nueva York para visitar a un amigo. A mis diecinueve años, con mi metro sesenta y ocho de altura y mis cincuenta y cuatro kilos, me sentía débil y vulnerable cada vez que hacía dedo. Pasaron tres horas hasta que un Plymouth oxidado del 59 dio un frenazo y paró. Corrí al auto y expresé mi gratitud.

—Gracias. Muchas gracias, señor.

El sudado conductor frunció el ceño y me sacó el dedo del medio por la ventana.

—Búscate un trabajo, parásito. ¡No sirves para nada! —Sacó un brazo fornido, me agarró por los pelos y acercó mi cara a la suya de un tirón. Me llegó la peste a cerveza y a tabaco como una bofetada. Escupió en el suelo y me maldijo—. Sinvergüenza. Si tuviese aquí mi escopeta, te mataría.

Viró bruscamente y se fue, haciendo chirriar las llantas.

Tosí el humo negro que había inhalado y que provenía del tubo de escape. El resentimiento aumentaba en mi pecho, pero luché por dominarlo. Buscaba una vida espiritual. En los arcenes, a veces, me sentía como un blanco para cualquiera que sufriera de ira o negatividad, pero esperaba que todas estas dificultades me ayudaran a crecer. Sabía que necesitaba aprender el valor de la paciencia, la perseverancia y la oración para vencer obstáculos.

En el verano de 1970, llevar el pelo largo no era solo una moda, sino una declaración de descontento: un agresivo desafío a los valores establecidos impulsados por el dinero, el poder y los prejuicios. Era una señal de mis creencias. Mis amigos y yo vivíamos acorde a ellas. El año anterior, en una protesta contra la guerra en la Convención Nacional Demócrata de Chicago, nos echaron gas lacrimógeno, y los policías conservadores nos hostigaban en nuestra ciudad universitaria. Todo esto simplemente porque anhelábamos una vida significativa, con ideales por los que pudiéramos vivir y morir. Aunque en mi corazón no le guardaba rencor a nadie, mi aspecto suscitaba reacciones de odio.

Finalmente, después de esperar horas, un joven amable me recogió y me llevó a su casa cerca de Gettysburg. Allí, me senté solo en un bosque a la orilla de un arroyo. El canto de la corriente rumorosa calmaba mi corazón. El agua que corría se arremolinaba tan cerca de la madera como de las piedras. El arroyo parecía saber un secreto que podía revelar los misterios de la vida. «Si tan solo siguiese mi llamado, como la corriente», pensé, «la naturaleza podría susurrarme sus secretos y guiarme a mi destino».

Unos días más tarde, después de haber llegado a Nueva York, mi amigo Hackett me llevó al Festival de Rock de la Isla Randall. Una variedad de grupos, desde Jimi Hendrix a Mountain, tomaron el escenario y tocaron desenfrenadamente. Me alejé para descansar un rato y se me acercó un joven estadounidense con la cabeza afeitada. Llevaba una túnica blanca, y me pareció que era un tipo extraño de monje. Sin explicación alguna, me dio un folleto y me pidió una donación. Le dije que no tenía dinero, y mientras hablábamos, otro hombre se acercó: un traficante que quería venderme hachís. Cuando le repetí que no podía pagar nada, los dos se pusieron a discutir y se fueron. Al monje se le olvidó llevarse su folleto y, sin pensarlo dos veces, lo metí en mi mochila.

Al otro día, en la casa de Hackett en Brooklyn, me llamó Gary pidiéndome que fuera a Cherry Hill, Nueva Jersey, a casa de nuestro amigo Frank. Cuando llegué, encontré a Gary y a Frank arrodillados sobre un mapa extendido sobre la alfombra de la sala.

—Nos vamos a Europa dentro de unos días —me dijo Gary—. Tienes que apuntarte.

No tenía nada de dinero y pensaba regresar a Chicago, pues allí tenía trabajo durante el verano. Pero Frank me aseguró que tenía suficiente dinero para los tres.

—Está bien —dije—, iré.

Lo que faltaba era explicarles mis planes a mis padres en Highland Park. Nadie en mi familia se había aventurado nunca fuera de los Estados Unidos. ¿Cómo reaccionarían mis protectores padres? Viajé a mi casa para averiguarlo.

Sentado en la mesa del comedor, redonda y de cristal, miraba fijamente la comida casera que mi mamá había preparado. Cocinaba personalmente un banquete para nosotros todas las noches. Colocados cuidadosamente en mi plato, se encontraban una lasaña, pan italiano crujiente con una cremosa salsa de ajo y corazones de alcachofa con mantequilla. El aroma de las hierbas y las especias salteadas se extendía por todo el comedor.

—Decidí irme de viaje a Europa con Gary —anuncié. Unas caras pálidas me miraban fijamente desde el otro lado de la mesa mientras echaba, nervioso, un poco más de sal y pimienta a mi comida—. Será educativo, ¿no creen?

No hubo respuesta. Miré el papel tapiz rosa alrededor de la cocina, y miré la estufa y el refrigerador Hotpoint, los dos de color rosa, el favorito de mi mamá.

—Aprenderemos muchas cosas. No se preocupen. Regresaré en septiembre para la universidad. Nos vamos dentro de tres días.

Se hizo un gran silencio. A mamá parecía que le hubiesen notificado la muerte de un ser querido.

—Richie —sollozó de repente—, ¿por qué tienes que hacer esto? ¿Cómo comerás? ¿Dónde dormirás? —Negó con la cabeza ansiosamente y suplicó con una voz tierna—: Eres solo un niño. ¿Quién te protegerá?

Mi padre suspiró.

—Hijo, ¿estás loco? El mundo es un lugar peligroso. Tú eres joven e inexperto. Te podría pasar cualquier cosa. —Exhalando profundamente, añadió—: Te lo prohibiría si pensase que escucharías, pero no lo harás.

Me miró fijamente, suplicándome en silencio que cambiase de parecer, pero lo ignoré. Sin poder apenas pronunciar palabra por la emoción, me dijo:

—Me preocuparé día y noche hasta que regreses.

—¡Qué bien! Ojalá pudiese ir —exclamó mi hermano menor, Larry. Sin embargo, al ver el tormento de nuestros padres, se puso serio—. Richie, por favor. Escribe de vez en cuando.

2

EL DÍA DE MI partida, me escurrí por el pasillo del avión, tratando de no golpear a nadie en la cabeza.

—Disculpe, señora —le dije a una mujer estadounidense de mediana edad que estaba en el asiento del pasillo—. ¿Me permitiría pasar a mi asiento de la ventanilla?

Sacudió la cabeza y frunció el ceño. Parecía que la escuchaba pensar: «Encuentre otro lugar». Sin duda, lo habría preferido, pero el avión estaba lleno y los pasajeros que esperaban detrás de mí, en el pasillo, se estaban impacientando. Con sumo cuidado, me escurrí frente a ella para llegar hasta mi asiento asignado. Me miró el cabello con el ceño fruncido por debajo de su pelo batido. Decidí prestar atención hacia fuera de la ventana.

Minutos más tarde, la miré por el rabillo del ojo y me topé con su implacable mirada. Anunciaban que habría un retraso; iba a ser un largo viaje.

El tiempo pasó, y nuevamente miré por el rabillo del ojo a ambos lados, pero esta vez, en lugar de ver a una mujer con el pelo batido en alto, vi una fascinante figura con vaqueros negros, botas negras, una camisa negra sin mangas y unos brazaletes plateados que le adornaban los delgados y blancos brazos. Su pelo largo y liso era blanco como la nieve, así como su piel. Sus ojos eran de un rosa albino, pero su pícara sonrisa me llenó de alegría. Este hombre tan poco común me resultaba familiar. Ya lo había visto antes. Efectivamente, era una estrella y leyenda de la música *rock*, uno de mis músicos favoritos: Johnny Winter.

—¿Cómo estás, hermano? Soy Johnny Winter.

—Me llaman Pequeño Monk. —Me estrechó la mano como si fuera un hermano del alma—. ¿Cómo conseguiste este asiento? —le pregunté—. Había otra persona aquí hace unos minutos.

Johnny sonrió, y con su característico acento texano, respondió:

—Viejo, lo tensa que estaba esa mujer sentada junto a ti. Vino des-

Arriba izquierda: Los padres del autor, Idelle y Jerry Slavin.
Arriba derecha: El pequeño Richie y futuro Radhanath Swami, con ocho años.
Arriba: En 1970, a los diecinueve años, el autor emprendió un viaje de autodescubrimiento.

Arriba: Catacumbas en Roma donde los monjes meditaban.

Abajo: La banda musical callejera en la que el autor tocó la armónica en Grecia junto a Gary, su amigo de la infancia (a la derecha del todo).

Página siguiente: La ilustración misteriosa y profética que el autor descubrió en Nueva Delhi.

Mohan Sharma

Arriba izquierda: El autor en 1970, cuando vivía apartado del mundo en el Himalaya.
Arriba derecha: Pashupatinath, el templo sagrado nepalí.
Abajo: La roca en el río Ganges en la que el autor se recluyó durante un mes para meditar.

SANTOS Y YOGUIS QUE INSPIRARON AL AUTOR EN SU CAMINO:
Arriba izquierda: Swami Rama, fundador del Instituto Himalayo de Yoga.
Arriba derecha: Swami Satchidananda, fundador del Instituto Integral de Yoga.
Abajo izquierda: J. Krishnamurti, escritor y filósofo de renombre.
Abajo derecha: Swami Chidananda Saraswati, sucesor de Swami Sivananda de la Misión Vida Divina.

Arriba izquierda: El yogui Maharishi Mahesh, fundador de los programas de meditación trascendental.
Arriba derecha: Anandamayee Ma, místico y gurú de renombre.
Abajo: Tat Walla Baba, un yogui himalayo que habitaba en las cuevas.

Arriba izquierda: El autor con la Madre Teresa de Calcuta.
Arriba derecha: Swami Muktananda, fundador de Siddha Yoga Path.
Abajo izquierda: S. N. Goenkaji, maestro de meditación vipassana budista.
Abajo derecha: El autor con el Dalai Lama del Tíbet.

Arriba: Dev Prayag, donde el autor conoció a Kailash Baba, que le enseñó a vivir como un ermitaño en la selva.
Abajo: Una de las cuevas del Himalaya donde vivió el autor.

potricando por el pasillo y armó un escándalo, exigiendo otro asiento. A ella no le gustan los de nuestro tipo, Pequeño Monk. Pero, ya sabes, todo bien, la aeromoza le cambió mi asiento para mantener a los de nuestro tipo juntos.

Teníamos tiempo de sobra para conversar. Compartí con él mi intensa búsqueda por la espiritualidad, y él, a su vez, me contó cándidas historias de su vida. Le comenté que recientemente había visto un fantástico espectáculo suyo en Florida, con Janis Joplin.

Su delgado cuerpo se mecía de la risa.

—Nunca hubo una mujer más desenfrenada y loca en las dos costas del Misisipi.

Dijo que Janis estaba confundida, que era lujuriosa y estaba siempre drogada, pero que era una buena chica. Él, agregó, la consideraba como una hermana, pero estaba preocupado por ella.

—La pequeña Janis está abarcando demasiado. No sé cuánto durará. —Poniéndose serio, fijó sus ojos rosados en los míos—. ¿Sabes, Pequeño Monk? El dinero y la fama pueden destruir a la gente. Ora por ella.

Mientras rugía el motor, nos deslizamos por la pista y nos elevamos hacia el cielo. Nuestros corazones parecían volar mientras hablábamos de las grandes leyendas del *blues* de Chicago y del delta del Misisipi. Johnny hablaba con entusiasmo de este tema.

—Hermano del alma, podríamos conversar sin parar. No me importaría que este avión no llegara a su destino. —De repente, se fijó en la armónica colgada de mi cinturón y exclamó—: ¡Tocas la armónica! Toquemos algo, hermano. —En menos de un instante, tenía la armónica en la mano—. Elige una canción.

—¿Conoces «Mother-In-Law Blues», de Little Junior Parker? —le pregunté.

—Perfecto, viejo, perfecto —contestó, y aprobó con su pulgar.

A nueve mil metros de altura, y para mi asombro, el famoso Johnny Winter comenzó a tocar conmigo como si fuéramos compañeros. La gente mayor nos fulminaba con la mirada, mientras que los pasajeros más jóvenes sonreían alegremente. Las jóvenes aeromozas también se balanceaban en el pasillo al ritmo del concierto gratuito. Absortos en el *blues*, Johnny y yo hacíamos caso omiso de todo.

El avión aterrizó en el aeropuerto JFK de Nueva York, y Johnny y yo caminamos hacia la terminal. En la puerta, una hermosa modelo danesa esperaba a Johnny. Los curiosos miraban maravillados. Emocionados de verme con Johnny Winter, Frank y Gary se impresionaron de mi buena suerte. Gary se mesó la barba ondulada y sonrió.

—Oye, Pequeño Monk —bromeó—, ¿no preferirías que te esperara ella en vez de nosotros?

—Esta noche —contesté, estrechándoles la mano— comienza nuestra búsqueda espiritual. Creo que me distraeré menos con ustedes.

Llegamos a Europa. En nuestra primera noche en Luxemburgo, dormimos en un campamento. Apiñados en una sola carpa, los tres nos acostamos en nuestros sacos de dormir, anticipando lo que nos depararía el día siguiente. Finalmente, los gallos anunciaron la llegada del amanecer. Salimos de un salto de la carpa al fresco aire matutino. Gary y yo nos estiramos, saboreando nuestra buena fortuna e inhalando la fragancia de la naturaleza y los árboles en flor.

De repente, se escuchó un grito.

—¡No! Maldita sea. ¡No! —Frank salió de la carpa pálido y atormentado—. Me han robado. Se llevaron todo mi dinero. —Gary y yo revolvimos todo dentro de la carpa, buscando por doquier. Frank ya se había rendido—. Ya busqué. No tiene sentido.

Gary le puso la mano en el hombro a Frank y murmuró:

—Está bien, hermano. Nosotros nos encargamos.

—Todo lo que tenemos es tuyo, Frank —lo consolé—. No necesitamos dinero. Nos tenemos los unos a los otros.

Frank bajó la cabeza, la sacudió hacia atrás y anunció que de ninguna manera saldríamos adelante con lo que quedaba. Volvería a casa inmediatamente.

—¿Vienen?

Yo tenía menos de veinte dólares. No obstante, Gary y yo nos miramos y mis ojos transmitieron en silencio mi decisión de quedarme. Él estuvo de acuerdo, y le dimos a Frank, quien solo pasó una noche en Europa, un triste adiós. Mientras Frank se subía la mochila al hombro y partía con destino a la seguridad del hogar, Gary y yo reflexionábamos sobre los misterios que nos aguardaban.

Aquel día, más tarde, encontré un arroyo y me senté a su orilla. Los altos árboles danzaban en el viento y el agua corría sin esfuerzo. Sin Frank, casi no me quedaba nada. Pero, aunque extraño, me sentía libre.

Un grupo de *hippies* holandeses nos invitaron a desayunar a Gary y a mí. Después de compartir su *muesli*, Kosmos y Chooch nos ofrecieron llevarnos a los Países Bajos. Poco después, recorrimos la campiña de Bélgica y Holanda en su camioneta Volkswagen, mirando por las ventanas abiertas los vastos campos cubiertos de cientos de miles de tulipanes rojos, amarillos, blancos, rosas y violetas, todos en filas perfectas, floreciendo bajo el sol, mientras en la casetera sonaban Donovan, los Beatles y los Rolling Stones.

Después de una parada en Abcoude, el hogar idílico de uno de nuestros nuevos amigos, llegamos a Ámsterdam, donde nos llevaron a un almacén abandonado en el que decenas de *hippies* se esparcían por el suelo fumando marihuana. Estaba poco iluminado. Las ratas correteaban por aquí y por allá. Una banda de desgreñados tocaba sobre un escenario improvisado de contrachapado oxidado sobre cartones de leche.

Con una pipa de hachís en la mano y una sonrisa salvaje, Chooch dijo abruptamente:

—Nos vemos, muchachos, tal vez en mi peregrinaje a Haight-Ashbury, la meca para los *hippies*.

Luego se despidió con la mano y desapareció en el humo.

Los siguientes días, Gary y yo aprendimos a sobrevivir con prácticamente nada de dinero. Por la mañana temprano gastábamos unos pocos centavos en una barra de pan recién salida del horno del panadero. Bajo un árbol, la partíamos en dos y disfrutábamos del pan como la subsistencia del día. Esta mitad de barra de pan seco compartida se volvería nuestra dieta diaria adonde fuera que viajáramos. En ocasiones especiales, nos las arreglábamos para conseguir un poco de queso. Usualmente dormíamos como invitados en casa de gente que conocíamos, bajo los árboles, dentro de edificios abandonados o en albergues públicos. Tratábamos de estirar el poco dinero que nos quedaba lo máximo posible.

La contracultura europea se concentraba en Ámsterdam. La plaza Dam era el centro social. Cientos de inquisidores se congregaban en lugares como Fantasio, Paradisio y Melkweg para estar con gente y escuchar música. Otro lugar popular era Cosmos, «un club nocturno espiritual». Fue allí donde una noche conocí a un estadounidense alto con parte de la cabeza afeitada, una cola de caballo y toga blanca.

—¿Quieres comida espiritual? —me preguntó.

Asentí humildemente.

—Ahueca las manos.

Vertió en ellas un cucharón de ensalada de fruta con yogur líquido. Mientras el brebaje me corría por los brazos, me quedé allí parado, perplejo.

—¿Qué hago ahora? —pregunté.

—¡Cómetelo!

Se rio y se retiró. Nunca habría imaginado que el destino nos reuniría nuevamente a miles de kilómetros, en un lugar más allá de mi imaginación.

Gary y yo nos hacíamos amigos de todo el mundo, pero, aunque placentero, me distraía. Algo que no comprendía me llamaba. Visité museos para contemplar arte religioso y fui al parque Vondel para meditar y estudiar libros espirituales. Sin embargo, lo que más me gustaba era sentarme junto al canal. Mientras la ciudad ardía en su afán de poder, riqueza y multitud de placeres, y mientras las modas y las tendencias cambiaban como las estaciones, las frescas aguas de los canales parecían en completa paz mientras fluían. Me sentaba a observar el agua durante horas, y me preguntaba hacia dónde me llevaba la corriente de mi vida.

Continuamos nuestra expedición. Usando parte del dinero que habíamos ahorrado para los pasajes de barco, hicimos dedo hasta Hoek van Holland y tomamos un enorme ferri que nos llevó a través del canal de la Mancha, hacia el Reino Unido. Una leve llovizna caía de las nubes grises. El barco se rendía al movimiento de las olas, meciéndose lentamente hacia arriba y hacia abajo. Mientras embestía y cortaba el océano picado, yo reflexionaba sobre el lugar al que nos dirigíamos. A los diecinueve años debería haber estado preparándome para una carrera, pero no tenía inclinación alguna por hacerlo. ¿Adónde me dirigía? ¿Por qué solo me enfocaba seriamente en los ideales que me poblaban la cabeza? Tenía un vago concepto de la espiritualidad, pero ninguna pista sobre mi futuro. Divisé una fila de salvavidas a un lado del ferri y oré para que llegara a mí uno de esos y me rescatara del mar de incertidumbres. «Si una persona no tiene un ideal por el que esté dispuesto a morir», recordaba, «no tiene nada con sentido por lo que vivir». Dejé mi patria con el fin de buscar ese ideal, pero yo era como una hoja que se desplazaba por el viento, no sabía hacia dónde me dirigía.

De repente, los imponentes acantilados de Dover aparecieron por detrás de una nube de neblina. El ferri atracó rápidamente en la costa y nos hicieron pasar por la inmigración británica. Los oficiales nos miraron con recelo. Gary medía 1.73 metros, y era delgado. Su pelo castaño ondulado, su barba y su llamativa cara evocaban con frecuencia comentarios de que se parecía a Jesucristo. Vestía vaqueros azules, camisa verde y zapatos de lona. Una vieja y harapienta mochila militar y un saco de dormir le colgaban del hombro. A pesar de mi larga cabellera, en mi cara de niño no crecían ni bigote ni barba. Vestía vaqueros grises a rayas, un suéter de cuello alto y un chaleco negro. Para aquellos que me conocían, este sencillo chaleco negro se volvió mi sello característico: lo usé todos los días durante más de un año. Un desteñido bolso marrón y un saco de dormir me colgaban del hombro, y unos mocasines me cubrían los pies.

Parados en la fila, éramos el blanco de desagradables miradas y comentarios de los oficiales del Gobierno. Cuando llegamos al mostrador, enseñamos humildemente nuestros pasaportes estadounidenses solo para que nos empujaran hacia un cuarto. Minutos más tarde, dos oficiales de aduana y un policía británico entraron y nos miraron de arriba abajo. El líder vestía un traje gris y una corbata marrón.

—Regístrenlo y busquen droga —ordenó.

Un oficial vertió el contenido de mi bolso sobre la mesa y no encontró nada más que una camisa verde, un par de calzoncillos, un cepillo de dientes, un cepillo del pelo, una barra de jabón, la Biblia y un pequeño panfleto de la isla de Randall.

—¿Esto es todo lo que tiene? —preguntó el hombre con una mueca.

—Eso es todo, señor, aparte de esto —respondí tímidamente. Le mostré mi armónica.

A Gary también lo registraron. Luego vino la pregunta clave.

—¿Cuánto dinero llevan encima?

Cuando les mostramos nuestros humildes fondos, su enojo se tornó en ira. La cara del líder se puso roja.

—No necesitamos animales como ustedes en nuestro país —declaró con ira—. Les cortaremos el maldito pelo y los arrojaremos a la cárcel. —Se dirigió a un policía y le ordenó—: Ve por las tijeras y córtales el pelo a ras.

Luego nos quitaron toda la ropa e inspeccionaron cada centímetro de nuestras pertenencias. Después comenzaron un largo interrogatorio que nos fundió la mente. Finalmente, abandonaron el cuarto con las palabras: «Están en un grave problema».

Desbordados de ansiedad, Gary y yo no podíamos decir ni una palabra. Pasamos una hora aislados, esperando con ansia saber algo de nuestro destino. Al final, dos policías abrieron las puertas de par en par, nos tomaron de los brazos y nos llevaron por un corredor. Al llegar a la aduana, nos empujaron por la puerta. Con las palabras: «¡Un movimiento en falso y terminan en la cárcel!», nos sellaron los pasaportes y nos dejaron libres.

Aún temblando, salimos a la calle. Agradecidos por la belleza de la campiña inglesa, hicimos dedo. Un auto se detuvo y nos subimos a él. Una joven muchacha y su novio nos sonrieron, y su terrier escocés se subió en nuestro regazo.

—¿Adónde van? —preguntó la muchacha.

—No estamos seguros —contestó Gary.

El muchacho bebía de una botella de cerveza, y dijo:

—Nos dirigimos hacia un festival de *rock* en la isla de Wight. Será divertido. ¿Por qué no vienen, chicos?

Gary y yo sonreímos en acuerdo y partimos con el terrier lamiéndonos la cara. Cruzamos la isla por ferri, y nos lanzamos rápidamente a la multitud de la contracultura. El enorme encuentro tuvo lugar entre colinas y valles verdes. En las vallas, la policía con perros luchaba agresivamente contra los peregrinos sin boleto mientras las bandas tocaban. Pasaron tres días y tres noches de un espectáculo sensacional y animado. El humo de la marihuana invadía el aire, y la gente distribuía ácido por doquier. Hombres y mujeres se deslizaban juntos por el barro de las colinas, y más cuerpos semidesnudos se contorsionaban al ritmo de la música.

Una noche, mientras caían del cielo torrentes de lluvia, Gary y yo estábamos a una distancia cercana al escenario donde Jimi Hendrix había ido a tocar. Jimi vestía un traje anaranjado con mangas onduladas, pero parecía apagado. Lejos quedaba el espectáculo de guitarra que había visto anteriormente. Aquella noche era un músico serio.

Tocó su desenfrenada y electrificante versión del himno nacional estadounidense. Allí estaba uno de los íconos de mi generación, un profeta de la contracultura, proclamando un mensaje de libertad con el fin de expresarse individualmente sin tabús: la rebelión contra lo establecido.

En mi mente, este mensaje significaba seguir los dictados de mi corazón pese a la opinión popular.

La música sonaba como un relámpago y parecía estremecer las colinas, batir el océano y dispersar las nubes. Pero el silencioso llamado dentro de mí, uno al que aún no podía darle un nombre, parecía sonar más fuerte.

Después del concierto, una camioneta llena de alborotados viajeros que se dirigían hacia Londres nos recogió a Gary y a mí. Buscando refugio, metí la mano en mi bolso y tomé el panfleto que el extraño monje de la isla de Randall me había dado. En la parte de atrás había una fotografía de un hombre sentado bajo un árbol. Sus grandes y rasgados ojos parecían brillar de éxtasis. Aunque era muy anciano, su expresión brillaba con la inocencia de un niño. Vestía un suéter de cuello alto, y su sonrisa irradiaba paz. No sabía quién era, ni siquiera de dónde venía, pero me impactó. «Si alguien en esta creación goza de bienaventuranza espiritual», pensé, «es esta persona».

Poco tiempo después, nos quedamos en un apartamento pequeño en un suburbio de Londres, con unos hermanos que conocimos en la isla de Wight. Uno de ellos leía el periódico. Su cara empalideció mientras alzaba la mirada, y soltó una exclamación.

—¿Qué pasó? —le preguntamos.

—Tengo muy malas noticias para ustedes, chicos. Jimi Hendrix murió.

—¡No! ¿Qué sucedió? —le pregunté.

—El periódico de Londres dice que anoche sufrió una sobredosis de somníferos y que se ahogó en su propio vómito.

Gary hundió la cara entre las manos. Yo sentí como si me hubiesen cortado la respiración.

«¿Qué debo aprender de todo esto?», me pregunté. Hendrix tenía lo que todo el mundo deseaba, y a una edad muy temprana: fortuna, fama y un talento sorprendente. Este ídolo de nuestra generación se había convertido en una víctima de sus propios excesos. Miles de personas proclamaban «sexo, droga y *rock & roll*» como la manera progresista de vivir. La libertad era el valor máximo, ¿pero eran realmente libres? Pensé en toda la gente maravillosa a la que había conocido como parte de la contracultura, pero también en aquellos que simplemente parecían ser salvajes y estar amargados. Pensé en cómo la gratitud era el valor más importante que mis padres nos habían enseñado a mis hermanos y a mí. ¿Realmente quería formar yo parte de esto? Sin duda, no encajaba en la generación de mis padres. ¿Dónde entonces? «Por favor, Dios, muéstramelo». Con aquellos pensamientos, recé una oración por Jimi.

Ya me empezaba a sentir desilusionado con el movimiento por el que había rechazado normas sociales y familiares. En su día, soñé que la contracultura crearía un mundo iluminado, pero ahora sentía que los elementos más destructivos del movimiento, como «la rebelión por la rebelión» y «por el placer personal», habían ganado. Con la trágica y absurda muerte de Jimi Hendrix, mi sueño aún no había muerto. Todavía, al igual que un hombre al borde de la muerte lucha por una última oportunidad para sobrevivir, me encontraba a punto de lanzarme como nunca a los excesos de mi generación.

En Londres, Gary y yo exploramos Picadilly Circus entre consumidores de ácido, marihuana y buscadores de paz, todos vestidos con vestimentas estrafalarias. Los *hippies* fumaban, los traficantes y las prostitutas ofrecían sus servicios, la policía registraba, los racistas blancos gruñían y los turistas tomaban fotos de la extraña escena.

En la calle Lambeth, al otro lado del río del Parlamento británico, conocimos a un sacerdote católico que simpatizaba con los jóvenes viajeros. Todas las noches, a las nueve, abría el sótano de piedra de su iglesia para que los jóvenes durmieran gratis. Debíamos irnos a las nueve de la mañana, y solo se nos proveía con el frío y duro suelo, pero aun así era un lugar donde quedarse, y los viajeros traían sus propios sacos de dormir. Tenía que maniobrar por la sala repleta de cuerpos sin asear y con el aire cargado del olor a hachís para tratar de encontrar un lugar donde dormir. Cuando apagaban las luces, se volvía muy oscuro. En breve escuchaba los sonidos de las parejas haciendo el amor, gimiendo y dando vueltas por el suelo. A veces veía a gente que encendía velitas en los rincones de la habitación, se ataba una cinta en torno al brazo y se inyectaba heroína a la luz de las velas.

Afectado por el ambiente, fumé más hachís y marihuana que nunca, y en la superficie empecé a encajar más con la gente. Sin embargo, mientras aquellos a mi alrededor socializaban, yo me volvía más introvertido. A veces me preguntaba por qué me molestaba aquella complacencia. A menudo, después de que Gary se iba a buscar un lugar donde dormir, me sentaba, a veces durante horas, en la ribera del río Támesis. La inmensa manta de agua que fluía tenía un efecto magnético en mi mente, y me hacía cuestionar la vida que estaba llevando. Miraba las agujas del Big Ben marcar las horas y me preguntaba si simplemente estaba perdiendo el tiempo.

Otra parte de mí sentía la desesperada necesidad de ponerme a prueba, de comprobar, de una vez por todas, que podía librarme de la timidez y simplemente dedicarme a disfrutar de la vida al máximo. A mis diecinueve años, nunca había tenido novia. Dada mi timidez, siempre me sentía más cómodo escuchando música en mi cuarto o con mis amigos que en una cita. Recibí muchas propuestas que rechacé, temiendo perder mi libertad o, aún peor, romperle el corazón a una linda chica. Sin embargo, ahora, a mi alrededor, otros chicos se vanagloriaban de sus conquistas sexuales. Me daba rabia ser diferente. Conocí a unas chicas que trataban de formar parte de la escena y flirteé más seriamente que nunca. Aun así, mis esfuerzos resultaban en vano.

Una fuerza dentro de mí me alejaba de todo eso. Luchando contra esa fuerza interna, estaba determinado a ser victorioso, a experimentar de primera mano los ilimitados placeres glorificados por la sociedad. ¿Era el Señor dentro de mi corazón contra quien luchaba? «Sí», deduje en silencio, «y estoy ganando la batalla». Sin embargo, de madrugada, cuando volvía al río y observaba la corriente, me sentía avergonzado. Iba ganando, pero me sentía perdido.

Una noche, cerré los ojos y me senté a disfrutar del silencio de la meditación en medio de un mar de palomas en la plaza de Trafalgar. Rodeado de niños que gritaban, turistas que conversaban y las bocinas del tráfico nocturno, sentí que estaba conectado a un universo dentro de mí más sustancial que cualquier otra cosa que me rodeara. Inhalando profundamente, sonreí. Mi concepto del cuerpo parecía evaporarse, y sentí que mi mente se fundía en un océano de paz. En comparación, mis esfuerzos por obtener placer sensual o por superar mi introversión natural parecían irrelevantes. Al abrir los ojos, visualicé el centro de Londres, que se transformaba en una hermosa familia de leones de mármol, con lord Nelson en su columna y todas las palomas, los turistas, los hombres de negocios, los consumidores y los indigentes. Crucé la calle y me sirvieron una taza de sopa de cebada y una rodaja de pan patrocinadas por la caridad de una iglesia, que disfruté junto a los indigentes. Luego, con sincera reverencia, entré en la iglesia San Martín de los Campos, donde me senté en un banco de madera y me sumí en la lectura de la santa Biblia. En aquel momento, un pasaje en particular me impactó. El Señor Jesucristo instruía a sus seguidores: «Salid de entre ellos y apartaos». Lo sopesé.

¿Por qué desperdiciar mi vida tratando de encajar en las modas sociales de mis pares? ¿Por qué no tratar de vivir en mis propios términos? ¿Y ojalá, algún día, sea en los términos de Dios?

Viajando en ferri por el canal de la Mancha, Gary y yo desembarcamos en Calais, Francia. Era un día soleado, con pájaros que trinaban en árboles delicadamente formados. El fino césped se rendía a la suave brisa en exuberantes pastos. Disfrutamos de nuestra libertad. Ahora podíamos ir adonde quisiéramos.

—Oye, Monk, ¿y ahora adónde? Tus deseos son órdenes para mí. —Los ojos verdes de Gary tenían el brillo de la aventura mientras permanecíamos parados a un lado del camino rural en Francia occidental —. El mundo está a tus pies. —Del bolsillo trasero de sus vaqueros, sacó un mapa de Europa casi destrozado y señaló varios lugares—. Marruecos, España, París, Roma, Suiza, Alemania. ¿Dónde?

—¿Adónde te gustaría ir a ti, Gary?

—¡A todos lados! ¿Pero en qué orden? Esa es la cuestión. —Pensando por un momento en los ríos que solía estudiar, alcé los brazos al cielo—. Debemos rendir nuestro destino a la voluntad de Dios.

Gary rio, tiró su mochila y se sentó sobre ella. Imitando mi gesto, respondió:

—¿Qué significa eso?

—¿Qué te gustaría que significara?

Gary juntó las manos en oración de forma burlona.

—Te pasas los días estudiando las escrituras y meditando mientras yo vago por ahí. —Una vez más, alzando los brazos al cielo, dijo—: Decide tú cómo debemos rendir nuestros destinos a la voluntad de Dios.

Arranqué una flor silvestre amarilla del suelo y respondí:

—Así.

—¿Quieres que nos sentemos aquí para siempre, como esa flor?

—Mira, Gary. De una pequeña semilla plantada en la tierra, esta flor ha crecido para ser lo que es: un hermoso capullo que disfruta bajo el sol. ¿Cómo? Por rendir su destino a la voluntad de Dios.

—Ganaste, hermano. ¿Pero cómo se traduce tu florida poesía a la lengua de alguien que hace dedo?

Olí la flor y se me ocurrió una idea.

—Cuando un auto se detenga por nosotros, ¿cuáles son las primeras palabras que preguntarán? Tú haz el papel del conductor y yo seré nosotros.

Gary se encogió de hombros.

—Hola, ¿adónde van?

—¿Adónde van *ustedes*?

—A Casablanca —dijo, fingiendo conducir un auto.

Aplaudí.

—Perfecto, allí es exactamente adonde iremos. —Le di una flor y le pregunté—: ¿Qué te parece, Gary? Cada vez que estemos a un lado del camino, nuestro destino será un misterio revelado por la próxima persona que nos lleve.

Gary se levantó, me dio una palmadita en la espalda y exclamó:

—¡Eso es! Iremos a donde vaya el que nos lleve.

Lanzó la flor al viento.

Días más tarde, después de pasar por pueblos y aldeas, nos encontramos a las afueras de París. Mientras nos acercábamos a la ciudad, ardíamos en deseos de llegar. El Louvre, la torre Eiffel, magníficos monumentos, palacios y cafés solo se encontraban a unas pocas millas de nosotros. Sin embargo, el destino nos deparaba otro plan. La primera persona que paró nos llevó a Ginebra, Suiza, donde, a la brevedad, estábamos meditando a las orillas de un plácido lago en forma de media luna.

Nos alojamos en un albergue juvenil, y compartimos dormitorio con otras veinticinco personas. Uno de nuestros compañeros de cuarto, Jim, había sido dado de baja del Ejército de EE. UU. hacía poco. Jim sentía fascinación hacia los libros de misticismo oriental, y nos pasamos horas hablando. Era delgado, fuerte y aventurero después de haber servido en el Ejército durante muchos años.

Un día, por curiosidad, Jim preguntó:

—Monk, con la guerra de Vietnam en su punto álgido, ¿cómo es que no te reclutaron?

Le conté cómo la junta de reclutamiento había escrito mal, por error, mi fecha de nacimiento en mi expediente. Más tarde, cuando tuvo lugar el sorteo de reclutas y mientras la nación contemplaba en ascuas, sacaron una fecha de nacimiento tras otra. A los primeros que salieron por sorteo se los reclutó de inmediato. Mi fecha de nacimiento real salió la primera, pero la equivocada no la sacaron hasta el final, y los que salieron más adelante en el sorteo nunca fueron reclutados.

Jim miró al cielo, se frotó el mentón, sacudió la cabeza y se paró a pensar unos minutos. Luego observó:

—Tal vez no fuera error de la junta de reclutamiento. Tal vez Dios tenga otros planes para ti.

Jim nos invitó a Gary y a mí a ir con él a Italia de camino a Marruecos, y aceptamos. Cerca de Génova, la ciudad de Cristóbal Colón, nos subimos a su Volkswagen Escarabajo con todo el dinero que él había acumulado durante su tiempo en el Ejército, incluyendo productos electrónicos que planeaba vender en los Estados Unidos. Las cadenas montañosas cedieron paso al mar Mediterráneo, la luz del sol de la tarde jugaba sobre las aguas azules, y nos tomamos una pausa para nadar. Al volver al Escarabajo, para el horror de Jim, todo lo que había dentro había desaparecido.

Fuimos a la estación de policía para poner la denuncia, y allí las cosas empeoraron. Para nuestro asombro, la policía, gritando y señalándonos en la cara, nos arrojó a una celda. Mientras la pesada puerta de acero se cerraba, un escalofrío me recorrió la espalda.

El jefe se acercó.

—Tienen dos opciones —gritó—, quedarse en la cárcel o salir de la ciudad y no volver nunca más.

Sin dudarlo, escogimos la segunda. En la oscuridad de la noche, un patrullero con luces rojas que brillaban sobre la capota nos escoltó hasta las afueras de la ciudad. Aquel fue nuestro primer día en Italia.

Condujimos toda la noche y llegamos hasta la oficina de telégrafos. Jim contactó con sus camaradas en Alemania, quienes le enviaron dinero para la gasolina para volver a la base militar. Una vez más, Gary y yo estábamos por nuestra cuenta. Nos quedamos parados a un lado del camino, preguntándonos que iría a suceder.

—Oye, Monk, ¿crees que tenemos mala suerte? Primero Frank, y ahora Jim.

Quien sea que nos quiera ayudar, pierde todo.

—No sé, Gary. Tal vez haya una razón para todo esto.

Gary miró hacia atrás por el camino por el que habíamos venido.

—¿Realmente crees que existe una razón para todo?

—Sí, creo que debe haber un hermoso plan detrás de todo.

Gary asintió con la cabeza.

—Yo también lo creo.

Después, hicimos dedo y esperamos a ver qué había planeado el destino para nosotros.

3

ERIGIDA COMO UNA MAGNÍFICA joya, la catedral de Santa María del Fiore se encuentra en el corazón de Florencia. Se terminó de edificar en 1367, y su enorme cúpula y sus históricas esculturas atraen a innumerables turistas. Mientras la bulliciosa muchedumbre tomaba fotos fuera, en las escalinatas, yo estaba sentado solo en los bancos del santuario interior. Había visitado iglesias por toda Europa, y siempre me sentía en ellas como en casa. Ahora, frente al sagrado altar, rezaba para obtener dirección espiritual. Una multitud de feligreses se arrodillaban para orar también. Tanto los aristócratas como los campesinos caían de rodillas para suplicar al Todopoderoso. Me pregunto por qué estarían rezando. ¿Le pedirían al Señor éxito para sus esfuerzos o alivio para sus desgracias? ¿Le pedirían dinero, fama o venganza? O quizás le rogaban amor incondicional. Por mi parte, me preguntaba sobre mis propios motivos para viajar. ¿Descuidaba mi responsabilidad con la sociedad al no buscar trabajo? ¿Trataba de librarme de ello a causa de mis debilidades internas?

Buscaba en mi corazón. Al principio de mi viaje, esperaba romper el hielo, ir más allá de mis inhibiciones y experimentar las alegrías que prometía el mundo, pensando que aquello me acercaría más a Dios. Pero ahora sentía que las distracciones del viaje me alejaban de mi preciada meta. Mi corazón añoraba una experiencia espiritual. Mirando hacia arriba, a la cúpula, junté las manos y recé en silencio. «No sé quién eres realmente, pero sí creo que escuchas mis oraciones. Extraño tu presencia».

Sintiéndome pequeñito, miré hacia arriba, hacia los enormes arcos de piedra y las dominantes paredes. El sol brillaba a través de los vitrales, iluminando la masiva cúpula octagonal y arrojando un velo de luz tenue sobre los santos de mármol. Acariciado por el sol y rodeado de velas, el altar sagrado resplandecía. Allí había una figura de bronce casi a tamaño real del Señor Jesús, colgada de un crucifijo de madera. Esto era un símbolo de que el verdadero amor y la compasión traen consigo la buena voluntad de soportar sufrimientos por aquellos que amamos. Arriba, en la cúpula, una enorme pintura representaba las miserias del infierno y las glorias del cielo, y la coronaba un Señor resucitado rodeado de ángeles. Mientras miraba hacia el sagrado crucifijo, escuché en mi corazón un pasaje que había memorizado de las palabras de Jesús: «Buscad primero su reino y todas esas cosas se os darán por añadidura... porque donde esté tu tesoro, allí estará también tu corazón».

Un escalofrío me recorrió la espina dorsal, haciéndome sentir un cosquilleo; las extremidades se me estremecieron, las mejillas me temblaron y sentí la cabeza hueca y liviana. Invadido tanto por la vergüenza como por la pena, me sentí de repente perdido y solo, como un huérfano. Me imaginaba a los peregrinos que me rodeaban inmóviles, como las estatuas que estaban detrás de ellos y que ahora brillaban y parecían respirar.

Luego, otro pasaje bíblico resonó en mi mente: «Bienaventurados los pobres de espíritu, porque de ellos es el reino de los cielos. Bienaventurados los mansos, porque ellos poseerán en herencia la tierra». Con estas palabras, sentí una lluvia de perdón que parecía bañarme con una nueva vida. Un órgano rompió el silencio y llenó el santuario con un cántico que me elevó el corazón por encima de la punta de la cúpula. Sintiéndome solo y desnudo frente a la presencia del Señor, lloré. Me sentía muy libre. La lucha interna que libré en Londres se había acabado. En aquella confluencia de indecisión, escogí de una vez por todas el río que fluía hacia mis aspiraciones espirituales. Sabía que nunca volvería atrás.

Aquella noche vagué solo por un bosque y me senté en las ruinas de un antiguo muro divisor. Allí, a la luz de la luna, toqué la armónica. Compartía mis sentimientos más profundos con el instrumento. Como un amigo querido, escuchaba pacientemente y respondía con una canción que transportaba mi mente a un lugar profundo en busca de consuelo y sabiduría. Mis alegrías, penas y ansiedades se expresaban libremente mientras tocaba *blues*. Lloraba en voz alta por mi amor perdido: Dios.

Las horas pasaban mientras tocaba y tocaba. De repente, me asustó la figura de una joven bajo la luz de la luna. Tímidamente, se acercó.

—Me llamo Irene —dijo, y explicó que llevaba horas escuchándome—. Tu música me conmueve. ¿Puedo sentarme a tu lado para escucharte tocar?

—Si quieres... —contesté.

Tímidamente, toqué un rato más, pero no era lo mismo. Luego, en mi timidez, la miré. Irene era todo lo bella que podía ser una mujer, cada uno de sus gestos expresaban modestia y gracia.

Se apartó nerviosamente el largo pelo castaño de su delicada cara y dijo con mucha dulzura:

—Vengo de un pueblo de Suiza. Estoy de vacaciones, busco amigos espirituales. —Se le llenaron los ojos color miel de lágrimas. Habló de su desilusión con la gente que había conocido, que solo buscaban placeres egoístas. Me confesó que deseaba estar cerca de Dios.

—Por tu canción, creo que tú también te hallas inmerso en una búsqueda espiritual. Por favor, dímelo.

Hablamos de nuestras vidas y nuestros deseos durante varias horas. Resultaba alarmante cuánto teníamos en común. Las lágrimas hacían brillar sus suaves mejillas. Inhaló profundamente, lo cual acentuó su encantadora figura.

—Llevo tiempo rezando por un compañero. Por favor, llévame contigo adonde quiera que vayas. La escuché sobrecogido mientras me proponía, de manera sincera, que compartiéramos amor mientras buscábamos la iluminación. Concluyó con una mirada tierna.

—Por favor, considera mi petición.

Le dije que lo haría.

Pasamos el siguiente día juntos, visitando museos, paseando por parques e intercambiando nuestros pensamientos. Ella no era como otras mujeres a las que había conocido. Estaba embelesado. Por la noche, mientras compartía pan con Gary en un cerro cubierto de hierba, otra mujer, una desconocida, subió hasta donde estábamos comiendo, me miró a los ojos y me puso una carta en la mano. Mientras se retiraba sola al bosque, vi que la carta era de Irene. Escribió que, a menos que aceptase su petición, sería muy doloroso para ella volverme a ver.

—Si no sé nada de ti —escribió—, lo entenderé.

Pasé aquella noche caminando solo por el bosque. ¿Era esta una tentación para desviarme de mi camino espiritual o era la única oportunidad de compartir mi vida con un dulce y bello ángel? Pensé en lo extraño que era todo. Horas antes de conocerla, en la catedral, había tenido la experiencia espiritual más profunda de mi vida, y me había comprometido con el Señor ante el altar. Si Irene hubiese llegado un día antes, ¿cómo podría haberme resistido a ella? Era todo lo que habría querido en una mujer, y sentía un profundo afecto y atracción por ella. Me la podía imaginar como mi compañera de vida ideal. No la conocía bien, pero sabía que decirle que no le rompería el corazón, y en consecuencia el mío.

Una vez más, me encontraba en una coyuntura. Había dos arroyos que me podían llevar a la iluminación: uno que me ofrecía el placer de una bella compañera y otro que me llevaría solo, en el que ofrecería toda mi energía a lo divino. Aquella noche, caminé y caminé en contemplación y oración. ¿Realmente podría dejar pasar tal oportunidad de amor terrenal? Miré fijamente el cielo lleno de estrellas y pensé en los santos católicos, en los lamas tibetanos y en los yoguis de la India, que escogieron vivir vidas de renuncia por seguir su pasión hacia la iluminación. Abandonaron los placeres de la vida para contestar el llamado a la dedicación exclusiva. Deseaba seguir sus pasos. Sabía que sería difícil, pero con la ayuda de Dios, decidí intentarlo. Al menos de momento.

A la luz de la luna, una lágrima cayó en mi libreta de direcciones mientras tachaba el nombre de Irene. Nunca le hablé a Gary sobre ella. Jamás lo sabría a menos que pudiese traducir la melodía de mi armónica.

Aunque el verano estaba a punto de terminar y se acercaba la fecha de regresar a la universidad, a la familia y a los amigos en casa, Gary y yo reconocíamos que no podíamos regresar. Nuestra búsqueda de la iluminación apenas había comenzado.

Unos cuantos días más tarde nos encontrábamos en Roma. Justo detrás del albergue había un cerro cubierto por bosque en el cual Gary y yo dormíamos bajo la noche estrellada.

La mayor parte del día me alejaba de mi amigo en busca de soledad. Un día, me topé con un antiguo monasterio y entré en su pequeña capilla. Mientras me arrodillaba y rezaba, un monje de mayor edad me tocó en la espalda.

—¿Puedo ayudarlo? —preguntó.

Su pelo blanco estaba parcialmente afeitado por la parte de arriba de la cabeza. Era alto y llevaba una túnica marrón limpia pero hecha jirones que le caía de una pieza desde los hombros hasta los pies. Llevaba una soga atada a la cintura, así como sandalias de cuero que le cubrían los pies.

Su apariencia inspiraba reverencia. Hablando suavemente, le dije:

—Por favor, su Santidad, si piensa que soy digno, hábleme de su camino espiritual.

Se sentó a mi lado en el banco y sonrió con gran serenidad.

—Me crie en una familia aristocrática —comenzó a hablar con una voz suave y profunda—. De joven, tenía mucho dinero y me influían terriblemente mis pares. Para ganar aceptación, cometía muchos pecados, y encontraba placer en la ropa elegante, el vino y las mujeres. —Se calló unos instantes, con la voz cargada de arrepentimiento—. Mientras estudiaba en la universidad, mi familia entera murió trágicamente en el naufragio de un barco mientras estaban de vacaciones. Afligido, pensé en la futilidad de mi vida avariciosa. Aquello me hizo emprender una búsqueda de entendimiento que me llevó a conocer a un monje de la orden de los franciscanos. Bajo su tutela, estudié las Sagradas Escrituras. —Las lágrimas se le acumulaban en los ojos mientras alzaba las manos hacia el altar—. Encontré la salvación por mis pecados y la fuente de la vida eterna en la vida y en las enseñanzas de Jesucristo. La devoción de san Francisco me inspiró y tomé los votos monásticos. Eso fue hace casi cincuenta años.

Incliné la cabeza levemente.

—Muchísimas gracias. ¿Le puedo hacer una pregunta que me ronda la cabeza?

Una ceremonia iba a empezar en la capilla, y la concurrencia de gente comenzaba a causar alboroto. Me miró fijamente con sus dulces ojos azules. Las profundas arrugas de su cara reflejaban los estragos de una rigurosa vida de renuncia. Sin embargo, su sonrisa prácticamente desdentada irradiaba una sutil felicidad que era el misterio de su vida.

—El servicio va a comenzar pronto. Por favor, sígame.

Me llevó por un pasillo estrecho y bajamos por unas escaleras de piedra hasta sumirnos en la completa oscuridad. Encendió un farol y avanzamos por un túnel de aproximadamente un metro de ancho. Las paredes eran de piedra antigua, el techo era bajo y el olor, húmedo y mohoso. Un murciélago chilló al pasar frente a mi cara. En la oscuridad, el monje murmuró:

—Lo estoy llevando a un lugar donde me encanta rezar.

Sus palabras resonaban, como nuestros pasos. Entramos en un cuarto aislado. La llama del farol iluminaba tenuemente la celda de dos metros y medio cuadrados, que solo tenía un crucifijo de madera en la pared y un banco, también de madera. Sonriendo, me preguntó:

—¿Es esto lo suficientemente silencioso para usted?

Me sentía bendecido por estar allí, y se lo dije. Nos sentamos en el banco y el monje puso el farol entre nosotros. Entonces, le revelé algo que había tenido en mente desde que llegué a Europa.

—Provengo de una familia judía, y honro nuestra fe. De pequeño, me marcó la devoción que mi abuelo sentía por el judaísmo. Mientras viajaba adquirí inspiración y sabiduría gracias al estudio de la Torá y de la cábala. Al mismo tiempo, la vida y las enseñanzas de Jesús me conmueven hasta las lágrimas. Su sabiduría, la compasión y el amor que siente hacia Dios me afectan profundamente.

Me puse un poco nervioso, pues nunca había compartido abiertamente estos pensamientos con nadie, pero el monje me tranquilizó con sus tiernos ojos.

—La historia nos habla sobre la persecución de los judíos por parte de los cristianos. Hay cristianos que desprecian profundamente a los judíos por haber sido los asesinos de Jesucristo y, personalmente, yo he tenido que sufrir dichos sentimientos. Sin embargo, hay algunos judíos que mantienen una actitud condescendiente hacia los cristianos, rechazando a Jesucristo como algo poco relevante.

Los recuerdos del pasado me interrumpieron. Mirando fijamente la tenue luz del farol, le pedía respuestas.

—¿Por qué hay tanto conflicto entre los que aman al mismo Dios? ¿Acaso traiciono mi ascendencia judía al sentir reverencia por Jesucristo?

El anciano monje puso su mano sobre la mía. Miró hacia el cielo buscando palabras y luego cerró los ojos en silencio. Después de un rato, los abrió.

—Hijo mío, solo hay un Dios. Todas las religiones nos enseñan a amarlo y a obedecerlo.

Debido a la fe superficial, el ego y la política, la gente se pelea por diferencias superficiales. En mis cincuenta años de meditación, oración y caridad, he descubierto que el amor de Dios se manifiesta de diferentes maneras en diferentes personas. Hay santos en las distintas tradiciones espirituales que sacrifican sus vidas por el amor de Dios y la buena voluntad hacia el hombre. —Se tocó la barbilla y, sumido en un pensamiento profundo, su voz tembló—. Yo creo en Jesucristo como el hijo de Dios y mi salvador. Quizás sea la voluntad de Dios inspirar a los judíos creyentes con una creencia distinta a la mía.

Después dijo que Moisés y los profetas nos enseñaron a amar a Dios con toda nuestra mente, corazón y alma. Jesús enseñó lo mismo, y no vino para cambiar ese mandamiento, sino para llevarlo a cabo.

—¿Por qué debería haber odio y peleas? —continuó—. Un camino puede recorrerse de distintas formas, pero el reino de Dios es la meta que todos compartimos. Son los hombres de mente pequeña los que crean la confusión.

Me soltó la mano y, afectuosamente, me dio unas palmaditas en la cabeza.

—No te preocupes, hijo mío. Eres sincero. Dios te guiará.

Sus palabras me llegaron al corazón.

Otro día, Gary y yo encontramos un monasterio en el que los monjes meditaban en catacumbas repletas de los esqueletos de sus antecesores. En algunas de estas salas se apilaban cientos de cráneos o partes de esqueletos humanos a lo largo de las paredes. En otras, los huesos se colocaban artísticamente para hacer diseños florales, muebles y candelabros. Le pedimos a un monje anciano que estaba sentado a nuestro lado que nos lo explicara.

—Aquí contemplamos la temporalidad del cuerpo y sus apegos. Esto nos ayuda a vencer las tentaciones de la carne y a refugiarnos en el reino de Dios.

En lo más profundo de las catacumbas, un grupo de esqueletos vestidos de monje señalaban un cartel que decía: «Como eres ahora, solías ser. Como eres ahora, serás».

A pesar de estos encuentros espirituales, el mundo material continuaba llamándome. Una tarde, Gary y yo entramos en una librería de Roma. A menudo, visitábamos librerías y hojeábamos libros al azar, buscando pasajes inspiradores. Hoy, un libro me llamó la atención: *Cómo tocar el* blues *con la armónica*. Cuando lo hojeé, encontré lecciones sobre los estilos de los grandes maestros del arte y canciones de mis músicos favoritos: Sonny Boy Williamson, Little Walter, Howlin' Wolf, Jimmy Reed, Slim Harpo, Sonny Ferry, Junior Wells, John Mayall, Paul Butterfield y otros. Sería un manual perfecto con el que viajar, pero no tenía dinero para comprarlo. ¿Encontraría de nuevo un libro así? Lo dudaba.

Mi naturaleza inferior se apoderó de mí. Cuidadosamente, mirando a ambos lados, deslicé el libro discretamente bajo mi chaleco y salí. Cuando regresamos a nuestro campamento, en una montaña del bosque, le revelé mi secreto a Gary. Sonrió en aprobación.

Unos días después, visitamos la Basílica de San Pedro cuando el papa estaba dando el sermón. Las horas pasaron mientras vagábamos por Roma y nos topamos con una hermosa iglesia. Sentados en pesados bancos de madera intrincadamente esculpidos, pasamos una plácida hora meditando y rezando en un cavernoso santuario tenuemente iluminado con velas. Luego, haciendo dedo, llegamos a una transitada intersección romana; allí, Gary me reveló orgullosamente un crucifijo de madera intrincadamente tallado. Lo sostuve en mis manos y me maravillé de su belleza.

—¿De dónde lo sacaste? —le pregunté.

—Del confesionario de la iglesia —contestó Gary alegremente.

—¡¿Qué?! —Se lo lancé bruscamente—. ¿Robaste esto de la casa de Dios? ¿Cómo pudiste hacer una cosa así? Me avergüenzo de ti.

A Gary casi se le salen los ojos de la furia.

—Monk, ¿quién eres tú para sermonearme? ¿Acaso no robaste ese libro de armónica? No seas hipócrita.

Tenía razón. Me sentía avergonzado y derrotado. No tenía derecho a criticarlo, pero tenía que expresar lo que sentía.

—Sí, lo robé, pero de un lugar que produce dinero, no de un lugar sagrado.

A Gary lo invadió la ira. Alzó la voz por encima del ruido del tráfico y protestó:

—La Iglesia es una de las mayores empresas con fines de lucro del mundo. Produce millones de dólares, mientras que la librería probablemente pertenezca a un creyente que lucha para pagar los gastos.

Mientras discutíamos, una muchedumbre de peatones nos rodeó, y los autos se paraban para ver el conflicto.

Yo forzaba la voz para que me escuchara por encima del ruido de los autobuses.

—Quizás tengas razón, pero de todos modos adoramos a Dios en esa iglesia. No puedo soportar que hayas robado en un lugar como ese. Por favor, hermano, devuélvelo. Hazlo por mí.

La furia de Gary se transformó en una sonrisa tranquila. Me abrazó y, disculpándose, aceptó devolver el crucifijo.

—Yo también lo siento, Gary. Sé que estoy equivocado, pero muchísimas gracias.

Gary y yo hicimos dedo hasta la iglesia para devolver el crucifijo robado. Regresamos tarde a nuestro campamento en el bosque. Nos reímos de nuestra discusión y estuvimos de acuerdo en que había estrechado nuestra relación y había demostrado nuestra lealtad. Mientras estaba boca arriba en mi saco de dormir, miré larga y fijamente las estrellas y me preocupé. «Soy hipócrita. ¿Acaso no fueron hipócritas los que clavaron a Jesús a ese crucifijo? ¿Cuán deshonesto es predicar y no practicar?». Rompiendo el silencio, como si estuviese leyéndome la mente, Gary dijo:

—Monk, por favor, no devuelvas el libro de armónica. A todos les gustan las nuevas canciones que tocas.

Me quedé con el libro hasta que aprendí todo lo que pude de él. Justo antes de irnos de Roma, regresé a la librería y puse el libro de vuelta en el estante del que lo había robado.

En Roma, como en muchos otros lugares, me refugié a orillas del río. Mirando al otro lado del Tíber, reflexioné sobre cómo este río había fluido durante el auge y la caída del Imperio romano, y desde entonces las generaciones y las civilizaciones habían perecido y los magníficos edificios de Roma se habían convertido en ruinas. Sin embargo, el Tíber seguía fluyendo, cargando la sabiduría que yo deseaba tener. Mientras observaba la corriente, pensaba en las alegrías, las penas y las dificultades que había pasado en Italia. Recordé el robo que sufrió el pobre Jim, nuestro soldado benefactor. Recordaba la inestimable bendición que recibí en la catedral de Santa María del Fiore. Mis pensamientos luego se desviaron hacia Irene, aquel dulce ángel que había juzgado como un obstáculo hacia mi destino. En las agitadas aguas del Tíber, escuchaba las palabras de sabiduría del monje franciscano en la oscura cámara subterránea. Con vergüenza, recordé mi hipocresía al robar y después condenar a mi mejor amigo por haber hecho lo mismo. Durante todo lo que pasé, había sentido una mano divina que me daba lecciones de gran valor. Mientras el agua fluía, pensé en la vida de san Francisco. En su juventud, despreciaba a los leprosos. No obstante, cuando fue tocado por la gracia de Dios, besó la mano de un leproso con compasión y deseo de servir. Un llamado en mi mente me dijo que visitase Asís.

Me separé de Gary unos días y emprendí el peregrinaje. Una vez allí, leí historias sobre la vida de san Francisco en los lugares en los que se desarrollaron. Francisco, hijo de un mercader rico, había servido como soldado cuando era joven, pero en 1205, mientras oraba en el convento de San Damián, el Señor Jesús le pidió a Francisco desde el crucifijo de la iglesia que «restableciera la Iglesia que decaía». Fue un momento de transformación. Comprometido con una vida de pobreza, humildad y devoción impuesta por él mismo, atrajo a muchos devotos. En el convento de San Damián pasé varios días contemplando la transformación de San Francisco. Cuando visité la casa en la que vivió de niño, vi el armario en el que su padre lo había encerrado por miedo a que renunciase al mundo y desde el cual engañó a su madre para que lo dejara salir. Vi la catedral de los Ángeles, donde comenzó su ministerio y en la cual, años después, expiró. Regresé a Roma, donde estaba Gary, y me llevé en el corazón la inspiración de la renuncia, la compasión y los éxtasis de amor espiritual de San Francisco.

Desde Roma hicimos dedo hasta Nápoles, y luego hacia la legendaria ciudad de Pompeya. Me llamó la atención el hecho de que fuera una ciudad próspera hasta que el Vesubio entró en erupción. Ahora, siglos después, caminábamos por las ruinas de la antigua civilización, maravillándonos de todo lo que se había excavado de entre las capas de lava solidificada. Moldes perfectos de seres humanos se formaron en las cenizas. Los animales, los edificios, las calles y cientos de artefactos se preservaron en la lava endurecida. Me vi perdido en mis pensamientos. ¿Qué podríamos aprender de la tragedia de Pompeya? En cualquier momento podría ocurrir un desastre. Con nuestra autocomplacencia, fracasábamos en comprender la temporalidad de todo lo material. Pensé en la peste bubónica que había devastado Europa, en la bomba atómica que arrasó con Hiroshima, en los terremotos e incendios que habían destruido ciudades en Estados Unidos. A través de la historia de la humanidad, el poder de la naturaleza se lo lleva todo. ¿Por qué posponer la búsqueda de la eterna joya del entendimiento? *Ahora es el momento.*

Como el Vesubio, que entró en erupción y dejó toda una civilización en cenizas, un compromiso exclusivo con el camino de la espiritualidad y con dejar todo en las cenizas de mi pasado entró en erupción en mi corazón.

DESDE POMPEYA, HICIMOS DEDO hasta la ciudad portuaria de Bríndisi, y con el último dinero en efectivo que habíamos conseguido ahorrar, navegamos a la isla griega de Corfú, la antigua Corcyra, de la que escribió Homero en la *Odisea*. Todos los días me paseaba solo por las colinas repletas de olivos e higueras en flor. Apreciaba el mar Jónico sentado bajo un granado, y leía *El libro del Tao*, el Bhagavad Gita y la Biblia, ansioso de aprender lo máximo posible de diferentes maestros. Respirar el aire fresco del Mediterráneo inspiraba a la contemplación.

Cruzamos hasta el continente e hicimos dedo hacia Atenas. Mientras ascendíamos por las carreteras, me maravillaba ante la singularidad del terreno, la lengua y las costumbres de Europa. Yo venía de la región central de los Estados Unidos, y tanta variedad expandía mi mente. Miré por la ventana y me sumí en la contemplación. Toda mi vida había estado condicionado a interpretar la realidad de una manera predeterminada, de acuerdo a la cultura en la que había crecido. ¿Por qué los humanos parecemos tener una profunda proclividad a sentirnos superiores a otros, sobre todo en cuanto a la nacionalidad, raza, religión o posición social? Pensamos que nuestra condición es normal y que otros son extraños o inferiores. El orgullo crítico degenera en la intolerancia o el sectarismo, que genera odio, miedo, explotación y hasta guerras. Oré para que mis viajes me abrieran la mente y me proveyeran con la empatía de conocer cómo otras culturas veían la vida, el mundo y a Dios.

Al llegar a Atenas, le escribí una carta a mi familia en los suburbios de Chicago. Les conté dónde estaba, cuánto había significado para mí el viaje y lo cercano que me encontraba de ellos. Aún no tenía la valentía de decirles que no quería volver a la universidad en otoño, que no sabía cuándo regresaría.

En Atenas, Gary y yo nos asombramos al ver a la policía exhibiendo ametralladoras mientras patrullaban las calles. Sabíamos que debíamos dormir en un albergue juvenil en vez de debajo de un árbol, pero había un problema: nuestras humildes finanzas se habían acabado. Aunque los albergues eran económicos, no podíamos pagarlos. Así que regresamos a la práctica de los viajeros de tiempo completo de aquella época: donar sangre en los bancos de sangre del Gobierno. El proceso primitivo que se usaba en aquel entonces era doloroso. Nos ataban a una mesa y nos sacaban sangre con grandes jeringas. Casi nos desmayábamos. Era una regla que a cada donante se le diera una taza de jugo de naranja, y debía sentarse en una sala de espera hasta media hora después de donar sangre. Solo cuando veían que el donante estaba en condición estable, nos pagaban. En la sala de espera, aguardando nuestro turno, Gary y yo soportamos el dolor en los brazos. Gary puso una mueca y se lamentó.

—Tiene que haber una forma mejor de ganar dinero.

Miramos alrededor de la sala y vimos a un francés que sostenía una funda de guitarra con la misma cara de dolor. A unos asientos de distancia, se encontraba un suizo con un estuche para violín, él también sosteniéndose el brazo. Como de costumbre, yo llevaba puesta la correa de mi armónica en el cinto. Nosotros, los músicos, nos miramos y nos sonreímos con la misma inspiración.

Resultó que el suizo había aprendido de pequeño a tocar violín clásico, pero de adolescente había optado por tocar *rock* y *blues*. El guitarrista francés también había estudiado flamenco clásico, pero se había convertido en músico folk. Después de recibir nuestro dinero por la sangre, salimos a la calle y, formando una banda, comenzamos a tocar una loca improvisación de *blues* de ocho compases. Un grupo de gente nos rodeó y comenzó a bailar. Enseguida, muchos más se unieron. Gary puso unas monedas en un sombrero prestado y lo meneaba para recoger las donaciones. Tan contenta estaba el público con nuestro espectáculo que no dejaban de arrojar dracmas, la moneda griega, al sombrero de Gary. El entusiasmo aumentaba, y formamos una procesión musical por las calles de Atenas tocando una única y larga canción. La muchedumbre nos seguía. Cuando nos detuvimos en una esquina, se reunió aún más gente, y las dracmas desbordaban el sombrero.

Al final del primer día, dividimos nuestras ganancias y nos registramos en un albergue juvenil. A la mañana siguiente éramos famosos. Una muchedumbre de griegos sonrientes aplaudía alrededor de nosotros, en círculo. Nos amaban. Tocábamos con gran placer, y pensábamos que era demasiado bueno para ser real. En una plaza, nuestra música llenaba el ambiente: los ancianos aplaudían, los adolescentes bailaban, los niños saltaban y las madres balanceaban a sus bebés siguiendo el ritmo. Todos sonreían aquella tarde soleada, y el sombrero se llenaba una y otra vez, hasta que de repente, la muchedumbre desapareció en un abrir y cerrar de ojos. La música cesó cuando nos clavaron unas ametralladoras en las caras. Nos arrestaron y nos arrastraron hasta la comisaría. Allí, la policía confiscó todo el dinero del sombrero y nos advirtió de que nunca cometiéramos el mismo crimen de nuevo. Aquel fue el comienzo y el fin de mi carrera como músico profesional.

Con algunos fondos que logramos esconder de la policía, y con la certeza de que debíamos encontrar un lugar más pacífico para cultivar nuestra espiritualidad, Gary y yo compramos un boleto en barco a la isla de Creta. Llegamos al puerto de Heraclión, en el mar Egeo, y tomamos un autobús hasta la costa sur. Allí encontramos un lugar escarpado, de belleza salvaje, una costa rocosa y empinada inaccesible a los navíos y resplandeciente de manantiales naturales, cañones, playas con abundante arena, cabras montesas y un sol desbordante. Nunca antes habíamos visto tantas cuevas. Maravillados, elegimos una que dominaba el mar Mediterráneo como nuestra residencia. Este paraíso en la isla era el santuario perfecto para ayunar, meditar y orar. Antes del amanecer, cada mañana, escalaba una montaña donde meditaría y oraría hasta el atardecer. Mientras contemplaba las aguas del océano, mi sed de iluminación se intensificaba como nunca. Mientras tanto, Gary se quedaba en la costa, también meditando. Después del atardecer, nos veíamos de nuevo en la cueva y rompíamos nuestro ayuno de todo el día con una simple barra de pan. Mientras nos acomodábamos en el suelo de piedra para descansar, compartíamos nuestras realizaciones del día.

Así, pasaron semanas de contemplación. Para entonces, mis oraciones y meditaciones habían avivado la llamita de mi anhelo espiritual hasta transformarla en un fuego ardiente. Desde aquella cima solitaria fui testigo de que todo en mi vida se evaporaba en el fuego. Sentí que aquel deseo por Dios me consumía como si estuviera poseído.

Sin embargo, el destino me dirigía hacia una encrucijada. Un camino me permitiría seguir siendo la persona que yo creía ser: un chico estadounidense de una familia particular, del que se esperaba que asistiera a la universidad y se graduara, pero que se había unido a la contracultura. Otro camino me llevaría al reino donde todo debía cambiar.

Tenía miedo, sabía que estaba eligiendo algo que cambiaría mi vida completamente, pero nada me iba a detener. No sabía hacia dónde me llevaría el destino, pero sí que, si quería avanzar en mi búsqueda, debía encontrar una nueva vida por completo, con una nueva identidad. Debía dejar todo atrás.

El día estaba terminando. La desdibujada esfera roja del sol se sumergía en las bocas del océano mientras esparcía un manto de luz dorada sobre las olas, que se mecían y danzaban bajo su caricia. Las montañas de la costa irradiaban oro. La cúpula del cielo brillaba sobre mí en tonos rosados, anaranjados y lilas. Luego, desde el fondo de mi corazón, una dulce voz me ordenó: «Ve a la India».

«¿Por qué la India?», pensé. «Es otro mundo, muy lejano y del que sé muy poco». Casi no tenía dinero, y poco sabía de lo que cabía esperar, pero estaba seguro de que esta era la voz de mi Señor, que me llamaba. En otras ocasiones sentí la presencia de Dios, o la culpabilidad de haberme comportado de una manera en la que me separaba de él. Sin embargo, esto era diferente. Era una voz silenciosa que resonaba desde mi corazón. Estaba convencido de que no era mi voz, ni tampoco mi mente. No, este era Dios, que respondía a mis oraciones para encontrar el camino.

En el crepúsculo, descendí por la montaña hacia el Mediterráneo, inmerso en mi propio océano de introspección. Sentía que cada paso que daba me llevaba más cerca de mi destino. Al adentrarme en la cueva, encontré a Gary meditando. La llama de una sola vela titilaba y emitía luz amarilla en las paredes y el techo de nuestro refugio.

Me senté en el suelo, en la boca de la cueva, y miré el cielo oscuro. Luego, rompí el silencio.

—Gary, hoy me ocurrió algo sorprendente.

Sus ojos se abrieron de par en par. Exclamó:

—¿De veras, Monk? A mí también.

—Cuéntame.

Gary miró las estrellas.

—Al atardecer, una voz me habló.

—Increíble. ¿Y qué dijo?

—Dijo —murmuró—: «Ve a Israel».

Me quedé mudo.

—¿Qué? —Temblando, me acerqué a él. No podía creer lo que acababa de escuchar—. ¿Adónde?

—Dijo: «Ve a Israel». ¿No me crees?

Me afirmé al suelo de la cueva.

—Yo también escuché una voz mientras el sol descendía.

Gary gritó:

—¡Increíble! Iremos a Israel juntos.

—Pero Gary —murmuré. Mi corazón latía fuerte—. La voz me dijo: «Ve a la India».

—¿La India? —exclamó Gary. Se quedó mudo.

Ninguno de nosotros pudo decir una palabra más.

Se hizo el silencio entre nosotros, y miré a la galaxia llena de estrellas. Murmuré al cielo:

—Sí, estoy dispuesto.

Ahora la cueva se encontraba oscura, excepto por la titilante vela. Me dirigí a mi querido amigo.

—Mañana me iré. Tal vez para siempre.

Ninguno de los dos dijo una palabra durante un rato, hasta que Gary rompió el silencio.

—La India está separada por los desiertos del Medio Oriente, por miles de kilómetros. —Las agitadas sombras de la llama de la vela danzaban en las paredes—. La travesía es peligrosa, hasta mortal. Tú no tienes nada, Monk. Eso no es una búsqueda espiritual, es un suicidio. Por favor, espérate. ¿Por qué no te vienes conmigo a Israel, ahorras algo de dinero y luego vamos juntos a la India?

Pasaron los minutos. Consideré sus palabras, pero la voz interna no transigía.

—Gary, creo que este es el llamado de Dios. No puedo demorarlo.

Su cara se llenó de preocupación.

—¿Cómo llegarás hasta allí?

—Creo que, si hago dedo hacia el este, algún día llegaré a la tierra donde me espera la respuesta a mis oraciones.

Él entendió mi corazón. Una lágrima se le deslizó por la mejilla y le humedeció la barba.

—Debes seguir tu destino —murmuró—. Oraré por ti.

Mientras la llama de la vela titilaba su última luz, me acosté en el suelo de la cueva para descansar. En la tranquilidad de la noche, miré las innumerables estrellas; mi mente daba vueltas de la expectación.

Salió el sol y me preparé para partir. Gary vino a la parada del autobús en un camino rural para despedirse. Estábamos entre unos pocos campesinos esperando el autobús, y la tristeza de la separación comenzaba a sentirse. El amor fraternal que sentíamos era único. Desde la infancia habíamos pasado juntos las misteriosas transiciones de la vida. Juntos habíamos observado las estrellas desde nuestras casas en Highland Park, desde los lugares *hippies* en California, desde nuestra universidad en Florida y desde tantos lugares en Europa. Reflexionamos sobre por qué los humanos odiaban y mataban, y nos opusimos a la guerra de Vietnam y al tratamiento de los negros en Estados Unidos. Soñamos con los derechos civiles, con un mundo libre de odio y lleno de música. En nuestras recientes travesías nos volvimos aun más independientes de nuestra amistad y apoyo. Sin embargo, ahora el fatídico momento había llegado. Mientras el desvencijado autobús se aproximaba, deseaba darle un regalo a Gary, lo más significativo que yo poseía. Pensando en cómo expresar mejor mis sentimientos, se me ocurrió una idea. Me quité mi vieja chaqueta negra y se la entregué. La había usado durante años, todos los días. Para aquellos que me conocían, era una parte inseparable de mi identidad. También era mi más preciada posesión.

—¡La chaqueta! —exclamó Gary.

Los dos éramos como hojas que se lleva el viento: ninguno sabía hacia dónde o cómo nos transportaría el viento. Nos dimos la mano y luego nos abrazamos. Con una ascendente emoción en la garganta, dije:

—Algún día, si es el deseo de Dios, nos volveremos a ver.

Encontré un asiento en el autobús y, mientras este avanzaba lentamente, pasando por cunetas y pozos, miré hacia atrás. Gary estaba allí parado, solo. Sabía que darle mi chaqueta implicaba despojarme de mi identidad, pasada y presente. También decidí deshacerme del sobrenombre «Monk» y usar mi nombre de pila, Richard, de ahí en adelante. Sentía que el viaje hasta la desconocida India sería una travesía para recuperar mi identidad eterna.

5

E N HERACLIÓN, EL PUERTO al norte de Creta, encontré a un pescador dispuesto a llevarme hasta Atenas en barco. Una vez a bordo, me senté solo para mirar fijamente el mar. Mi mente se mecía como las olas. No podía descifrar lo que me esperaba en los próximos días. Allí estaba, a mis diecinueve años, y nunca había conocido a nadie de la India. Aparte de saber que la India estaba hacia el este, no tenía una idea concreta de dónde se situaba, o cuán lejos. Ni siquiera tenía un mapa. Según lo que había aprendido en la escuela, la India era una extendida masa de pobreza, enfermedades, sobrepoblación y encantadores de serpientes. Luego, mientras buscaba pistas que pudieran aclarar los misterios más profundos de la vida, me enteré de que muchos la consideraban la tierra de la religión, un lugar de yoguis y de grandes personajes sagrados. ¿Viviría para conocer a estos *rishis*? ¿Y no como un turista o un excursionista, sino como un buscador de la verdad?

Una vez de regreso a Atenas, me encontré en medio de una avalancha de negatividad. Para llegar a la India, me enteré de que tenía que pasar por Turquía. Los viajeros que habían estado en Turquía me advertían sobre Estambul.

—El mercado negro de Estambul es sanguinario. Te prometen un alto precio por una donación de sangre, pero, en realidad, te atan, te sacan toda la sangre del cuerpo y después tiran tu cuerpo al mar Negro.

Otro se metió en la conversación.

—Los guetos de Estambul son refugios de criminales tan despiadados que no les importa matarte por una lira.

Determinado a ir, me hacía el sordo cuando hablaban de estas historias espeluznantes.

En el albergue juvenil, pregunté sobre las rutas terrestres hacia la India. Una vez más, un grupo de europeos me rodeó para disuadirme.

—¿Acaso no lees los periódicos? ¿Estás loco?

Otra persona agitó un periódico en inglés en mi cara. «TURQUÍA AFECTADA POR UNA EPIDEMIA DE CÓLERA», decía el titular.

—No puedes llegar a la India sin pasar por Turquía.

Sí, Turquía estaba siendo desolada por una epidemia de cólera. Era noticia en toda Europa. Y pensar que yo quería hacer dedo en aquel país. Quizás estaba loco.

Entre los vaticinadores, conocí a dos jóvenes que, como yo, pensaban viajar a la India por tierra. Jeff, un estadounidense de San Diego, estaba en sus veinte, era alto y tenía un físico atlético, con la mandíbula cuadrada y la nariz robusta. Su pelo rubio, peinado cuidadosamente con la raya al lado, le llegaba hasta casi los hombros, y sus ojos azules miraban detenidamente a través de unos anteojos con una montura negra. Aunque sus facciones eran duras, era un alma pacífica. Como yo, viajaba a la India en una búsqueda espiritual. Sencillo y amante de la diversión, era una de las personas más simpáticas con las que me había topado. Ramsey, un australiano de unos treinta y cinco años, de complexión rubicunda y de pelo rojizo, era un viajero estacional. A pesar de que era avispado y fuerte, también era un alma tierna y, al haber hecho ya dedo por toda Europa y Asia, tenía una madurez y una sabiduría que a nosotros nos faltaba. Aunque me presenté como Richard, el grupo de viajeros era tan íntimo que ya me conocían como Monk, y así me llamaban Jeff y Ramsey.

De nosotros, solo Jeff tenía dinero. Con una gran sonrisa dijo:

—Chicos, no tengo mucho, pero lo poco que llevo es de ustedes.

Introdujo las manos en su mochila y sacó pan, mantequilla de ajonjolí, espinacas, tomates, aceitunas y queso feta. Con el entusiasmo de un niño grandote, preparó un banquete para nosotros y lo dividió en tres porciones iguales. Clavó los dientes en el sándwich, le dio un gran mordisco y, mientras masticaba, dijo:

—Después de esto, muchachos, tendremos que vivir con lo esencial, ¿de acuerdo?

Ramsey y yo asentimos con la cabeza mientras saboreábamos los sándwiches.

Fue allí, en el vestíbulo del albergue juvenil, cuando los tres solemnizamos nuestro pacto de atravesar el camino por tierra a la India. Fuimos a la embajada turca para ver si la frontera estaba cerrada.

—La frontera está abierta —conjeturaron.

Regresamos al día siguiente a buscar nuestras visas.

Para llegar a Turquía hicimos dedo hacia el norte, por la costa de Grecia, hasta la ciudad bíblica de Tesalónica, y después al este, a Kipi, el extremo noreste de Grecia. Pasaron los días sin poder hacer dedo. Sin embargo, seguimos acercándonos a la frontera, la cual era el puente entre Europa y Asia y la entrada principal de contrabandistas de hachís y de heroína del Medio Oriente y del sudeste de Asia hacia Europa. El puesto de la frontera estaba lejos de cualquier pueblo. Caminamos durante horas hasta llegar a un puesto desolado y polvoriento donde terminaba la carretera. Una fatídica cerca de acero bloqueaba nuestro paso. Estaba protegida por arriba con alambres de púas, y se extendía hasta donde alcanzaba la vista. Había soldados griegos armados con pistolas automáticas parados enfrente. Ramsey se acercó a un soldado que estaba cerca y le preguntó:

—¿Dónde está inmigración?

El soldado señaló una choza precaria junto a la cerca. No había nadie y caía la noche. ¿Y ahora qué?

Ya habíamos determinado que íbamos a seguir adelante. A pesar de esto, las únicas respuestas a nuestras repetidas preguntas eran indiferencia, irritación o incomprensión. Finalmente, un joven soldado que nos había estado viendo desapareció. Unos momentos después, el agente de inmigración griego salió de un puesto de té del que, hasta ahora, no nos habíamos dado cuenta. Era un hombre robusto, de vientre redondo, con un bigote grueso, y su camisa militar parecía quedarle demasiado pequeña. Después de limpiarse las comisuras con una toalla, se la dio al joven informante y nos miró detenidamente.

—¿Qué quieren? —preguntó.

Ramsey contesto con serenidad:

—Queremos cruzar la frontera a Turquía.

El hombre de vientre redondo nos miró con incredulidad.

—No es posible. Las fronteras están cerradas. El cólera está arrasando en Turquía. Ningún hombre cuerdo iría allí ahora.

—Pero en la embajada nos dijeron que estaba abierto —dijo Jeff de manera abrupta—. Queremos...

—¿Saben lo que es una epidemia de cólera? —gritó el agente con la cara rígida de la ira—. Si los dejo pasar por esa puerta, no podrán regresar. Esta frontera está cerrada para las entradas. —Señaló al este, hacia el cielo oscuro—. Allá es tierra de nadie. —Estrechando la mirada, añadió—: ¿Saben lo que encontrarán allí? Una tierra salvaje llena de serpientes venenosas y lobos hambrientos. Un desierto sin comida ni agua.

—Las venas del cuello se le marcaron. Señaló con el dedo y gritó—: La frontera turca está cerrada. Si caminan a través de esa puerta, nunca regresarán. ¿Me oyen? Les aconsejo que regresen por donde vinieron. Yo me voy en dos minutos. Decídanse ahora.

Estaba anocheciendo. Habíamos luchado durante días por llegar a la frontera. Precipitadamente, dijimos:

—Iremos a Turquía.

Indignado, el hombre ordenó a los militares que abrieran la puerta. Mientras pasábamos, gritaba sus predicciones:

—¡Idiotas, nunca regresarán!

Los soldados estaban parados con rifles en mano mientras la puerta se cerraba detrás de nosotros.

Avanzamos lentamente. Efectivamente, la «tierra de nadie» era el lugar más desolado que jamás hubiese visto, una tierra salvaje usada como amortiguador entre dos países hostiles. Estaba anocheciendo. En la distancia, vi una serpiente deslizándose a través del terreno seco. Unos cuantos árboles sin hojas estaban en pie, marcando nuestro paso como centinelas. Oscurecía más y más. Por lo regular, este era un camino algo común para los viajeros, pero aquella noche, gracias a la epidemia y a que la frontera griega estaba cerrada, el camino se encontraba completamente desierto. Nos sentíamos especialmente vulnerables, pues estaba oscuro y viajábamos a pie. Noté unos huesos secos de algún tipo de esqueleto a aproximadamente diez metros a la izquierda de donde estábamos, pero no me atreví a decírselo a mis acompañantes.

La ansiedad me roía las entrañas. ¿Y si la frontera turca realmente estaba cerrada? La embajada nos dijo que estaba abierta, pero aquello fue hacía una semana. ¿Quedaríamos atrapados en aquella tierra de nadie para morir? La oscuridad y el frío se intensificaban. Los lobos aullaban sin descanso, penetrando el silencio, mientras nosotros seguíamos adelante sigilosamente. Recordaba cómo un tendero en Atenas me había advertido de que este tramo de tierra estaba lleno de minas enterradas de la época de la guerra civil griega. «Minas que pueden arrancarte la pierna al momento», había dicho, «y dejarte el tuco lleno de trozos de zapato». Me estremecí y seguí adelante con cautela, rezando con cada paso que daba. Ninguno de nosotros se atrevía a decir ni una palabra.

La caminata de cuatro kilómetros en la oscuridad total fue como caminar a través del valle de la muerte. Temblando, me sentí sin esperanzas y enfermo. Justo cuando parecía que la noche nunca se acabaría, un rayo de esperanza apareció en la distancia. Nos apresuramos y vimos una cerca de acero protegida en la parte superior con alambres de púas. En el centro, atornillada a la puerta, había una bandera turca hecha de metal. Aceleramos el paso. Un soldado armado hacía guardia dentro mientras fumaba un cigarrillo sin filtro. Imperturbable como nunca, Ramsey susurró:

—Déjenme encargarme de esto.

Sacó el pasaporte de su bolso y tosió para atraer la atención del guardia. Cuando el guardia levantó la vista, Ramsey presentó su pasaporte, señalándonos a nosotros y luego al terreno en la distancia.

El hombre se mostraba desinteresado. Gritó dos palabras:

—¡Frontera cerrada!

—Pero señor, nos tiene que dejar entrar o moriremos. Los griegos no nos dejarán volver.

—¡Frontera cerrada!

Una nube de vapor salió de su boca, acentuando las dos duras palabras.

Sin ningún lugar adonde ir, nos sentíamos como prisioneros pidiendo misericordia. Sin embargo, no habría nada de misericordia por parte de este guardia. Todo su vocabulario en inglés consistía en dos palabras: «Frontera cerrada». Aplastó la colilla del cigarrillo con el tacón de la bota y se fue enojado, dando pisoteadas en la oscuridad.

Veinte minutos después, regresó para encontrarnos todavía parados como refugiados junto a la puerta. Gesticulando, explotó en una letanía de amenazas de expulsarnos.

—¡Frontera cerrada! ¡Frontera cerrada! ¡Frontera cerrada!

Me preguntaba si nos podría disparar. En aquel momento, su superior apareció. Aparentemente, había sido educado en la misma escuela.

—¡Frontera cerrada!

Nos mantuvimos firmes y en silencio. Finalmente, nuestra desesperación e indisposición para regresar convenció al segundo guardián y cedió. Acorralándonos en una choza de madera, confiscaron nuestras pertenencias, incluyendo nuestros pasaportes, dinero y hasta la ropa que llevábamos a la espalda. Luego cerraron la puerta con llave y nos abandonaron. Parados en el frío, casi desnudos, nos preguntábamos si estábamos en una mejor posición de la que habíamos estado hacía unos momentos, en tierra de nadie. ¿Y ahora qué? ¿Este hombre nos había dejado allí para que muriéramos?

Nos quedamos temblando en ropa interior durante aproximadamente media hora, tanto por el suspenso como por el frío en aquella cárcel provisional. Finalmente, nuestro carcelero regresó. Nos miró las caras detenidamente, nos devolvió la ropa, selló nuestros pasaportes y sonrió.

—Bienvenidos al gran país de Turquía —dijo.

Profundamente conmocionados, cruzamos a un mundo totalmente nuevo.

6

CUANDO LE PREGUNTAMOS AL guardia costero el camino hacia Estambul, este señaló un solitario camino rural. El tramo se extendía en la oscuridad, sobre un fértil campo lleno de colinas de Tracia oriental. Mientras caminábamos, vi por primera vez el minarete de una mezquita de piedra. La cúpula de la mezquita y los chapiteles me inspiraban, y me sentía emocionado de poder ver un lugar de Dios. No había tráfico en el camino, y Estambul aún se encontraba a unos doscientos cincuenta kilómetros. ¿Ahora qué? Mientras nos encontrábamos parados, preguntándonos cómo llegaríamos a nuestro destino, un viejo camión de plataforma traqueteaba por el camino y se detuvo frente a nosotros. Por extraño que parezca, estaba cubierto de asientos de madera sobre los cuales iban sentados una decena de policías. Trepamos por él. Todos vestían uniformes desgastados y todos iban callados, excepto uno que no vestía uniforme y que me susurró al oído.

—Quiero comprarte hachís. Véndemelo. No soy policía.

—No tengo —le contesté.

Me pidió una y otra vez. Más tarde, saltó del camión, se puso un sombrero de policía y se marchó.

En el medio de la noche llegamos a Estambul. Cuando el jefe de los policías nos preguntó dónde nos quedaríamos, Ramsey le dijo que buscábamos un lugar económico. El jefe nos escudriñó por encima de sus lentes y luego se fue a hablar en privado con un oficial de menor rango. Al volver, nos dijo que siguiéramos a su asistente.

El uniforme del asistente estaba desgastado y rasgado. Su expresión era estoica, y no dijo ni una palabra ni miró en nuestra dirección. Lo seguimos a través de las calles desiertas de Estambul; la pobreza se incrementaba de cuadra a cuadra. Resultaba obvio que nos estaba llevando al corazón del gueto, uno de los lugares donde la epidemia del cólera arrasaba. Lo que veíamos era desmoralizador. La pobreza y la enfermedad nos rodeaban por completo.

Jeff temblaba.

—Cometimos un grave error. Aquella tierra desierta era más segura que este lugar.

Hasta Ramsey murmuró en alto:

—Viejos, nunca he visto un lugar tan deprimente como este en todos mis años de travesía.

Traté de orar, pero mi mente solo se enredaba más en la confusión. ¿Adónde nos llevaba este hombre?

La oscuridad desconcertante solo la rompían los lamentos y los gritos de la gente que sufría de dolor. El contagio había aumentado en esta mugrosa pocilga. Me daba miedo respirar. El cólera arrasaba con rapidez, ocasionaba severos sufrimientos gastrointestinales y luego la muerte. Estábamos perdidos y solos, y, liderados por este extraño hombre, no podíamos dar vuelta atrás.

Un sombrío edificio medieval de piedra se alzaba ante nosotros. Me invadió una sensación escalofriante. Mi intuición me pedía a gritos que saliera corriendo de allí, pero nuestro guía, sonriendo, nos hizo entrar. Pasamos a una habitación poco alumbrada que utilizaban como sala de billar. Dentro había una decena de hombres que fumaban y jugaban. Parecían los gánsteres más decrépitos de los bajos fondos. Mientras nos escudriñaban con miradas de hielo, no podía evitar pensar que estos malhechores eran del tipo que no dudaría en matar a alguien por una deuda de juego. El líder, bajo pero imponente, estaba apoyado contra la pared. Los músculos se le salían de su apretada camisa negra mientras se quitaba la suciedad de las uñas con una navaja. Cuando vio a nuestro guía, se metió la navaja en el bolsillo, se pasó la mano por el grasoso pelo negro y se acercó a hablar conmigo.

Los dos parecían tener un acuerdo, y nos hicieron el gesto de ir hacia la parte trasera de la sala de billar y subir por una oscura y empinada escalera hecha de losas disparejas de piedra. A un lado había una pared de piedra, y al otro un abismo que daba a un profundo sótano sin pasamanos. Era de una oscuridad penetrante. Nos quedamos sin aliento al subir. Una vez arriba, avanzamos por un pasillo sin iluminación que llevaba hasta la habitación donde nos quedaríamos.

Ni que hablar de una bienvenida calurosa. Por el contrario, nuestros «anfitriones» nos pidieron el dinero de antemano. Su agresividad nos intimidaba tanto que comenzamos a darnos cuenta del error que habíamos cometido. ¿Acabábamos de meternos en una trampa? Queríamos algo económico, no un lugar inhabitable. Ramsey habló, les dijo que no teníamos liras turcas y les preguntó el precio del cambio en dólares.

—Luego hablaremos de pagarles. Pero solo una noche.

Nos asombraron al ofrecernos solo la mitad del precio de cambio oficial bancario. Ramsey objetó y trató de negociar un precio más alto.

Sin embargo, el cabecilla no atendía a razones, ya que estábamos en su territorio. Con un ceño que deformaba su cara, arrojó contra la pared el cigarrillo que estaba fumando. Cortó el aire entre nosotros con su navaja y explotó en una diatriba. Aunque pequeño, el poder de su crueldad nos aterrorizaba. Sus penetrantes ojos negros estaban llenos de ira. Le temblaban los labios, gritaba como un loco y nos apuntaba con el dedo en la cara. La ira personificada ardía frente a nosotros. Los otros malhechores miraban con expresión fría. Para entonces, hasta nuestro viejo amigo, el policía, se encogía de hombros y se estremecía de miedo. Estábamos solos. Al tomar nuestro dinero, aquellos hombres nos dejaron en la prisión de nuestra habitación.

¿Qué pasaba si venían a robarnos o a matarnos? Buscamos una vía de escape, pero no había ninguna. Aparte de la puerta, solo veíamos una ventana con una caída súbita al callejón de piedra.

Estábamos atrapados.

—Jeff, cierra con llave —murmuró Ramsey—, y Monk, ayúdame a empujar la cama doble contra la puerta. De ese modo, estos matones no podrán entrar mientras dormimos.

Dormir era lo último que se nos pasaba por la cabeza, pero parecía sabio hacer lo posible para protegernos.

Cargamos y empujamos la cama tan sigilosamente como pudimos, y atamos con una soga el poste de metal a la perilla de la puerta para aumentar la resistencia. Ramsey y Jeff se acostaron en la cama, y yo en un pequeño catre contra la pared. El lugar era un basurero. Solo una luz colgaba del techo. La pintura verde y el yeso se pelaban de las paredes. Por todos los rincones había telarañas colgadas, y un olor putrefacto nos daba la vuelta al estómago. Tratando de respirar aire fresco, forcejeé con una ventana grande, de dos metros de alto y uno de ancho, hasta que finalmente se abrió. Caí nuevamente en la cama, pero en cuestión de minutos, los chinches comenzaron a atacar. Descansar no era una opción. Los tres permanecimos acostados en la oscuridad, esperando.

Aproximadamente una hora después, escuchamos que una llave daba la vuelta en la cerradura. En silencio, la puerta se abrió y pegó en la cama. Primero los intrusos empujaron suavemente, sin darse cuenta de que los tres estábamos agachados en el suelo, al otro extremo de la cama, poniendo todo el peso. Empujaron más fuerte. Enseguida entendieron que los estábamos bloqueando y gritaron iracundos, tirándose contra la puerta. Esta se abrió de par en par, pero nosotros empujamos con todo nuestro peso contra la cama y la cerramos otra vez. Los dos bandos de esta lucha de vida y muerte estaban frenéticos. Salté sobre la cama para atar nuevamente la perilla al poste cuando, por la grieta de la puerta, uno de los agresores clavó un cuchillo en mi dirección. Grité en mi interior: «¡Nos quieren matar!».

La batalla continuó. Echaron el peso del cuerpo contra la puerta, que pegaba una y otra vez contra la cama. Nos amenazaban y maldecían mientras hacíamos presión contra la cama. Sin poder abrir la puerta, se retiraron abruptamente. Se hizo un fuerte silencio.

Me retiré a mi cama infestada de chinches para descansar y recuperar fuerzas para el inevitable próximo ataque. Mi mente estaba llena de horrendos pensamientos: «¿Qué hago aquí atrapado en un gueto de Estambul infestado de cólera como blanco de los bajos fondos?». Dando vueltas y vueltas, me acordé de la vida que había dejado atrás en Highland Park.

Soy un chico sencillo, con una familia y amigos afectuosos. ¿Por qué dejé el refugio de un hogar lleno de paz? Ahora estoy indefenso y solo. Oré. Vine hasta aquí en busca de iluminación. ¿Es este el camino que debo recorrer para aprender a entregarme?

Un pensamiento emergió: «Si así es, que así sea. De este apuro solo nos puede salvar Dios».

Mis oraciones fueron interrumpidas por la puerta, que golpeaba contra la cama. Comenzaba el segundo asalto de la batalla. Nuestros posibles asesinos gritaban llenos de ira y golpeaban ferozmente la puerta. Un momento de distracción y estaríamos muertos. A pesar del frío cortante, el sudor nos brotaba de los poros. Jadeábamos exhaustos, y teníamos los miembros maltrechos, pero nuestros depredadores no se rendían. Sus rugidos nos aterrorizaban. Sentía que la vejiga me iba a explotar. El único inodoro estaba en el pasillo. Tres formidables batallas se propagaban simultáneamente dentro de mí: una para mantener fuera a los asesinos, otra para mantener dentro la orina y una tercera para darle sentido a todo.

Incapaz de aguantar más, abandoné a Ramsey y a Jeff y me subí al borde de la ventana. Allí me alivié en el callejón de abajo. De repente, el grito de una mujer me taladró los oídos. El callejón era de unos cinco metros de ancho. Justo enfrente de mí había una ventana donde una vieja mujer musulmana vestida con un tradicional velo negro me observaba. En mi desesperación no la había visto, pero ella miraba directamente hacia mí. Escandalizada por mi obscenidad, gritó asqueada. Era demasiado. Estaba allí indefenso en el alféizar con los pantalones bajados, orinando, cara a cara con ella e implorando piedad.

Maldiciéndome, me tiró un zapato a la cara. Dio en el blanco. Cerré la ventana, me bajé y me limpié la sangre de la nariz y la boca. Pero yo no había terminado. Mi vejiga aún estaba por explotar. Mientras tanto, Ramsey gritaba:

—¡Monk, vuelve! ¡No podemos aguantar solos!

Yo estaba perdiendo las tres batallas. «No puedo sobrevivir a esto», pensé, «¡Dios, ayúdame!». Entonces vi la respuesta y terminé de orinar en el zapato. Lo metí en un escritorio y entré nuevamente en la batalla. Presionando firmemente, los detuvimos.

Sin embargo, estábamos atrapados sin comida ni agua. Solo era cuestión de tiempo antes de que lograran entrar. La luz grisácea del amanecer asomaba, y coincidimos en que nuestra única salvación era escapar silenciosamente por la puerta entre ataque y ataque.

Decidimos arriesgar nuestras vidas por una mínima oportunidad de escape. No teníamos ni idea de si alguno de ellos estaba haciendo guardia fuera de la puerta; de ser así, estábamos muertos. Debíamos arriesgarnos. Despacito, y tan sigilosamente como pudimos, abrimos la puerta a la penetrante oscuridad. No podía verme la mano siquiera. Caminamos de puntillas. El desgastado suelo de madera crujía a cada paso, como un grito. ¿Nos toparíamos con ellos en la oscuridad? Me latía el corazón con fuerza. Llegamos a la escalera gótica. Aún sin poder ver, avanzamos a tientas por la pared externa, aterrorizados de caernos al otro lado. Así, nos deslizamos hasta la oscura sala de billar, donde nos aterrorizamos al ver al guardia acostado y durmiendo sobre la mesa de billar. Aguantando la respiración, nos escabullimos por la sala hasta la puerta.

Estaba cerrada con llave. El pestillo no cedía. Nunca habíamos visto una cerradura igual. Los tres tratamos de abrirla desesperadamente hasta que nuestros intentos despertaron al guardia de su estupor y alertó a los otros. Desde otras escaleras se escuchó el horrible sonido de su estampida.

—Dios mío —suspiré—. Abre la cerradura rápido, Ramsey. ¡Ábrela!

—Eso trato de hacer, lo estoy intentando.

Movió la cerradura de todas las formas posibles, pero no cedía. El ruido de las pisadas de las botas a medida que se aproximaban nuestros captores me dio náuseas. De repente, cuando estaban a tan solo unos pasos de alcanzarnos, la cerradura se abrió y corrimos hacia el exterior como posesos, con las mochilas y todo. Detrás de nosotros, escuchábamos los gritos de nuestros adversarios. Sin mirar atrás, nos subimos a un taxi. Solo conocíamos un lugar en Estambul.

—¡La Mezquita Azul, la Mezquita Azul! —cantamos al unísono.

Sin embargo, el taxista observó por el espejo retrovisor a la pandilla de hombres que se avecinaba y no se movió. Vio su oportunidad.

—Doscientos dólares —exigió.

—¿Qué? ¿Doscientos dólares? —gritó Jeff.

El taxista gritó fuerte:

—¡Doscientos dólares! ¡Doscientos dólares!

Accedimos de inmediato.

—Sí, doscientos dólares. Doscientos dólares.

Partimos rápidamente, ¿pero estábamos a salvo?

Jeff, que cuidaba de la billetera, estaba preocupado.

—No podemos darle doscientos dólares —murmuró—. ¿Y si nos mata él?

No queríamos averiguarlo. En el primer semáforo, nos salimos del taxi. El taxista gritó:

—¡Doscientos dólares! ¡Doscientos dólares!

Pero ya nos habíamos ido.

ANSIOSOS DE IRNOS DE Estambul, abordamos un transbordador para cruzar el estrecho del Bósforo. Mirábamos desde la abarrotada cubierta, cansados pero aliviados, mientras el sol salía en el cielo brumoso y nublado. Los pájaros volaban alto, e incliné la cabeza en gratitud. Mientras el transbordador navegaba por el mar, contemplé la gran ciudad que se escondía en el horizonte. «Anoche», pensé, «nuestra muerte parecía segura, pero luchamos y corrimos un riesgo inimaginable para escapar. Fue posible porque teníamos esperanza. La esperanza en lo divino puede permitir al ser humano sobrellevar obstáculos inimaginables. En un terrible aprieto, cuando nuestros corazones aceptaron la esperanza, atrajimos un poder más allá de nosotros para guiarnos, purificarnos y, en última instancia, liberarnos». Todavía me temblaban las manos y me corría la adrenalina, pero, en mi corazón, le agradecí a esa pandilla de asesinos que sirvieran de instrumento para enseñarme una lección esencial y prepararme para el peregrinaje que estaba por venir.

Nada sobre nuestra recepción hostil en Estambul nos pudo haber preparado para la cordialidad de la gente que conocíamos mientras viajábamos hacia el este de Turquía. Algunos nos invitaban a sus casas y tiendas para comer con ellos. Sus comidas eran sencillas, por lo general consistían en el tradicional pan sin levadura y té, pero nos conmovió su hospitalidad y siempre estuvimos satisfechos. También me fascinaron los diseños exóticos de las numerosas mezquitas que veíamos por el camino y, cuando era posible, pasábamos tiempo visitando las bellas casas de Dios.

Nuestros medios de transporte reflejaban nuestra falta de dinero: hacíamos dedo o nos subíamos a autobuses o a la parte de atrás de los camiones, llenos de gente local, objetos y ganado. Viajamos a través de las tierras altas áridas y azotadas por el viento de Turquía central, deteniéndonos un breve tiempo en Ankara, donde el ganado pacía en los cerros vacíos y espaciosos. Después de unas cuantas semanas en la carretera, llegamos al terreno más accidentado y montañoso del este de las tierras altas, donde las noches se volvieron más frías. Habíamos viajado alrededor de mil trescientos kilómetros desde Estambul cuando ocurrió otra catástrofe.

Enfermé de disentería. Así no era posible viajar, así que nos detuvimos en el pueblo de Erzurum y preguntamos a la gente local sobre el lugar más barato donde quedarnos. Nos indicaron un puesto de té a las afueras del pueblo y nos dieron una habitación en la tercera planta de un viejo edificio. Mi gran preocupación era el baño. Para llegar a él, tenía que bajar por una escalera empinada de alrededor de treinta escalones de piedra. Entonces, en un pasillo a la izquierda, había un hoyo en el suelo. Ese era el baño. Los excrementos se dejaban acumular hasta que fuesen retirados con una pala, lo cual, por lo que podía ver, no ocurría a menudo. Una separación de tablas de madera podrida proveía privacidad. El mal olor me mareaba, el aire era tan denso que me hacía sentir como si estuviese ahogándome. Aun así, viví prácticamente en aquella letrina durante varios días. Después de terminar mi visita al baño y de arrastrarme a la parte superior de los escalones de piedra, me veía obligado a bajar de nuevo para evacuar. Las náuseas intensas, los vómitos y los movimientos incontrolados causaban estragos en mi cuerpo. Mis amigos, mientras tanto, esperaban pacientemente mi recuperación y salían cada día a explorar el pueblo.

Un día, solo en la habitación, me sorprendió ver a un hombre extraño entrar y empezar a rebuscar en la mochila de Jeff. Al descubrir una navaja suiza, la tomó y anunció a nadie en concreto:

—¡Una lira!

Luego, dejó caer una lira sobre la mesa y se alejó deprisa con su nueva pertenencia. «Pero la navaja cuesta mucho más que eso», pensé. A pesar de mi condición precaria, sentí que era mi responsabilidad defender a mi amigo, así que me levanté con dificultad de la cama y perseguí al hombre. Le entregué su lira y le insistí cortésmente en que me devolviese la navaja, lo cual hizo de mala gana.

—Por favor, venga más tarde y discútalo con Jeff —le dije, tambaleándome. No contestó nada y se marchó.

En menos de cinco minutos, una multitud subió las escaleras apresuradamente. Deshidratado, febril y casi sin poder sentarme, no estaba en condiciones para una confrontación. Abrieron la puerta a empujones.

Como líder de la multitud estaba el intruso que, hacía unos momentos, había robado la navaja. Me señaló gritando:

— ¡Pakistaní, pakistaní! ¡Es pakistaní!

La multitud estaba indignada. Rodearon mi cama blandiendo garrotes y puñales. Furiosos, gritaron:

— ¡Tú pakistaní, tú mueres! ¡Tú pakistaní, tú mueres!

Estaba solo y desconcertado. ¿Qué más podía sino rezarle a Dios?

Apresuradamente, agarré mi pasaporte y lo levanté para que lo viesen.

— Miren, soy estadounidense.

Uno de los líderes ancianos de la multitud se acercó. Tomó mi pasaporte y lo examinó, creyéndose un agente de inmigración. Me miró y dijo en voz baja:

— ¿Así que no eres pakistaní?

— No.

— ¿Eres estadounidense?

— Sí —contesté.

Sonrió y se agachó para darme la mano.

— Muy bien, nos gustan los estadounidenses. Ustedes le dan armas a Turquía.

Todos ofrecieron sus respetos y se fueron.

Antes de poder recuperarme, escuché a la multitud subir las escaleras corriendo otra vez. Recé por refugio. De nuevo, más de diez personas irrumpieron en mi habitación y rodearon mi cama. Esta vez, sin embargo, llegaron en son de paz, y me ofrecieron pan sin levadura y té.

El mayor habló:

—Tú americano. Esto es muy bien. Nosotros sentimos. Ahora tú comes.

Abrumado por tanta náusea, no tenía apetito. De hecho, el olor de la comida me provocaba náuseas. Sabía que comer pan y beber té me mantendría en la letrina durante el resto del día y parte de la noche, ¿pero qué podía hacer? Rechazar sus regalos sería un insulto. Este tipo de hospitalidad era difícil de rechazar. Les dirigí una sonrisa forzada y me comí todo el plato y más hasta que estuvieron satisfechos. Poco después, pagué el precio.

Mi salud comenzaba a mejorar lentamente. Una noche, caminé sin rumbo por la polvorienta carretera, atónito con la pobreza del distrito. Las familias estaban hacinadas en chozas decrépitas con pocas pertenencias y vestían ropa andrajosa. La gente se acuclillaba a lo largo de la polvorienta carretera y se veía hambrienta e infeliz. Era el tipo de pobreza difícil de comprender en Occidente. A pesar de que era solo octubre, el aire nocturno era gélido, una señal de los largos inviernos fríos y penetrantes en aquella región de Turquía.

Para regresar a nuestra habitación tuve que entrar por una pequeña tienda de té en la planta baja del edificio. Una noche, dentro de la tienda, un hombre de complexión fuerte, en sus treinta, con pelo negro brilloso y un bigote pequeño, me agarró por el brazo y me empujó contra una silla. Podía darme cuenta de que era muy respetado por la forma en que la gente lo miraba. Deslizó un pequeño vaso de té y clavó sus incendiarios ojos negros en los míos, mientras sus labios y su cuerpo temblaban. Me encontraba sentado cara a cara con la intensidad personificada. No hablaba inglés. Señalando una inscripción en árabe del anillo de oro que llevaba, rugió como un león furioso:

—¡Alá!

Luego sacó el dedo y me lo puso en la cara, y con ese gesto me exigió que dijese el nombre de Dios.

No podía soportar mirarlo. Mis ojos contemplaban fija y largamente el transparente vaso de té en la mesa. No tenía leche ni crema, solo un cubo de azúcar disolviéndose lentamente en el fondo.

Me jaló la barbilla y me obligó a enfrentar su mirada intimidante. Me estaba derritiendo más rápido que el azúcar. De nuevo, me puso el dedo en la cara y gritó:

—¡Alá!

Pensaba que era crucial para mi bienestar satisfacerlo, así que murmuré con mucha reverencia:

—Alá.

Entrecerró los ojos como si quisiese quemarme vivo, temblaba de la cólera. Cuando ya no lo podía soportar, golpeó la mesa con un puño.

—¡No! ¡Alá! —El vaso de té se cayó al suelo y todos nos rodearon. Subió el tono de voz y otra vez rugió—: ¡No! ¡Alá! —De nuevo me puso el dedo en la cara y gritó otra vez.

—Alá —grité, esta vez aun más fuerte.

Pero no lo suficiente. Ahora estaba rojo de la furia. Me quedé petrificado. De nuevo, golpeó la mesa con un puño y, por cuarta vez, vociferó fuertemente:

—¡No! ¡Alá!

Cada par de ojos de la multitud en la hacinada tienda me echaba una mirada fulminante, como si se me hubiese capturado por haber profanado su santuario más sagrado. Me clavó el dedo en el pecho, forzando mi silla hacia la pared y ordenándome que dijese el nombre de Dios de una manera que igualara su fervor.

Sentía que el ángel de la muerte me había encontrado y que volaba a solo unos centímetros de mi cabeza, no por primera vez en mi viaje. ¿Qué más podía hacer más que rezar a Alá Todopoderoso para que me salvara? Me puse de pie, levanté los brazos y, con toda mi energía, grité desde lo más profundo de mi corazón:

—¡Aláááá!

Me miró larga y fijamente unos largos instantes, y la tienda se quedó en silencio. Hizo un gesto de digna aprobación con la cabeza y se marchó. El resto de la multitud volvió a sus mesas y yo me quedé sentado, completamente asombrado. Nadie me había predicado de esa manera jamás.

8

DESPUÉS DE RECUPERARME, RAMSEY, Jeff y yo retomamos nuestra travesía hacia el este. En aquella época, toda una contracultura de viajeros por el mundo soportaba los retos de un presupuesto bajo. La mayoría eran aventureros, y muchos se inclinaban hacia lo espiritual. Había veces en las que nos encontrábamos en los lugares más inesperados. En Erzurum, Ramsey y Jeff se encontraron con unos hermanos viajeros que habían convencido a un conductor para que los dejara ir gratis a Teherán en un autobús perteneciente a una empresa. El autobús estaba lleno de provisiones solo hasta la mitad, de modo que había espacio de sobra para unos cuantos pasajeros. Así que, al unirnos a ellos, cruzamos la frontera de Turquía y entramos en Irán.

Una vez dentro del impresionante edificio de inmigración de la frontera, nos fijamos en una fotografía del sah del tamaño de una pared. Más sobrio era el letrero del Departamento de Estado de EE. UU. En letras grandes, advertía a los ciudadanos estadounidenses de que en Irán la pena por poseer, transportar o vender hachís o derivados del opio era la muerte. Si te arrestaban, el Departamento de Estado tenía poca influencia para ayudar.

Las formalidades de inmigración demoraron al conductor del autobús, de modo que fuimos a esperar dentro del vehículo. Era de noche. Un enjambre de niños se reunió para ver a los raros extranjeros a través de la ventana del autobús. Aunque llevaban las ropas desgarradas, eran niños hermosos. Le sonreí a un niñito de apenas unos cuatro años, pero me miró con un odio tan intenso que se me cortó el aliento. ¿Cómo era posible que un niño tan pequeño sintiera tanto odio? En repetidas pesadillas, me perseguía aquella mirada. Pensé en lo aterrador que era ver cuán impresionables eran los niños. A través de la familia y lo que los rodea, pueden ser condicionados por el amor, el temor o el odio incluso antes de poder razonar.

Llegamos a la antigua ciudad de Tabriz. Un día, mientras exploraba solo las calles, una amable familia me invitó a su casa: una morada de ladrillo de dos habitaciones. Las mujeres de la familia habían trabajado arduamente durante muchos años en una alfombra persa. Madres e hijas se sentaban en el suelo de su sencilla vivienda para crear un arte inestimable. Los intricados diseños tenían hasta treinta y ocho nudos por centímetro cuadrado hechos a mano. La lana teñida de forma natural brillaba en resplandecientes colores, todos con vida propia. Rojo, azul, verde, anaranjado, amarillo, blanco y violeta, estos eran algunos de los pocos hilados que bordaban meticulosamente.

Tan sencillos y gentiles fueron en su hospitalidad que me sentí como parte de su familia. No hablaban ni una palabra de inglés, pero eso no importaba. Para la cena, todos los hombres de la familia se sentaron en el suelo y me invitaron a unirme a ellos. Primero recitaron una hermosa oración de agradecimiento antes de disfrutar del pan y del té. Mientras tomábamos felizmente la comida casera, el hijo de diez años entró por la puerta sonriendo con orgullo. En sus manos traía una gran sorpresa: dátiles de su árbol. Acercándose a mí, depositó la suntuosa fruta en mi plato. Todos rieron y soltaron exclamaciones por mi buena fortuna.

Cinco veces al día, la familia abandonaba lo que tuviera entre manos para ofrecer sus oraciones a Alá y a la sagrada ciudad de La Meca. La devoción natural de estas almas humildes me conmovió el corazón. Le di las gracias a Dios por esta experiencia y agradecí a la familia su amabilidad con un caprichoso desconocido.

Nuestro autobús atravesó el místico territorio de Irán. Hasta donde podían ver los ojos, el llano y árido desierto se expandía en todas las direcciones. Pasaban las horas sin que viéramos ni una señal de vida. De vez en cuando, aparecían en la distancia colinas de arena o aldeas de pequeñas casas de barro. Caminábamos durante las horas frescas del día y por la noche. Una madrugada, el cielo sin luna y lleno de una multitud de estrellas brillaba más allá del horizonte, en todas las direcciones. Fascinados por la belleza, miramos por las ventanas del autobús. Mis compañeros de viaje me pidieron que tocara la armónica. Mirando el océano de estrellas, toqué una canción espontánea sobre mi anhelo sincero de Dios. Volqué mi corazón en el instrumento. Mientras tocaba mi emotiva canción, el autobús se mantuvo en silencio. Cuando terminó, todos soltaron exclamaciones. Miré a mi alrededor y vi a más de unos cuantos pasajeros llorando. Sonriendo, Jeff me dio unas palmaditas en el hombro desde el asiento de atrás, mientras que delante, Ramsey me mostraba su pulgar en aprobación. Me llené de humildad. A sabiendas de que no sabía tocar bien el instrumento, le di las gracias a Dios y al Oso Jimmy de Opa Locka.

Mientras viajábamos por el desierto iraní, la preocupación de mis padres me conmovió el corazón. Me esperaban en casa desde hacía ya semanas, y no sabían de mí desde Atenas. Debían estar sufriendo muchísimo. ¿Por qué, entonces, no les había escrito? La verdad era que no sabía cómo comenzar la carta. No importaba las palabras que empleara para explicar mi decisión de viajar a la India, les partiría el corazón igualmente. ¿Qué podía hacer? Mi búsqueda de Dios se había convertido en el único objetivo por el que vivir. Si la descuidaba, sabía que me transformaría en un cascarón vacío.

Mamá y papá habían dedicado sus vidas y almas para el bien de sus tres hijos. Ambos provenían de familias judías pobres, cuyos padres inmigrantes habían escapado de Lituania, Rumanía, Rusia y Polonia por razones de persecución religiosa. Todo lo que sabíamos era que los parientes que se habían quedado fueron luego asesinados por los nazis.

Mi madre sobrevivió a una niñez difícil. De pequeña sufrió la temprana muerte de su padre; luego, su hermana mayor fue atacada en un callejón, y ese trauma le duró toda la vida. De adolescente, mi madre tuvo que trabajar para mantener a una madre enferma, a su ahora incapacitada hermana y a su hermana menor. Sin embargo, siempre estaba alegre y agradecida por lo que Dios le había dado. Posteriormente sirvió a su esposo e hijos veinticuatro horas al día, pero nunca abandonó a su primera familia, ahorrando sigilosamente y enviándoles ayuda.

Crio a tres varones y ella sola hacía las tareas domésticas de la casa, que incluían la limpieza, lavar y planchar, ir de compras y cocinar un increíble banquete cada noche. Era delgada, radiante y se vestía meticulosamente. Los padres de todos mis amigos se maravillaban de la belleza y gracia de mi madre.

Su disposición para ayudar a otros no se limitaba a la familia. Recuerdo que, con gusto, se ofrecía a servir en varias organizaciones de caridad, sobre todo bailando en espectáculos para recaudar fondos. Mis hermanos y yo siempre estábamos en guardia, no fuera que de repente donara nuestros juguetes usados o ropa a entidades de caridad. En nuestras vidas enfatizó la virtud de la gratitud. Se aseguraba de preguntarme si había dado las gracias a los padres de mis amigos en caso de haber comido en su casa o si había agradecido el gesto a cualquiera que hubiera sido amable conmigo. De todas las malas cualidades de las que un niño podía hacer gala, la ingratitud era la que más le molestaba. En consecuencia, se aseguraba de no malcriarnos al satisfacer nuestros caprichos y, cuando recibíamos un regalo, enfatizaba: «Lo que importa es la intención». Predicaba con el ejemplo. Se sentía agasajada por igual, al recibir como obsequio, ya fuera una joya de valor o una simple flor. Con esto, me enseñó que la felicidad no provenía del objeto material, sino del amor con el que se entregaba.

Se enorgullecía tremendamente cuando hacíamos el bien. Ya obtuviéramos resultados a mayor o menor escala, siempre se alegraba si nuestros esfuerzos habían sido honestos. Una y otra vez nos ofrecía su servicio desinteresado. Cuando sufrí de un hombro dislocado, estuvo allí para llevarme al hospital en cuestión de minutos. Después de la cirugía, la primera persona a la que vi a mi lado fue a mi mamá. Tosí y dije:

—Mami, el humo de tu cigarrillo me sienta mal.

Ella se fumó dos paquetes de cigarrillos al día durante más de quince años, tal y como se llevaba entre las mujeres estadounidenses de la época. Sin embargo, solo de pensar que me causaba dolor, le dolía el corazón. Apagó el cigarrillo apresuradamente, con los ojos llenos de lágrimas. Avergonzada, se acercó a mi cama y me acarició la mejilla.

—Querido Richie, si al fumar te causo dolor, te prometo que jamás tocaré otro cigarrillo durante el resto de mi vida.

Nunca más fumó.

Mi padre tenía mucho en común con mi madre. Tuvo que dejar la escuela a los quince años para llevar comida a la casa, y trabajó para ayudar a sus padres durante la Gran Depresión. Más tarde, como hombre de familia, trabajó muchísimo para mantener económicamente a sus ancianos padres y su enfermiza suegra, junto con su propia familia. Los desafíos económicos parecían seguirlo como una sombra. En 1958, cuando yo tenía siete años, él y mi tío Irving invirtieron todo lo que tenían en una promisoria empresa de negocios. Se convirtieron en la concesionaria de autos más grande del área de Chicago para una nueva línea de Ford, el Edsel. Sin embargo, las ventas del Edsel cayeron en picado, por lo que se convirtió en uno de los mayores fracasos de la industria automotriz. En consecuencia, mi padre se declaró en banca-rrota y lo perdió todo. Vi cómo luchaba y trabajaba largas horas para protegernos de la pobreza.

Aparte de proveer para el bienestar de sus hijos, mi padre adoraba practicar deporte y jugar con nosotros, y cuando el tiempo se lo permi-tía, me llevaba a partidos de fútbol americano y béisbol. Más adelante, abrió un negocio de reparaciones de autos y, con el tiempo y un arduo trabajo, se enriqueció bastante. Aun así, desde la edad de quince años, desempeñé distintos trabajos después de la escuela y durante las vaca-ciones escolares. Nunca quise ser una carga para mis padres, un valor que había absorbido con su ejemplo.

El día antes de partir a la universidad, mi padre estaba especialmente emocionado.

—Richie —me dijo—, vamos a pasear en auto.

Manejamos por las tranquilas calles del bosque Sherwood en Highland Park, rodeados de los sonidos de niños que reían y jugaban.

—Hijo —comenzó a decirme—, mientras esté vivo, estaré siempre aquí para ti.

—Detuvo el auto y me tomó de la mano mientras se le quebraba la voz—: Como tu padre, espero que hagas lo mejor dentro de tus capa-cidades, sin importar si te vuelves exitoso o fracasas, cometas buenas o malas acciones, o incluso si me traicionas, mientras yo esté vivo, te amaré y estaré aquí para ti. Es una promesa por la que viviré y moriré. Por favor, no lo olvides nunca.

Lo escuché, abrumado. Sabía que cada palabra que decía era sincera y, por supuesto, se mantuvo fiel a su promesa, aunque yo lo pondría a prueba más allá de todas sus expectativas.

El autobús se detuvo en una colina fuera de una aldea y me sacó de mis recuerdos. Levanté el bolso del suelo, desaté las cuerdas y saqué una pluma y un aerograma iraní. Había llegado el momento de contar a mis padres mi decisión.

Mi querida familia:

Todo me ha ido muy bien. Los caminos a veces están llenos de baches, pero son buenos caminos. He estado pensando mucho y me he dado cuenta de que ahora es el momento de hacer algo que siempre he anhelado. He pensando y meditado mucho para asegurarme de que este es el camino correcto.

En el mundo, la gente ve la vida a través de diferentes prismas. Durante casi veinte años he estado mirando a través de los ojos del hombre occidental. He visto y experimentado las leyes, las filosofías, las religiones, las artes y todas las formas de vida de Occidente. Ahora quiero ver cómo se vive la vida en Oriente. No lo hago para escapar de mi vida anterior, sino para ver otra. Es algo que no puedo aprender en las escuelas porque allí solo me pueden hablar de esto desde puntos de vista parciales. De modo que iré a Oriente yo mismo. ¿Qué mejor educación existe que esa? No hago esto para afligirlos, así que, por favor, no se hostiguen con preocupaciones. Es imposible escribir tan a menudo como lo desearían. A veces simplemente no puedo encontrar un buzón. Gary ya no viaja conmigo, está en Israel, pero siempre voy acompañado. Díganles a mis amigos y familiares que los quiero.

Richard.

La carta fue sellada en Irán, y no tenía remitente.

9

E L AUTOBÚS QUE NOS transportaba atravesó un vasto desierto de aldeas con chozas de barro. Vimos una caravana de camellos serpentear a través de la planicie. Los camellos cargaban paquetes pesados, pero se pavoneaban hacia delante sin esfuerzo, con sus largos cuellos moviéndose lentamente de delante hacia atrás, sincronizados perfectamente con sus otras extremidades. En el calor del sol, unos nómadas, con las cabezas envueltas en turbantes con manchas blancas por el sol y la arena, montaban a camello o caminaban junto a sus animales. Aquí, bajo el cielo claro del desierto iraní, contemplaba un estilo de vida completamente ajeno al mío. Sentía que había viajado atrás en el tiempo. Mientras el sol reposaba en el horizonte, la noche persa iluminada por la luz de las estrellas hacía su entrada, tan tranquila y silenciosa que me quedé dormido.

Al abrir los ojos unos minutos después, me cegó un rayo de luz. Los letreros de neón eclipsaban las estrellas: Mobil, Shell, Exxon, Texaco. Parecía que habíamos avanzado varios siglos en el tiempo en cuestión de minutos, como si el autobús se hubiese convertido en una máquina del tiempo. Todos, excepto el chófer y yo, estaban dormidos. Habíamos llegado a las afueras de Teherán, donde el sah de Irán había sacado la alfombra roja para dar la bienvenida a las compañías de petróleo extranjeras. Desde donde estaba sentado, la ciudad parecía una isla iluminada por el neón que flotaba en un mar de un desierto sin tiempo.

En Teherán, algunos compañeros de viaje nos llevaron a Jeff, a Ramsey y a mí a un hotel que frecuentaban los jóvenes occidentales. Cuando subíamos a nuestra habitación, el olor punzante a hachís aumentaba con cada paso. Los *hippies* de Inglaterra, Alemania y California habían perdido el conocimiento en sus camas, y otros estaban tendidos en el suelo. «In-A-Gadda-Da-Vida», de Iron Butterfly, sonaba a todo volumen por los altavoces. Todos estaban drogados. Un joven, con su pelo rubio desaliñado sobre la cara, se tambaleaba hacia nosotros.

—Eh, hermanos, bienvenidos a casa —dijo arrastrando las palabras y con los ojos rojos medio cerrados—. Ponte en onda, drógate. Relájate y vuélate la cabeza. —Inhaló fuertemente de una pipa de hachís y nos la ofreció—: Fumen un poco.

En las mesas había varias bolas de hachís del tamaño de pelotas de *softball*. La gente que estaba en la habitación arrancaba pedazos continuamente para fumar o comer. Aunque estábamos abiertos a tales experiencias, esto era demasiado.

Ramsey expresó nuestra sorpresa.

—Dios mío, hay pena de muerte por la posesión de un gramo de hachís y ustedes tienen kilos visibles por todos lados.

Jeff se metió en la conversación.

—¿Están locos? Las nubes de humo salen por la puerta hacia el pasillo. Podrían matarte por esto.

Un *hippie* se tiró al suelo, se dio la vuelta y gritó:

—¡Qué mala onda eres, salte de aquí!

Una rubia despeinada que se metía papitas fritas en la boca y masticaba como loca no se calló.

—¿Qué te pasa? ¿Estás con nosotros o qué?

—No seas paranoico —dijo nuestro anfitrión, arrastrando las palabras, mientras fumaba de su pipa—. Cálmate o salte de mi nube.

Los tres nos miramos sin poder creerlo. Jeff murmuró:

—Tenemos que salir de aquí.

Llevábamos grabado en la memoria el aviso del Departamento de Estado de EE. UU. Mientras corríamos escaleras abajo, nos topamos con tres policías que subían. Se me ocurrió que estos *hippies* realmente estaban en una nube y que parecía que les iban a caer truenos y relámpagos.

Fue en Teherán donde estudié en silencio a los seguidores del islam. La religión era una gran parte de su vida diaria, y parecía que insuflaba belleza en su espíritu. Me inspiraba ver la integridad espiritual de los musulmanes de a pie amantes de Dios, pero me atemorizaba encontrarme con los que practicaban el extremismo en nombre de esa religión. Buscando la esencia de las religiones del mundo, esperaba entender mejor.

Viajando por el campo iraní, llegamos a Mashhad, un lugar de peregrinaje para los musulmanes chiitas. Aquí expresé mi deseo de pasar un tiempo solo, así que Jeff y Ramsey acordaron seguir adelante y quedar conmigo en Kabul, Afganistán.

Debía parecer un bicho raro: un estadounidense joven con el pelo hasta la espalda que llevaba un suéter de cuello alto y unos vaqueros a rayas sentado solo frente a una mezquita, alternando entre el Corán y la meditación. Un hombre me observaba desde la distancia e, interesándose en mí, se acercó hacia donde estaba sentado. Era un tipo alto, cuarentón, tenía los ojos color miel y un tono de piel claro. Llevaba una túnica y un turbante de un blanco impecable.

Hizo una reverencia respetuosa con la cabeza.

—Señor, permítame presentarme. Me llamo Ibraham. Soy residente de la ciudad sagrada de Mashhad. —Le extendí la mano—. Usted parece estar interesado en mi religión. ¿Podría hablar con usted?

Después de preguntarme sobre mi vida, estuvo de acuerdo en enseñarme más sobre el islam. Frente a la magnífica tumba de un santo, nos sentamos sobre dos alfombras pequeñas. Miró al cielo y dijo con voz profunda:

—Alá Todopoderoso te ha enviado a mí a esta hora y lugar sagrados. Este santuario es el lugar donde yacen los santos Imam Reza y Harun al-Rashid, y miles de peregrinos están ahora en Mashhad para observar el santo mes de Ramadán, el noveno mes del calendario musulmán.

Hizo una pausa y sonrió con dulzura; luego habló sobre cómo el profeta Mahoma recibió su primera revelación del santo Corán durante el mes de Ramadán.

—En una cueva, Gabriel, el misericordioso mensajero de Alá Todopoderoso, le reveló el santo Corán al profeta para traer la paz a todos los seres vivientes. —Juntó las palmas y se tocó la frente con la punta de los dedos índices—. Islam significa someterse a la voluntad de Alá, el Dios Todopoderoso de la creación. Por favor, escúcheme mientras le explico nuestras enseñanzas y prácticas.

Al poco, una multitud de peregrinos que miraban detenidamente nos rodeó. Definitivamente, yo era un bicho raro en este barrio.

Ibraham me condujo amablemente hasta la biblioteca de su casa. Me pareció que era un erudito liberal de las escrituras y parecía practicar los principios de su fe con sinceridad, generosidad y bondad. Sacó el santo Corán de un estante lleno de antiguos manuscritos árabes y persas y recitó un pasaje de invocación. Luego, levantando la palma de la mano al cielo, comenzó:

—El islam enseña que no hay más Dios que el único Dios, y Mahoma es su mensajero. Dios reveló su palabra para la humanidad a Mahoma y a otros profetas, incluidos Adán, Noé, Abraham, Moisés y Jesús. Mahoma es el último, o el sello, de los profetas. Por lo tanto, sus enseñanzas para la humanidad durarán hasta Qiyamah, el Día de la Resurrección.

Luego pasó a explicar cómo Alá Todopoderoso había enviado ángeles a la Tierra para ayudar a preparar a los fieles para el Día del Juicio Final, cuando enfrentarían su destino en el cielo o en el infierno. Dijo que los musulmanes creían que el testimonio escrito principal de revelación era el Corán, la última revelación de Dios a la humanidad. También me habló sobre las cinco obligaciones que los musulmanes tienen que llevar a cabo en su vida: creer en Alá como el único y verdadero Dios, ofrecer *namaz* u oración cinco veces al día todos los días, ayudar durante el mes de Ramadán, hacer actos de caridad con el necesitado y hacer *hajji* (el peregrinaje a La Meca) al menos una vez en la vida.

De esta manera, Ibraham habló durante horas sobre la historia y las enseñanzas de su fe. Era un caballero refinado, muy diferente al hombre que me había obligado a gritar el nombre de Dios en la tienda de té de Erzurum. Estaba recibiendo lecciones sorprendentes de cómo toda religión tiene muchos niveles de practicantes y cuán superficial sería generalizar sobre toda una religión por unos cuantos de sus seguidores.

Al ponerse el sol, que arrojaba un velo dorado sobre Mashhad, Ibraham me dio una caja decorada de frutas desecadas y se despidió para reunirse con su familia para romper el ayuno de Ramadán.

Arriba izquierda: George Harrison con su amigo y guía Shyamsundar.
Arriba derecha: El viejo amigo del autor, Gary (a la derecha) con su compañero de viaje, Hackett.
Abajo izquierda: Baba Ram Dass—el fundador de las fundaciones Seva y Hanuman y el autor de *Be Here Now.*
Abajo derecha: Keem Karoli Baba—un renombrado gurú y yogui místico.

Arriba: El templo Madan Mohan de Vrindavan.
Abajo: Asim Krishna Das (a la derecha) y el autor (a la izquierda del todo) justo después de su «corte de pelo fatídico».

Arriba izquierda: Swami Bon Maharaja—foundador del Instituto de Filosofía Oriental.
Arriba derecha: Krishnadas Babaji—un devoto intoxicado con Dios.
Abajo izquierda: Sripad Baba—Fundador de la Academia Vraja.
Abajo derecha: Visakha Sharan—un devoto y erudito de Vrindavan.

Arriba: Ghanashyam en su templo más cercano en Vrindavan.

Abajo izquierda: Ramesh Baba—un ascético devoto de Sri Radha dentro de Su hogar en Barsana.

Abajo derecha: El río Yamuna de Keshighat, Vrindavan.

Arriba: El templo de montaña de Sri Radha en Barsana.
Abajo: El *Samadhi* (templo sagrado) en Vrindavan del santo Rupa Goswami del siglo XVI.

Arriba: Pintura de Radha y Krishna con las *gopís* (pastorcillas de vacas) de Vrindavan.
Abajo izquierda: Los santos de *bhakti* Rupa Goswami y Sanatana Goswami.
Abajo derecha: Chaitanya Mahaprabhu (1486–1533), el Señor Supremo que se encarno como el *avatar* de amor divino.
Página Siguiente: Bhaktisiddhanta Sarawati Thakur—fundador-*acarya* de la Misión Gaudiya.
Próxima página: A.C. Bhaktivedanta Swami Prabhupada—fundador-*acarya* de la Sociedad Internacional de la conciencia de Krishna.

10

EN LA PARTE TRASERA de un camión, junto a bolsas de arpillera llenas de grano, llegué a la frontera de Afganistán. La condición precaria del puesto de inmigración indicaba la pobreza de la nación; aun así, los oficiales ofrecían una cordial bienvenida, muy diferente a la experiencia que tuve con otros guardias de frontera. Mi primera parada en Afganistán fue Herat. La gente allí era muy cálida y amable. En el inhóspito terreno desértico vestían ropas desgastadas, con polvo, y vivían en casas humildes. Aunque era la gente más pobre que había visto hasta entonces en mis viajes, todos a los que me encontraba me ofrecían una sonrisa y nadie pedía nada a cambio. Al contrario: estaban ansiosos por compartir lo poco que tenían. Cada día, en Herat, alguien me invitaba a su casa.

Por lo general, una familia vivía en una cabaña con una sola habitación. Compartían su pan conmigo con gusto. Mis anfitriones no sabían leer ni escribir. Aun así, muchos de ellos me dieron la impresión de ser humildes y sabios, y vivían con dignidad a pesar de las tribulaciones en sus vidas. Aunque no hablaban ni una palabra de inglés, la comunicación del corazón que compartíamos era especialmente satisfactoria para mí.

Un día de invierno en 1970, escribí una carta a casa en un pequeño puesto de té en Herat.

Hola, familia:

¿Qué tal va la vida? Ahora me encuentro en Herat, Afganistán. Es sorprendente estar aquí, en un país con gente que es amable y humilde por naturaleza. Son pobres, pero pacíficos.

Sé que es tarde, pero les deseo un feliz cumpleaños a papá y a Larry. Les deseo lo mejor del mundo.

Con amor,
Richard

Una mañana, muy temprano, decidí explorar el pueblo de Herat, y me encontré con un barrio muy diferente a cualquier otro que hubiera visto. Era por la mañana, tarde, y me encontraba en una polvorienta carretera. Observé a mi alrededor, al principio, disfrutando de lo que veía, y me transporté a un mundo de sencillez atemporal. Me palpitaba el corazón. Por allí paseaban los camellos; no se escuchaban bocinas ni vehículos modernos, solo sus pezuñas sobre la polvorienta carretera. Las familias se hacinaban en pequeñas casas de barro seco de un solo piso. Un punzante sabor a polvo árido me secaba la boca, y el olor a excremento de camello y madera ardiendo agredía mi olfato. La gente charlaba mientras se agachaba por el camino, vestida con su ropa tradicional afgana. Su vestimenta suelta era elegante, aunque desgastada y descolorida por el uso. Los hombres llevaban largas telas envueltas en la cabeza a modo de turbante, y muchos tenían la cara plagada de manchas y cicatrices, producto de la viruela. Su piel estaba seca y endurecida por los elementos, como si se tratara de cuero viejo, y las enormes y espontáneas sonrisas revelaban dientes cariados o ausentes. Las camisas anchas les llegaban por debajo de las rodillas mientras ejecutaban sus tareas sin preocupación aparente por el tiempo. Las mujeres se cubrían la cara con una fina red y vestían ropa azul o negra que iba desde la cabeza hasta el suelo, sin dejar rastro visible de su cuerpo. Un hombre ciego se sentaba a la orilla del camino y cantaba canciones religiosas en voz alta mientras golpeaba el cuero de un tambor.

Hacía frío, pero el humo de las cocinas llenaba el aire. De repente, casi sin esperarlo, caí literalmente de rodillas del choque cultural. El humo me quemaba los ojos. Me sentí mareado y con náuseas, profundamente desorientado y temeroso. Me resultó imposible identificar nada de lo que percibían mis sentidos. Completamente alienado, mi ego sucumbió a una dolorosa crisis. Arrodillado, sudando de la emoción, luché por vincular algo al mundo que conocía. Fracasé. Me sentí totalmente desconectado. Aunque la extrema pobreza era desalentadora, la gente de Herat parecía ser la más feliz y despreocupada que había visto. Esta combinación surrealista de pobreza y felicidad provocó un cortocircuito en mi cerebro.

Los ancianos se sentaban a la orilla del camino a fumar con largas pipas de agua. El perfume del polvo del árido desierto se mezclaba con el agrio aroma del hachís. Aquel espectáculo, los olores, los sonidos, eran desconcertantemente ajenos para mis sentidos. Me encontraba solo en una cultura en la que no existía nada con lo que yo pudiese relacionarme.

Sentado inmóvil en el camino, como un solitario extranjero en un universo distante, oré por ser liberado de esta confusión. ¿Qué me estaba sucediendo? ¿Cuál era la causa de esta confusión? ¿Por qué me sentía tan afectado? Luché por encontrarme a mí mismo. Desde mi nacimiento, me había identificado con mi entorno. Hasta aquel momento no podía imaginarme en qué medida estaba condicionado. Así como unas lentes verdes tiñen todo lo que vemos de ese color, tenemos una percepción concreta de la realidad según lo que nos rodea y experimentamos. Ahora, aquellas concepciones familiares se habían evaporado, dejándome en un tremendo vacío. «Dios, por favor, ayúdame. ¿Quién soy? ¿Quién soy? ¿Quién soy en realidad?».

El mundo a mi alrededor parecía desaparecer mientras mi plegaria y mi meditación me transportaban a un estado en el que la presencia del silencio interior predominaba sobre el mundo de los fenómenos físicos. Allí descubrí una valiosa verdad que despertó un sentido de refugio y libertad: «Yo soy el alma, diferente del mundo externo, un niño de Dios». El fuego del choque cultural había actuado como los rayos del sol que disipan la niebla de lo erróneo. Me sentí liberado. Inundado de gratitud, sabía que Herat siempre permanecería en un lugar sagrado del mapa de mi corazón.

Cuando recuerdo ese día, me acuerdo de cómo las plegarias pueden ser respondidas de formas inesperadas. Crecer puede requerir que nos sacudan en lo más profundo de nuestro interior. Al arrodillarme en aquel camino en Herat, algo murió dentro de mí, y dio paso a una realización interna necesaria para avanzar en mi sendero, igual que para alcanzar el mar cada ondulación del río debe renunciar a su estado presente y rendirse a la corriente.

Volví a mi habitación y me encontré con un hombre desplomado en el camino. Por debajo de su turbante había una cara bien definida por surcos profundos y pliegues arrugados. Su sonrisa sin dientes era radiante. Con la mano me hacía señas para compartir el hachís en su narguile. Sonriendo, decliné amablemente. Su cultura ya me había dado un efecto tan alto que recé para no olvidarlo nunca.

En Herat, me ofrecieron ir en camello hasta un lugar en el que podría tomar un autobús hasta Kandahar, en Afganistán central. El dilapidado autobús estaba lleno de campesinos pobres, y a nadie parecía importarle si habían pagado unos pocos centavos por el boleto o no. En el pasillo central había sacos de verduras, media docena de pollos, dos ovejas y una cabra. El sobrecargado y expuesto motor, la risa de los hombres y las mujeres y el llanto de los bebés proveían la banda sonora de este increíble espectáculo. De repente, el autobús se detuvo en mitad del vasto desierto. Todos descendieron de inmediato. ¿Era una emergencia? No, en absoluto. Los pasajeros desenrollaron cuidadosamente sus alfombras para orar en la arena y se orientaron en dirección a la sagrada ciudad de La Meca, llevando a cabo su *namaz* u ofrenda de postraciones y salutaciones a Alá y a su profeta Mahoma. Cada pocas horas, este ritual se repetía sin importar dónde estuviéramos. La religión de esta gente tribal era su vida. No eran mulás, ni sacerdotes, ni yoguis, ni monjes, sino gente ordinaria con sus familias. Aun así, en todas las situaciones y lugares, me impresionó cómo su devoción a Alá tomaba prioridad.

En Kandahar, la gente me saludaba cálidamente. Un hombre en particular, Hariz, tomó un interés especial en mí. Alto y bien acicalado, era una persona educada que había adquirido fortuna y respeto en el comercio. En sus empresas financieras y durante sus vacaciones, solía viajar al extranjero. Después de guiarme en una gira por Kandahar, me invitó a su espaciosa casa. Una noche tranquila, mientras estábamos sentados en la terraza discutiendo sobre filosofía, me dijo con mucha calma:

—Señor Richard, por favor, discúlpeme un momento. Tengo algo que atender. —Entonces saltó de la silla, elevó la cabeza a la luna y comenzó a aullar como un lobo—: ¡Auuuuuuuuuuuu! ¡Auuuuuuu! ¡Auuuuuu!

¿Qué estaba sucediendo? ¿Acaso este distinguido caballero se había vuelto loco? Tomó una larga soga con un lazo en la punta, corrió al otro extremo de la azotea y la lanzó a la calle. ¿Qué rayos estaba haciendo? Absorto y atento, muy despacio, subió la soga. Para mi asombro, había pescado un inquieto roedor del tamaño y forma de un hurón. Miré maravillado. Era una mangosta que por lo visto se paseaba por el pueblo de día y cada noche respondía al aullido de Hariz. Luego se metía en el lazo de la soga, y Hariz la subía para pasar la noche en la azotea. Mientras mi amigo y yo resumíamos nuestra conversación, sentí que la mangosta me subía por la espalda con sus afiladas y puntiagudas garras. Se arrastró bajo mi pelo largo hasta que llegó a la cabeza. Allí, se acomodó en mis gruesos rizos, hizo su nido y se fue a dormir. Sintiendo el cuerpecillo tibio que me respiraba profundamente en la cabeza, experimenté otro tipo de choque cultural.

Miré al anfitrión pidiendo ayuda.

— ¿Qué hago ahora?

Mi amigo se rio.

—Señor Richard, la mangosta encontró un buen nido en su pelo.

Sentía que se me rompería el cuello con su peso.

—Por favor, quítemela.

Hariz se puso serio. Bajo la estrellada noche, bebió su té y apretó los ojos.

—Esta es una antigua verdad: nunca despierte a una mangosta dormida —me advirtió. Puso la taza de té sobre la mesa—. El animal era sagrado para los antiguos egipcios, y un asesino feroz cuando se enoja. En la batalla, una mangosta mata a la cobra, la serpiente más mortal y símbolo de muerte. —Hariz bebió su té nuevamente y se recostó—. Si la despierta de repente, puede partirle la cabeza en pedazos. Señor Richard, no se mueva ni un milímetro hasta que se vaya por su cuenta.

Pasaron las horas y yo continuaba sentado, inmóvil, temiendo por mi vida. De vez en cuando la mangosta se movía y me clavaba las garras en el cuero cabelludo. Hariz ya no podía mantenerse despierto, así que se disculpó y se fue a dormir. Me había quedado allí sentado, solo. La oscura y desvelada noche en Kandahar no parecía acabar nunca. Me latía el cuello del dolor, pero me espantaba la idea de moverme. La mangosta que llevaba en la cabeza era como una bomba de tiempo que podía explotar en cualquier segundo. Le estaba perdiendo rápidamente el apego a mi cabello largo. Si los oficiales de inmigración ingleses hubieran llevado a cabo su promesa de afeitarme la cabeza, la vida sería más segura esta noche.

Traté de consolarme. ¡Al menos alguien apreciaba mi pelo! Sin embargo, la mangosta no había venido sola. Noté que unos voraces insectos comenzaban a morderme el cuero cabelludo y apagaban estos nobles pensamientos. ¿Por qué me estaba pasando esto? Sintiendo mi vulnerabilidad, me forcé a controlar mis emociones. Luego, meditando, traté de encontrarle sentido a todo. Me di cuenta de que nuestro libre albedrío podía convertir una maldición en una bendición o una bendición en una maldición. Sí, ridículo como pareciera, era posible que la mangosta hubiera sido enviada para enseñarme la sagrada virtud de la paciencia y la tolerancia. Soportar la dificultad y apelar a Dios eran una bendición inestimable. Transformar una crisis en una oportunidad era verdadera sabiduría.

Pasé el resto de la noche en un inusual estado de gratitud. Poco sabía yo que lo que la mangosta me había enseñado sobre la crisis me daría la fuerza necesaria en los momentos difíciles que me esperaban. Para cuando el sol finalmente salió, mi invitado sin invitación había disfrutado de unas buenas seis horas de sueño profundo. Luego hizo algo que me conmovió: la mangosta me miró con un afecto inocente, como si me agradeciera la hospitalidad. Dándome la espalda, se metió en el lazo de la soga con la que Hariz, que ya se había despertado, la haría descender a la calle para comenzar otro día.

Hariz me sonrió.

—Señor Richard, le imploro que me disculpe por la inconveniencia que sufrió. Nunca había sucedido nada así en mi casa. Sin embargo, alégrese de saber que, en nuestra cultura, es una actividad piadosa ofrecer hospitalidad a un invitado sin invitación. Usted le ha ofrecido hospitalidad a una de nuestras mangostas, y lo hizo sin las formalidades de rigor. Esta mañana se veía muy feliz y bien descansada.

Con el cuello dolorido y entumecido por la presión y la falta de descanso, consideré sus palabras. ¿Le oí decir mangostas, en plural? Decidí que en realidad no quería estar allí la próxima vez que alzara la cabeza al cielo y aullara como un lobo. Me rasqué la cabeza mordisqueada por los insectos y, loco por irme, suspiré.

—Hariz, muchas gracias. Ha hecho mucho por mí. Pero creo que será mejor que me vaya.

Una noche, mientras caminaba solo por una de las calles de Kandahar, un hombre pequeño con solo un ojo y un brazo me tomó de la mano. Me dirigió hacia un callejón a poca distancia de allí y me jaló hacia unas escaleras en espiral. Estaba completamente oscuro. Mientras descendíamos por los peldaños de piedra, me preguntaba por los misterios que tendrían lugar. Una vez bajo tierra, sentí que me empujaban hacia un sótano oscuro y frío. Mis ojos comenzaron a ajustarse a la oscuridad y vi una oxidada lámpara que emitía un poco de luz. Su llama titilaba en el techo y las paredes de piedra desmoronada, donde las telarañas y las cadenas de hierro colgaban de modo amenazante. No había ni una sola ventana o mueble. En el suelo de tierra estaban en cuclillas una decena de ancianos descalzos vestidos con polvorientas y rasgadas ropas y turbantes. Se arrimaban alrededor de un montículo misterioso. ¿Qué podía ser? Mis ojos se ajustaron a la oscuridad y vi que era una montaña de hachís negro afgano, tal vez unos cuantos cientos de kilos. En Europa me habían dicho que se encontraba entre los más caros del mundo. Los pobres ancianos estaban arrancando continuamente pedazos de la montaña y formando tortitas del tamaño de la palma de la mano para contrabandearlos fácilmente. Mi escolta me abandonó en un rincón y se unió a los demás para hacer las tortitas de hachís.

«Qué extraño», pensé, «¿qué hago aquí?». Probablemente no podría encontrar la salida aunque quisiera. Alguien se puso de pie y encendió una antorcha. Como un alto sacerdote en procesión al altar, marchó a un lado de la habitación. Allí estaba lo que parecía ser una deidad venerable: un narguile masivo. El hombre prosiguió a alimentar la gigante boca de la pipa con kilos de hachís y la encendió ceremoniosamente con la antorcha. Entonces, otro hombre se puso de pie, se acercó a la larga y curva boquilla y, con todas sus fuerzas, inhaló profundamente hasta que se le llenaron los pulmones por completo. Luego, quitando la boca de la boquilla, exhaló e inhaló otra dosis. Una y otra vez, succionó con fuerza grandes volúmenes de humo de hachís. Era increíble. Enseguida, por sí solo, una gruesa corriente de humo salía de la boquilla, y aun así, continuaba inhalando e inhalando. Era antinatural. Cuando traspasó los límites sobrenaturales, sus pulmones se colmaron. Cayó a tumbos sobre el suelo, se sacudía sin control y tosía con tanta fuerza que creía que se le iban a salir las tripas.

Mientras tanto, el resto de los hombres, con toda tranquilidad, continuaban haciendo sus tortitas de hachís. Después, otro hombre se acercó al enigmático narguile y repitió el mismo ritual. El humo salía de la boquilla y, finalmente, cuando alcanzó el clímax, cayó al suelo de tierra. Revolcándose, también tosía sin cesar. Todos en la habitación repitieron el mismo e increíble espectáculo. Una vez recobraban el control de su tos, cada hombre, con mucha calma, se unía a sus hermanos para hacer tortitas y se acuclillaba alrededor de la pila de hachís, dándole paso a la siguiente víctima del narguile. Cada hombre tomó su turno varias veces mientras que el narguile consumía hachís kilo a kilo y fumador por fumador. «Estos viejos afganos son, sin duda, doctos en el arte de drogarse», pensé. «En comparación, los orgullosos *hippies* de Occidente apenas son niños de guardería».

Una densa nube de humo de hachís invadía el sótano sin aire. Los ojos me ardían. Solo de respirar me sentía más drogado que nunca antes en mi vida. Había llegado mi turno. Me llevaron al narguile. ¿Sería yo la siguiente ofrenda de sacrificio a la deidad? Una densa corriente de humo de hachís salía de la ancha boquilla. ¿Cómo debía hacerlo? Tambaleándome, me acerqué. No había llegado a la boquilla para comenzar a succionar cuando una corriente de humo atacó mis pulmones como una serpiente que entra en el hoyo de un ratón. Caí al suelo, rodando violentamente hacia atrás y hacia delante. Me brotaban lágrimas de los ojos mientras tosía con tanta fuerza que pensé que los pulmones y la garganta se me desharían en pedazos. Mientras tanto, los fumadores veteranos se palmeaban las rodillas, se sacudían y reían a carcajadas, pues tenían ante ellos a un joven estadounidense de un tercio de su edad que ni siquiera podía alcanzar la boquilla.

Esta era su recreación nocturna, pero a mí me pareció demasiado. Me arrastré hasta mi rincón, cayéndome contra las paredes. Sentí torrentes de energía que me paralizaban todos y cada uno de los miembros mientras unas extrañas visiones aparecían en la inmensidad de la nube de humo. Todo sonido era una música extraña, y mi mente parecía haberse sumergido en un torbellino más allá del tiempo y del espacio. No me podía mover, y no había adónde ir. Los ojos se me quemaban con las lágrimas. Alucinando, observé las olas de humo ascender del narguile y adoptar la forma de unos demonios fantasmagóricos que venían a devorarme.

Reflexioné sobre la época en la que busqué alivio, felicidad o sentido a través de la embriaguez. ¿Qué había conseguido? Mi mente vagaba hacia los drogadictos y alcohólicos que había encontrado en los barrios bajos de las ciudades de Estados Unidos. Mis compañeros de escuela habían sucumbido a las drogas, volviéndose indefensos esclavos de la adicción. Recuerdo a un alma querida que se volvió loca por consumir demasiado LSD, una inteligente estudiante universitaria que, en pleno éxtasis, comenzó a trinar como un pájaro. Todos estaban entretenidos hasta que trató de volar por la ventana de un segundo piso. Un año más tarde aun creía que era un pájaro, pero entonces trinaba en la celda de un hospital psiquiátrico. A veces, yo también busqué la paz en los estupefacientes. Me hicieron creer que los estimulantes químicos o de hierbas podían inducir percepciones espirituales superiores, pero rápidamente me di cuenta de sus limitaciones. Se trataba de un estado artificial que me alejaba del anhelo de mi corazón. Debía avanzar.

Devorado por una nube de tormentos en aquel sótano de hachís en Kandahar, un voto salió de mi corazón: «Querido Señor, nunca más caeré en la complacencia de los estupefacientes».

Salí a trompicones de la habitación hacia la calle, sin dejar de tambalearme.

L a última noche en Kandahar, en un oscuro puesto de té abarrotado de gente, me senté en cuclillas con los locales. De repente, todos centraron su atención en un niño ciego que se tropezaba con un rústico instrumento de madera que llevaba y que tenía una sola cuerda clavada en transversal. Tal vez contaba con dieciséis años y, como los otros, vestía trapos llenos de polvo que cubrían holgadamente su escuálido cuerpo. Me tembló el corazón: nada le cubría los ciegos y desfigurados ojos. A pesar de su extrema pobreza, sonreía radiantemente mientras vertía cuerpo y alma en las canciones que cantaba alabando al Todopoderoso Alá con su instrumento de una cuerda. Su dulce voz y su sincera emoción nos hipnotizaron a los seis que estábamos en aquel pequeño puesto. La espontánea dicha de aquel niño ciego alumbró el lugar con un regocijo sobrenatural durante una hora. Tiraba de una sola cuerda y lloraba alabando al Señor.

Me sentí conmovido. Era indigente, ciego, iletrado y pobre. Aun así, hasta en su humilde estado, cantaba sobre el vasto tesoro de dicha que encontraba dentro de su corazón: su amor por Dios.

Kandahar había sido extraordinaria. De una mangosta, aprendí la paciencia; del sótano con adictos al hachís, la templanza; y de un niño ciego, el regocijo espiritual. Agradecido por todo lo que había aprendido en la ciudad, me despedí de ella.

11

AMONTONADO JUNTO A OTROS pasajeros, me encontraba en un autobús hacia Kabul. Dos bancos de madera donde sentarse se extendían a lo largo del autobús. En el medio, docenas de gallinas aleteaban, esparcían plumas por el aire y cacareaban con fuerza. Los gallos cantaban, abriendo las alas y sacando pecho. Las cabras husmeaban buscando algo para comer mientras otras cuantas rodeaban a su dueño, balando enloquecidamente. Los animales traían consigo moscas y otros insectos exóticos. Una cabra muy sociable se me quedó mirando a los ojos como si estuviese suplicando misericordia. Luego, con gran entusiasmo, masticó el dobladillo de mis pantalones, algo que debió resultarle delicioso, pues otra cabra se unió para masticar el otro dobladillo. Más tarde, una gallina me saltó sobre las rodillas y me picoteo en los muslos.

Este corral ambulante era una rutina diaria para los pasajeros, que me miraban fijamente y me sonreían. Quizás también estaban experimentando un tipo de choque cultural al ver a una criatura como yo vestida con unos vaqueros grises de rayas, suéter de cuello alto gris y el pelo largo ondulado. El autobús se detuvo y todos los pasajeros humanos se dirigieron hacia el desierto. Allí, colocaron sobre el suelo sus alfombras, sobre las cuales oraban y ofrecían oraciones hacia la santa ciudad de La Meca. Solo los animales y yo nos quedamos en el autobús.

Una vez leí que los humanos sin rumbo espiritual son como animales de dos patas. Aunque había estado explorando y aprendiendo sobre las distintas religiones, todavía sentía que no tenía un camino claro. Mientras los devotos musulmanes rezaban fuera, me sentía entre colegas dentro del autobús.

Kabul, considerada en su día la capital del Imperio mogol, era una hermosa ciudad en lo alto de una meseta montañosa rodeada de picos cubiertos de nieve. Sabía que era la capital y la ciudad más importante de Afganistán. Allí me reencontré con Jeff y Ramsey, quienes llevaban en Kabul aproximadamente una semana y estaban ansiosos por continuar el viaje por la famosa Grand Trunk Road hasta la India. Planeamos viajar juntos hasta Pakistán a través del paso Jáiber. Una mañana temprano, fuimos a la parada de autobús donde Jeff había comprado los boletos. Antes de abordar, todos los pasajeros tenían que presentar sus documentos a los agentes de inmigración que estaban parados fuera del autobús. Jeff y Ramsey estaban delante de mí en la cola y, tras pasar por algunas formalidades, abordaron. Pero cuando llegó mi turno, se creó una conmoción. Un agente me arrancó el pasaporte de las manos y me arrastró hasta la oficina de inmigración. Para mi desgracia, el chófer del autobús aceleró el motor y se alejó, llevándose mi boleto. Jeff y Ramsey seguían en el autobús, sin darse cuenta de que me habían dejado atrás. Resultó que otro agente de inmigración había escrito la fecha incorrecta de mi salida. Al darse cuenta del error, me dejaron ir.

Solo, en Kabul, me preguntaba cómo proceder. Era impensable hacer dedo solo a través del paso Jáiber, famoso por ser una de las zonas más anárquicas sobre la faz de la Tierra. Había escuchado auténticas historias de terror sobre esta región entre Afganistán y Pakistán durante mis viajes, historias de precipicios nefastos y de tribus en guerra que no aceptaban ninguna ley. Como los habitantes del Viejo Oeste de EE. UU., resolvían disputas con rifles cargados y disparos, y aceptaban los asesinatos y el robo como un estilo de vida. Había escuchado que asaltaban autobuses de turistas, robaban a los pasajeros y, a veces, los mataban. También que las empresas de autobuses tenían que pagar al líder del grupo para proteger sus vehículos de tal violencia. No sabía cuán ciertas eran estas historias, pero desde luego que no era el lugar para averiguarlo. ¿Qué debía hacer? No tenía dinero para comprar un boleto de autobús. Caminé por las calles de Kabul solo, pensando en mi destino.

Así transcurrió el día. Con la noche, llegó el frío helado. No tenía ropa para abrigarme ni tampoco adónde ir. La luna llena era como un bloque de hielo. Temblando, me senté al lado de una carretera solitaria, cerré los ojos en meditación, me acerqué la armónica a los labios y toqué una canción del corazón. Más tarde, cuando abrí los ojos, una joven mujer curvilínea estaba parada frente a mí, con su pelo rubio oscuro ondeando en el viento. Me miraba con compasión.

—¿No te estás congelando aquí, en plena noche, sin ropa de abrigo? —me preguntó.

Temblaba mientras me miraba larga y fijamente con sus ojos azul brillante. Le conté lo que me había ocurrido.

—Soy de Holanda —me contestó con ternura—, pero vivo en Kabul desde hace varios años. Puedes venir a mi casa y mantenerte caliente.

Agradecido, la seguí.

Caminamos por la calle helada, atravesamos una puerta y me llevó hasta un bonito cuarto cálido y adornado con cortinas doradas y verdes. Había un sofá blanco y una mesa de comedor con sillas. Me invitó a sentarme en el cómodo sofá. Era algo que no experimentaba desde que había dejado la casa de mi familia en Highland Park, y parecía que habían transcurrido siglos desde entonces. La holandesa me invitó a la mesa de comedor, donde me sirvió pan tostado con mantequilla, verduras cocidas y, de postre, un pastel de chocolate. Pensé que haber perdido el autobús había sido una bendición.

Después de una conversación informal, me invitó a dormir.

—Debes estar terriblemente cansado después de haber estado sentado en el frío durante tanto tiempo. —Me llevó al otro lado del cuarto, donde había dos camas—. Aquí está tu cama. Yo dormiré en mi cuarto.

De repente, apareció un hombre gigantesco desde el otro cuarto. Mi anfitriona me lo presentó.

—Este es mi guardaespaldas. Es un guerrero afgano que me sirve.

Miré a aquella figura enorme frente a mí. Medía como dos metros y su cuerpo parecía una montaña, con cada extremidad musculosa como una piedra. Su pelo largo y graso era negro como el carbón, y tenía una barba descuidada que le cubría la cara. Me senté en mi cama y el guerrero afgano se sentó en la otra. Entrecerró los ojos negros como la boca de un lobo y escudriñó los míos. Luego extendió las manos sobre la cabeza y bostezó prolongadamente, como si fuese un rugido. Su cuerpo emanaba hedor a sudor.

—Él es mi protector —continuó mi anfitriona—. Lo he visto triturarle el cráneo con el puño a un hombre. Ahora vete a dormir.

Pasó a otro cuarto adjunto. Antes de desaparecer por una cortina de cuentas, apagó la luz y dijo:

—Yo me iré a mi cuarto.

El guerrero afgano erá mi compañero de habitación y, por extraño que parezca, me sentía seguro con él a mi lado. La casa era tan cálida y cómoda que me sentía muy afortunado al reposar mi cuerpo cansado sobre la cama. ¿Cómo podría haber sobrevivido a la noche helada si esta amable mujer no se hubiese apiadado de mí? Me cubrí con la cobija y disfruté el momento mientras me quedaba dormido.

Unos minutos después, me despertó un ruido. Era mi anfitriona, que había abierto la cortina de cuentas que separaba los cuartos. Solo llevaba puesto un camisón de seda transparente. Olía a incienso y se escuchaba una música suave. Se acercó a mi cama y me dijo palabras muy dulces al oído.

—Eres tan joven y bueno.

Sus ojos brillaban de pasión. Dejó caer el camisón, me presentó su cuerpo desnudo y luego, rodeándome con los brazos, reposó su cuerpo perfumado sobre el mío. Desconcertado, luché por enfocarme en el propósito de mi viaje.

—Lo siento, no quiero esto. Por favor, déjame dormir —le rogué. Persistente, intentó excitarme de varias maneras—. Por favor, déjame en paz.

Era todo lo que podía decir. Atormentado, me quedé quieto, como un pez muerto y frío.

En un frenesí de pasión, me susurró al oído:

—Si no me dejas satisfacer mi deseo, mi guardaespaldas te triturará el cráneo. No puedes escapar.

Al sentirse despreciada, lo llamó. El guerrero se levantó de la cama, saltó al otro lado del cuarto y se paró frente a nosotros.

—Cede. Cede o morirás —gruñó.

La mente me daba vueltas. Mientras la seductora mujer se aplicaba en sus esfuerzos por someterme, yo temblaba debajo de ella. Mientras tanto, el guerrero afgano nos miraba desde arriba. Me agarró por el pelo y gruñó:

—Cede o morirás. Cede o morirás.

Las palabras eran como bombas que explotaban en mi cabeza. Las preguntas me sacudían la mente. ¿Era esto una pesadilla? ¿O cedo o muero? ¿Por qué me pasaba aquello?

De repente, empujé a la mujer con todas mis fuerzas, agarré mi bolso y mis zapatos y corrí hasta la puerta; me dejé hasta el saco de dormir. Ella gritó. El guardaespaldas pegó un alarido y se lanzó a capturarme, pero lo eludí. Salí disparado por la puerta con todas mis fuerzas y llegué hasta la calle. El guerrero no andaba muy lejos. Lo oía gritar, furioso. Corrí sin mirar atrás, aterrorizado por el pensamiento de que su enorme puño triturase mi frágil cráneo. Corrí, corrí y corrí. Y de alguna manera, escapé.

Una vez más, estaba solo sin un lugar adonde ir, en plena noche. Mientras vagaba por las calles vacías de Kabul, me di cuenta de que la noche gélida a la que anteriormente temía ahora me concedía refugio. La luna helada que me congelaba los huesos radiaba una calidez que nutría mi mente cansada. Caminando sin dirección, era libre. Miré larga y fijamente las estrellas y reflexioné sobre el poder de la pasión. El sexo podía ser un regalo de Dios, pero cuando se convierte en una obsesión, se apodera de la inteligencia y lleva a la gente a cometer actos abominables para satisfacer su lujuria. Cuando se frustra la pasión, la gente pierde el buen juicio. Pensé en el hecho de que, a lo largo de la historia, han existido muchos santos en todas las tradiciones que formaron hermosas familias utilizando el sexo como ofrenda divina. Entonces comencé a preguntarme por qué, a lo largo de la misma historia, muchos santos hacían votos de celibato. Cuanto más lo pensaba, más trataba de contestar a mi propia pregunta. Tal vez se dieron cuenta de que el encanto del sexo opuesto era una distracción para su dedicación exclusiva a Dios. Quizás estaban determinados a dirigir esa poderosa energía hacia la oración y la devoción. Quizás eso era lo que yo, también, estaba buscando. Sin ninguna duda, explicaría por qué le di la espalda a Irene en Italia. «El amor es la ofrenda del corazón», pensé. «El amor puro debe ser desinteresado, sin motivos egoístas». Mientras la luna llena se posaba sobre Kabul y cubría las montañas con sus rayos, el voto de mantenerme célibe durante el resto de mi vida llenó mi corazón. Envuelto en el penetrante viento frío, recé a Dios para que me ayudase a mantener mi compromiso.

Al salir el sol por las panorámicas montañas de Kabul, me apresuré hasta la parada del autobús, preguntándome lo que me depararía el destino. Por suerte, Jeff me había enviado mi boleto con el chófer del autobús, que estaba de vuelta. Incluyó un poco de dinero también. Antes de abordar el autobús, me di la vuelta para ver la ciudad de Kabul por última vez. En esta meseta montañosa de Afganistán di un gran paso en mi viaje interno hacia la iluminación, rezando para poder aceptar un voto difícil que estaba determinado a seguir. Me sentía sumamente agradecido.

A través de mi ventanilla, veía levantarse abruptos precipicios en una tierra árida. En las laderas, los pobres granjeros trabajaban arduamente para cultivar unas escasas cosechas. Evidentemente, las escabrosas montañas del desierto aislaban a esta gente del paso Jáiber en su propio mundo. Los vecinos del lugar cargaban rifles en el hombro, y algunos se colgaban correas de balas en el pecho para protegerse. Montado en el autobús, que daba brincos por la carretera, pasamos por fábricas de municiones donde se fabricaban rifles rudimentarios al alcance de todos. En la distancia, se veían largas caravanas de camellos con cargamento amarrado a sus lomos, paseándose tranquilamente por los polvorientos caminos.

El autobús se sacudía y traqueteaba cuando pasaba por los baches, esforzándose por avanzar a través del paso Jáiber. Cuando miraba por la ventanilla, me imaginaba a Alejandro Magno en su marcha para invadir la India en el siglo IV a. de C.; las sangrientas invasiones mongoles de Gengis Kan en el siglo XIII; los masivos ejércitos mogoles guiados por sus emperadores, marchando para conquistar y saquear el subcontinente, y los soldados británicos siendo masacrados por los miembros de una tribu. Durante generaciones, el derramamiento de sangre y la muerte habían sido sucesos cotidianos para las tribus pastunes locales.

Aunque la lucha por la supervivencia se veía en las caras de los miembros tribales, también parecían estar estampadas de un tipo de gracia austera. Al recordar todas las historias horrendas sobre ellos, ahora me sentía feliz de honrar a esta gente, aunque fuera a través de la ventanilla del autobús.

De noche, el autobús nos dejó en Peshawar (Pakistán). Mi curiosidad me llevó hasta una afable anciana con un velo negro que estaba sentada en el camino. Frente a ella, había extendido un pedazo de arpillera en el que mostraba una variedad de baratijas. Me acerqué para ver su mercancía.

Nudilleras de bronce. Vendía nudilleras de bronce decoradas con piedras semipreciosas e incrustadas con púas afiladas para penetrar la piel y desgarrarla al sacarlas. Me enseñó un botón escondido en la nudillera y, cuando lo apreté, ¡zas!, salió una navaja. La mente me daba vueltas. La anciana insistía en que regateara con ella, pero la rechacé con cortesía y seguí mi camino.

Ahora la India estaba al lado. Continué ansiosamente con mi viaje por tierra hasta la antigua ciudad de Lahore para recibir mi visa india. Por el camino, conocí a personas amables que hicieron sentirme en Pakistán como si estuviese en casa, dándome comida y llevándome en camiones y autobuses. Por la mañana temprano, esperé fuera de la embajada de la India, en Lahore. Se veían grandes halcones que volaban sobre el área en el cielo abierto. Cuando las puertas de la embajada abrieron por fin, entré y presenté mi pasaporte tímidamente al funcionario. Al sellarlo, mi corazón se llenó de gozo. Me sentí como si fuese una visa al reino de Dios. La India ahora estaba a un paso. La tierra de los yoguis, de los lamas y de los sabios me esperaba.

12

E L SOL ALUMBRABA CLARO y brillante en el fresco aire invernal. Partí hacia Lahore al amanecer, caminando y haciendo dedo durante cincuenta y cinco kilómetros por un camino de tierra que atravesaba campos de trigo, algodón y mostaza amarilla. Los árboles de acacia se alineaban en los bordes del camino, y a veces marcaban el terreno. De lo contrario, los árboles escaseaban. Aun más escaso era el tráfico. Los pocos vehículos que pasaban muy de vez en cuando excitaban tanto mis sentidos como los turbantes y vestimentas tradicionales. Los camiones decrépitos pasaban con gran estruendo, cada uno pintado de forma intrincada y brillante, como el auto psicodélico de una rica estrella del *rock*. Ocasionalmente, aparecía un carro tirado por toros, con altas cargas de trigo ganado y familias completas. En transportes de este tipo, y por mi propio pie, llegué a la frontera de Hussainiwala para cruzar al norte de la India.

Mi corazón se henchía de la expectación mientras me acercaba a unos oficiales de inmigración. Sentí que había envejecido treinta años durante los seis meses que había pasado cruzando Europa y el Medio Oriente, pero sabía que las pruebas que había pasado eran purificaciones necesarias para entrar en la sagrada India. Ahora me encontraba muy cerca, a tan solo pasos.

Había solo una corpulenta mujer sentada detrás del escritorio de inmigración que separaba mi destino de mi persona. Su rígida mirada no era nada amable. Vestía un monótono uniforme militar y estaba sentada bajo el sol punyabí. Me paré frente a ella lleno de esperanza y cubierto de polvo. Le entregué mi pasaporte. Las fuerzas de seguridad de la frontera de la India la flanqueaban por ambos lados, con los rifles atravesados de hombro a hombro. Mientras examinaba cada hoja del pasaporte, mis pensamientos me llevaron al momento en la cima de la montaña en Creta, cuando decidí seguir mi corazón hasta la India. Algo me pasó en lo alto de aquella montaña. Algunos, lo sé, lo describirían como una aberración de la mente creada por horas de plegaria en soledad, o lo achacarían a algún tipo de alucinación producto del ayuno. Sin embargo, sentí que Dios se me había aparecido en el corazón, y que yo había escuchado sus palabras fuerte y claramente: «Ve a la India». Desde entonces, creí que el Señor me llamaba hacia él en la India.

Desde mi travesía por el Medio Oriente habían pasado tres meses y más de cinco mil kilómetros, y cada momento había sido diferente a cualquiera que pudiera haber imaginado de niño, viendo el mundo a través de lentes inadecuados, proporcionados por unos Estados Unidos suburbanos. A cada kilómetro, mi corazón volaba hacia las sagradas tierras de la India y a un encuentro sin el que yo sabía que no podría vivir.

Anhelaba la India. Allí, el deseo más profundo de mi corazón podía volverse real. Mi corazón y mi alma estaban ya con los yoguis, en sus *ashrams* en las cimas de las montañas. Durante meses, y pasando peligros inimaginables, me propuse continuar con el fin de encontrarme con ellos. Ahora, a un paso de mi objetivo, me encontraba parado, esperando frente a una guardia fronteriza que tenía en su mano burocrática mi pasaporte a la India.

Miró hacia arriba después de examinarlo, sin expresión alguna en su cara.

—Muéstreme cuánto dinero trae.

Nerviosamente, metí la mano en mi bolso de tela, y la agente se inclinó hacia adelante en su silla. Solo había unas pocas monedas para mostrarle.

Adoptó una expresión de disgusto.

—Usted necesita doscientos dólares mínimo para entrar. —Se acomodó nuevamente en el asiento y cruzó los brazos uniformados a lo ancho de su pecho, estudiándome con recelo—. ¿Dónde está su dinero?

Mirando al suelo, balbuceé:

—Esto es todo lo que tengo ahora.

—Entonces no puede entrar. —Tiró el pasaporte sobre el escritorio, que ahora se había convertido en una pared entre nosotros—. Vuélvase a su país.

Sus palabras eran como flechas que atravesaban mi corazón.

—Pero viajé por tierra durante meses, arriesgando mi vida para ver su país. Ardo en deseos por estudiar sus religiones de la gente sagrada. —Desde muy lejos, escuché mi voz suplicar—. Abandoné la comodidad de un hogar estadounidense por mi amor a la India. Por favor, deme una oportunidad.

Me echó una mirada desafiante.

—Ya tenemos suficientes mendigos en la India. No queremos otro más. —Le hizo una seña a uno de los guardias y este elevó su rifle—. Usted no entrará en la India. Ha sido rechazado. Ahora vuelva por donde vino.

—Pero...

—No se hable más. No hay nada más que discutir.

Se levantó de la mesa, me dio la espalda y se marchó a las barracas.

La seguí, tratando de hacerla cambiar de opinión, pero me hizo callar. Su edicto final, «usted no puede entrar a la India», me laceró el corazón. Sus compañeros, quienes hasta aquel momento parecían duros e impasibles, de repente, bajo su orden, elevaron los rifles y me ordenaron retirarme de inmediato. Temblando, caminé un trecho del camino detrás de mí y me senté bajo la sombra de un gran árbol de nim. Mientras observaba la verde planicie de la campiña del Punyab, mi mente no dejaba de dar vueltas. ¿Adónde iré? ¿Qué haré?

Desconozco cuánto tiempo permanecí allí sentado e inmóvil. Sin embargo, cuando tomé conciencia de mi alrededor nuevamente, sabía que no podría dar marcha atrás. Si aquella guardia no me concedía permiso para entrar en la tierra del deseo de mi corazón, yo había resuelto permanecer en el polvo, bajo aquel árbol. Jamás pensé que mi entrada a la India fuese denegada.

Ignorante de la política, como lo era ¿cómo iba a saber que en aquel entonces la India y Pakistán estaban en vísperas de una tercera guerra desde la partición del país? ¿Cómo podía imaginarme que un año más tarde, en diciembre de 1971, una guerra sangrienta se desataría en la misma frontera donde ahora me encontraba? Nadie me había prevenido de que me estaba arriesgando a entrar por una de las fronteras más tensas del mundo, segunda en notoriedad después del punto de control Charlie, en Berlín. En Hussainiwala, dos ejércitos estaban preparados, uno en Pakistán y otro en la India, cada uno esperando enfrentarse militarmente a cada lado de la frontera.

Aquella soleada tarde invernal, mientras recorría penosamente el camino de vuelta a Pakistán, yo desconocía aquellos datos. Allí, desde un asiento en el polvoriento suelo, podía ver a mi frustrada antagonista, caminar de un lado al otro de las pequeñas barracas, al otro lado de la ventana. ¿Esperaba que la sobornara un alma que ella confundió con una que poseía la influencia derivada de un nacimiento en Occidente, solo por tener la piel blanca? ¿Podía ella adivinar todo por lo que yo había pasado para llegar a aquel aislado puesto fronterizo? «¿Alguna vez entraré en la India?», me preguntaba. Después de hacer dedo desde Londres, ¿sería posible que me rechazaran en la frontera de la India por falta de dinero? Sintiéndome un exiliado, los pensamientos me llevaron hasta mi mejor amigo y compañero de viaje. En nuestra despedida, Gary también se veía como un exiliado. ¿Dónde estaría ahora? ¿Qué habría sido de él? ¿Habría logrado llegar a Israel? Sentado en el polvo de aquella planicie del Punyab, viendo la brisa ondular un pabellón de mostaza en flor, extrañé a mi amigo.

Me levanté varias veces en un periodo de horas desde debajo del árbol hasta la frontera, pero la oficial me ignoraba una y otra vez. Al final, como último recurso, le supliqué nuevamente. Dio un golpe fuerte en el suelo con su bota militar.

—Usted está poniendo a prueba mi paciencia. —Me clavó su pequeño y regordete dedo en la cara, con los labios temblando—. Le he dicho que ha sido rechazado. ¿No me escuchó? Esta es mi última advertencia. No me vuelva a molestar.

Volví a mi árbol y pasé el día sumido en pensamientos turbulentos. El sol descendía, y observé que iba a tener lugar un cambio de guardia en el escritorio de inmigración. Un hombre mayor había venido a relevar a la mujer de su puesto. Era un sij alto con un turbante elegantemente envuelto del mismo color insulso que su uniforme militar.

Sin saber qué más hacer, me acerqué humildemente al nuevo oficial y recé en mi interior. Le entregué el pasaporte y le supliqué:

—Por favor, permítame entrar en su gran país.

Su voz sonaba fría y desinteresada.

—Me advirtieron de que usted era un fastidio. He recibido órdenes estrictas de denegarle la entrada. Ahora, muéstreme suficiente dinero o vuelva atrás.

Las lágrimas me brotaban de los ojos mientras le explicaba mi vida y mis aspiraciones espirituales.

—Dejé atrás la comodidad de Estados Unidos para buscar los tesoros espirituales de la India. Arriesgué mi vida, hice dedo desde Londres para llegar hasta su patria. Ansío encontrar el camino de Dios. Por favor, apiádese de mí. Le prometo que algún día haré algo bueno para su gente de la India. Le digo de corazón, señor, que ayudaré a sus paisanos. Por favor, deme una oportunidad.

Los ojos se le llenaron de lágrimas.

—Deme el pasaporte. —Mientras la luz del día se extinguía, hojeó mi documento; luego me miró a los ojos y dijo—: A veces un hombre debe seguir el dictado de su corazón. Creo en sus palabras.

Extendió el brazo sobre la mesa, tomó el sello de goma por el mango de madera, lo presionó sobre una almohadilla con tinta y, de un golpe, estampilló mi entrada legal a la India.

—Hecho —dijo, cerrando el pasaporte y dándomelo de vuelta. Con una afectuosa sonrisa, me puso la mano sobre la cabeza—. Hijo, te doy mis bendiciones. Que encuentres la verdad que tanto anhelas. Bienvenido a la India.

II

Madre India

1

MIENTRAS ME ADENTRABA EN lo profundo de la campiña de la India, los sentimientos me apabullaban. Caía la noche. En mi corazón abracé cada hoja de los árboles, cada estrella en el cielo y cada planta de los campos. Todo era inquietantemente nuevo y a la vez profundamente familiar. Mientras el crepúsculo cedía, una profunda quietud cubría los verdes campos que se extendían en un horizonte distante. Los pájaros trinaban, y las ranas y los grillos cantaban. Sabía que solo nunca habría podido sobrevivir esta travesía hasta aquel punto. Por la gracia de Dios, había vuelto a casa.

Caminé durante un tiempo antes de tratar de detener un auto. El conductor me saludó afectuosamente y me llevó hasta Firozepur, un pueblo en el estado de Panyab, al norte de la India. Después de una charla cordial, llegamos a la estación de tren, donde me ofreció un pasaje a la Vieja Delhi. En toda mi travesía, nunca había viajado en tren. Siempre hacía dedo o viajaba en la parte trasera de camiones, en los camiones de la gente pobre, una vez en camello y en ferris llenos de gente. Ahora me tocaba viajar en tren. ¿Cómo negarme? Caminé por la plataforma con mi nuevo amigo, esperando con ganas descansar durante el viaje.

Los vendedores empujaban sus carritos llenos de comida, tentempiés, frutas, golosinas, recuerdos, revistas, medicinas, té y ropa de arriba y abajo, por la plataforma. En esos mismos carritos se cocinaba comida que no había visto jamás. Algunas consistían en vegetales cubiertos de una mezcla gruesa y amarillenta y fritos en una cacerola llena de aceite. En otro carrito, freían en aceite humeante una masa de pan sin levadura que se inflaba al momento, como un globo. A un lado, un fuego de leña ardía bajo un *wok* de hierro lleno de arena. El cocinero asaba manís y removía constantemente. El intenso olor de las especias sofriéndose en el aceite se mezclaba con el humo y el incienso.

Cientos de personas conversaban ruidosamente mientras esperaban el siguiente tren. Muchas familias hacían un pícnic cerca de las vías.

Los maleteros balanceaban pesados baúles sobre la cabeza, con apenas un pequeño trozo de tela rojo que les separaba las pesadas maletas del cráneo. Los mendigos pedían limosna y mostraban sus deformidades. Algunos eran ciegos o cojos, otros carecían de extremidades o las tenían torcidas, y otros tenían la cara quemada. Un hombre que sufría de lepra ponía los dedos putrefactos en la cara de las personas mientras pedía por caridad. Mujeres harapientas cargaban bebés con los ojos llenos de pus y cubiertos de moscas. Cada una de estas desgraciadas criaturas se acercaba a cada persona en la plataforma. El altavoz no cesaba de pasar anuncios. La plataforma estaba cubierta de escupitajos. A pesar del tumulto y del ruido, decenas de personas dormían placenteramente en el suelo.

Cuando se anunció la llegada del tren, todos los pasajeros se pusieron de pie. Sonó el silbato. El humo negro emanaba de la chimenea, y el vapor siseaba. La locomotora se acercaba a la plataforma, y de repente, cientos de personas echaron a correr junto al tren en movimiento. Mi amigo también corría tan rápido como podía.

—¡Sígueme! —gritó.

Cuando el tren se detuvo a una velocidad razonable, la gente comenzó a meterse por las ventanas. Mi amigo, mientras corría, tiró su bolso por la ventana y se escabulló por ella. Yo, mientras tanto, corría tan rápido como podía. Me gritaba desde dentro del tren.

—Salta ahora, antes de que sea demasiado tarde.

Zambullirme por la ventana de un tren en movimiento parecía algo demasiado peligroso, pero todo el mundo lo hacía. Al final, cuando pasaron de largo algunos vagones, salté agarrado del borde de una ventana, pero comencé a resbalarme. Miré abajo y me asusté al ver rodar las enormes ruedas de acero. Me sentí muy frágil. Me debatí, confundido, hasta que logré restablecerme de alguna manera y me zambullí por una ventana hacia el interior del tren en movimiento. En pocos segundos, otros dos más se metieron por la misma ventana detrás de mí.

Una vez en el tren, miré a mi alrededor y vi a la gente lanzarse y arrastrarse para llegar adentro. Para cuando el tren se detuvo por completo, los compartimentos estaban tan llenos que nadie más podía entrar. Ni que hablar de conseguir un asiento. Había un cartel en la pared en el que se leía: «Máximo 60 personas». No podía contar, pero tal vez hubiese unas doscientas apretadas a mi alrededor. No cabía ninguna posibilidad de que el guardia tratase de pedir boletos. Mi amigo se había metido por la ventana de otro vagón mucho más adelante que el mío, y nunca más lo vi.

Todos viajaban gratis. Así era el sistema en general, según me enteré más tarde en los compartimentos de tercera clase de Indian Railways. Había que pagar un precio, pero no era en rupias. Dentro del tren, la muchedumbre empujaba; aun así, nadie perdía la calma. Así era, después de todo, el modo diario de viajar. El tren comenzó su marcha, y aunque había todavía gente colgada, se veía que mantenían el control de la situación. Miré al techo y vi barras de metal donde colocar las maletas, pero en vez del equipaje, decenas de personas se habían ubicado sobre ellas. Me fijé en un hueco de medio metro vacío y me subí. De algún modo, enrollándome, yo también logré escabullirme junto con los demás. Desde el refugio de aquellos estantes de metal, miré hacia abajo, a la muchedumbre, y sentí que viajaba en primera clase. Estaba feliz de estar en la India.

La vieja locomotora de vapor siseó y silbó sin cesar hasta que, al amanecer, se detuvo en la estación de la Vieja Delhi. Sin saber adónde ir, me bajé del tren y caminé sin rumbo por la plataforma de la estación.

De repente, alguien me llamó por mi nombre.

— ¡Monk, Monk! No puedo creer que seas tú.

Me di la vuelta y vi a dos franceses que había conocido en Suiza. Habíamos comentado *El libro tibetano de los muertos* en la ribera del lago Ginebra. Después de una cálida reunión, me invitaron a tomar una ducha y descansar en su hotel. En bicitaxi, llegamos a un refugio para viajeros pobres, el Nuevo Hotel Crown. Tomé una ducha y descansé en el patio hasta que una larga cola peluda me pegó en la cara e interrumpió mi sueño. Abrí los ojos y vi a un mono marrón sentado a mi lado. Sus ojos verdes enmarcados en su cara rosada me miraban fijamente. Le devolví la mirada. Nunca imaginé que los monos salvajes pudiesen andar libremente en una ciudad metropolitana poblada. Veinte o treinta más saltaban de una azotea a la otra, jugando o buscando comida. Abajo, los vendedores abrían sus negocios y recurrían a los palos para asustarlos y alejarlos.

Mi estancia con los franceses fue breve, ya que partían hacia Nepal. Me despedí y yo también partí del Nuevo Hotel Crown hacia la calle.

Estaba muy emocionado. ¿Qué me separaba en mi camino de la búsqueda espiritual? Acababa de cumplir veinte años y la Madre India, mi adorado destino, se exhibía ante mí. Al salir del hotel, me encontré en Chandni Chowk, un centro comercial abarrotado. La calle tenía negocios a ambos lados. La música sonaba a todo volumen, el incienso se quemaba, los monos jugaban. Vi saris coloridos, turbantes y decoraciones por todas partes. Los niños jugaban al críquet mientras las vacas se paseaban con gracia. Después de pasar meses en la profunda y estoica cultura del Medio Oriente, hallé en este ambiente una celebración de la vida. Caminé por las calles repletas de gente, observando y absorbiendo todo lo que podía.

De repente, un hombre me bloqueó el camino y comenzó a hacerme una serie de preguntas.

—¿Cómo se llama? ¿De qué país viene? ¿Dónde estudió? ¿Cuál es su propósito en la India? ¿Le gusta mi país? —Caminamos juntos mientras él escuchaba mis respuestas—. ¿Le gustaría un refresco? —me preguntó.

—Sí, por favor —le contesté con entusiasmo.

Me llevó a un lado de la calle abarrotada, hacia un lugar apartado donde había un hombre con el torso desnudo y una fina tela alrededor de su cadera que lo cubría. Fumando un cigarro liado a mano, el vendedor tomó un pedazo de resina y la amasó sobre una piedra hasta que se volvió una pasta verde. Con el dedo índice, raspó la pasta y la colocó en un envase de hierro. Después, la mezcló con agua y la batió con fuerza. Luego sirvió la mezcla en un vaso, le agregó especias y puso el vaso sobre la mesa. Miré a mi nuevo amigo, que ahora mostraba una amplia sonrisa.

—Beba esto —me dijo—. Es una bebida natural, sin alcohol y muy saludable.

Con el estómago vacío desde hacía más de un día, me bebí todo el contenido del vaso.

—¿Gusta otro? —me preguntó.

Con gusto acepté un segundo vaso de aquella mezcla verde, y luego un tercero y un cuarto. Su sabor astringente era irreconocible.

—¿Cómo se llama esto? —pregunté.

Con una gran sonrisa dijo:

—*Bhang*.

Nunca antes había oído esa palabra.

Se despidió y yo continué caminando por la abarrotada calle. De repente, mi mente explotó en un estado de embriaguez. A mi alrededor veía girar colores extraños, sonidos y personas. Mi cuerpo temblaba en oleadas de desorientación, que me inundaban por completo. Caminaba tropezándome con la gente. Paranoico, me convencí de que todos me miraban solo a mí. ¿Cómo iba a saber que *bhang* era una bebida embriagadora derivada de la planta cannabis? La consideré inofensiva e, inocentemente, me bebí cuatro vasos en un breve intervalo de tiempo. Me horroricé al darme cuenta de que, sin querer, había roto mi promesa de no tomar sustancias tóxicas. Ahora me encontraba caminando solo en un estado incómodo y extraño, luchando para llegar al otro lado de la calle, donde podría escapar de la muchedumbre que me intimidaba. Pero parecía que nunca se acababa. Sin querer, atropellé a gente, vacas, cerdos y hasta bicitaxi.

Finalmente, llegué hasta el final de la calle y, en plena embriaguez, contemplé los enormes muros de piedra del Fuerte Rojo. Las inmensas proporciones de lo que en el siglo XVII había sido el palacio real del emperador mongol Shah Jahan me abrumaban. Al frente había una gran apertura donde la muchedumbre se reunía. En pleno delirio, fui a ver qué sucedía. Un hombre mayor con un turbante blanco estaba sentado y tocando un exótico instrumento de medio metro, más o menos, y fabricado con calabaza seca. Este encantador de serpientes tocaba una melodía persistente mientras se balanceaba de lado a lado.

Lo rodeaban una decena de canastas hiladas a mano con tapas. Un hombre grande y con barba que vestía ropas negras y un turbante rojo las abría de una en una. La audiencia suspiraba. Mientras el encantador tocaba su hipnótica melodía, emergieron unas cobras venenosas y desplegaron su intimidante cabeza. Las lenguas bíficas les entraban y salían de la boca. Se balanceaban de lado a lado, como si bailaran al compás de la melodía. El hombre de la barba abrió otras canastas que revelaban distintas variedades de serpientes hasta que finalmente sacó una enorme, de unos tres metros y medio de largo y ocho centímetros de ancho. La muchedumbre dio un paso atrás.

Antes de poder parpadear siquiera, se dirigió a mí y me enroscó la monstruosa serpiente alrededor de la cadera. Lentamente, la serpiente se arrastró hacia arriba, rodeándome la cintura y el torso con su fría y gruesa piel mientras me apretaba los brazos contra el pecho. Su cabeza estaba solo a unos centímetros de la mía, y prácticamente podía oler y sentir su aliento. Me miró con sus ojos alargados, metiendo y sacando la lengua bífida. El corazón me latía fuerte, y me temblaban los miembros mientras la serpiente me apretaba cada vez más fuerte. El *bhang* aún estaba en todo su apogeo. Tenía alucinaciones como si fueran pesadillas, paranoia y todo me daba vueltas. Mientras tanto, la muchedumbre aumentaba, y los espectadores me rodeaban a una distancia prudencial.

De repente, un hombre dijo en inglés:

—¿Cómo se llama, señor? ¿De qué país viene? ¿Por qué lo tiene atrapado esta serpiente?

—Ayúdeme, por favor —le dije.

La serpiente apretó más los músculos cuando hablé, como si estuviese celosa y exigiese mi plena atención.

El hombre grande y barbudo con el turbante rojo se acercó y me miró fijamente a los ojos, como si yo fuera un invasor extranjero. Moviendo las manos como armas, me gritó:

—¡Cincuenta rupias, cincuenta rupias!

Finalmente, alguien del público me lo explicó en inglés.

—Solo te quitará la serpiente si le das cincuenta rupias.

Apretado, de algún modo logré hablar.

—Pero no tengo rupias.

El espectador me advirtió:

—Entonces te quedarás así.

Y, sin más, partió.

Se me quedó la mente en blanco, y me invadieron el miedo y la humillación. Todos miraban al extranjero atrapado por una serpiente. Tal vez pensasen que yo formaba parte del acto. Transcurrió una dolorosa media hora con la serpiente relamiéndose los labios y, de vez en cuando, mirándome a los ojos. A todo esto, el encantador continuaba con su melodía y las cobras seguían balanceándose.

Los pensamientos me hostigaban la mente. Era solo mi primer día en la India. Miraba los dientes de la serpiente y me preguntaba: «¿Por este lugar arriesgué mi vida? ¿Qué pensarían mis padres de ver a su hijo tan lejos y en esta situación?». Sin otro recurso, cerré los ojos y oré. «Si tienes algo que quieres que yo haga en este mundo, Señor, por favor, ayúdame». Después de ofrecer aquella humilde oración, sentí una paz interior.

Al final, un hombre salió de entre la muchedumbre con un rosario en sus arrugadas manos. Se compadeció de mí, negoció con el hombre de las serpientes y le donó diez rupias para que me liberara. Para mi alivio, el hombre de las serpientes cantó un mantra, invitando a la serpiente a volver a sus manos otra vez. La audiencia vitoreaba mientras la serpiente me soltaba. Le di las gracias al compasivo hombre y rápidamente partí del lugar.

No lejos de allí, vi a varios hombres sentados en sillas de madera masticando lo que para mí eran caramelos rojos. Me preguntaron si gustaba. Aún curioso de probar las costumbres y comidas de la India, me comí uno. Mi boca estalló en llamas. Me cubrí de sudor y las lágrimas me brotaron de los ojos. Busqué agua desesperadamente y me la bebí, pero tuvo el efecto de queroseno ardiente, lo cual aumentaba el dolor. Acababa de comerme un ají rojo, el primero que había probado o visto en mi vida. Una vez más, una muchedumbre me rodeó. Di las gracias amablemente a los hombres y proseguí mi camino. Pensé en el dicho «lo que es comida para uno, es veneno para otro», que se materializó en un mensaje en llamas. Pensé en mis estudios y observaciones sobre el judaísmo, cristianismo e islam, y mis exploraciones en el budismo y otras filosofías de la India. Lo que algunas criaturas disfrutan, otras lo sufren. Lo que experimentamos del mundo es muy relativo, muy condicionado por la experiencia subjetiva. Del mismo modo, Dios, que es absoluto, se revela a gente diferente de distintas maneras. Con la boca aún ardiendo, me di cuenta de que sería muy limitado pensar que solo existía un camino hacia Dios.

Mientras se acercaba la noche, los efectos del *bhang* y el ají comenzaron a desvanecerse. Regresé a Chandni Chowk y me paseé sin rumbo entre el alboroto del ajetreado centro comercial. No tenía adónde ir. Un hombre emergió con una sonrisa de entre la muchedumbre. Conmovido al descubrir que había venido de tan lejos para conocer sus tradiciones, me invitó a cenar en un restaurante junto a la calle. La mesa de la acera estaba a centímetros de la calle. Mientras me contaba las costumbres de su familia, vi a una vaca blanca acariciar con el hocico a su ternero. Tan suave era su actitud y sus movimientos y tan inocentes sus enormes y hermosos ojos que se me derritió el corazón. Esta madre mimaba a su hijo a cada momento. Mientras el ternero mamaba, la madre lo lamía con ternura. A solo unos pasos de la mesa, la vaca jugaba con su ternerito. Nunca antes había estado tan cerca de una vaca, solo las había visto en los distantes pastizales mientras caminaba por la carretera. Ahora me sentía conmovido de ver cómo aquellos animales intercambiaban su amor de forma tan similar a la humana, tal como madre e hijo.

Un camarero vino rápidamente y nos sirvió el plato. Yo estaba famélico, ya que en todo el día solo había consumido *bhang* y ajíes. Luchando contra la serpiente también se me había abierto el apetito. Ataqué el plato. Después de devorar la mitad, mi agraciado anfitrión me preguntó:

—¿Señor Richard, le importaría si le explico de qué se trata todo esto?

—Por favor.

Señalando cada preparación, las describió.

—Esto es *chaval* o arroz. Esto que parece pan se llama *roti*. Los vegetales se llaman *subji*. Esta sopa hecha de legumbres la llamamos *dhal*. Y este es el condimento o *chutney*. —Luego señaló unos puntitos en el arroz—. Y esto es carne.

Sus últimas palabras me explotaron en la mente. Miré los pedazos de carne y luego a la vaca. Al mismo tiempo, la vaca se acercó a lamerme la pierna. Mi corazón lloraba. ¿Por qué una vida tan preciada debe ser llevada a un matadero para convertirse en carne? Ella ama a su ternero. Y este inocente ternero ama a su madre. ¿Por qué participé ciegamente en esto? ¿Por qué somos todos tan ciegos y sordos al horror diario de los mataderos? ¿Cómo es que la sociedad humana se ha vuelto tan insensible a las crueldades infligidas en aquellas criaturas de Dios? Aunque la carne que había estado comiendo no era de vaca, aquella era la primera vez que había hecho una conexión entre mi dieta y el sufrimiento de los animales. Pensando en los miles de animales que matan a diario en Estados Unidos, perdí la compostura y me eché a llorar.

Mi pobre anfitrión no sabía qué estaba pasando.

—¿Se encuentra bien, señor? ¿Qué le aflige?

Apenas podía hablar.

—Muchas gracias, señor. —Me levanté y corrí la silla—. Por favor, discúlpeme, pero no me encuentro bien.

Al salir, acaricié a la vaca y a su ternero, y ellos me devolvieron el gesto con una lenta lamida en la mano.

Miles de personas se encontraban en las calles. En medio del bullicio, y para mi deleite y sorpresa, Ramsey y Jeff se encontraban allí, sin percatarse de mi presencia al principio. No los veía desde el día en que nos separamos en Kabul.

—¡Monk, eres tú! —exclamó Jeff—. ¡Qué placer verte! ¡No me lo puedo creer!

—Hola, viejo —exclamó Ramsey—. Llevamos preocupados por ti desde que te perdimos.

Nos saludamos y abrazamos; estábamos juntos nuevamente.

Me llevaron con ellos a la azotea de un hotel económico. Mientras me quedaba dormido en la cama bajo el cielo invernal estrellado, la vaca y su ternero aparecían en mis sueños. Sus dulces y llorones ojos me miraban desprotegidos mientras la hoja del cuchillo del carnicero los penetraba, sin piedad, para convertirlos en carne. De mi corazón emanó el mandamiento bíblico: «No matarás». Me desperté de la pesadilla en un estado de náusea insoportable y corrí al baño para aliviarme.

El baño consistía en un agujero de cemento en la azotea rodeado de muros de ladrillo que se derrumbaban y una plancha de aluminio para el techo. Estaba extremadamente oscuro y no había plomería, excepto los *bhangis* o barredores municipales, que vaciaban el excusado con una pala, retiraban los desechos en un balde y lo transportaban en la cabeza. El excusado ya estaba más que listo para una limpieza: el excremento mezclado con la orina se había apilado por encima del nivel del suelo. Sin poder controlar el vómito, estaba atrapado dentro de aquella letrina. Los insectos zumbaban y me picaban, y sentía que algo se me movía debajo de los pies. Lo único que podía hacer era sentir náuseas y temblar con sudores fríos. Mientras tanto, en mi mente, veía a la vaca y al ternero mirándome con sus ojos inocentes. En la oscura letrina sobre la azotea de la Vieja Delhi, pronuncié otro voto frente al Señor: «*Nunca más comeré carne*».

A la mañana siguiente, Jeff y Ramsey trataron de convencerme.

—Hemos sido un equipo de viaje increíble. Quedémonos juntos y vayámonos de gira por la India.

—Hemos pasado muchas cosas juntos —les dije— y nos enlazamos como hermanos. Nunca podré pagarles su amabilidad y amistad. Pero quiero viajar al Himalaya como ermitaño. Por favor, denme su bendición.

Jeff habló primero, y agregó amorosamente:

—Lo entendemos. De hecho, esperábamos que hicieras algo así. —Posó su enorme mano sobre mi pequeño hombro—. Que encuentres lo que buscas. Te extrañaremos, en verdad.

Una nube de preocupación cubrió el rostro de Ramsey, ya que yo era como su hermano menor. Se le enrojecieron los ojos.

— ¿Cómo sobrevivirás a ese estilo de vida? —Sin embargo, al ver mi determinación, sonrió y exclamó con su acento australiano—. Ha sido una travesía increíble, viejo. ¡Viva!

Antes de partir, Jeff me dio una nota que decía: «Es triste, en cierto modo, que cada uno tome su camino en búsqueda de sí mismo. Estoy seguro de que encontrarás el tuyo».

2

U NA FRÍA MAÑANA DE diciembre en la Vieja Delhi, mientras planeaba mi travesía para unirme a los yoguis y sabios del Himalaya, se me ocurrió mirar un cartel en un viejo edificio victoriano. La Conferencia Mundial de Yoga se iba a llevar a cabo en Nueva Delhi, y empezaba aquel mismo día a las nueve de la mañana. Corrí hasta allí con entusiasmo. Un yogui británico, Christopher Hills, movido por su amor por la India, había organizado aquel enorme y prestigioso evento. Los siguientes cuatro días prometían un bazar de gurús, yoguis, lamas y sabios que compartirían sus regalos con el mundo. Algunos, después de décadas de reclusión en la jungla, prometieron mostrarse a la civilización. Desde la mañana hasta la noche se llevaban a cabo *darshans*, o encuentros espirituales, en siete lugares. Más tarde, me enteraría de que ochocientos yoguis se habían reunido en aquel evento. No podía creer mi buena fortuna.

El primer día, en una carpa gigante, conocí a uno de los más importantes másters del yoga, Sri B.K.S. Iyengar, que enseñaba la ciencia del *hatha* yoga mientras indicaba a unos niños que adoptaran varias *asanas*, o posturas corporales, con el fin de armonizar el cuerpo y la mente. Un niño se sentó con las piernas entrelazadas por detrás del cuello, y cantaba «Om». Otro se balanceaba en los antebrazos con las piernas en arco hacia atrás y se tocaba la cabeza con los pies. Otro más estaba parado inmóvil sobre la cabeza, mientras otro se balanceaba en un pie, arqueaba la espalda y estiraba el otro pie por encima de la cabeza. Un niño de unos once años se tragaba una larga tira de tela y luego se la sacaba como si fuera una limpieza interna. Otro niño, para higienizar los senos nasales, introducía una fina soga por la nariz y la tiraba por la boca, hacia delante y hacia atrás. Me maravillé con la facilidad en la que los niños podían lograr cosas si eran entrenados desde pequeños. Mientras tanto, el gurú explicaba los beneficios de cada una de las técnicas a la audiencia.

El primer día, un hombre mayor se me acercó, un monje budista pequeño y delgado del Sudeste Asiático. Tenía la cabeza afeitada y vestía ropas de color anaranjado brillante. Luciendo una amplia sonrisa, se presentó como Bhikku Vivekananda. Estaba fascinado conmigo, un joven estadounidense que buscaba a Dios, y nos hicimos compañeros en la conferencia. Bhikku era el líder espiritual de miles de monjes en un monasterio de Tailandia. Había recorrido una gran distancia para asistir a la conferencia. Aunque tenía más de cincuenta años, era tan exuberante como un adolescente. Me explicó la filosofía budista con su dulce acento tailandés mientras explorábamos juntos la conferencia.

En aquella conferencia conocí también a Swami Rama, quien desde entonces ha sido reconocido como uno de los fundadores del Instituto Himalayo. Era un hombre imponente, con paso majestuoso, ropas prístinas y un aura señorial que infundía respeto. Sus ojos eran profundos y oscuros, y tenía la cabeza enmarcada por el cabello plateado peinado hacia atrás. Yo estaba ansioso por saber más de él, tal como quería saber más sobre otros participantes de la conferencia. Además de pedir a sus discípulos que me hablaran de él, leí todo lo que encontré sobre su formación.

Swami Rama nació en 1925, en una aldea en el Himalaya. Deambuló desde su infancia entre los *rishis* o santos en la jungla. Con una potente voz, contó cómo su gurú lo había instruido para llevar el conocimiento del Himalaya a Occidente.

—Haz lo mejor que puedas —le dijo su maestro—, pero en cuanto alimentes tu ego o trates de hacer cualquier acto egoísta, no tendrás éxito. Así te bendigo, para que en cuanto te vuelvas generoso, amoroso y libre de ego, encuentres una gran fuerza en ti y nunca fracases en alcanzar el bien.

Con el fin de exhibir los poderes del yoga, Swami Rama trajo a varios médicos estadounidenses. Mientras entraba en un trance yóguico, los médicos le conectaron el cuerpo a unos aparatos modernos de diagnóstico. Esto demostraba, entre otras cosas, que podía elevar conscientemente la temperatura hasta diez grados en un punto específico de la parte izquierda de la mano, bajar el ritmo cardíaco de setenta y cuatro pulsaciones por minuto a cincuenta y dos en solo cincuenta segundos, producir un conjunto de ondas cerebrales específicas a voluntad, mover conscientemente un objeto físico en una habitación y hasta detener el corazón por completo. Al salir del trance, Swami Rama explicó:

—Todo lo concerniente al cuerpo está en la mente. El poder de la mente sobre el cuerpo se desarrolla mediante el control de la conciencia. Realmente no se necesita saber muchas cosas, pero, sin duda, se debe practicar lo que sí sabes. —Juntando las manos, agregó—: No hice esto para demostrarles que soy superhumano, sino para demostrar la ciencia del yoga.

Continuó explicando que, aunque el yoga había sido practicado desde tiempos inmemoriales, era la mejor de todas las ciencias. Sin fundamentarse en la superstición o el sectarismo, el yoga podía alcanzar lo que la ciencia moderna no podía explicar.

—Es —agregó—, la ciencia mediante la cual uno alcanza el estado de iluminación interior.

Me sentí profundamente inspirado por Swami Rama. Cuando le pedí su bendición, me dijo con su profunda voz:

—La fundación de tu camino espiritual será mantener la compañía de hombres santos. —Elevó la mano, abierta—. La bendición de los sabios te hará vencer cualquier obstáculo en tu camino.

Cada noche dormía solo, sobre el suelo, bajo una higuera de Bengala cerca del centro de conferencias. Por la mañana, me levantaba con el llamado de un halcón que desplegaba sus alas en el nido sobre el follaje y se elevaba hacia el cielo. Mientras esperaba a que se abrieran las puertas, meditaba bajo el árbol en el frío aire de Delhi. La última sesión de la conferencia se llevó a cabo en Vigyan Bhavan, la sala de conciertos más grande de Nueva Delhi. Tres mil personas se reunieron aquella noche en busca del conocimiento y de las bendiciones de la asamblea de yoguis. Christopher Hills, el organizador, nos recordaba nuestra fortuna por estar en una sala con tantos maestros espirituales. Luego, para nuestra sorpresa, anunció que el programa debía concluir puntualmente a las siete de la tarde (en aquel momento, desconocíamos el hecho de que le habían informado de que él y otros *swamis* serían asesinados por fanáticos a las ocho). Sin embargo, ¿cómo podía terminar en punto un programa con tantos *swamis* y yoguis, especialmente en la India?

Cuando entendimos que a ninguno se nos daría la posibilidad de hablar, un yogui se puso de pie y atacó a Hills con innumerables insultos. Christopher hizo todo lo posible por satisfacer a todos los presentes, pero se sentía que la tensión aumentaba.

Minutos antes de las siete, Christopher Hills tomó el micrófono nerviosamente y se mantuvo en silencio unos instantes antes de anunciar que había llegado la hora en que la conferencia debía concluir. Un *swami* comenzó a cantar «Om», algo que ya conocía por ser una vibración divina que ponía en armonía a la conciencia con Dios. Esta conclusión puntual enojó a los que no se les había permitido hablar. Incluso con el sonido del «Om» de fondo, se armó un tumulto cuando algunos *swamis* intentaron apoderarse del micrófono. Uno de ellos logró tomarlo y comenzó a hablar como un político con los ojos en llamas. Horrorizada, la audiencia fue testigo de una pelea de yoguis sobre el escenario. ¿Eran estos los hombres que se suponía que traerían la paz y la armonía al mundo? Nadie sabía qué decir ni hacer.

Bhikku Vivekananda y yo movíamos la cabeza en desaprobación. Mis inocentes expectativas se hicieron trizas. Al final, Christopher Hills tomó heroicamente el micrófono y arrancó el cable del enchufe. Luego desapareció detrás del escenario. La conferencia había concluido.

Después del programa, en un salón vacío cerca del caótico auditorio, me encontré con un hombre alto y delgado, de pelo canoso, barba larga y ropas de color azafrán, una persona de venerable presencia que parecía un anciano sabio sacado de las Sagradas Escrituras. Swami Satchidananda me recibió con una amplia sonrisa y una mirada hipnótica. Como discípulo de Swami Shivananda, el famoso santo del Himalaya, Swami Satchidananda había llevado la milenaria ciencia del yoga a Occidente, y tenía seguidores por todo el mundo. A través de su trabajo ecuménico, siempre buscaba reunir a personas de diferentes credos bajo el espíritu de la unidad. En su primer encuentro con el papa, Swami Satchidananda lo elogió por trabajar para reunir a todos los cristianos del mundo, y luego le preguntó:

—¿Por qué no da un paso más adelante y trata de reunir al mundo entero? No solo los cristianos deben reunirse, sino toda la gente en nombre de la armonía religiosa.

Su aparición en el festival de Woodstock le había dado renombre mundial como el «gurú de Woodstock». Los promotores del evento le pidieron que diera el discurso de apertura con la esperanza de lograr un ambiente de paz. Después de que lo trajeran en helicóptero, Swami se dirigió a cientos de miles de *hippies* y habló de cómo el sonido controla el universo y cómo los Estados Unidos lideran el mundo. Pidió a la juventud que usara el sonido de la música para crear dicha y paz.

—No peleemos por la paz —agregó—, encontremos paz dentro de nosotros mismos primero.

Durante la Conferencia Mundial de Yoga, observé cuidadosamente cómo mantenía su disposición y dignidad en el caos. Ahora, con una voz amable, me dijo:

—Lamento que hayas tenido que presenciar esta pelea. Por favor, entiende que cada persona está en su propio nivel de progreso. Incluso entre los practicantes, no podemos esperar que todos sean perfectos. Si juzgamos al prójimo por sus errores, caemos en una trampa. Será mejor que deposites tu fe en los que van realmente avanzados y cultives tu propia práctica de yoga.

Su disposición era tranquila, y su lento y poderoso modo de expresarse me conmovió. Me instruyó en que somos seres llenos de dicha, amor y luz, pero que lo hemos olvidado porque nos identificamos demasiado con nuestro cuerpo y mente.

—Originalmente estábamos bien, y hemos perdido ese bienestar. Ahí es cuando nos volvimos justo lo contrario. La esencia del yoga y la religión —dijo— es permitirnos alinearnos con nuestra naturaleza olvidada como espíritu. El yoga es el proceso de refinamiento.

Puntualizó que debemos vencer la tendencia a centrarnos en nuestros intereses egoístas para así alcanzar la realización de nuestra naturaleza esencial.

—Solo hay una causa para todas nuestras ansiedades y preocupaciones: el egoísmo.

El proceso que enseñó para alcanzar la realización de nuestra naturaleza esencial se conoce como el yoga integral, una síntesis de seis disciplinas yóguicas. Swami Satchidananda presentó la espiritualidad de un modo práctico, interesante y con humor.

Con gratitud, me retiré. Muy recto, Swami habló moviendo las manos con gracia.

—Sé sincero y disciplinado en tu práctica. Un verdadero yogui es aquel que vive llevando la conducta más elevada. —Cerró los ojos, respiró profundamente y abrió la mano para otorgarme su bendición—. Richard, has llegado lejos. Que encuentres el tesoro en tu corazón.

Aquella noche, Bhikku Vivekananda y yo asistimos a una clase independiente de J. Krishnamurti, un autor y orador de renombre mundial. Entramos en una enorme carpa o *pandal* y nos sentamos en la segunda fila. Mientras el *pandal* se llenaba rápidamente, un hombre de unos sesenta años se sentó a mi lado. Se llamaba Dilip.

—¿Le gustaría escuchar de la vida de J. Krishnamurti? —me preguntó—. Él es mi maestro.

—Por supuesto —respondí.

Cruzó las piernas, se acomodó en la silla y prosiguió. Nos contó que Krishnamurti había nacido en el sur de la India, en 1895, y que de pequeño fue descubierto por el clarividente Charles Leadbeater. Tanto Leadbeater como Annie Besant, líder de la Sociedad Teosófica, proclamaron que el niño era el «vehículo» del mismo maestro mundial que habló a través de Cristo. Annie Besant educó al niño en Inglaterra y lo llevó por el mundo, donde miles de personas lo recibieron como el Mesías y fundaron la Orden de la Estrella en torno a él. A los veintisiete, aceptó formalmente el papel de maestro iluminado y, en poco tiempo, comenzó a ser adorado por más de sesenta mil miembros.

Dilip se inclinó hacia adelante.

—Pero en 1929 rechazó su estatus de maestro, disolvió su movimiento religioso y...

De repente, todo el mundo se puso de pie cuando J. Krishnamurti apareció sobre el escenario. Era un hombre mayor, de setenta y cinco años, pequeño y delgado, vestido impecablemente con un traje Nehru y pantalones holgados. Su cara recién rasurada estaba marcada por las líneas de la edad, y su predominante pelo blanco le daba una distinción escolástica. Los dulces ojos le brillaban con entusiasmo mientras le daba la bienvenida cálidamente a la asamblea con su acento británico.

Sin mayor dilación, lanzó un grito revolucionario. Con el puño apretado, declaró:

—Hay demasiados gurús en este país. Les han dicho qué hacer, qué pensar, qué practicar. Son dictadores.

Se hizo un silencio sepulcral.

—La verdad es una tierra sin caminos, pero el yoga, con sus respiraciones y posturas, no es más que un montón de acrobacias corporales. Los *ashrams* y los monasterios son campos de concentración de la mente. —Hizo una pausa y me miró fijamente a los ojos—. Cuando tienes un sistema de meditación, ya no es meditación; es completamente inútil y no tiene sentido alguno.

Contó la historia del diablo, quien caminaba con un amigo cuando vieron a un hombre en el camino recogiendo un objeto brillante. El amigo del diablo se dio la vuelta y preguntó qué había encontrado el hombre. «Recogió la verdad», contestó el diablo. «Eso no es buen negocio para ti», respondió el amigo. «Para nada», replicó el diablo. «Lo ayudaré a organizarlo».

Para enfatizar su discurso, Krishnamurti cerró los ojos y habló lentamente.

—Debemos realizar una revolución dentro de nosotros mismos. ¿Pero cómo puede llevarse a cabo cuando nuestras vidas son tan superficiales? Pasamos años dentro de una oficina, viviendo una existencia superficial y vacía... —Se inclinó hacia adelante—. El ser humano no puede ser iluminado con ninguna organización, credo, dogma, sacerdote ni ritual, ni ningún conocimiento filosófico ni técnica psicológica. Debe encontrar la iluminación con el entendimiento del contenido de su propia mente, a través de la *observación*, no mediante un análisis intelectual ni la disección introspectiva.

Temblé de pensar en cómo afectaría este discurso a mi querido Bhikku Vivekananda. Después de todo, él era el gurú de miles de monjes en un monasterio organizado donde enseñaba meditación y rituales. Me dirigí hacia él y murmuré:

—Bhikku, este hombre está atacando todo a lo que tú has dedicado tu vida. ¿Qué sientes?

Los ojos de Bhikku se agrandaron de la sorpresa y exclamó:

—Lo que él dice es verdad.

Más sorprendido aun, le pregunté:

—¿Qué harás ahora, Bhikku?

Se puso serio.

—Pensaré detenidamente en esto.

Los días siguientes asistimos a una serie de charlas dadas por Krishnamurti, en las que demostraba su sorprendente poder de lógica y convicción. Aunque era conocido como alguien que podía responder cualquier pregunta y derrotar cualquier argumento, a un nivel personal Krishnamurti era amable, cálido y simpático. Reflexioné sobre sus enseñanzas. La literatura oriental estaba plagada de historias de santos iluminados que seguían su religión o a su gurú cuidadosamente. ¿Cómo podía ignorarlos basado en las realizaciones de un solo hombre? No obstante, Krishnamurti me había enseñado que la superficialidad no tenía cabida en la vida espiritual. Si nos apegamos demasiado a las cosas externas, podemos olvidarnos del propósito verdadero: purificar el corazón.

Un día, mientras estaba sentado bajo la sombra de una higuera sagrada con Bhikku, le pregunté si sabía qué iba a hacer. Pasó el dedo por el borde de su plato.

—Sí, Richard, lo sé —contestó—. Regresaré a mi monasterio en Tailandia.

—¿En serio? —le respondí—. Entonces, ¿cuál es tu opinión de las enseñanzas de Krishnamurti?

Miró en la distancia pensando y habló.

—Seguiré al señor Krishnamurti. —Se rio pícaramente—. ¿Te cuento cómo?

—Sí, por favor.

—Rechazaré las enseñanzas del maestro que nos enseña a rechazar a los maestros y a sus enseñanzas —dijo en broma con su acento tailandés.

Más tarde, me despedí de Bhikku y caminé descalzo hasta Connaught Circus, el centro comercial de la ciudad. Allí, me senté bajo un árbol *ashoka* y escribí estas palabras a mi familia en Estados Unidos:

> *La manera en la que la India me afecta trasciende las palabras. Eso es todo lo que puedo decir. En mi corazón anida un amor profundo hacia todos ustedes. Rezo para que estén bien.*
>
> *Richard*
> *Nueva Delhi, India*
> *Diciembre de 1970*

Diseñado por los británicos, Connaught Circus era un inmenso círculo rodeado por amplios parques. Exploré los senderos y enfoqué mi atención en un cartel pintado a mano que decía «S.S Brijbasi e hijos del arte religioso». Había cientos de impresiones de veinte por veinticinco centímetros exhibidas en la pared. Me dio curiosidad y miré de cerca. Las impresiones, llenas de figuras maravillosas que me resultaron extrañas pero hermosas, eran como ventanas a un mundo de colores, misterios y magia. Quería quedarme con una como objeto de meditación. Busqué en mi bolso y vi que tenía cambio para comprar una imagen. Me quedé sentado en la acera durante una hora, explorando la selección de imágenes. Entre ellas había una bella mujer con ocho brazos que sostenía una espada, hachas y lanzas mientras montaba un león; también un hombre regordete con cabeza de elefante sentado sobre un ratón. Continué explorando y encontré la imagen de un hermoso hombre azul con cuatro brazos decorado con elegantes ornamentos, que estaba recostado sobre una serpiente de mil cabezas; próximo a él había un yogui sereno e inmerso en meditación con serpientes enroscadas en sus miembros, la luna reposada sobre su cabeza y el agua brotando de sus cabellos, y un niño heroico que sostenía una lanza mientras montaba un pavo real. Encontré un magnífico mono con corona, cuyos ojos brillaban de devoción. Sonriendo, volaba por los cielos cargando una montaña en la palma de la mano. Al adentrarme más y más en las impresiones, descubrí a una persona con una docena de cabezas, cada una de una especie diferente, y múltiples brazos. Varias personas espantosas volaban hacia las cabezas y eran devoradas por el fuego que emanaba de las bocas. Este arte estaba más allá de cualquier descripción; las figuras eran increíbles. ¿Formaban parte de cuentos de hadas o de la mitología? No lo sabía, pero sentí que el arte me inspiraba. Me pregunté cómo podía elegir solo una entre tantas.

De inmediato, de entre la pila de impresiones, apareció un personaje que me atrajo como ningún otro. Tenía la piel azulada, vestía una pluma de pavo real en la corona y tocaba la flauta mientras posaba elegantemente al lado de un río. Tras él, se encontraba una vaca blanca que lo miraba amorosamente y una luna llena que bañaba y encantaba el bosque con su luz perlada.

Espontáneamente, los ojos se me llenaron de lágrimas. La persona en el cuadro parecía llenar mi alma por completo. ¿Por qué me estaba sucediendo eso? Sentí que me llamaba. ¿Pero cómo? Era solo una pintura, y de un ser fantástico que ni siquiera conocía. Su nombre estaba escrito debajo en un alfabeto que no podía descifrar.

Le di al vendedor el cambio que poseía, pero no alcanzaba. Sonrió y me dio la pintura de todos modos, una pintura de la que no me separaría en todos mis viajes. ¿Quién era la persona de la imagen? Durante mucho tiempo, su identidad quedaría relegada al misterio.

E L AÑO 1970 ESTABA a punto de concluir. Yo acababa de cumplir
veinte años, y mis sueños con el Himalaya me llamaban desde
el norte. No sabía bien hacia dónde me dirigía, solo que aquella
parte del mundo era el hogar de muchos grandes sabios y santos a los que
ansiaba conocer y de los que anhelaba aprender. Me sentía tan entusiasmado de estar en la India, al borde del precipicio de un gran descubri-
miento, que tenía poco tiempo para extrañar a mi familia. Ellos no sabían
dónde encontrarme, de modo que no había recibido ninguna carta desde
mi llegada a la India. No obstante, antes de empezar mi travesía hacia el
Himalaya, escribí el siguiente mensaje a mi tan lejano hogar:

Mi querida familia:

*Hoy parto de Delhi para ir a las montañas a estudiar. No sé si podré
escribirles a menudo desde donde me encontraré, así que, por favor, no
se preocupen si no lo hago durante algún tiempo. Con Dios de mi lado,
¿qué puede sucederme?*
Los llevo en mis pensamientos.

Con amor,
Richard

Conseguí un pasaje gratis en un tren de tercera clase hacia Rishikesh,
una ciudad sagrada conocida por sus numerosos *ashrams*. Mientras la
máquina de vapor comenzaba su marcha y Delhi quedaba atrás, oculta
en una masa de humo negro, yo veía el amanecer desde mi ventana y
oraba por que mi peregrinaje al Himalaya inaugurase un nuevo tramo
en mi búsqueda espiritual.

Horas más tarde llegué a Haridwar, un lugar sagrado en la ribera del
Ganges, a unos 225 kilómetros al noroeste de Nueva Delhi. Desde allí,

continué a pie los veinticinco kilómetros restantes hacia Rishikesh. En mis continuas lecturas, ya había devorado página tras página las leyendas espirituales del Himalaya. Estar allí era un sueño hecho realidad.

Mi primer encuentro con la ladera del Himalaya me emocionó más allá de lo imaginable. Estaba cubierta de densos bosques verdes, y vi cada árbol como un conductor de tranquilidad. Como peregrino solitario, caminé los senderos polvorientos, agitado por la expectación. Desde la distancia pude ver algo que, cual destello, detonaba una explosión de emociones: el río Ganges. Corrí hacia él y tomé puñados de agua de sus refrescantes y torrentes aguas azules. Temblé.

Después de sentarme durante una hora en un lugar solitario, caminé por la ribera y me topé con la Misión Divina de la Vida, el *ashram* del reconocido santo del Himalaya Swami Sivananda. Aquí era donde él meditaba y establecía sus enseñanzas. Él era el gurú de Swami Satchindananda, el majestuoso gurú de Woodstock que había conocido en Delhi. Los prolíficos escritos de Sivananda, sus esfuerzos humanitarios y ejemplo personal lo habían llevado a cosechar fama mundial. Al entrar, sus seguidores me informaron de que, antes de que Swami Sivananda dejara este mundo en 1963, había elegido como sucesor a Swami Cidananda Saraswati de entre sus consumados discípulos. Swami Cidananda se encontraba en el *ashram* cuando llegué. Los primeros días simplemente me empapé de la pacífica atmósfera del *ashram*. Aprendí que los *ashrams*, tan prevalentes en toda la India, los mantenían los seguidores del gurú, los cuales, a su vez, mantenían lazos con el mundo de los negocios y el comercio. Después del cuarto día, pregunté si podía verme con Swami Cidananda. Me llevaron a una habitación muy sencilla, donde el *swami* me saludó; era un hombre extremadamente amistoso, respetuoso y humilde, y me invitó a sentarme en el suelo junto a él.

Supe por sus discípulos que Swami Cidananda había nacido en el sur de la India en 1916. Era el hijo mayor de un terrateniente extremadamente rico. Cerca de los veinte, sintió el llamado para llevar una vida austera como monje y renunciar a todas las comodidades materiales con el fin de servir a Dios. Fue entonces cuando comenzó a ayudar a los leprosos. Construía casas para ellos en los vastos territorios de su propiedad, y los cuidaba personalmente. En 1945, partió de su casa y se mudó al *ashram* de Swami Sivananda en Rishikesh, donde rápidamente fue reconocido como un catedrático brillante.

Yo asistía a sus clases todas las mañanas. Era delgado, tenía la cabeza rasurada, vestía ropa de color azafrán y era venerado tanto por los ascetas del Himalaya como por los curiosos de Occidente. Swamiji estaba sentado en pose yóguica, con las piernas cruzadas, y hablaba en un elocuente inglés, con precisos gestos con la mano.

—La vida está hecha para la realización de Dios —enfatizaba—. Si morimos sin alcanzarla, nuestra vida habrá sido en vano. Hemos desaprovechado el inestimable regalo del nacimiento humano que Dios nos dio.

Identificó un problema común entre los practicantes espirituales: que podemos meditar de mañana y noche, pero en las actividades y quehaceres diarios actuamos distraídos y de manera egoísta. El *swami* explicaba con énfasis que eso destrozaba todo lo que lográramos alcanzar en unas horas de meditación.

También insistía mucho en el cultivo de la virtud como parte fundamental de la evolución del ser espiritual. Lo comparaba con el trabajo de retirar rocas, piedrecitas, arbustos y espinas, haciendo del suelo un lugar fértil donde plantar un jardín. A lo largo del día, el *swami* enseñaba que uno debía sacrificarse por otros. Nos repetía que la moralidad y la ética eran como las raíces del árbol del yoga.

Por último, remarcaba que el discípulo debía tener fe absoluta de que en aquella era se podía alcanzar la realización de Dios a través del canto del mantra *japa*, la recitación de los nombres sagrados de Dios.

—Debes practicar cantando los santos nombres del Señor —decía—, hasta alcanzar un estado en el cual el *japa* continúe ininterrumpidamente en la mente incluso mientras estamos sentados y parados, comiendo o bebiendo, caminando o trabajando, despertándonos o durmiendo.

Yo no sabía cómo cantar los nombres de Dios, pero sí me sentía atraído hacia las enseñanzas de Cidananda. Una noche, mientras estábamos sentados en el suelo de su habitación iluminada por un farol y con vistas al Ganges y al valle del Himalaya, el *swami*, con gran entusiasmo, describió los detalles de mis travesías con admirable exactitud y hasta reveló mis más íntimos pensamientos. Me dijo cómo me había ido de mi casa y había descubierto una ferviente pasión por viajar a la India, arriesgando mi vida en el camino con el fin de llegar al país. Yo nunca le había contado esas cosas, pero el *swami* lo sabía todo a la perfección. Mientras me otorgaba sus bendiciones, yo permanecía sentado y maravillado. Era poco común encontrar a alguien con tanta fama y poder y, a la vez, que pudiera ser tan humilde y generoso.

Anhelaba aislarme y purificarme, por lo que le di las gracias a Swami Cidananda y me fui del *ashram*. A la mañana siguiente, mientras estaba sentado en la ribera del Ganges, le escribí una breve carta a mi madre.

Mi querida madre:

Estoy haciendo solo lo que creo que debo hacer aquí. Rishikesh es una ciudad sagrada en las riberas del río Ganges.

Siento que hay mucho por aprender en la tranquilidad y paz que he encontrado aquí. Me resulta difícil contarte lo que he estado haciendo porque no he venido como turista; soy, por encima de todo, un indagador de mi propia alma. Vivir en Oriente es una forma de vida completamente distinta. No sé exactamente cuándo volveré, pero te aseguro que extraño profundamente a todos y cada uno de los miembros de la familia y a mis amigos, y me muero de ganas de verlos. Sin embargo, deben entender que necesito llevar a cabo lo mejor para mí: encontrar el significado de mi vida.

Tu amado hijo,
Richard
Rishikesh, Himalaya, India
Enero de 1971

Abordé un bote cargado de gente para cruzar hacia la costa oriental del Ganges. Veía unos grandes peces nadar alrededor de la pequeña embarcación mientras navegábamos sobre la espumosa corriente de agua. Sentía la caricia de la cálida brisa, y respirando profundamente, la absorbí mientras escuchaba los cánticos hipnóticos de los estudiantes, que recitaban los Vedas o Sagradas Escrituras a lo largo de la ribera del río. Cuando llegué a la costa, caminé solo hacia el sur por la ribera del Ganges en busca de soledad. Encontré un lugar tranquilo y medité, sintiéndome a miles de millones de kilómetros de distancia del mundo que conocía. Horas más tarde, vi que alguien se acercaba a paso lento y con los ojos fijos en la ribera: un santo de piel dorada, cabello canoso, una cabellera que le caía sobre los hombros y la vestimenta ondeándole con la brisa de la montaña. Irradiaba paz.

Me puse de pie para recibirlo. Él elevó sus dulces ojos y dijo:

—Tú no sabes quién soy yo, pero yo sí te conozco. He estado observando tu determinación. Ofrécele tu vestimenta al río Ganges, que hoy te recompensaré con el hábito del *sadhu*.

—¿Qué es un *sadhu*? —le pregunté.

—Un *sadhu* es un mendigo sin destino que renunció a los apegos mundanos para seguir una vida sagrada. En pocas palabras: un monje.

Me entregó dos piezas de tela sin costuras, de blanco y fino algodón, en la ribera de aquel río sagrado. Me enseñó a envolver una pieza en la parte inferior del cuerpo para hacer un *lunghi* y otra en la parte superior para usarla como *chaddar*. Luego me dio un taparrabos de dos piezas de algodón llamado *kaupin*. Me sentí honrado por recibir tal regalo de un alma generosa. Deposité mi vestimenta en la rápida corriente del río y recité una oración. Mi suéter de cuello alto y mis *jeans* se habían ido para siempre.

Antes de partir, el hombre me susurró algo al oído que me resultó sorprendente después de la carta que acababa de escribir para casa.

—El Ganges será tu madre —dijo—. Ella te lo revelará a su debido tiempo.

Unos días más tarde llegué a Veda Niketan, un pequeño y solitario *ashram* de un piso con austeras habitaciones. Los residentes, como muchos otros que se encontraban en el lugar, se preparaban para ir al Kumbha Mela, el festival religioso más grande de toda la India. Cuando supe que allí acudirían veinte millones de personas, decidí no asistir. No muy lejos de Veda Niketam encontré una cueva en el bosque de la que hice mi residencia. Cada mañana, antes del amanecer, caminaba por la ribera cubierta de arena suave y plateada, compuesta tanto por piedrecitas similares a joyas de múltiples colores como rocas que pesaban miles de kilos. Sintiéndome poco merecedor de los tesoros que buscaba, sentí una desesperada necesidad de purificación.

Allí resolví que me sentaría a orar en silencio, desde el amanecer hasta el atardecer, durante un mes. Recé por encontrar el lugar correcto. Entonces me fijé en una serie de pequeñas rocas en el río que formaban un puente natural hacia otra colección de rocas más grandes y planas, a unos ocho metros de la ribera. Aquella roca se volvería mi preciado lugar. Me sentaba sobre ella día tras día, desde el amanecer hasta el atardecer, rodeado por todos lados por la poderosa corriente del Ganges. Me sentía muy insignificante ante aquel paisaje tan increíble. Al atardecer, cuando volvía a mi cueva, pasaba junto a un anciano que vendía pequeñas zanahorias sobre una tela de arpillera. Al pasar, me ofrecía una, de modo que decidí que el agua del Ganges y una zanahoria al día supondrían mi único sustento durante treinta días.

La soledad de aquella roca se volvió mi refugio. Me sentaba desde el amanecer hasta el atardecer a mirar la corriente. A mi izquierda, en la ribera opuesta y a lo lejos, podía ver a algún yogui sentado y meditando. A mi derecha se desplegaban las hermosas laderas del Himalaya. La cima de las montañas más cercanas adoptaba forma de corazón. La contemplaba durante horas, pensando en cómo simbolizaba para mí el corazón de Dios, el corazón ilimitado, el que da el refugio máximo a todos los seres, el que es majestuoso y hermoso. Así como al escalar una montaña dejamos atrás la tierra donde nos paramos, para llegar hasta el corazón de Dios debemos dejar atrás apegos mundanos poco favorables. La práctica espiritual sincera supone escalar progresivamente hacia arriba y, sin importar cuántas dificultades enfrentemos, debemos continuar mirando hacia arriba con esperanza. La montaña provee el apoyo para quienes buscan alcanzar la cima. De forma similar, si somos sinceros, el Señor nos proveerá con los medios para alcanzar su corazón supremamente misericordioso.

Esparcida por doquier a mi alrededor estaba la Madre Ganges con su vestido invernal de aguas ondulantes y burbujeantes. Sus olas se expandían y se arremolinaban como si estuviesen embriagadas de su propia belleza. Ningún artista humano podría capturar siquiera un momento de esta maravilla sin fin. Así como se creaba su arte, desaparecía. Esto me sirvió de lección: todas las formas hermosas de este mundo están en proceso de transformación, nada es estable. A cada momento, nuestra realidad cambia. La Madre Ganges, tal como la naturaleza, es constante, pero no permanece ninguna manifestación de ella. Del mismo modo, todo lo que estimamos en este mundo se desvanece imperceptiblemente. No podemos aferrarnos a nada, pero sí apreciar la belleza de la corriente subyacente de la verdad y disfrutar de una realidad más profunda que las destellantes olas de dicha y sufrimiento. Me senté como un estudiante sumiso, tratando de aprender de mi maestra. Ella comenzaba su curso desde lo alto del Himalaya y fluía sin cesar hacia el mar. Su camino lo bloqueaban innumerables obstáculos (rocas enormes, arboles caídos y hasta montañas), pero nada impedía su travesía hacia el mar, fluía con gracia por encima, por debajo y junto a ellos. La Madre Ganges nos enseña que, si queremos alcanzar el mar de nuestra máxima aspiración, debemos perseverar en nuestra meta y no bajar los brazos nunca ante los inevitables obstáculos que se atravesarán en nuestro sendero. Todos los impedimentos son como rocas en el río de la vida. Debemos fluir sobrepasándolos y no desalentarnos nunca. Con la ayuda del Señor, siempre habrá un camino.

Sentado sobre aquella roca, imaginaba que ver el flujo del río era como contemplar el paso de la vida: si estamos dentro del río, nos encontramos gravemente afectados por él, pero si estamos sentados en la ribera, podremos observarlo con desapego. La Madre Ganges nos enseña que, si aprendemos a desapegarnos de nuestro ego y del frenesí de la mente, de los sentidos y del mundo que nos rodea, y observamos la vida con una disposición sobria, ganaremos sabiduría.

Después del atardecer, volvía a mi cueva en el bosque y contemplaba los regalos del día.

Un día, pensé en los millones de años de historia que habían formado parte de esta ribera. En la época de los arios, florecía la espiritualidad. Alejandro Magno iba y venía. Luego los mongoles, al conquistar la India, la dominaron durante siglos hasta que fueron derrotados por el Imperio británico, que con el tiempo sería desterrado por Mahatma Gandhi, Subhash Chandra Bose y el movimiento de liberación hindú. La esclavitud y la libertad, la guerra y la paz, la conquista y la derrota políticas son como las estaciones: van y vienen. A lo largo de su existencia, la Madre Ganges continúa fluyendo pacientemente hacia el mar. La verdad también es inmutable. No importa lo que ocurra en el mundo ni cuán dramático sea, nada puede perturbar la corriente de la verdad.

Observé que la corriente llevaba muchos objetos, entre ellos, hojas, flores, árboles arrancados, un búfalo muerto y hasta cadáveres. Si un objeto permanecía en la corriente, terminaría derivando en el mar, pero, con el paso del tiempo, casi todo quedaría depositado en las riberas y se detendría su progreso. El camino espiritual y el maestro espiritual son como la corriente de la Madre Ganges, y los estudiantes, como objetos transportados por la corriente del río. Si los seguidores se mantienen fieles en la corriente de las sagradas enseñanzas, estos serán llevados al océano de la verdad espiritual. Pero aparecerán muchas tentaciones y distracciones a lo largo de las riberas que les prometerán comodidad y felicidad, tentando a los seguidores a salirse de la corriente que los llevará a la aspiración de sus corazones. No todos los aspirantes se mantendrán fieles, pero los que lo logren alcanzarán el océano de la iluminación. Me preguntaba: «*¿Quién será mi maestro? ¿Podré mantenerme fiel?*».

Una mañana temprano, antes del amanecer, mientras miraba la corriente que nunca dormía, tomé conciencia de su travesía de miles de kilómetros. El mar la llamaba, y cada gota de agua fluía pacientemente por la corriente hacia su último y lejano destino. *«La Madre Ganges me enseña que se requiere paciencia y constancia para seguir mi llamado»*.

Nunca me detuve a pensar por qué había dejado atrás las promesas del mundo para sentarme solo en una roca en el Ganges y soportar un riguroso ayuno impuesto por mí mismo. ¿Por qué actué de manera tan extrema, como obsesionado? En aquel momento, no sentía que aquellas fueran *mis* elecciones. Sentía la misteriosa mano del destino que me hacía avanzar.

Una fría mañana de invierno, mientras estaba absorto en mi meditación, unas dulces melodías de armónica comenzaron a sonar en mi mente, alejando mi atención de todo lo demás. Mi conciencia fluía irresistiblemente hacia una música imaginaria, en el teatro de mi mente sonaba un concierto tras otro. Un anhelo me impulsaba a reunirme con mi adorada armónica, la cual no había tocado desde mi llegada a la India. Todos los días, desde antes del amanecer hasta el atardecer, me había mantenido fiel a mi querida roca, pero aquel día sería diferente. Una necesidad me apartaba y, dejando atrás la roca y el río, regresé a la cueva a tocar.

Al posar la armónica sobre mis labios, me ocurrió algo muy extraño. Una fuerza invisible me hizo regresar al río. A cada paso, mis sentidos ardían en deseos impacientes de tocar la armónica. Vadeé la corriente de la Madre Ganges y me estiré hasta llegar a mi roca. Allí, tal como los otros días, me senté sobre la fría superficie. Pero hoy tenía la armónica, y mi corazón se empapó de una ola de afecto que hizo temblar todo mi cuerpo. ¿Cómo podía un pedazo de metal y madera inducir aquel estado emocional? La armónica había sido mi amiga querida, le había revelado mis más íntimos sentimientos del corazón. Tan confidencial era nuestra relación que le susurraba los secretos que solo Dios y yo sabíamos. Traduje mis dichas internas, penas y aspiraciones en suaves melodías.

Con el paso del tiempo, evolucionó entre nosotros el diálogo natural del músico y su instrumento. En muchos aspectos, éramos como amantes.

Ahora mi armónica exigía mi atención completa, como si estuviese celosa. Me preguntaba qué era lo que realmente deseaba en la vida. Contemplando la corriente en las lejanas montañas, una tristeza tranquila me inundó el corazón. Entendí que mi oxidada compañera me distraía de mi sendero. Parado sobre la roca, me asomé para ver la profunda corriente azul del Ganges. Luego miré mi armónica, consciente de que no había ninguna parecida en miles de kilómetros. Conmovido, le revelé mi corazón a mi camarada, pero esta vez no con una canción, sino mediante simples palabras.

—Mi querida amiga, te doy las gracias por haber sido mi fiel compañera todos estos días. En tiempos de dolor y soledad, siempre has estado conmigo para darme refugio y dicha. ¡Con cuánta paciencia escuchabas mis pensamientos más profundos y transformabas las palabras que no me salían en canciones que llegaban hasta el corazón de la gente!

Lloré. Luego posé mi mirada en el río sagrado y oré.

—Madre Ganges, te ofrezco lo que me resulta más querido con el anhelo de ofrecer mi inservible corazón a Dios. Por favor, acéptalo.

Con ambas manos, apreté la armónica contra mi corazón y luego dejé que la brisa del Himalaya se la llevara. El instrumento flotó hacia arriba, como en cámara lenta, y luego descendió. Mi corazón tembló al oír «plaf» y ver que mi querida compañera desaparecía para siempre en la corriente del Ganges.

Los regalos más preciados de la vida suelen aparecer en formas que no planeamos ni esperamos. Algunos lo atribuyen al azar, otros al destino kármico, y hay quien cree que Dios interviene en nuestras vidas en diferentes momentos. Una tarde, mientras mi conciencia se distraía lejos de la meditación, hechizada con el sonido de la fuerte corriente de la Madre Ganges, me pareció que sus poderosas y suaves olas cantaban un himno de sabiduría y amor. Cautivado por aquella dulce canción, la escuchaba sin esfuerzo alguno. Aquello se volvió mi meditación. Desde el amanecer hasta el atardecer, simplemente meditaba con la canción del río.

Días más tarde, sentado frente a la brisa del frío invernal, elevé mi mirada hacia el cielo del Himalaya y vi cómo se desplegaban nubes de algodón blancas en la ilimitada bóveda de color zafiro. Debajo de mí, la corriente se arremolinaba, ondulaba y generaba espuma. El sonido del río era una sinfonía que me liberaba de las ataduras de mis pensamientos. De su canción emergían miles de voces celestiales, y todas cantaban al unísono la sílaba sagrada «Om». El sonido atrapó mi mente.

Otra noche, en la puesta de sol, observé las doradas nubes invernales flotar en el profundo cielo azul. Las montañas estaban recubiertas por un manto púrpura, y parecían tan vivas que sentí que respiraban. Unas bandadas de grullas blancas, ruiseñores negros, loros verdes y otros pájaros de vibrantes colores azules, rojos y anaranjados se elevaban por el cielo, cada uno piando, trinando o gorjeando su propia canción. Excepto por el canto de los pájaros, aquella noche el valle del Ganges estaba en calma, sumido en silencio casi místico. Mi mente flotaba, recordando cómo Dios me había quitado tan poco y dado tanto. Por un momento, reflexioné que, en la medida en que nos sintamos insignificantes para la gracia, nos sentiremos agradecidos cuando llegue. Es la gratitud lo que hace que el corazón se vuelva receptivo al recibir las bendiciones de Dios. Cerré los ojos y me sumergí nuevamente en el canto sin fin de «Om», la canción del río. Era muy hermoso. Me sentí al borde de algo extraordinario. Luego escuché algo que parecía ascender de las profundidades del corazón de la Madre Ganges. El coro de miles de voces celestiales cantaba una canción suave e hipnótica que parecía reverberar por todo el valle del río:

Hare krishna, kare krishna,
Krishna krishna, hare hare,
Hare rama, hare rama,
Rama rama, hare hare.

Mientras sonaba el canto del río, sentí que Dios me había susurrado esta hermosa canción al oído. Era un rito místico de iniciación que me elevaba en una ola, más cerca de mi aspiración. El corazón se me henchía de gratitud. Sin advertirlo, rompí mi largo silencio y canté aquellas palabras a toda voz junto al río. Ningún estupefaciente en este mundo podía acercarse a aquella experiencia. El significado de esta canción era desconocido para mí, pero me robó el corazón. *¿Qué significaba?* Creí que este misterio, como el de la pintura del niño azul, se me revelaría a su debido tiempo. Al sacrificar el sonido de mi armónica, había heredado la canción del Ganges.

AL FINAL DEL MES, ya me sentía más que listo para terminar mi ayuno. Me acordé de un vendedor de maníes en una tienda cercana al restaurante Choti Walla, en Swargashram. Me animé a ir con una rupia que un peregrino me había donado, lo que en aquel momento era el equivalente a aproximadamente doce centavos de dólar, y esperaba recibir tantos maníes como entraran en mi mano. Pero, cuando el vendedor vio la rupia, se le iluminaron los ojos y rápidamente tomó unos papeles de periódico para formar un cono que llenó de maníes. «*¡Hoy me daré un banquete!*», pensé, y me regocijaba mientras caminaba por el camino silvestre rumbo a mi cueva.

Me adentré en el bosque y me encontré cara a cara con un enorme mono que bloqueaba el camino como un agente de aduanas. Gruñía y me mostraba los afilados colmillos, tratando de intimidarme con sus penetrantes ojos verdes. Un grueso pelaje marrón cubría su forma musculosa. Tenía la cara rosa y brillante, con cicatrices de batallas pasadas, retorcidos dedos de color rosado y nalgas rosadas y brillantes. De repente, saltó sobre mí. Me arrancó la bolsa de maníes de un solo movimiento y, en un abrir y cerrar de ojos, me pateó el pecho para alejarme. Jadeando, trastabillé unos pocos pasos hacia atrás. Cuando recobré el equilibrio, sonreí y vi que el mono había desaparecido al momento en el interior de la jungla, junto con mi bolsa. Algunos maníes se habían caído al suelo durante la escaramuza. «Bueno», pensé, «estos me bastarán para romper el ayuno». Justo cuando me agaché para recogerlos, otro mono saltó de un árbol, se llevó el resto de los maníes y desapareció. No me quedó ni un solo maní.

Continué mi camino hacia la cueva para pasar la noche. El estómago me rugía. «Comparado con el tesoro de la existencia espiritual, la adquisición material es como esos maníes», pensé para mí mismo.

La gente miente, llora y muere por unos pocos maníes. Pelea y lucha por un puñado. Declara guerras por ellos. Pero en cualquier momento, un mono, la ambición de otro o incluso el avance inevitable del tiempo nos puede arrancar nuestros queridos maníes.

A la mañana siguiente, viajé a pie hasta la lejana ribera del Ganges, en Rishikesh. Escalé una montaña y llegué hasta Sankaracarya Nagar, el *ashram* de Maharishi Mahesh Yogi. En aquella ermita, los senderos de tierra serpenteaban por los vetustos árboles, los fragantes arbustos y las viñas en flor, y conducían hasta pintorescas cabañas donde meditar. Más adelante, me encontré al borde de un profundo acantilado que ofrecía una vista espectacular del río Ganges. Cerca del borde se hallaba la modesta casa de Maharishi. Entré y vi un altar adornado con flores. Allí se encontraba la foto del gurú de Maharishi, Brahmananda Saraswati. Tenía barba blanca, el cabello blanco y largo peinado hacia atrás, y estaba sentado sobre una piel de tigre. Se trataba de un yogui de alta estima, el primero en 150 años al que se le otorgó el título de Shankaracharya de la región del Himalaya, Jyotirmath, un puesto similar al de papa.

Por las mañanas y por las tardes, los residentes del *ashram* se reunían en la habitación de *puja* de Maharishi para cantar himnos, ofrecer artículos de adoración y concluir la ceremonia con una meditación en grupo. Alguien me dijo que Maharishi prefería meditar en el sótano, una caverna oscura a la que pocos tenían acceso. La caverna fresca y silenciosa también se convirtió en uno de mis lugares favoritos de meditación. Fue allí donde sentí especialmente la presencia de Maharishi, en la profunda paz y serenidad que me invadía mente y cuerpo.

Maharishi nació en 1917, en la India central, y se graduó en Física en la Universidad de Allahabad. Durante trece años, sirvió a su gurú, Brahmananda Saraswati, como secretario. Antes de partir de este mundo, su gurú le dio la siguiente orden: «Lo que te he enseñado también contiene el conocimiento de la técnica para el dueño de casa, que ha sido malinterpretada y olvidada por siglos. No pienses en dinero para viajar por aquí y por allá. No te preocupes ni tengas miedo de estar solo. No sientas ansiedad por nada. Comienza a trabajar y todo seguirá su curso». Para prepararse para su misión, Maharishi se refugió durante dos años en las cuevas de Uttar Kashi para meditar en soledad. Posteriormente, en 1955, comenzó a enseñar meditación trascendental (MT) y a establecer su *ashram* en las colinas de Rishikesh. A partir de 1957, comenzó sus viajes por el mundo.

Maharishi Mahesh Yogi enseñó que, al practicar MT, nuestra conciencia entra en estados más y más sutiles. El objetivo es entrar en un estado más sutil que los comunes al estar despiertos, dormidos y en sueño profundo. Meditar, por consiguiente, es experimentar una conciencia más allá de la existencia sutil de la mente y el ego, ya que es en ese estado liberado de pureza en el que experimentamos al ser eterno. Maharishi era especialmente creativo a la hora de armonizar la tecnología científica moderna con las antiguas ciencias de yoga. Aunque Maharishi se encontraba en el extranjero durante mi visita, me inspiré en él en el santuario de su *ashram* y leí sus libros, *La ciencia del ser* y *El arte de vivir*, y seis capítulos del Bhagavad Gita.

Todas las noches, en Shankaracharya Nagar, pasaba el tiempo con un *sadhu* australiano llamado Bevin, uno de los líderes del *ashram* y uno de los discípulos más cercanos de Maharishi. Fuimos a su cabaña juntos, donde escuchamos cintas de Maharishi y discutimos sus enseñanzas. Recuerdo haber escuchado a Maharishi decir con su voz aguda y risueña:

—Aquí no hacemos una promesa vacía del cielo después de la muerte, sino la experiencia positiva de la bienaventuranza celestial en vida. Que se una quien lo desee.

Su técnica era simple: solo de quince a veinte minutos de meditación «sin esfuerzo» por la mañana y por la noche, sin necesidad de cambios en el estilo de vida ni ajustes religiosos y filosóficos. Enseñaba que la vida es esencialmente bienaventuranza, que somos esencialmente seres bienaventurados y que la MT nos podía poner en contacto con dicho estado de bienaventuranza al dirigir con delicadeza la tendencia natural de nuestra mente hacia la búsqueda de la felicidad mediante la felicidad inherente de nuestro ser. A veces se refería a esto como «regar la raíz y disfrutar de sus frutos».

Era invierno, y todo estaba tranquilo. Difícilmente otro extranjero, aparte de Bevin y yo se habían aparecido en el *ashram*. Bevin me comentó cómo apenas unos años atrás, los Beatles, Donovan, Mia Farrow y su hermana Prudence habían visitado a Maharishi y se habían quedado con él. Desde entonces, la influencia del yoga y la meditación se extendió por todo el mundo.

Meditar en aquel bosque sagrado y dormir en la cima de la montaña eran regalos inestimables. Maharishi Mahesh Yogi se me apareció en sueños en tres ocasiones. Estaba sentado con las piernas cruzadas y sostenía una flor. Su rostro redondo irradiaba una luz suave, y su largo pelo gris y su barba se unían a la ondulante vestimenta blanca. Aunque era un hombre físicamente pequeño, su presencia era inmensa. Su suave y penetrante mirada parecía llamarme a un reino de paz eterna. No hablaba, simplemente me sonreía. Cerró los ojos y desapareció.

Posteriormente regresé a la soledad de mi cueva en el bosque, y me preguntaba por qué me había ido del *ashram* de Maharishi. Después de todo, allí solo obtuve experiencias llenas de conocimiento. Obviamente, Maharishi era una fuerza poderosa y amorosa, y todos habían sido muy amables. «¿Por qué iba yo de un lado a otro?». Me repetiría la misma pregunta una y otra vez en los años por venir, y cada vez concluiría lo mismo: que quería aprender de más caminos y maestros antes de comprometerme con uno. «Hasta no obtener la fe para dedicar mi vida a un camino y a un maestro», reflexionaba, «permaneceré deambulando como un peregrino».

Una mañana, mientras caminaba por el bosque, un *sadhu* con una sonrisa curiosa de oreja a oreja se detuvo justo frente a mí y rehusó dejarme pasar. Sus ojos almendrados se clavaron en los míos. Tenía la nariz pequeña, la cara chata, el pelo muy corto y la piel cobriza. ¿Quién era este hombre? ¿Qué quería de mí?

—Me enviaron por ti —dijo—, pero tú no me reconoces. —Sorprendido, pero en silencio, me preguntaba de qué trataba todo aquello. Me tomó la mano con firmeza—. El más grandioso de los santos vive en una cueva cercana. Mi misión es traértelo a ti.

—¿Cómo sabes de mí? —le pregunté.

—No necesitas saberlo. Sígueme.

Intrigado, seguí a este *sadhu*, que me dijo que provenía de Nepal, hacia las profundidades del bosque, donde caminamos a lo largo de un arroyo, en un sendero con matorrales. Aplastábamos las ramas y pisoteábamos el follaje mientras caminábamos y nos movíamos entre los arbustos. A nuestra izquierda, un jabalí salvaje se escabullía entre la maleza. Nos aproximamos a un claro, donde mi guía señaló a la cima de la montaña. Allí podía ver las entradas negruzcas por el humo de las tres cuevas. El *sadhu* me guio hacia arriba por unos estrechos peldaños de piedra que se asemejaban más a una escalera sin fin tallada en la roca. Después de escalar hasta la cima, entramos en una de las cuevas, donde la bruma del humo nos quemaba los ojos.

Allí, sentado en posición de loto, con la espalda erguida, se encontraba un ser sorprendente. Su espeso y enredado cabello se extendía hasta más allá de la espalda, varios metros sobre el suelo detrás de él. Medía alrededor de un metro ochenta y tenía un físico fuerte. Solo llevaba puesta una soga alrededor de la cintura y una tela que le cubría los genitales. Sus ojos estaban cerrados en meditación. Parecía que había entrado en otro mundo, uno más allá del tiempo y del espacio.

Un aura de tranquilidad indescriptible emanaba de su forma inmóvil. Él era Mahavirdas Tat Walla Baba.

Nos sentamos junto a él y esperamos pacientemente. El perfume de la madera que ardía en su sagrado fuego se mezclaba con el ambiente de la vieja cueva. Vi algunas escrituras sagradas en sánscrito que descansaban sobre un estante de piedra. Su guardarropa, una vieja arpillera enrollada, yacía junto a él. El *sadhu* nepalés me dijo que acostumbraba a meditar toda la noche.

—Esperemos pacientemente —dijo—, hasta que vuelva de su trance espiritual. Finalmente, el yogui abrió los ojos negros y brillantes y los clavó en los míos con la intensidad de un rayo láser. Mi guía sirvió de traductor. Con una profunda y persuasiva voz, el Baba habló.

—Dios es uno y todo emana solo de Él. —Levantando la mano, con el dedo índice se tocó el dedo pulgar—. La causa de todo sufrimiento proviene de cuando olvidamos nuestra identidad con Dios. Eso se llama *maya* o ilusión. Dios está en todas partes. No necesitas buscar para encontrarlo. Si lo llamas con sinceridad, se te revelará. Dios ve dentro del corazón y no lo externo. No debe haber duplicidad. Puedes caminar por la selva toda tu vida, pero Dios está dentro del corazón. Cuando lo encuentres allí, verás que su presencia abunda por doquier.

Me impactó ver que parecía reconocer mi inquietud interna. Yo era un vagabundo que buscaba a Dios en mi corazón.

Las manos del Baba reposaban sobre las rodillas. Sus ojos oscuros emitían poder y vitalidad, y parecían leer mi mente.

—La gente va tras lo temporal. ¿No ves que van camino a la muerte? —Cada una de sus palabras parecía una espada que cortaba mis propios condicionamientos egoístas—. Tú has renunciado a la vida mundana. Eso es bueno. No mires atrás. La meditación te traerá la paz suprema.

Pasamos la hora entera escuchándolo. Me fui con la promesa de que volveríamos al día siguiente.

Después de descender la escalera de piedra, una mujer asceta vestida con un simple sari blanco y peinada con una larga trenza que le recorría la espalda nos saludó al *sadhu* y a mí. Mirabai y su esposo vivían en el bosque, y cocinaban para todos los seguidores de Tat Walla Baba. Sin titubeos, nos invitó a su casa.

—¿Les gustaría oír hablar del Baba? —preguntó mientras la seguíamos.

—Sí —respondí. El *sadhu* nepalés asintió.

—Bueno —comenzó a hablar—, Baba proviene del estado de Punjab. Desde la niñez, las preguntas le bullían en la mente. Cuando vio la represión a la que el dominio británico sometía a los indios, se preguntó por qué un país con tantos santos y escrituras no tenía una solución para su sufrimiento. Quemándose en la sed de la búsqueda del conocimiento, de niño abandonó su hogar para buscar a su gurú. Primero fue a Ayodhya, el lugar de nacimiento del Señor Rama, y luego se exilió en los bosques del Himalaya, donde conoció a su gurú. A los pies de su maestro, aprendió el sendero de la iluminación.

Los tres nos acercamos a una cabaña hecha de barro y paja. Mirabai abrió suavemente la puerta de madera y nos invitó a entrar. Nos ofreció una estera donde sentarnos y una taza de arcilla llena de agua. Nos preguntó:

—¿Les cuento más?

—Por favor —le imploré mientras disfrutaba del agua fresca que ella había recogido del arroyo.

—Baba lleva viviendo en estas cuevas desde aproximadamente los dieciséis años. Solo subsiste a base de hierbas silvestres y frutas, y viste con trozos viejos de arpillera, llamados *tat*, con los que se cubre. Es por ello que se le llama Tat Walla Baba, que significa «*baba* o santo que se cubre con una tela de arpillera».

Nos siguió comentando que vivió recluido durante quince años para perfeccionar su práctica de *asthanga* yoga. Gradualmente, la gente fue reconociendo su estado de iluminación y comenzó a acudir a él. Nunca permitió que nadie le tocara el cuerpo ni cocinara para él. Ella respiró profundamente y abrió los ojos de asombro.

—He sido testigo de su poder para leer la mente, ver el futuro y curar a los enfermos con mis propios ojos. De hecho, una vez un yogui sufría de unas migrañas insoportables. Baba acudió a él en sus sueños, le quitó un fluido blanco a través de un mantra y lo curó para siempre.

Me sentí muy privilegiado de estar allí. Ella nos dirigió la mirada hacia una foto del Baba que guardaba en su pequeño altar y, con las manos juntas, preguntó:

—¿Les gustaría escuchar más?

Asentimos, entusiasmados.

—Baba medita durante largas horas, a veces durante días. Mantiene el fuego sagrado siempre ardiendo, y reflexiona diariamente sobre las escrituras. —Luego se dirigió a mí—: Tú has venido desde Estados Unidos para convertirte en *sadhu*. Honro tu valentía y rezaré para que alcances esa meta.

Antes de despedirse, me depositó en la mano un inusual dulce hecho de calabaza verde traslúcida y cocido con azúcar cristalizada. Se me derritió en la boca de inmediato, y sentí una explosión de sabor. Nunca antes había probado algo así. Al ver mi reacción, dijo con amabilidad:

—Este dulce se llama *petha*. ¿Te gusta?

—Este es mi primer dulce en la India —le respondí—. Es increíble. ¿Pero los yoguis ascetas comen esto?

Sonrió como una madre con un hijo curioso.

—Te sorprenderás de lo que los yoguis pueden comer.

Al día siguiente, volví a la cueva del Baba. Después de un tiempo, mi amigo nepalés me dejó solo con Tat Walla Baba, quien se encontraba sentado inmerso en su meditación. Pasó la noche entera sin moverse. Yo absorbí su paz y medité cerca de él. Cuando el sol asomó, iluminó suavemente las verdes junglas del Himalaya con un velo de oro que llegaba hasta las altas montañas en la distancia, consideradas por muchos como la morada de Dios. A lo lejos podía ver a la Madre Ganges abriendo caminos serpenteados desde las alturas hasta los llanos, por bosques y valles que albergaban a sabios que realizaban su adoración en las riberas. Desde mi lugar sobre una estera de paja podía ver el generoso follaje, y mientras el tiempo pasaba, comencé a ver grandes y coloridas serpientes deslizándose por la jungla, en busca de una presa. Vi elefantes salvajes pastando en los árboles y, ocasionalmente, a un leopardo moviéndose por la maleza.

Me vino a la mente una visión de mi vecindario en los suburbios de Chicago, en Highland Park, con sus terrenos bien cuidados, los niños subiéndose al ómnibus escolar y los padres partiendo al trabajo. No podía creer dónde me encontraba. Cerca de la cueva del Baba había otras cuevas donde varios discípulos ascetas residían y donde viví algunos días.

Dentro de la cueva de Baba, al inhalar el humo astringente del fuego sagrado que ardía día y noche, me sentí purificado. Sentado con la espalda erguida, Baba leyó las escrituras durante tres o cinco horas. El resto del tiempo se encontraba inmerso en meditación. Si descansaba de noche, se levantaba unas cuantas horas antes del amanecer para meditar, estudiar y practicar sus *asanas* yóguicas. A media mañana, se enrollaba el espeso y enredado pelo en una enorme espiral sobre la cabeza y me llevaba a bañarme en un arroyo y a meter agua en una vasija. En el viaje de regreso, recolectaba hierbas y frutas para su subsistencia y madera para el fuego. Una vez lo vi levantar sin esfuerzo alguno un enorme leño y llevarlo a su cueva.

Una noche, temprano, mientras el trinar de los pájaros inundaba el bosque, Baba, a través de nuestro traductor nepalés, me dio una fuerte sacudida.

—Te invito a que pases el resto de tu vida en nuestras cuevas. Esta es mi invitación personal para ti. —Luego cerró sus ojos y entró en trance.

Sus palabras me resonaban en la mente mientras consideraba la seriedad de la decisión que debía tomar. Una mañana, salí de mi meditación y pensé:

Sería una bendición vivir bajo la guía de este hombre sagrado en su santificado bosque. Aun así, si me dedico a seguir a un gurú, nunca deberé traicionarlo al cambiar de parecer más tarde en la vida. Quiero encontrar a un maestro y el camino al cual dedicar mi vida.

Me pregunté si estaba seguro de que él fuera mi maestro y este mi camino. Me sumí en unos momentos de reflexión y luego llegó la respuesta. Había experimentado un gran despertar interior, así como un gran goce mientras meditaba con Tat Walla Baba, pero aún albergaba mis dudas. Algo me jalaba en el corazón para conocer a la gente sagrada de la India y visitar los lugares sagrados para experimentar las múltiples variedades de los senderos espirituales. Solo entonces sentiría que podría tomar la decisión más importante de mi vida.

Mi mente se tranquilizó al sentir que era un enfoque honesto, pero debía tener cuidado de cómo le revelaba mi decisión a Tat Walla Baba, ya que no lidiaba con una persona común, sino con un hombre extraordinario con poderes sobrenaturales. Así, pasaron varios días. En su compañía, mi meditación me trajo experiencias indescriptibles. Finalmente, cuando estuve listo para revelarle mis pensamientos, él ya los sabía. Antes de abrir la boca siquiera, pronunció las palabras que yo planeaba decir. Me miró sobriamente a los ojos y extendió la palma.

—Adiós. Que Dios esté contigo. *Om tat sat*.

5

D ESPUÉS DE SALIR DE las cuevas de Mahavirdas Tat Walla Baba, viví otra vez como un mendigo ambulante. Ya se acababa el invierno. El sol brillaba más fuerte, los días se hacían más largos y los capullos de la primavera brotaban en los árboles y arbustos. Un día, mientras caminaba por un sendero a través de la selva, en dirección norte, llegué al Laxman Jhulan, un largo puente colgante que cruzaba el río Ganges. Mientras estaba parado en mitad del puente oscilante, contemplé el Ganges, que descendía del Himalaya con las orillas adornadas de templos, *ashrams* y *rishis* que llevaban a cabo sus ritos. Crucé el puente y caminé a lo largo de un camino de polvo, hacia el bosque.

De repente, me congelé al no poder soportar el escalofriante espectáculo ante mí: había gente muriéndose, algunos desnudos, otros con trapos sucios que lloraban de dolor; las caras secas y deformadas, las narices desangradas, las manos y los pies destrozados con tucos sangrientos en lugar de dedos en las manos y los pies. La gente yacía en hoyos que les servían de camas, consumidos por el hambre, y enterraban los cuerpos en cobijas polvorientas para protegerse del frío. Todos me imploraban con ojos desesperados. Estaba horrorizado. Estaba en una colonia de leprosos.

Me rodeaban docenas de leprosos que gritaban:

—¡*Baksheesh*! ¡*Baksheesh*! ¡*Baksheesh*!

Apretando su cuerpo contra el mío, me ponían las manos destrozadas y sangrientas sobre la cara, pidiéndome caridad, pero yo no tenía nada que darles y, atrapado por un muro de carne putrefacta, no podía dar ni un paso. Se negaban a dejarme en paz.

—¡*Baksheesh*! ¡*Baksheesh*! ¡*Baksheesh*!

La muchedumbre se empujaba tan cerca de mí que me asfixiaba. No podía escapar de la peste de su aliento ni de la carne podrida, que supuraba.

—¡*Baksheesh*! —gritaban.

La mente me daba vueltas por la confusión, y estaba lleno de ambivalencia. Por un lado, me enfurecía que me acosaran; por otro, me daban lástima y pensaba que su aflicción justificaba su comportamiento.

Pasaron veinte minutos interminables. Sufriendo, traté de aceptar lo que pasaba. «La lepra es contagiosa», pensé. «¿Me tocará sufrir y morir con ellos? ¿Me dejarán en algún momento?».

Gritando «¡*Baksheesh!*», los leprosos se jalaban y se empujaban en escaramuzas de desesperación. Me fulminaban con miradas de angustia. Finalmente, rebuscaron por mi cuerpo para ver si llevaba encima objetos valiosos. Estaban determinados a tomar por la fuerza lo que no les daba. Cuando se dieron cuenta de que no tenía nada, se dispersaron.

Suspiré profundamente y di unos pasos, pero me detuve. Vi a una mujer cubierta de harapos, con la nariz deshecha con la carne podrida de su deformada cara, y que yacía en el suelo, sufriendo. Nos miramos fijamente. Sentí el tierno amor de una madre en sus ojos lacrimosos, un cariño real y raro. No quería nada de mí, solo abrirme el corazón para recibir el amor que tanto anhelaba darle a alguien. Era bella. Unió sus manos sin dedos en un gesto de respeto y luego extendió su mano afligida de enfermedad para bendecirme. Todos mis miedos de infectarme quedaron destruidos por su afecto. Me acerqué a ella rápidamente y puse la cabeza bajo su mano para recibir la bendición.

—Que Dios te bendiga, hijo mío —rezó—. Que Dios te bendiga.

Miré hacia arriba y vi que la cara le resplandecía con una alegría sobrenatural, la alegría de dar. Lloré al sentir que toda la experiencia valió la pena solo por aquella bendición inolvidable.

Continué caminando, encontré un lugar en el río y miré fijamente hacia el fondo de la rápida corriente. Traté de ver bajo las olas, pero no fui capaz de ver bajo la superficie, hacia sus misteriosas profundidades. Aunque aquella mujer estaba plagada de una despreciable enfermedad, bajo su superficie era un alma bella que solo quería amar y ser amada. En mis reflexiones, hice una comparación.

Hoy el río expone cómo tenemos la tendencia de juzgar a los demás por su apariencia superficial y ver solo sus cualidades negativas, pero, si buscamos bajo la superficie, descubriremos un sinnúmero de fuerzas que se mezclan para crear la naturaleza particular de una persona. Los defectos que percibimos son probablemente resultado de las circunstancias, la respuesta psicológica al trauma, al abuso, al rechazo, al desamor, a la inseguridad, al dolor, a la confusión o a la enfermedad.

Pensé en las personas que estuvieron a punto de matarme en Estambul, en los racistas que odiaban a los negros durante el movimiento de los derechos civiles, en la gente que me había maltratado por mi pelo largo y en mí mismo, por cómo había juzgado a la generación contra la cual me había rebelado al pensar que estaba mal que los estadounidenses de mayor edad se preocuparan tanto por el dinero y la seguridad cuando, de hecho, habían vivido la Gran Depresión, una dificultad que no podría comprender.

Si entendemos la causa subyacente de lo que pensamos que está mal en alguien en lugar de expresar odio, seríamos más compasivos. ¿Acaso no es inherentemente buena el alma? Una persona santa odiará la enfermedad, pero amará al enfermo.

Decidí partir de Rishikesh y viajar hacia el norte, a las altas elevaciones del Himalaya. En Dev Prayag me encontré con un hombre cuyo carácter se me ha quedado grabado para siempre en la memoria. Una mañana fría, mientras las estrellas desaparecían y el sol del nuevo día estaba por salir, bajé rápidamente de una montaña al lugar donde los ríos Bhagirathi y Alaknanda convergían. Desde el punto de esta confluencia, al río se le llama Ganges. Allí, el canto del río era tumultuoso. Me sumergí para tomar un baño, ajeno al poder de la corriente.

Al dar un paso, la fuerte corriente me jaló los pies y me llevó hacia los traicioneros rápidos. En aquel momento, un hombre fuertemente corpulento, que daba la casualidad de que se bañaba junto a mí, me tomó del brazo con fuerza y me jaló hacia sí y hacia la ribera. Mi rescatador luego me puso la palma de la mano derecha sobre la cabeza y, con gran emoción, cantó una serie de mantras para mi protección. Así fue como conocí a Kailash Baba.

Era un hombre santo de más o menos sesenta años, corpulento y con el pelo gris y enmarañado, que se le enrollaba en la cabeza. Posteriormente comprobaría que, cuando se lo soltaba, le llegaba hasta el suelo. Habían pasado décadas desde que se había cortado cualquier pelo de su cuerpo.

Tenía la cara cuadrada, grandes ojos castaños, pómulos prominentes y una boca llena de dientes, algo bastante raro entre los viejos *sadhus*. Lo único que vestía era una prenda de colcha, que se extendía de los hombros a los pies. En la mano llevaba un tridente de hierro con un enorme tambor *damaru* amarrado a la punta. Este tambor tenía dos caras, cada una de alrededor de treinta centímetros de diámetro a los lados opuestos de una base de tambor hueca de madera. Entre las caras colgaba una bola amarrada a un hilo. Cuando Baba la agitaba, la bola rebotaba de un lado a otro, pegando fuerte a los tambores. Sus otras posesiones tan solo consistían en un plato hondo de metal para pedir limosna y una cobija vieja.

Kailash Baba fue el primero en enseñarme cómo sobrevivir como un asceta ambulante. Durante las noches frías dormíamos en las laderas, normalmente frente a un río. Una noche me ofreció su cobija y, aunque al principio rechacé tomarla, él insistió. Durante muchas noches dormimos juntos bajo aquella cobija. Me enseñó a buscar comida y medicinas identificando las raíces, frutas y hojas comestibles en el bosque.

Cuando me llevaba a las aldeas, me enseñaba el comportamiento correcto en el que un *sadhu* debía pedir limosna respetuosamente. A diferencia de Occidente, el pedir limosna de los mendigos religiosos en la India rural se considera una forma de vida honrada porque la gente recibe mucho a cambio de los *sadhus* a los que sirven al darles limosna. Como Kailash Baba era una persona tan elevada, yo también sentía que hacer esto era algo elevado. Me enseñó a sobrevivir con arroz seco, plano y partido. Como es la comida más barata, cualquier comerciante de granos los ofrece con alegría, y como no se estropean, pueden mantenerlo a uno en la selva durante semanas. Todo lo que se necesita para una comida es echarle un poco de agua del río a una porción. Me enseñó también a asearme cepillándome los dientes con ramitas de árbol de nim y lavándome la piel con lodo del lecho del río. Además de mis lecciones sobre cómo comer y asearme, me enseñó a respetar no solo los sagrados ríos, templos, árboles, el sol, la luna y el fuego del sacrificio, sino también las serpientes, los escorpiones y los animales salvajes. No hablaba inglés, pero tenía una habilidad mística para transmitirme ideas, particularmente la de que Dios residía en el corazón de todas las criaturas. Me enseñó a ver el alma en el corazón de una serpiente venenosa, por ejemplo, y a mostrarle mi honor y respeto a la criatura al darle su espacio. Cuando estábamos entre otros *sadhus*, me enseñaba el protocolo de cómo dirigirse a diferentes denominaciones y cómo comer con ellos.

Como viajábamos solos juntos, se comenzó a convertir más y más en un padre para mí, y él me prodigaba cariño como si fuera su propio hijo. Aunque nunca hablábamos, cuando hay cariño en el corazón, la comunicación trasciende todas las barreras lingüísticas. Con un simple gesto, señal con el dedo, sonrisa o ceño fruncido me enseñó lo que tenía que aprender. A todo el que lo miraba le parecía un ermitaño temible y descuidado, deteriorado por las austeridades y por cargar un tridente de hierro, pero yo encontré en él a uno de los hombres más amables y dulces que haya conocido. Siempre me alimentaba a mí primero antes de tomar él algo, por sencilla que fuera la comida. Cuando rechazaba comer antes que él, me vencía fácilmente con su inocente mirada. De hecho, cada vez que me miraba, se le humedecían los ojos. Este hombre, una montaña de afecto, hizo brotar de mi corazón un amor como el de un amigo de toda la vida.

Gracias a él y a otras personas que conocía, había comenzado a aprender más sobre las diferentes manifestaciones de Dios o de las deidades que formaban el panteón de las religiones hindúes. No estaba seguro de cómo me sentía al respecto de todas aquellas deidades y las muchas formas que adoptaban; era todo bastante extraño para mí. Pero captaba el profundo amor y la devoción que inspiraban estas manifestaciones. Tenía la mente abierta y deseaba entender.

Como devoto de Shiva, el aspecto de Dios que preside sobre la existencia material y su destrucción, Kailash Baba cantaba constantemente el mantra «Om Namah Shivaya». Mientras caminábamos por los caminos del bosque, solía decir en voz alta los nombres del Señor Shiva: Jai Sankar, Hey Vishwananth, Hey Kedarnathji, Jai Sri Parvati y Hey Uma Mata. Cuando estábamos con otros devotos de Shiva, cantábamos juntos y, cuando el canto llegaba al punto culminante, Kailash Baba entraba en un trance y tocaba descontroladamente su tambor *damaru*, que resonaba a un volumen ensordecedor y volvía a los *sadhus* locos de la alegría. Movían la cabeza frenéticamente y golpeaban de izquierda a derecha con sus cabellos enmarañados, como un látigo. Algunos aplaudían, otros saltaban para realizar su baile místico.

Estos *sadhus* ambulantes veneraban mucho a Kailash Baba. Un asceta anciano del bosque me confió que Kailash Baba podía tener varios cientos de años, que nadie sabía su edad exacta. Tenía poderes yóguicos sobrenaturales para curar a los enfermos y realizar hazañas extraordinarias.

—Hace unos treinta años fui testigo de sus milagros —dijo el hombre—. Las multitudes se acercaban a él, alabándolo como si fuera Dios. Pero Baba se dio cuenta de que la vida divina no consiste en poderes ni fama —continuó—. Juró no hablar nunca más de sus poderes ni exhibirlos. No tenía discípulos, ni tampoco un *ashram*; simplemente caminaba solo por los bosque del Himalaya.

No me sorprendía que Kailash Baba poseyera grandes poderes yóguicos, y me impresionaba, pero admiraba más su carácter y devoción hacia el camino espiritual.

Según pasaban los días, comencé a sentir que Kailash Baba anhelaba estar a solas. Yo no quería imponerme, y sabía que era hora de continuar mi camino, así que le pedí su bendición con una reverencia. Baba se rio a carcajadas y, con los ojos llorosos, me abrazó con la fuerza de un oso y luego me dio una bendición recitando un mantra. Me emocionó muchísimo la firme calidad de su desapego y la ternura de su corazón mientras me decía adiós. Nos amábamos como padre e hijo, pero como *sadhus* ambulantes, sabíamos que nunca nos volveríamos a ver.

La experiencia agridulce de desarrollar estimadas relaciones para luego seguir el camino y no volver a ver a las personas a las que conocía formaba parte de la vida que había escogido. Me costaba mucho, pero el dolor de la separación mantenía la alegría de nuestra relación viva en el corazón. Cuando me di la vuelta y comencé a caminar, oré para no olvidarlo nunca. Y nunca lo he olvidado.

Más o menos en esta época, compartí mis reflexiones con mi familia mediante una carta.

Estimada familia:

Es mejor vivir pobre que vender el alma por un palacio de oro vacío. Es mejor vivir sin que te conozcan que vender el alma por los placeres vacíos y fútiles de la admiración, el renombre y la fama. Sin libertad interior, no hay vida. Es mejor morir que privarse de la búsqueda del ideal de la vida.

He llevado a cabo lo que considero estudios inestimables con grandes

hombres y lugares de Oriente. Entiendan, por favor, que tales estudios
llevan mucho tiempo. Apenas he comenzado a acercarme al comienzo
de tan vasta tarea. Soy egoísta y vanidoso. Soy ignorante y ciego de
la verdad. Estoy, quizás, lejísimos de conocer a Dios. Por eso un tonto
como yo necesita mucho tiempo para ver la dichosa luz de la verdad
suprema que brilla dentro de ustedes y de mí.

Con amor,
Richard

Una chispa de anhelo espiritual que se encendió durante mi niñez
había sido avivada hasta prender una llamita mientras rezaba en una
catedral de Florencia. Se convirtió en una llamarada mientras meditaba
en la isla de Creta y terminó por encender llamas altas y ardientes con
mis retos en el Medio Oriente. Al vagar por el Himalaya en compañía
de hombres santos, el fuego sagrado de mi interior ardía como en un
incendio. Consagré mi vida únicamente a este propósito, y oré al Señor
para que me ayudara.

Por aquel entonces tenía veinte años. Mi complicado estilo de vida
me había hecho bajar de peso hasta los cincuenta kilos. La única ropa
que llevaba estaba teñida de gris por el cieno de los ríos, estanques y
arroyos en los que me bañaba. La piel se me había vuelto tosca y se
había endurecido por los elementos. Tenía los labios partidos y el pelo
enredado. Los pies los tenía marrones por la tierra; los talones, partidos, y llevaba sandalias de goma baratas. La vida que había decidido
llevar me estaba afectando la salud, pero apenas me preocupaba: mi
deseo de realización ahora ardía más fuerte que nunca. Amaba mi vida
de *sadhu* sin hogar y me regocijaba de expectación por la próxima aventura y por estar en la presencia de almas gloriosas, más avanzadas en su
camino espiritual. A veces, cuando vagaba por el bosque, me preguntaba: «¿Alguna vez encontraré el camino por el que debo continuar, el
maestro al que debo seguir?».

Un día, mientras estaba en Dev Prayag, me invitaron a un *ashram* cercano para comer con los *sadhus*. Una vez allí, un yogui salió de la jungla.
Nadie lo conocía, pero pidió a los doctores del pueblo que se congrega-
ran aquella noche. Cuando llegaron, hizo acto de presencia y, con una
voz tronadora, los retó.

—Ustedes tienen más fe en la ciencia moderna que en su propia herencia cultural, están infectados materialmente. Dios me ha sacado del bosque para aplastar su estúpida soberbia. Voy a paralizar todas mis funciones vitales mediante mis poderes yóguicos, y luego moriré. Háganme una prueba con sus instrumentos médicos. En treinta minutos exactamente, resucitaré.

Con la espalda recta, en posición de loto, inhaló y exhaló con fuerza durante veinte minutos. Después, tras inhalar profundamente, dejó de respirar y se quedó inmóvil. Cada doctor fue a examinarlo con estetoscopios y otros instrumentos, pero ninguno pudo detectar ningún latido del corazón, respiración o pulso. Estaban asombrados.

—Está clínicamente muerto —anunció un doctor.

Escéptico, también me acerqué. Tomé prestado un estetoscopio para verificarle el pulso y latidos del corazón, pero no los tenía.

En Nueva Delhi, Swami Rama me había dado un avance fascinante sobre los poderes del yoga. Durante mi tiempo en el Himalaya, practiqué *pranayam* o ejercicios de respiración y *asanas*, posturas físicas y meditación silenciosa para armonizar mejor mi mente y mi cuerpo con la divina fuerza de Dios. Había sentido los increíbles efectos de estas prácticas, los grandes beneficios para la salud y la habilidad de los practicantes de modular sus realidades físicas. Pero esta escena era realmente increíble.

Cuando pasaron exactamente treinta minutos, ni uno más, el yogui exhaló, abrió los ojos, se paró y regresó a la jungla. No le preguntó nada a nadie. Solamente quería enseñar a aquellos escépticos el poder del yoga. Tanto los doctores como yo lo miramos sorprendidos mientras regresaba a la tierra salvaje.

D ondequiera que viajara, la gente hablaba reverencialmente de una mujer santa llamada Anandamayi Ma. Yo mismo había leído sobre sus cualidades extraordinarias en el clásico *Autobiografía de un yogui*, de Paramahansa Yogananda, en el capítulo titulado «La madre llena de felicidad». En las orillas del Ganges, en Dev Prayag, un *sadhu* me informó de que ella vivía en el pueblo himalayo de Dehra Dun.

—Voy en autobús a visitar a la santa madre hoy —dijo—. Puedes acompañarme.

Al llegar, entré en un pintoresco patio interior repleto de los seguidores de la Madre. Todos estaban ansiosos por verla. Mi compañero desapareció. Se me acercó una pequeña multitud para compartir historias de la vida de su gurú.

Me habían dicho que Anandamayi Ma, quien era la gurú de la primera ministra Indira Ghandi, había nacido en una aldea desconocida en Bengala Oriental a finales del siglo XIX. Desde su niñez, las trampas del mundo le eran indiferentes y, en ocasiones, confundía a su familia con sus trances espirituales. Mientras sus seguidores me hablaban de sus éxtasis, milagros y compasión, su historia me cautivaba más que nunca. Justo en aquel momento, todos se pusieron de pie al aparecer en la congregación una pequeña dama que llevaba un sencillo sari blanco. Mientras nos saludaba con los brazos abiertos, sus ojos brillaban de alegría, y se sentó en una silla. Pese a su delgadez y fragilidad, emanaba un poder fuera de este mundo. Aunque el paso del tiempo se le reflejaba en la cara llena de arrugas, brillaba como la de un niño juguetón. Se veía sabia y sobria, como una madre universal, pero a la vez irradiaba la exuberancia de una niña inocente. Aunque su conducta era suave como la flor que llevaba en la mano, se podía percibir que poseía una fuerza de voluntad indomable.

Nos sonrió y dirigió el canto de los nombres de Dios a la vez que aplaudía. Luego, después de varios instantes de silencio, pronunció palabras de amor, sabiduría y desinterés.

—El amor es perdón eterno —comenzó—. La sabiduría es ver algo en relación al todo. Si entienden que todo le pertenece, estarán libres de toda carga. —Se tocó el corazón con gracia y cerró los ojos—. Todas las penas vienen del sentido de yo y mío. Todas las penas se deben a nuestra separación de Dios. Cuando están con él, todo el dolor desaparece. Mediante la pena disipa la pena, y mediante la adversidad destruye la adversidad. Cuando se hace esto, ya no envía más sufrimiento ni más adversidad. Deben recordarlo en todo momento.

El cariño del intercambio entre madre e hijos me movió el corazón. Una brisa hizo susurrar las hojas de los árboles alrededor. Anandamayi Ma miró hacia arriba e hizo una pausa para mirar fijamente a unos gorriones que piaban. Con miradas fijas y sonrisas, todos disfrutaban de su tierno humor.

—El mundo oscila infinitamente entre el placer y el dolor —continuó—. No hay seguridad ni estabilidad aquí, solo se encuentran en Dios. Se nos envía sufrimiento para que nos acordemos de dirigir nuestros pensamientos hacia Dios, que nos dará consuelo. Siempre que puedan, mantengan fluyendo el santo nombre de Dios. Repetir su nombre es estar en su presencia. Si se asocian con el Amigo Supremo, les revelará su verdadero ser.

Su dulce mirada despertaba la fe y la esperanza, y su naturaleza simple y modesta me insufló paz en el corazón. Aunque no se consideraba más que una niña, todos los presentes la aceptaban como la Madre. Durante el tiempo que pasé con ella, vi a *sadhus* renunciantes, yoguis y *swamis*, los cuales normalmente mantenían la distancia de las mujeres, que se sentaban a sus pies buscando sus bendiciones.

Un día, mientras estaba sentado en el patio, Anandamayi Ma apareció. Para mostrarle mi reverencia, me arrodillé y le toqué los pies. Dando un brinco hacia atrás con el rostro tenso de humildad, parecía avergonzada. La culpa me invadió como un torbellino, sentía que había actuado como un bárbaro en su amable presencia, y todo por tratar de expresar mi reverencia. ¿Qué había hecho? Entendí que, aunque era un ser elevado, preferiría humildemente que sus seguidores no le tocaran los pies.

Apiadándose de mí en mi mortificación, se sentó en una silla cercana. Con una sonrisa infantil, puso los ojos en blanco mientras sus párpados revoloteaban y luego los cerró. En el silencio de aquel momento, entró en trance. Sentí que un aura de cariño materno irradiaba de su forma inmóvil. La cara le brillaba místicamente, como a un niño angelical. Un silencio íntimo prevalecía mientras salía de su trance; sonrió y me indicó que me acercara. Le brillaban los ojos de cariño, pero mientras más profundamente los miraba, más completamente vacíos de deseo parecían. En silencio, se tocó la nariz y los labios con una flor de loto, me la puso en las manos y luego se levantó de la silla y partió.

C onsagré aquella experiencia en el corazón y continué con mi peregrinación. Comencé a apreciar que vivir como *sadhu* era una vida seria: había que soportar fríos inviernos sin ropa de abrigo y refugiarse fuera de la tierra, en la ribera del río, la jungla o una cueva, vulnerable a los insectos y a los animales tanto despierto como dormido, sin ayuda en la enfermedad y solitario todo el tiempo. Aun así, no la abandonaría por nada. Desde Dehra Dun viajé hacia el noroeste, más arriba en el Himalaya, a Uttar Kashi, conocido por muchos como el valle de los Santos. Desde la antigüedad, los yoguis se han refugiado en este bosque para obtener soledad y meditación. Deambulando, descubrí una cueva en lo alto de una montaña y desde allí miraba abajo, hacia el bosque.

Durante el transcurso de los días vi a un leopardo que cazaba atentamente entre el follaje. Un día se balanceó, dispuesto a atacar, y le saltó a un venado desprevenido, que cayó sobre el suelo bajo el agarre de la quijada del leopardo. También había un grupo de monos nómadas marrones y blancos que se peleaban y se balanceaban de rama en rama, en busca de frutas y bayas, así como venados a manchas que masticaban hojas verdes, pasto y arbustos mientras miraban ansiosamente de lado a lado por miedo a los depredadores. Unos pájaros de colores extraordinarios volaban buscando capullos, insectos o bayas, mientras que una auténtica cobra se deslizaba por el suelo y se subía a los árboles para devorar presas, desconocedora de que cerca había una mangosta que se escabullía, lista para desgarrarla. Aquellos eran mis vecinos, y yo, un huésped en su tierra. Mientras recordaba las enseñanzas de Kailash Baba al respecto de cultivar la actitud correcta cerca de estas criaturas, recé por no tener miedo. «Todos los animales de todas las especies tienen que luchar para sobrevivir mientras el más fuerte explota al más débil», pensé. «Pero en la vida humana hay algo superior que buscar».

En mi morada en el bosque, solía sacar de mi bolso la imagen del muchacho azul que había adquirido en Nueva Delhi y meditaba sobre él. Cada vez me sentía más atraído hacia aquella bella persona que tocaba la flauta, y me preguntaba quién podría ser. Aun así, no le preguntaba a nadie. Sentía que su identidad me sería revelada de acuerdo al plan de Dios.

Un día primaveral, mientras estaba sentado en el patio interior de un templo himalayo, escuchaba la quietud de la mañana. De vez en cuando me llegaba el zumbido suave de una abeja negra que iba de flor en flor, buscando néctar. Mirándola, me di cuenta de que había adoptado una vida similar, moviéndome de sitio en sitio, buscando unir el néctar de la sabiduría espiritual y la inspiración, pero sin tener claros mis deseos de escoger un lugar, un camino, un maestro.

De repente, en la distancia, escuché a un bebé llorar por su madre y yo también me sentí como un bebé espiritual, aunque no tenía la habilidad espontánea de llorar tan genuinamente. «¿Cuándo llegará el día en el que lloraré como ese bebé por mi amado Dios?», pensaba.

Luego, mientras la brisa himalaya silbaba por el patio y hacía que las hojas de los árboles susurraran, reflexioné sobre lo que tomaba ver la esencia de la vida y compartí mis pensamientos con mi familia en una carta.

¿Cómo va todo a ese lado de la Madre Tierra? Creo que, mientras más generosos seamos, más generosidad encontraremos a nuestro alrededor, y mientras mejor seamos, más bondad veremos por todas partes.

Richard

Entonces retumbaron unos gongs y unos cuantos aldeanos se congregaron en el patio del templo, que no era nada más que un pequeño espacio abierto dentro de un denso bosque de grandes árboles de higuera de Bengala, nim y tamarindo, con animales salvajes moviéndose sigilosamente en el fresco aire de la montaña. Los aldeanos alababan a una deidad en forma de estatua de piedra en un templo de ladrillo de una sala. Tras hacer reverencias en el suelo, los aldeanos miraban fijamente a la deidad mientras le ofrecían oraciones, velas y flores. Debido a mi experiencia con el judaísmo y mis estudios sobre el cristianismo y el islam, me sentí un poco incómodo con esto y no participé. ¿Acaso no se trataba de idolatría? No lo sabía. Traté de contener mi tendencia a juzgar y esperé, en el futuro, entender mejor.

Aquel día se me acercó un alma fascinante: un *sadhu* ambulante llamado Balashiva Yogi. Estaba quizás en sus cuarenta, y era bajo y regordete. Tenía el pelo negro ondulado y una nariz pequeña que solía mover nerviosamente, al igual que las cejas y los ojos brillantes. Se comportaba como un joven inquieto, frívolo y hablador; contaba chistes y no dejaba de moverse. Cuando pedía limosna, insistía en que se le dieran dulces, una característica que nunca había visto en un *sadhu* ambulante himalayo, pero cuando llegaba la hora de realizar sus prácticas de yoga, se transformaba en un pilar de intensidad. Su personalidad polifacética lo hacía una compañía encantadora. Juntos, pasamos unos días de amistad íntima hasta que sentí el llamado de adentrarme en lo alto del Himalaya.

Cuando nos despedimos, Balashiva Yogi me agarró de la mano.

—No —dijo—, insisto en que venga a mi clase esta noche, por favor.

Mientras más rehusaba, más me suplicaba. Finalmente cedí. Una vez en la sala de conferencias, vi a una muchedumbre de varios cientos de personas que se habían reunido ante la plataforma sobre la que Balashiva Yogi estaba quieto. Me senté en una silla justo a la izquierda. Comenzó el programa abriendo la mano vacía para que todos la vieran, la cerró, entró en un estado meditativo y, para sorpresa de la multitud, cuando la volvió a abrir reveló una piedra negra larga. Era una *lingam*, una forma de deidad del Señor Shiva. Parecía como si la piedra le hubiese salido de la mano. La muchedumbre estaba impresionada. Por lo que pude ver, no se trataba de un truco de magia, sino de magia real. Colocó la *lingam* en el podio y luego, cantando mantras, hizo que se le materializaran unas cenizas místicas que manaban constantemente de las manos y bañaban la *lingam*. Un minuto después, la piedra quedó enterrada bajo un monte de cenizas. La audiencia, incluido yo, estaba embelesada.

Un hombre mayor se paró y alabó al yogui mientras una mujer lo miraba fijamente, como si fuese un dios. Al concluir las demostraciones, la gente se acercaba para alabarlo. Yo me eché hacia atrás, asombrado de cómo un simple e inquieto hombre podía poseer tales poderes. Balashiva Yogi levantó las manos y se dirigió a la asamblea con una voz tronadora.

—Damas y caballeros, lo que acaban de ver se llama *prapti siddhi*, un arte yóguico. Parece sobrenatural solo si no entienden la ciencia. A través de la disciplina yóguica, una persona puede aprender a manipular los elementos ordinarios de la naturaleza al controlar los elementos sutiles con la mente. —Frunciendo el ceño, advirtió—: Pero no se engañen. Lo que vieron no es espiritual, sino una destreza material que se alcanza a través de la meditación y las austeridades. No soy Dios ni nadie que realice tales proezas sobrenaturales, solo un hombre ordinario con algunos poderes yóguicos. —Con ambas manos, lanzó unas cenizas al aire y declaró—: Yo puedo crear cenizas. Dios puede crear universos. —Se detuvo un momento y, mirando fijamente a la audiencia, vociferó su mensaje final—. La auténtica vida espiritual consiste en saber que uno está más allá del cuerpo, la mente y el ego, en percatarse del alma que está dentro y en descubrir a Dios y ser piadoso. Solo esto traerá la paz.

Mientras la multitud hacía cola para recibir sus bendiciones, Balashiva Yogi vino hasta donde yo estaba.

—¿Estás feliz de haberte quedado? —preguntó.

—Sí, gracias —dije.

Me había dejado impresionado con sus poderes, por supuesto, pero, sobre todo, apreciaba su honestidad sobre lo que era realmente importante. Entendí que, si me quedaba y estudiaba con cualquiera de estos grandes yoguis, yo también podría aprender a realizar algunas hazañas. Pero también entendía que aquella no era para nada la meta de la vida espiritual.

—Por favor, bendíceme para entender tus palabras —dije.

Se rio en voz alta y me abrazó como un viejo amigo. Luego levantó la mano abierta para bendecirme, la cerró y la abrió otra vez para revelar una cuenta sagrada de *rudraksa*, una semilla cruda y roja cubierta de cenizas. Me la puso en la mano como un regalo de su *vibhuti* o bendición.

Mientras vagaba de regreso al bosque, pensé en lo que acababa de ver. Había sido increíble, pero después de tanto tiempo en el Himalaya no me resultaba chocante. Lo más impresionante de lo que había hecho Balashiva Yogi es que aquellas personas iban a alabarlo como un dios, pero los detuvo. En Estados Unidos, a los atletas se les alaba por su rapidez y fuerza, a los artistas por su belleza y talentos, a los científicos por sus teorías e inventos, a los políticos por sus discursos e influencia, a los académicos por sus habilidades intelectuales y a los hombres y mujeres de negocios por su riqueza. En la India, a los yoguis se los adora por su control sobre las energías sutiles. La honestidad de Balashiva Yogi me impresionó. La verdadera espiritualidad consiste en descubrir a Dios y ser piadoso, no en hacer despliegue de sus poderes. Como no aprecian el poder de Dios, a la gente le fascinan estos tipos de hazañas. Me senté bajo una enorme higuera de Bengala y reflexioné sobre por qué las personas ansiaban tanto ver aquellas cosas. En todas partes somos testigos de los milagros insuperables de Dios, pero como los vemos constantemente, los subestimamos. Tomé una semilla y la examiné. Dios ha puesto una gigantesca higuera de Bengala en esta semillita, y cada árbol produce miles de semillas más. Eso es un milagro. En cada nube, tan liviana que flota en el aire, él almacena suficiente agua para inundar una ciudad completa. Cuando un hombre y una mujer se unen para procrear, no tienen ningún plano de ingeniería sobre cómo se desarrollará el niño en cada fase de gestación, tan solo ocurre. Qué milagro. A cada especie de vida se le confieren talentos increíbles para volar, nadar, correr, trepar árboles, subir muros o crear civilizaciones. ¿Acaso todo esto podría pasar al azar? La creación es un asombroso milagro detrás de otro. Resultaba difícil no impresionarse al ver a un humano manipular el mundo material de aquella manera, pero Balashiva Yogi había retado, y con razón, a su embelesada audiencia: «Yo puedo crear cenizas. Dios puede crear universos».

6

UN DÍA ESTABA SENTADO en un solitario sendero del Himalaya cuando una temeraria tribu de tal vez veinte hombres se acercó a mí. Portaban tridentes de acero con cabezas humanas, y cada uno de ellos sostenía el suyo como una bandera de procesión. Llevaban el enredado y pesado cabello enrollado en la coronilla, y sus anudadas barbas se balanceaban al ritmo de la marcha, junto a los collares de cuentas de *rudraksha* que les colgaban del cuello. Iban completamente cubiertos de una gruesa capa de cenizas, desde los rizos enmarañados hasta los pies descalzos, y en la frente exhibían el símbolo de tres líneas de Shiva. Algunos llevaban en la cintura cadenas de acero con brillantes telas rojas para cubrirse los genitales, y excepto por el taparrabos, iban desnudos incluso en el frío helado; otros iban directamente tal y como los trajeron al mundo.

Se llamaban naga babas y habían hecho voto de celibato de por vida, por lo que frecuentemente ejecutaban métodos tántricos para matar el deseo sexual o transformarlo místicamente en poderes físicos. Ignorando las convenciones sociales, muchos de ellos deambulan desnudos como disciplina. Su largo cabello cumplía el propósito de distraer la atención del cuerpo por completo, una forma de renuncia. La secta naga baba ha existido desde los tiempos prehistóricos, algunos de ellos lucharon como militares contra los mogoles y los conquistadores británicos, los budistas e incluso otras sectas hindúes.

Mi mente ardía en deseos por entender por qué alguien elegiría una vida tan severa. Hice uso de mi valentía y les pregunté si podía viajar con ellos. Uno de ellos, que hablaba inglés, preguntó a los otros. Exhibieron su aprobación levantando los tridentes por encima de la cabeza, gritando: «¡*Jai Shankar!*» y arrastrándome por el brazo dentro de su séquito. Sin demora, me aceptaron como su hermano. Después de caminar muchas millas, nos detuvimos en la ribera de un río para acampar, donde un sacerdote llamado Dhooni Baba reunía madera y encendía el fuego sagrado. Todos los naga babas se sentaron en círculo a su alrededor. Yo también me acerqué al fuego para sentarme junto a ellos.

Un horripilante grito me dio un susto de muerte. Me di la vuelta y vi a Dhooni Baba gritando con ira y corriendo hacia mí con los ojos rojos, los labios temblando y los miembros agitándose mientras mecía el tridente sobre la cabeza. Gritaba blasfemias, y la asamblea de *nagas* desató feroces miradas hacia mí. Yo estaba desconcertado. ¿Qué había hecho? ¿Acaso un tridente de los naga babas iba a poner fin a mi vida? Oré. Uno de los *nagas*, con la cara desfigurada de la ira, me señaló las sandalias de goma. Me las arranqué y las tiré lo más lejos posible en la jungla. Los *nagas* me miraban inmóviles; yo no respiraba.

Entonces estallaron en una risa desbordante y me dieron la bienvenida para que me sentara entre ellos. La tensión desapareció. Yo inhalé y exhalé el aire de la montaña. Me senté en el frío suelo, aún algo desconcertado. El único *naga* que hablaba algo de inglés me explicó:

—El fuego sagrado es nuestro templo. No se permite el calzado. En realidad, no estábamos enojados; era nuestra forma de enseñarte una lección que nunca olvidarás. Dhooni Baba ha sido muy amable contigo hoy.

En el centro del fuego de sacrificio plantaron un tridente que representaba a Shiva. Luego, cantando mantras, ofrecieron oblaciones de mantequilla clarificada y, en cierto momento de la ceremonia, presentaron una pipa de arcilla llamada *chillum* ante su altar. Seguían cantando mantras y, de forma ceremoniosa, llenaron el *chillum* con un tipo de marihuana llamada *ganja*. Dejaron que el *naga* mayor hiciera los honores. Con reverencia, se llevó el *chillum* a la frente e invocó unos cantos antes de fumarla. Luego pasaron la pipa a todos los que estaban sentados en el fuego, y cada *naga* cantaba mantras antes de fumar. Cuando llegó a mí, dudé. Mi mente se remontó al sótano lleno de humo de Kandahar, Afganistán, donde hice una promesa ante Dios, así que la rechacé tan respetuosamente como pude. Los *nagas* se sumieron en el silencio. Me miraron con descontento y prorrumpieron en gritos:

—¡*Mahaprasad, Mahaprasad, Shankar Mahaprasad*!

El *naga* que hablaba inglés me tradujo:

—Esta es la misericordia de Shiva. Debes honrarla con nosotros. Te ayudará a meditar en el infinito. Si te niegas, es una ofensa punible.

El resto de ellos me miraron como una turba sedienta de venganza.

—Prometí no tomar nunca sustancias tóxicas —le dije en voz baja.

Tradujo mis palabras a los *nagas* y se hizo un silencio escalofriante. Luego, uno de ellos se puso en pie para recoger leña y alimentar así el fuego sagrado. Haciendo una pausa, me miró y movió la cabeza en desaprobación. Me comenzó a dar vueltas todo. *¿Será este fuego mi pira funeraria?*

De repente, los *nagas* me sonrieron. Dhooni Baba me acarició la cabeza afectuosamente y se rio. Respetaron mi voto de abstenerme de *ganja*.

Para mi alivio, había una vasija de acero en el fuego para cocinar la cena. Cuando la cocción del arroz y el *dhal* estuvo lista, Dhooni Baba ofreció parte de ella al fuego mientras cantaban mantras. El resto se volvió comida santificada llamada *prasad* y fue servida a la asamblea de *nagas*. Aquella noche, todos dormimos junto al fuego, y por la mañana, después de bañarnos en el gélido río, observé cómo se cubrían el cuerpo con cenizas del fuego sagrado, lo que hacían cuando las de crematorio no estaban disponibles. Tal vez, debido al frío severo, el fuego era el lugar más popular donde estar. Algunos fumaban *ganja* mientras que otros cantaban mantras con sus cuentas de *rudraksa*.

Así, ante mis ojos, un anciano *naga*, sentado inmóvil en posición de loto, comenzó a levitar lentamente unos cinco centímetros sobre el suelo. Otro Baba cerca del fuego hizo lo mismo. Me pellizqué para asegurarme de que no estaba soñando. No, estaba despierto, pero en otro mundo, uno de mendicantes rudos y escandalosos, distantes de todo lo que no fuera su realidad.

Hay rebeldes que quiebran la ley por doquier, y aquí, reunidos en su escondite en el bosque, están estos naga babas, que sin esfuerzo alguno quiebran la ley de la gravedad. Están tan en armonía con las leyes naturales que son libres de jugar con ellas como deseen.

Mientras los dos *nagas* flotaban en el aire, miré a mi alrededor para observar la reacción de los demás. Nadie prestaba atención: la levitación era una práctica común para ellos.

A la mañana siguiente recibimos la convocatoria del gurú de la tribu de los *nagas*. Nos dirigimos hacia el bosque, donde, según me habían dicho, su gurú estaba realizando una meditación yóguica profunda sentado durante días en la posición de loto, sin moverse, sin comida ni agua.

Mientras caminábamos entre los arbustos, el *naga* que hablaba inglés y que se había vuelto mi traductor me iluminó sobre su líder.

—Él abandonó su hogar a la edad de doce años para volverse un *naga baba*. Es muy estricto con su disciplina yóguica, nunca se permite fumar *ganja* ni cualquier otra sustancia como muchos de nosotros, ni tampoco se entrega a ningún placer sensual. Por meditar casi constantemente, ha alcanzado poderes sobrenaturales que son una maravilla de ver. Habla pocas veces, pero cuando lo hace, todos escuchan.

Nos llevó seis horas llegar hasta un claro en el bosque donde residía el gurú de los *nagas*. Su enorme cuerpo estaba doblado en la posición de loto, y su forma vibraba de poder. Tal vez andaba por los setenta, y su pelo canoso y enredado se extendía por toda la espalda y se prolongaba varios metros sobre el suelo. Desnudo y cubierto con una gruesa capa de cenizas, tenía los ojos cerrados en meditación. Un *naga* tocaba un primitivo timbal con una rama de árbol mientras que otro soplaba un cuerno de búfalo para despertar a su gurú y anunciar nuestra llegada. El gurú abrió los ojos lentamente.

Me miró sin pestañear. Yo temblé. Todos los *nagas* se reunieron para ver el acontecimiento y se hizo silencio sepulcral. De la boca del gurú emergió una voz profunda, casi como un rugido, y vociferó:

—¿Por qué desperdicias tu vida? Conviértete en un *naga*. —Golpeándose con el puño el inmenso pecho al descubierto, me advirtió—: *Naga* conquistará la ilusión. ¡*Naga* es HOMBRE! —Me señaló a la cara con el dedo, sacudió la cabeza lentamente y dijo—: Conviértete en un *naga baba*. Ahora. Mañana no. ¡Ahora!

La mirada del gurú crepitó en mí. Me sentía como un ratoncito ante la presencia de un león que rugía. Me pregunté si podría reducirme a cenizas simplemente con su mirada. Aguardó mi respuesta, así como los demás. ¿Qué debía decir? ¿Qué iría a suceder? Debía seguir mi corazón. Me mantuve en silencio. Pasaron largos segundos. El gurú *naga* parecía escudriñar mi mente. En aquel silencio, estaba seguro de que me entendería, de que entendería eso. Yo apreciaba su camino, pero no era el mío.

Con una mirada de reconocimiento, elevó su gruesa y poderosa mano y, cerrando los ojos en meditación, me ofreció sus bendiciones.

—Sí, Dios te ayudará —dijo.

Los *naga babas* elogiaron mi buena fortuna y volvieron a sus actividades.

A través de la disciplina yóguica, este gurú *naga* irradiaba un poder sobrenatural que suscitaba asombro y temor, y su determinación parecía tan inamovible como el Himalaya. Fue un honor para mí conocerlo, pero sentí que debía proseguir mi camino.

Al día siguiente, ofrecí mis reverencias al líder y le pedí sus bendiciones para continuar con mi peregrinaje. Todos los *nagas* elevaron sus tridentes y gritaron sus bendiciones:

—¡*Jai Shankar!*

Di la vuelta y caminé solo por el sendero del bosque. Esta secta particular de *nagas* compartía una rara camaradería. Su lealtad a la secta y a cada miembro era auténtica y de por vida. La gente se asustaba cuando los veía pasar, ya que eran salvajes, rudos y vivían de una manera muy estricta, pero a su modo, todo giraba en la búsqueda de Dios.

Partí para visitar Badrinath, en lo alto del Himalaya. Según la tradición, cuando un hombre se halla en la última etapa de su vida, se desplaza a Badrinath para no volver nunca más, pero resultó ser una travesía imposible para mí, ya que los senderos se habían vuelto intransitables por la nieve y las avalanchas. Al regresar a Rishikesh, visité uno de sus *ashrams* más importantes, Swargashram, donde para mi deleite fui invitado a una fiesta especial para los *sadhus*. Todos los *sadhus* se sentaron en el suelo en filas, unos frente a otros, para honrar el alimento espiritual o *prasad* que nos habían preparado. Ver cómo estos ancianos *sadhus* podían comer en tales ocasiones me asombraba, y enseguida me uní a ellos. Cuando terminamos, nos lavamos las manos y muchos nos recostamos en el suelo, un método tradicional para ayudar a la digestión.

Después de descansar, me propuse explorar el área. Mientras me desplazaba por el camino, me encontré con peregrinos adinerados que estaban fascinados de ver a un joven occidental viviendo entre los *sadhus*. Nos pasamos el resto de la tarde conversando en una galería. Hacia primera hora de la noche, un yogui casi en sus cuarenta pedía un poco de limosna, pero mis anfitriones lo ignoraban. Iracundo, usó la mente para darles una buena lección. Primero se subió a una silla y desatornilló un bombillo de luz encendido con las manos. Parado frente a los peregrinos, hizo trizas el bombillo y, al abrir la palma de la mano, nos mostró cómo la había hecho polvo. De manera sorprendente, no había ni un solo rastro de sangre ni un corte en la mano. Y esto fue solo el principio de su representación, pues se metió el polvo del vidrio en la boca y, bebiendo una copa de agua del Ganges, se lo tragó todo. Los adinerados peregrinos estaban estupefactos. Metieron las manos en los bolsillos y cada uno le dio una generosa donación; le pidieron si podía mostrarles más poderes.

Para esta nueva hazaña, el yogui fue a una construcción cercana y tomó una vara larga de acero. Se cubrió uno de los ojos con un delgado parche de tela, ubicó un extremo de la vara de metal sobre la cavidad óptica y el otro extremo contra la pared. Luego caminó lentamente hacia la pared. La vara de metal se torcía más y más con cada paso, hasta que llegó a la pared, doblando los dos extremos de la vara con el ojo. Lanzó al camino la vara en forma de «U» y se quitó la tela para revelar un ojo irritado, pero sin daños.

Ya había visto tantos de estos poderes entre los yoguis que se había vuelto algo común para mí, pero los peregrinos ahora no escatimaban dinero para él y le preguntaban cómo había adquirido esos poderes. Mientras se masajeaba el ojo con la palma de la mano, explicaba:

—Durante veinte años, viví con mi gurú en una cueva del Himalaya. Guruji sepercató de que yo estaba usando los poderes que él me había enseñado para obtener prestigio y beneficios económicos, por lo que me rechazó y me expulsó de su *ashram*. Me maldijo para que volviera a la sociedad. —Depositó en una bolsa de tela el dinero que la gente le había dado y prosiguió—: Ahora estoy reuniendo dinero para casarme. Como me entrenaron para ser yogui, este es el único modo que conozco de conseguir dinero.

Aunque todos (desde Swami Rama, que alteraba su ritmo cardíaco y movía objetos con la mente, hasta mi energético amigo, que materializaba las cuentas de *rudraksa*) me han enseñado que esas proezas no debían ser reverenciadas por encima de la simple devoción a Dios, hasta aquel momento no me di cuenta de que los poderes místicos no eran necesariamente espirituales. Aquellos que eran capaces de contrarrestar las aparentes leyes de la naturaleza me habían impresionado de forma natural. En su mayoría, todo lo que había visto parecía un milagro. Ahora me daba cuenta de que aquellas hazañas sin conexión alguna con una búsqueda significativa de Dios en realidad no eran sólidas. Yo buscaba más.

E l Himalaya me había dado mucho, pero yo aún no sabía cuál era la forma de mi propia adoración y buscaba exponerme por completo a la rica variedad espiritual de la India. La promesa de visitar Benarés, una ciudad muy espiritual y alabada en la literatura hindú, y aprender más sobre el budismo y sus practicantes en Bodh Gaya me sedujo a viajar al sureste, a las planicies.

Iba a descender del Himalaya, pero sabía que volvería. Aquellos cuatro meses me habían parecido una vida y me habían dado mucho que digerir. Regresé a mi querida roca en el Ganges y escuché la canción del río. Allí, mis experiencias en el Himalaya aparecían una tras otra en la pantalla de mi mente. Estaba el *sadhu* que me había invitado a sumergir mi ropa occidental en el río y que me concedió las vestimentas de un mendicante; las joyas de la sabiduría que había recogido mientras veía el río, cuando ofrecí mi armónica al Ganges y recibí su dulce canción; la simplicidad y sabiduría de Swami Cidananda; las bendiciones de Maharishi en sus sueños; lo absorto de Tat Walla Baba en su meditación; la bendición de la mujer leprosa; la gentileza paternal de Kailash Baba; la compasión maternal de Anandamayi Ma; los poderes yóguicos de Balashiva Yogi; las originales técnicas de enseñanza de los *naga babas* y las lecciones que aprendí de los ríos, las montañas, los árboles, el cielo y los animales salvajes. Cuando me despedí del Himalaya y de toda su gente, me dio la impresión de que llevaba viviendo en aquellos bosques la mayor parte de mi vida.

7

Para llegar a Benarés, abordé un tren a Delhi. A través de mi ventanilla veía cómo las planicies de la India se extendían frente a mí. Un par de bueyes o búfalos araban las inmensas llanuras, algunas desérticas y otras exuberantes, seguidos por hombres descalzos que portaban palas. Gradualmente, el paisaje fue dejando paso a aldeas, luego a pueblos y, finalmente, desbordado por el olor y el sabor de los vapores dísel, entramos en Nueva Delhi.

El pito sonó con fuerza, los vagones rugieron y todo se llenó de gente. Los vendedores ambulantes y los niños gritaban, y los cambistas hacían negocios. Los bosques del Himalaya se encontraban ya muy lejos, habían sido reemplazadas por una ciudad contaminada y abarrotada de millones de habitantes.

Cuando paseaba cerca de Connaught Circus, escuché un grito.

—¡Monk! No me lo puedo creer.

Un minuto después, un viajero rubio corrió hacia mí y me agarró la mano. Era Sean, un amigo que llevaba una pequeña bandera de Canadá pegada en la mochila. Nos habíamos conocido en Piccadilly Circus, en Londres, como parte de la contracultura. Me alegré mucho de verlo, pero venía de un mundo totalmente diferente y yo no estaba listo para el encuentro que tendría lugar a continuación. Mientras hablábamos, el lenguaje de Sean, sus gestos y sus intereses me parecían vulgares y aburridos. ¿Qué pasaba? Lo escuché amablemente mientras chismeaba sobre gente que conocíamos, compartía sus puntos de vista sobre la política mundial y describía los lugares en los que se había drogado y sus episodios de disentería. ¡Hasta me dio detalles del color de sus excrementos! Quería salir corriendo. Hacía menos de un año disfrutaba de su sinceridad, ¿qué había pasado? ¿Había cambiado él? Inhalé profundamente y, de repente, me di cuenta de que el que había cambiado había sido yo. Tuve que reencontrarme con un viejo amigo para comprender hasta qué punto había cambiado. En compañía de Sean me sentía como si me hubiese transformado en una persona totalmente diferente. Por un momento, me alarmó. Me mareé y me comenzaron a temblar las extremidades. Me di cuenta de que tenía que mostrar más equilibrio en cómo lidiar con un mundo que me había sido tan familiar, pero que ahora me era extraño.

Mientras Sean seguía hablando sin parar, me examiné y volví a comprobar cómo la asociación y el ambiente que escogemos pueden moldear nuestro carácter, incluso nuestros puntos de vista fundamentales sobre la vida. Cerca de una enorme fuente, salía un chorro de agua constante hacia arriba. Cuando llegaba a su punto más alto, cada gota de agua caía y salpicaba en el estanque. Mirándolas, oré para no caer en la trampa viciosa de criticar. Debido a mis decisiones poco convencionales en mi vida, había sido víctima de actitudes críticas una y otra vez, y no podría vivir conmigo mismo si les hiciera lo mismo a otros. Aun así, la tendencia a criticar era muy fuerte. Puede que ya no estuviera de acuerdo con las ideas y los hábitos de Sean, pero ¿por qué no lo iba a respetar como un alma que se origina de la misma fuente divina y seguir con la vida que ahora consideraba sagrada? Todos aquellos pensamientos me pasaban por la mente mientras continuaba con la conversación.

Pasado un rato, Sean me invitó a almorzar con él. Amablemente, me excusé.

—Ha sido fantástico volver a verte, Monk —dijo, con un apretón de mano entusiasta.

—Ha sido revelador volver a verte, Sean.

Desde aquel día, siempre que visitaba Nueva Delhi, me quedaba en el templo de Hanuman, cerca de Connaught Place, en la compañía de los *sadhus*.

Mi travesía hacia Benarés continuó. El tren paró en Agra, hogar del Taj Mahal. Uno de los lujos de viajar en tercera clase era que uno podía bajarse impulsivamente en cualquier lado y después subirse a otro tren hacia su destino. ¿Cómo podía alguien parar en Agra y no visitar esta tumba del siglo XVII, glorificada como una de las maravillas del mundo? Al pasar por la enorme entrada, observé un largo estanque rodeado de cipreses a los costados. A ambos lados había jardines persas llenos de flores. Al extremo del estanque estaba el Taj Mahal, con un fondo de cielo azul y el río Yamuna. Al acercarme, admiré el mármol blanco esculpido a mano con joyas semipreciosas incrustadas en ambas caras.

Mientras descansaba en un jardín, leí en un panfleto con su historia que un rey mogol había mandado construir el monumento cuando su esposa favorita murió, y que se supone que constituía su tumba. Le llevó veintidós años y veinte mil trabajadores y artesanos completarlo, pero la construcción finalizó en 1648. La leyenda dice que cortaron las manos a los talentosos artesanos para asegurarse de que no imitaran sus creaciones. Más tarde, uno de los hijos del rey le usurpó el reino, condenó al exilio, mató a sus hermanos y encarceló a su propio padre. Alcé la vista y traté de encontrarle sentido a todo. Tras haber construido magníficos palacios, fuertes, mezquitas y el Taj Mahal, al rey le conquistaron sus dominios y su propio hijo lo encarceló. Confinado en la cárcel, sufrió horriblemente mientras su familia se peleaba y se mataban entre sí.

Tales son las penosas consecuencias de la avaricia por el poder. En el corazón que guarda la hierba mala de la avaricia egoísta, la flor del amor no puede sobrevivir. Lo verdaderamente monumental es conquistar nuestra envidia, lujuria y avaricia.

Continué mi travesía hasta la antigua ciudad de Benarés, a la que los hindúes llamaban Varanasi. Glorificada a través de las Sagradas Escrituras de la India con el nombre de Kashi y considerada por millones de hindúes como la más sagrada de las ciudades, era especialmente estimada para aquellos que adoraban a Dios como el Señor Shiva. Paseé hasta el Ganges a la salida del sol y vi cómo se extendían a ambas partes del río unas escalinatas antiguas de piedra llamadas *ghats*. Cientos de miles de residentes y peregrinos se habían congregado para darse su baño ritual. Las nubes de humo de incienso flotaban hacia el cielo, los címbalos repicaban, las campanas sonaban, las trompetas proclamaban, los tambores marcaban el ritmo, las flautas emitían dulces melodías y los instrumentos de cuerda zumbaban ragas sagradas. Un sinnúmero de flores y guirnaldas se ofrecían en la corriente del río. Por todas partes, la gente cantaba canciones, himnos y mantras que se fundían en tributo al Señor. Los devotos llevaban sus saris, turbantes y ropa más coloridos en honor a la Madre Ganges. Los mercaderes colocaban montones de brillantes polvos rojos, amarillos, verdes, anaranjados y azules a lo largo de las escalinatas con decenas de sombrillas grandes para protegerse del sol. Los devotos ofrecían incienso, lámparas de fuego, conchas de caracoles, ropa, joyas y abanicos. En el río, una multitud de devotos ofrecían oraciones, oblaciones y ritos mientras hombres, mujeres, niños, vacas, búfalos, cabras, monos y elefantes tomaban sus baños. Se repartía comida sagrada gratis. Había carretas que vendían alimentos y objetos religiosos por todas partes. Era un gran festival de fervor religioso.

Me dejé contagiar por el entusiasmo de la multitud y tomé mi baño matutino. Después, visité el antiguo templo de Kashi Vishwanath en el centro de Benarés. Según las escrituras, el Señor Shiva y su consorte, la diosa Parvati, residieron allí. A través de la historia, los santos, los reyes y la gente común hacía peregrinaciones al templo, lo cual enojó tanto a un conquistador mogol que lo destruyó y erigió una gran mezquita en su lugar. Sin embargo, los hindúes habían escondido la deidad del Señor Shiva y la pusieron en un nuevo templo, por lo que, de nuevo, cientos de miles iban a rezar cada día.

Un día, mientras exploraba Benarés, escuché a mujeres llorar. Una procesión funeraria pasaba por los angostos callejones que conducían al río. El cuerpo yacía en una camilla de bambú decorada con flores que cargaban en los hombros los familiares más allegados. Los hombres caminaban detrás, y controlaban sobriamente sus emociones; los seguían las mujeres, que lloraban desconsoladamente. Ver su sufrimiento me afectó. Los seguí y me acerqué a la pira funeraria para ver los ritos. Era completamente distinto de todo lo que había visto en Occidente. Allí, en los *ghats* ardientes de Benarés, contemplé el misterio de la muerte, el mismo que los filósofos llevaban milenios luchando por comprender. Mientras rezaba para entenderlo mejor, tomé una decisión: me sentaría a las orillas del ardiente *ghat* de Manikarnika para meditar sobre la inevitable realidad de la muerte desde el amanecer hasta el anochecer.

Muchos hindúes creen que es una gran fortuna morir en Benarés, cerca del Ganges, pues se dice que el Señor Shiva viene y susurra el nombre de Rama, el Señor Supremo y fuente de placer eterno, al oído del que está muriendo, garantizando así la liberación del ciclo del nacimiento y la muerte. Por esta razón, muchos peregrinos acuden a Benarés al final de sus días. Me senté en un lugar donde pudiera ver los cuerpos arder y observé a los parientes y a los amigos mientras los forzaban a encarar la realidad de la muerte. Después de la procesión, que cantaba y lloraba por las calles, el cuerpo se colocó en una pira de madera y se decoró con objetos sagrados mientras se recitaban oraciones, mantras y textos sagrados. Al concluir los ritos, el hijo mayor o un familiar daba vueltas alrededor del cuerpo, echándole agua del Ganges; luego le prendió fuego a la pira. Quemar el cuerpo muerto significaba la liberación del espíritu, y las llamas representaban a Brahma, el creador. El fuego entonces comenzó a hacer su trabajo. Las llamas ardían más y más fuerte mientras el humo negro se elevaba al cielo. En aquel momento, muchos de los dolientes ofrecían sus últimas oraciones, se bañaban en el río y se iban, pero yo me quedé observando cuidadosamente los últimos momentos del cadáver. El pelo ardía y se reducía a la nada. La piel se arrugaba, los órganos se derretían y los huesos se desmoronaban. Paulatinamente, las llamas devoraban todo el cuerpo hasta que no quedaba más que una pila de cenizas que luego se barrerían cuidadosamente hasta la corriente de la Madre Ganges, la última morada.

Aquel era el gran final de la vida de una persona. De fondo se oía el dulce canto de la Madre Ganges, que nos llamaba de vuelta a una realidad eterna. A veces, en su canto, se escuchaba el mantra Hare Krishna, que recitaba mientras reflexionaba sobre la muerte. Con el tiempo, el cuerpo terminaría depositándose en la tierra o en el fuego. Si el cuerpo es lo que los amigos y la familia realmente amaban, ¿entonces por qué lo destruían?

No es el cuerpo lo que la gente ama, sino el alma. El cuerpo es un vehículo temporal. Sin el alma, el cuerpo es como un auto sin conductor. Yo veo por los ojos, huelo por la nariz, pruebo con la lengua, oigo por los oídos, siento a través de la piel, pienso con el cerebro y amo con el corazón. ¿Pero quién soy? ¿Quién es el testigo, el que disfruta, el doliente que activa mi cuerpo?

Reflexioné sobre esta pregunta mientras presenciaba cómo se preparaban los cuerpos para entrar en el sagrado río. Sin importar raza, sexo, nacionalidad, educación, riqueza o religión, a su debido momento, a todos los cuerpos se los llevaría el río del tiempo, el igualador definitivo.

Dormir en la ribera del río o bajo un árbol y pedir granos baratos para comer: en eso consistía la vida que había escogido. Salvo las ocasiones en las que enfermé de disentería, gozaba de buena salud. Aún conservaba la ropa que me habían dado en Rishikesh, que se había desteñido y desgastado. El pelo me había crecido y llevaba los pies llenos de callos y cicatrices de pasearme descalzo por las junglas, los campos, las aldeas y las ciudades. Mis únicas posesiones eran un bol de madera para pedir limosna, un palo para caminar, un bolso de tela lleno de libros y las fotos religiosas que había comprado con mis últimas monedas. Pero mi corazón se henchía de felicidad porque creía profundamente en la meta que buscaba. La vida era una escuela, y yo me había convertido en su fervoroso estudiante. Algo dentro de mí me impulsaba a seguir adelante y ver y aprender más. Algo dentro de mí me pedía que fuera de lugar en lugar y de persona en persona sin quedarme en ningún sitio concreto. ¿Quién o qué era eso?

Creía que era Dios, la presencia que, a través de mi vida, siempre me había acompañado. Al que le suplicaba de niño, sintiéndolo tan distante como cerca; a quien traicioné una y otra vez como adolescente y al que ahora anhelaba conocer y amar.

En Benarés, oí hablar de otro lugar sagrado de Shiva, Pashupatinath, donde se decía que, durante la noche, nuestras oraciones serían contestadas definitivamente. Tanto la promesa como la aventura me emocionaban. Viajé aproximadamente cuatrocientos kilómetros al noreste en tren y en la parte de atrás de camiones hasta el valle de Katmandú, en Nepal, donde miles de peregrinos llegaban al templo de Pashupatinath. Como era extranjero, no se me permitió la entrada, pero había llegado tan lejos que estaba determinado a orar esa noche y a pedir una bendición: encontrar el camino al amor de Dios. Arriesgándome mucho, me cubrí el cuerpo con cenizas del sacrificio y entré. Fue una experiencia profunda que también me hizo cuestionarme las bases de mi fe y mi rumbo en la vida.

A la mañana siguiente salí para cruzar de nuevo a la India. Me dirigía aproximadamente a trescientos veinte kilómetros al sur de Pashupatinath, a Bodh Gaya, en el estado de Bihar, el lugar más sagrado de la Tierra para los budistas. Dos mil quinientos años atrás, el príncipe Siddhartha Gautama abandonó los lujos de su palacio real para ponerle solución a los sufrimientos del nacimiento, la vejez, la enfermedad y la muerte. Vivió como asceta durante seis años, soportando dolor autoinfligido, hambre y exposición a los elementos, todo en busca de la liberación. Al darse cuenta de las limitaciones de ese camino, finalmente llegó a Gaya, donde se sentó a meditar en posición de loto bajo una higuera religiosa y juró no moverse hasta alcanzar su meta de la iluminación. Al igual que las tentaciones de Satanás a Jesús en el medio de la nada, *maya*, el poder de la ilusión, tentó a Siddhartha con todos los placeres posibles, pero él se mantuvo enfocado en su meta. Bajo aquella higuera sagrada en Bodh Gaya se convirtió en Buda, el Iluminado. Desde entonces, el árbol se venera como el árbol Bodhi o el árbol de la iluminación.

Bajo el árbol Bodhi estudié libros sobre las enseñanzas del Señor Buda, y meditaba agradecido desde el amanecer hasta el anochecer. Meditar bajo el árbol Bodhi me hacía sentir como si una corriente de energía dinámica me saliera del cuerpo y la mente hacia el espacio.

En los años sesenta, autores como D. T. Suzuki y Alan Watts popularizaron el budismo zen en Occidente. Había estudiado algunos de sus escritos, y su simplicidad y franqueza me llamaban la atención. Cuando me enteré de que un maestro zen de Japón estaba enseñando ese camino en Bodh Gaya, me emocioné por tener la oportunidad de asistir a sus clases. Me uní a otros quince estudiantes, una mitad hindúes y la otra occidentales, que se reunieron en la sala de meditación con la expectación y el entusiasmo de ver al maestro. Sonó una campana, y el venerado maestro japonés entró. Tenía la cabeza afeitada y llevaba una túnica negra, larga y ondulante. Con un palo de bambú en la mano, se sentó lentamente en el suelo, con la espalda recta. La luz entraba por un hueco y enfatizaba sus llamativas facciones mientras se dirigía a nosotros.

—Seré su maestro. Les enseñaré la forma original del zen, tal y como nos ha llegado a través de la tradición. —La manera rítmica en la que hablaba tenía un efecto hipnótico—. La fuente de todo el sufrimiento es el deseo —comenzó—. Y el deseo proviene del apego de la mente a los sentidos. La libertad supone vaciar la mente de todo pensamiento. No tener mente ni pensamientos es *satori*, el estado de liberación. —Cerró los ojos fuertemente en estado de concentración mientras explicaba que el zen consistía en comprender el significado de la vida directamente, sin dejarse distraer por pensamientos o palabras lógicas—. Tú eres Buda —dijo—, pero debes descubrirlo tú mismo. Todos los seres son Buda, tal como el hielo es, en esencia, agua. —Luego recordó—: El gran D. T. Suzuki escribió que la práctica del zen implica una vida de humildad, una vida de labor, una vida de servicio, una vida de oración y gratitud y una vida de meditación.

Luego describió su método de disciplina.

—Su maestro será estricto, y deben obedecer cada palabra y guardar silencio en todo momento. ¿Sí? —Todos asintieron. Comenzó a explicar las reglas—. No pueden rendir homenaje a los sentidos. Nada de sexo, sustancias tóxicas, juegos ni música. Comerán solamente cuando su maestro les diga y lo que su maestro les dé. —Los nuevos estudiantes comenzaron a retorcerse mientras los veteranos los tranquilizaban. Continuó—: Su maestro les enseñara mediante *koans*, acertijos paradójicos que los liberarán del pensamiento racional. Su maestro les enseñará *kinbin*, meditación mientras se camina, y *zazen*, meditación sentados. Habrá tres sesiones de meditación en grupo o *zazen* al día, de dos horas cada una. Se mantendrán completamente quietos. Cualquier movimiento será corregido con el castigo de un golpe de la vara de su maestro.

Unió las manos en la falda y luego nos enseñó una técnica para vaciar la mente sentándonos y concentrándonos en la intersección del suelo y la pared, nada más.

—Cuando su maestro toque la campana, comienzan. Terminarán solo cuando su maestro toque la segunda campana.

Durante la primera sesión de la noche me dolió el hombro, así que lo moví un poco. ¡Zas! La varita de bambú me golpeó el hombro. No me volví a mover. A cualquiera que lo hiciera, lo disciplinaban con la vara de bambú del castigo. Cuando las extremidades nos empezaron a doler y los mosquitos se daban un festín con nuestra sangre, el golpe de la varita contra la piel era bastante común. Finalmente, nos salvó la campana del maestro.

Todos los estudiantes se comprometieron hasta el punto de afeitarse la cabeza: todos menos yo. Mi corazón no me pedía comprometer mi vida como los demás. Simplemente carecía de la convicción o la voluntad de hacerlo. Cuando el curso de catorce días terminó, di las gracias al maestro y partí. Sentí que el estilo de vida reglamentado que pedía y la casi constante meditación fueron una buena experiencia, pero durante el curso algo que no podía descifrar me hizo sospechar.

Unos días después, saliendo de la meditación bajo el árbol Bodhi, conocí a una pareja joven de estadounidenses, dos seguidores fieles del maestro. Cuando les pregunté cómo estaban, la mujer comenzó a llorar.

—No vas a creer lo que pasó después de que te fueras del *ashram* —dijo.

—No me lo puedo imaginar.

Bajo el árbol Bodhi, me preparé.

Con un suspiro largo y profundo, se sentó junto a mí y comenzó su historia.

—De madrugada, Jonathan salió a usar el baño y vio algo muy pero muy extraño por casualidad. —Frotándose los ojos, hizo una pausa para calmar sus emociones—. ¿Te acuerdas de Pam, una de sus discípulas estadounidenses? —Asentí—. Bueno, entró en la habitación del maestro. Salió unas horas después, nerviosa. Durante las siguientes noches, Jonathan se escondió en el bananero para mirar. Para su consternación, vio lo mismo. Cuando nos dio la noticia, bueno, sentimos que teníamos que interrogarla. Pam confesó: el maestro tenía una aventura con ella todas las noches. —La joven mujer lloró en un pañuelo y alzó la vista de nuevo—. Nos engañaron.

Se me derrumbó el mundo por dentro.

Prosiguió, contando cómo habían puesto a prueba al maestro poniéndole LSD en el té. Bajo su influencia, reveló su verdadera personalidad.

—Deberías haberlo escuchado. Se volvió loco, se creía el centro del universo. —Agitó el dedo frente a mi rostro y habló con voz profunda, imitando al maestro—: Deben obedecerme solo a mí. Yo soy el iluminado. Los demás son un fraude. Si se atreven a cuestionar mis palabras o acciones, será su perdición.

Terminó diciendo que todos sus discípulos lo habían dejado.

Sentía dolor en el corazón; lamentaba haber escuchado esas noticias sobre uno de mis maestros. Después de que se fueran mis amigos estadounidenses, traté de encontrarle sentido. El maestro zen había sido extremadamente estricto con sus estudiantes, pero no consigo mismo. Había tergiversado una larga tradición de maestros sinceros. Desafortunadamente, tal hipocresía mancha la imagen de todas las grandes tradiciones del mundo.

Un líder irresponsable puede romperles el corazón y la fe a sus seguidores, y crear sospecha incluso hacia aquellos que son genuinos. Cuánto dolor causó su hipocresía a todos los que confiaron en él, y mira lo que le ha hecho a su propia vida. ¿Cuán esencial es vivir lo que creemos? ¿Cuán vital es practicar lo que predicamos?

A través del terreno pintoresco de Bodh Gaya había templos esparcidos que representaban las distintas naciones budistas de Asia. Vagué por el campo visitando dichos santuarios. En el tranquilo marco del *vihar*, o templo birmano, conocí a Satya Narayana Goenka, que había viajado desde Birmania un año atrás, más o menos, para compartir una antigua técnica de meditación. Me invitó a asistir a su curso de diez días, que comenzaba al día siguiente. Emocionado por su sinceridad, me convertí en su estudiante junto a doce personas más. Goenkaji, como lo llamábamos, se convirtió en un padre afectuoso para todos nosotros. Llevaba el pelo plateado hacia el lado, y su cara afeitada irradiaba paz. Un trapo azul a cuadros llamado *lunghi* le rodeaba la cintura y se extendía hasta los tobillos, y llevaba una camisa blanca abotonada.

Se sentó con las piernas cruzadas y compartió con nosotros la historia de su vida. Nació en 1924, y provenía de una familia de hindúes que se había mudado a Birmania en busca de negocios. Aunque adquirió una gran riqueza y prestigio, era bastante infeliz y sufría de migrañas y ansiedad. Nos dijo:

—En 1955 conocí al venerado maestro Sayagyi U Ba Khin. La experiencia me cambió la vida, y aprendí de él durante los siguientes catorce años. Sus enseñanzas representan la tradición que se remonta a Buda.

—Continuó—: Buda nunca enseñó una religión sectaria, sino *dhamma* o *dharma*, el camino hacia la liberación. Nos enseñó que *vipassana*, que significa ver las cosas como lo son verdaderamente, era una de las técnicas de meditación más antiguas de la India. La redescubrió Gautama Buddha hace más de 2.500 años, y la enseño como un remedio universal para la maldad universal. —Goenkaji hablaba de su maestro con inmensa gratitud—. Aunque U Ba Khin era un hombre casado y no un monje, dominaba el arte de la práctica y la enseñanza de *vipassana*. Me bendijo para que llevara la meditación *vipassana* de vuelta a la India, su país de origen, para alcanzar un gran sueño.

Goenkaji me pareció un hombre honesto e íntegro. Era fácil confiar en él. Sus enseñanzas eran simples y directas. Tres veces al día teníamos un grupo de meditación, y cada noche daba clases.

—A través de la meditación —dijo—, aprenderán a observar la vida por dentro y por fuera, a ser testigos de ella con neutralidad, desapegados de las ideas de placer o dolor, triunfo o fracaso y felicidad o aflicción.

De esta manera, la mente encuentra gradualmente más y más estados sutiles de paz, y de la paz despierta la compasión.

Cada día, a media mañana, mantenía charlas privadas con Goenkaji, y nos hicimos muy íntimos. Se entregaba a cada uno de sus estudiantes con preocupación sincera, y no pedía nada a cambio. Su poderosa presencia y convicción protegía a su pequeño grupo de seguidores. Al concluir los diez días del curso, me invitó a otro que tendría lugar en Bombay. Acordamos que nos veríamos allí. Practiqué *vipassana* bajo el sagrado árbol Bodhi desde el amanecer hasta el anochecer, durante varios días, y rezaba al Buda dorado del templo para que me diera su bendición.

Desde Bodh Gaya viajé hasta el noroeste, a Sarnath, en cuyo parque de los Ciervos, Buda inauguró su misión de prédica. Allí, estudié el voto de Bodhi Sattva, en el cual uno sigue los pasos de Buda para hacer de su vida un sacrificio de compasión a favor de aquellos que sufren los engaños del mundo. Mientras contemplaba aquella virtud, decidí viajar a Calcuta para buscar la bendición de un alma abnegada de la cual había oído hablar mucho: la Madre Teresa.

Viajé hacia el este en tren, hasta la estación de Howrah, en Calcuta. Luché por abrirme paso a través del gentío y caminé hasta Kali Ghat, en la ribera del río Ganges. Era temprano por la mañana, y yo caminaba hacia el templo de la diosa Kali, una forma de la energía compasiva del Señor Shiva, que destruye el mal en particular. Una multitud de gente llenaba la entrada. Había tiendas que mostraban fotos de la diosa con espadas y con la lengua por fuera. Los mercaderes gritaban: «*¡Jaba mala!*» mientras levantaban guirnaldas de flores de hibisco rojas como la sangre. Cada flor roja en forma de trompeta, muy querida para la diosa, tenía cinco péta-los y un estambre largo y colgante que sobresalía del centro, parecido al dibujo de la lengua de Kali. El incienso y las joyas se amontonaban en los puestos mientras que los mercaderes vendían agresivamente pilas de dul-ces de leche, flores, cocos y polvo rojo como ofrendas a la diosa. La música estruendosa salía de los altavoces mientras los peregrinos, los dueños de las tiendas y los mendigos se chocaban. Había colas de leprosos, viudas y cojos sentados, que miraban a los peatones con las manos alargadas pidiendo limosna. Quería darles algo para aliviar su miseria, pero no tenía más que una triste sonrisa y mis oraciones. En la entrada, entre empujones y cotorreos, miles de personas fluían hacia dentro y hacia fuera del templo de Kali. No estaba preparado para lo que estaba a punto de presenciar.

Frente del altar de la diosa había altares de sacrificio manchados con sangre y carne, junto a los cuales levantaban por las patas a una cabra negra que chillaba frenéticamente mientras le metían la cabeza entre los sangrientos peldaños. Un sacerdote descamisado cantaba mantras y movió un cuchillo grande, ancho y curvado hasta que, ¡zas!, le cortó la cabeza a la cabra. La sangre le chorreaba por el cuello. La cabeza sin vida, con los ojos vidriosos, cayó al suelo haciendo un ruido escalofriante mientras se llevaban el cuerpo inmediatamente para cocinarlo y dárselo a los pobres.

Salí corriendo a la ribera del Ganges con náuseas, luchando por entender lo que había pasado. «Qué notable diferencia», pensé, «entre la matanza que veo aquí y los pacíficos sabios entre los que viví, que siguen la misma religión hindú». Luché por entender la aparente contradicción. Me acerqué a un viejo *sadhu* que leía un libro recostado en un árbol de jaca y le revelé mi dilema.

—Años atrás —comenzó—, yo era sacerdote en un templo como ese. Con la espada de sacrificio corté la cabeza a muchos animales, pero comenzaron a atormentarme las pesadillas mientras dormía.

—¿Me podría hablar sobre ellas? —le pregunté.

—Sí, las cabras a las que mataba invadían mis sueños. Primero las veía gritar de dolor. Luego me miraban fijamente, con ojos vengativos, me corneaban y me laceraban la carne con los dientes. Después, un monstruoso sacerdote con cuerpo de hombre y cabeza de cabra me empujaba la cabeza hacia el altar y me la cortaba con mi propio cuchillo. —Cerró el libro de un golpe y se recostó en el árbol—. No lo podía soportar más. Renuncié a mis responsabilidades como sacerdote para aceptar la vida de un *sadhu*. —Lo escuchaba con los ojos abiertos—. En cada religión —decía—, la gente interpreta las escrituras y sigue prácticas concretas según su nivel de entendimiento. Para aquellos que buscan la esencia, el camino es servicio abnegado y meditación en Dios. Para alcanzar gozos materiales superiores y reducir el pecado, se recomienda la piedad progresiva. Pero para aquellos que desean beneficios materiales, hay una variedad de prácticas, tales como el sacrificio que presenciaste. Se dice que los Vedas son como un árbol de los deseo en el cual podemos encontrar un camino para alcanzar lo que busquemos. Kali es la misericordiosa diosa de la naturaleza, y es venerada de distintas maneras por diferentes tipos de personas. Pero, a pesar de todo lo que hacen en su templo, la diosa Kali es vegetariana.

Miré fijamente hacia la corriente del río. «En Occidente», reflexioné, «matan a millones de animales entre bastidores, invisibles a los ojos de la sociedad. Aquí, por lo menos aquellos que comen carne son testigos de la verdad de lo que se necesita para proveer su dieta».

Hasta hoy, había pensado que examinar muchos caminos expandiría mi entendimiento de la espiritualidad, pero aquel incidente me dio un entendimiento más profundo: sin un guía maduro, las aparentes contradicciones de toda tradición podrían confundirme seriamente.

Mientras caminaba a lo largo de las desbordantes calles de Calcuta, el corazón me latía por la expectación de mi próximo destino. Los autos tocaban la bocina y competían uno con otro por cada centímetro de carretera. Los camiones aceleraban y rugían, y también tocaban la bocina. Cientos de bicicletas y motos se sumaban al ruido. Con gran sudor y esfuerzo, hombres descalzos jalaban bicitaxis, llevando a familias enteras. Los bueyes gruñían, jalando vagones sobrecargados. Perros, vacas, búfalos y ovejas vagaban por las calles sin detenerse por nadie, mientras una multitud de peatones se movían y empujaban entre todo.

Llegué al convento de la Madre Teresa, un edificio sencillo de una planta en la que una monja católica me recibió con una sonrisa modesta.

—Bienvenido a las Misioneras de la Caridad —dijo—. ¿Cómo puedo servirle?

Uniendo las manos en gesto de respeto, le supliqué.

—¿Sería posible tener el honor de conocer a la Madre Teresa?

—Sígame. Veremos si es posible.

Me llevó a una capilla sencilla.

—Este es nuestro cuarto de oración. La Madre Teresa y las monjas oran aquí.

Me arrodillé y ofrecí una oración. Cuando terminé, me sacó de la capilla y me llevó por un pasillo. Al pasar por un cuarto con una luz tenue, me dijo:

—Ahí está la Madre Teresa haciendo sus quehaceres diarios.

Miré hacia el interior y vi a la Madre Teresa frotando una gran olla quemada con sus propias y dedicadas manos. Se me derritió el corazón.

—Madre —dijo mi guía—, este es Richard, un *sadhu* estadounidense. Le gustaría conocerla.

La Madre Teresa me saludó haciendo una reverencia con las manos.

—Le ruego que me disculpe por dejarlo esperando, ¿pero podría terminar mi servicio primero?

—Por supuesto, Madre —le respondí.

La hermana me llevó entonces a un cuarto pequeño, me ofreció un asiento y me dijo que la Madre vendría después de lavar las ollas. A los pocos minutos, la Madre Teresa entró en el cuarto y se sentó en una silla a unos metros de la mía. Aunque su forma de edad avanzada era pequeña y frágil, sentía su presencia indomable. Tenía la cara fruncida, con arrugas por una vida de austeridad; sin embargo, los ojos le brillaban con la inocencia de una niña. Aunque la rodeaban actividades, aún tenía tiempo para esta alma insignificante. De su tierna boca salieron las palabras del corazón.

—El mayor problema en este mundo es el hambre. No el hambre del estómago, sino el hambre del corazón. En todo el mundo, tanto los ricos como los pobres sufren. Están solos, hambrientos de amor. —Su mirada me abrió el corazón a cada una de sus palabras—. Solo el amor de Dios puede satisfacer el hambre del corazón. No hay otra solución. —Hizo un gesto con la mano, descartando su propio trabajo como exiguo—. Alimentar el estómago del pobre no es tan difícil. Alimentar los corazones hambrientos de la humanidad con el amor de Dios es el gran reto. Nuestro corazón tiene que ser puro para dar ese amor. —Su dedicación a la misión de Jesucristo era como un océano; su propia expresión, como una ola en dicho océano. Continuó—: La pobreza no es solo la falta de una prenda de ropa, sino la falta de dignidad humana y de la bella virtud de la pureza. La pobreza es la falta de respeto de uno por el otro. —Apretándose el pecho, dijo—: Cuando la gente pobre de Calcuta muere en mis brazos, veo en sus ojos una luz de esperanza que no encuentro en los ojos de muchas de las personas más ricas y poderosas de Occidente. La verdadera riqueza está en el corazón de aquellos con fe en el amor de Dios. El mundo tiene una necesidad desesperada de gente que pueda dar esta esperanza a los pobres de corazón.

En aquel momento, otros visitantes entraron al cuarto. Una mujer británica le preguntó a la Madre:

—¿Por qué lava las ollas? ¿Acaso no hay nadie más que pueda hacerlo?

La Madre Teresa miró afectuosamente a su interrogadora.

—Servir a Dios y a la humanidad es un honor, no un quehacer. Cualquier tipo de servicio a Dios es una bendición. No hay nada mejor o peor.

—Pero Madre —le preguntó el esposo de la mujer—, ¿de dónde saca su fuerza?

Madre Teresa alzó su rosario. Luego escuché algo que había escuchado decir a muchas personas santas de muchas tradiciones.

—Toda mi fuerza proviene de los santos nombres del Señor.

Se giró hacia mí y habló.

—Si eres humilde, nada te tocará, ni el elogio ni la desgracia, porque sabes quién eres. Dios es nuestro testigo. Nunca te desanimes por los fracasos siempre y cuando lo hayas hecho lo mejor posible.

Sus palabras me llegaron muy profundo.

Antes de irme, la mujer británica le agradeció a la Madre Teresa su gran labor.

—Es la labor de Dios —contestó la Madre Teresa—. Yo solo soy un pequeño instrumento.

Luego se excusó para lavar más ollas.

La Madre Teresa nació en 1910 en Macedonia, de una familia albanesa. A los diecisiete años dedicó su vida a ser monja y, al poco tiempo, la enviaron a Calcuta para servir como maestra de escuela y luego como directora en el Colegio St. Mary. Pero en 1948, un suceso crucial tuvo lugar en su vida: escuchó su llamado a servir a los pobres de los barrios bajos de Calcuta. En 1950, con solo doce asistentes, la Madre Teresa fundó las Misioneras de la Caridad. A través de los años, su servicio abnegado ha atraído a miles de personas para ayudarla en su «trabajo de Dios».

A mi petición, la hermana me llevó al albergue para los enfermos y moribundos. Me sentí muy inútil a la hora de ayudar, pero colaboré con un servicio simple: barrer y cargar cubiertos. Poco después, la Madre Teresa apareció. Su presencia iluminaba el deprimente cuarto de sufrimiento y muerte, con esperanza y alegría. Mientras agarraba la mano a una mujer atacada por la enfermedad, sonreía tiernamente. La mujer se transformó: sus ojos se iluminaron con una chispa de felicidad mientras le devolvía la mirada a la Madre Teresa.

La Madre luego pasó por cada cama, no por responsabilidad, sino por afecto sincero. Un hombre consumido que tosía sangre y decaía rápidamente sentía su mano en la frente. La miró como si fuera un ángel que había llegado en su momento de mayor necesidad. Bajó la cabeza y le sonrió.

—El amor de Dios está contigo —le dijo ella tiernamente—. Recuérdalo en gratitud.

A una mujer que estaba muriendo, sola y rechazada por sus seres queridos, Teresa le ofreció palabras de consuelo.

—Si quieres amar sinceramente a Dios, debes aprender a perdonar.

El corazón de la mujer aligeró su carga. El amor de Madre Teresa por Dios incluía también a la gente. Con su manera humilde y modesta, daba el milagro de la esperanza y la felicidad a todo el que tocaba. Hindúes, musulmanes, judíos o cristianos, a todos los trataba con el mismo afecto. En un momento, la Madre se giró hacia mí y me dijo:

—Veo a mi Jesús amado en cada una de estas pobres almas. Mi Señor acepta misericordiosamente mi amor a través de ellos.

—Madre —le dije, avergonzado en su presencia—, ellos ven el amor de Jesús en usted.

Madre Teresa me respondió:

—¿Acaso no es ese un milagro del amor de Dios?

8

ESPUÉS DE DEJAR CALCUTA, comencé una travesía hacia el oeste cruzando el subcontinente indio hacia Bombay, donde Goenkaji impartía otro curso. Me llevó dos días y medio llegar hasta Bombay en tren. En el tren, medité sobre la pintura del niño azul tocando la flauta. Sentía que día a día desarrollaba una atracción especial por él, y me pregunté una vez más cuándo me sería revelado quién era.

Una vez en Bombay, estudiando con Goenka, me quedé nuevamente impactado por cómo dedicaba su vida a ayudarnos a aprender. Cuando un maestro dedica así su vida a la enseñanza, inspira a los estudiantes a dedicar sus vidas al aprendizaje.

Cuando terminé el curso de diez días, tuve la abrumadora urgencia de estirar las piernas y caminar por la ciudad. Anduve durante varias horas, sin ningún rumbo en particular. De repente, me vi atrapado en una luz roja, en un cruce de tráfico bullicioso. Las bocinas resonaban a todo volumen, y un río de peatones circulaba a mi alrededor. Había hombres con traje, corbatas y maletines, mujeres con saris brillantes, vendedores ambulantes pedaleando y ancianos vestidos con la tradicional vestimenta de Gandhi. Gente con la piel oscura, color bronce y aquellos cuya piel estaba blanqueada y manchada de lepra blanca; todos se empujaban deprisa entre el tráfico, junto a varios turistas europeos que vestían *jeans* y minifaldas. Atrás se alzaban rascacielos modernos de lado a lado, con bungalós victorianos y casuchas precarias. El sol brillaba en lo alto de un cielo claro. Miré hacia arriba y me fijé en un cartel enorme pintado con letras rojas que promocionaba un festival espiritual en Cross Maidan.

Cross Maidan es un gran parque del centro de Bombay. Allí habían erigido una gigante carpa *pandal*. Entré y me encontré en un mundo de colores, con afiches de arte hindú que colgaban de las paredes rojas, verdes y a rayas amarillas de la carpa. Los remolinos de humo de incienso se impregnaban en todas partes. Me fijé en una larga mesa de libros y, de inmediato, me sentí cautivado por la cubierta de uno en particular. Se me desbocó el corazón. La pintura mostraba a un hermoso niño sosteniendo una flauta. Atraído, suspiré:

—Es él.

«Sí, es él», pensé. Sin saber quién era, llevaba su pintura por toda la India. Ahora, esa misma persona aparecía una vez más ante mí. En vivas letras rojas, el título del libro proclamaba: *Krishna, la suprema personalidad de Dios*. Grité en voz baja:

—¡Krishna! ¡Se llama Krishna!

El tan esperado misterio se desveló. Ansioso por saber más de él, pregunté si podía hojear el libro. Un monje occidental con la cabeza rasurada y vestido con ropa blanca estaba parado detrás de la mesa. Sorprendido, me preguntó:

—¿Hablas inglés?

—Sí, soy de Estados Unidos.

Tomé el libro con entusiasmo.

—¿De veras? ¿No eres hindú? ¿Eres adorador de Shiva?

Me puso el libro en las manos.

—En realidad no sé qué soy, pero viví con los shivaístas.

—Me llamo Tusta —me dijo—. Aquí hay un capítulo que creo que te resultará interesante. Habla sobre la relación entre Shiva y Krishna.

Me preguntaba por qué se sorprendía tanto de saber que yo era estadounidense. No me había mirado el espejo desde hacía mucho tiempo, por lo que no me había dado cuenta hasta aquel momento de que, con mis ojos oscuros y una piel relativamente oscura, el cabello todo enredado y la vestimenta con manchas de río, tal vez tuviera el aspecto de un mendigo indio.

Me apreté el libro cerca del corazón y me dirigí hacia un lugar tranquilo. Al igual que un hombre muerto de sed bebe de un oasis de agua fresca, leí el libro de Krishna.

Comenzaba así:

«En los países occidentales, cuando alguien ve la tapa de un libro como Krishna, *inmediatamente se pregunta: "¿Quién es Krishna?"».*

Continuaba explicando que Krishna era la suprema personalidad de Dios, y que el nombre «Krishna» significaba «el todo atractivo».

«Como Dios posee toda la riqueza, el poder, la fama, la belleza, la sabiduría y la renuncia hasta un grado ilimitado, él es el todo atractivo».

Mientras leía, una joven estadounidense vestida con un sari amarillo estaba sentada en el escenario cantando hermosas canciones devocionales. Su nombre, por lo que me enteré más tarde, era Yamuna Devi. Absorto tanto en la lectura del libro de Krishna como en escuchar su canción, que me derretía el alma, me sentí abrumado por la emoción.

La noche se acercaba, y en el *pandal* había más de veinticinco mil personas. Ansioso por escuchar al orador, devolví el libro y me senté en una esquina, detrás de la muchedumbre. Sobre el escenario, unos veinte devotos occidentales cantaban y bailaban: los hombres rasurados vestían la ropa tradicional de *sadhu*, y las mujeres, saris de colores. Toda la multitud aguardaba con expectación la llegada del gurú. Para satisfacción de todos, no tardó en aparecer sobre el escenario.

Después de darle la bienvenida a la multitud con las manos juntas, este se sentó en un asiento elevado. Yo, situado muy atrás de la muchedumbre, apenas podía verlo. Anhelaba estar más cerca, pero me daba vergüenza sentarme frente a alguien más. Arriba, en el escenario, veía a un devoto moverse de lado a lado, tomando fotos. El gurú lo llamó y le habló al oído. El devoto entonces miró a la multitud y observó de lado a lado hasta que finalmente encontró a quien estaba buscando. Una y otra vez, señaló a alguien entre el gentío para que se subiera al escenario, y al no recibir respuesta, decidió adentrarse entre la multitud. Trató de pasar por entre las miles de personas sentadas en el suelo con mucho trabajo. Me sorprendí al ver que caminaba hacia atrás, directo hacia mí. Se me aproximó y, con una sonrisa tranquila, anunció:

—Srila Prabhupada quiere que te sientes con él sobre el escenario.

Atónito, balbuceé:

—¿Cómo me conoce?

No me respondió, sino que simplemente me tomó de la mano y me tironeó entre la multitud hasta llegar al escenario. Allí me presentó ante el gurú, cuya sonrisa me inundó de alegría. Srila Prabhupada me resultaba muy familiar, pero no sabía por qué. Sentado con las piernas cruzadas y la espalda erguida, vestía ropa de *swami* color azafrán, que le caía delicadamente. Con un gesto de la mano, me indicó con amabilidad que me sentara más cerca de él, de modo que me senté sobre el escenario alfombrado. Con asombro, lo miré levantando la cabeza. Sus enormes y dulces ojos me estudiaron ligeramente con una mirada que me conmovió el alma. Su piel era del color del bronce; la nariz, ancha y redondeada, y las orejas caídas se parecían a las del Señor Buda. Unos cabellos blancos muy cortos le habían crecido por los laterales de su cabeza rasurada hacía poco, y dos líneas verticales de arcilla amarilla representativas de su sendero yóguico le adornaban la frente. Así mismo, dos profundos pliegues se marcaban a ambos lados de la nariz hasta llegar a las comisuras de sus gruesos y esculpidos labios.

Los devotos bailaban y cantaban de puro júbilo, con las ropas limpias y brillantes. Allí caí en la cuenta de mi vestimenta, rasgada y manchada por el lodo de los ríos. Mientras que los devotos tenían la cabeza y la cara limpias, recién rasuradas, yo casi ni me acordaba de cuándo había sido la última vez que me había rasurado, ni qué decir de cortarme el pelo o peinarme. Al haberme bañado a diario en ríos o lagunas llenas de lodo, seguramente lucía sucio ante su presencia. Mientras ellos cantaban y bailaban llenos de júbilo, yo me mantenía en silencio. Habituado a residir en lugares aislados en el bosque, al verme sentado sobre un escenario con miles de personas atentas me sentía el objeto de todas las miradas y muy fuera de lugar, estuve a punto de salir corriendo. Pero Srila Prabhupada me dirigió una afectuosa sonrisa y me transmitió tanta confianza que, instantáneamente, me sentí como en casa.

«¿Por qué me llamó este hombre para que me sentara con él? ¿Por qué yo?». Mientras reflexionaba sobre este misterio, Srila Prabhupada tomó un par de címbalos y comenzó a tocarlos; todos sus dedos se movían meticulosamente y con gracia al ritmo constante del sonido. Con una voz profunda y resonante, y balanceando suavemente el cuerpo, comenzó a cantar:

—*Hare Krishna, Hare Krishna, Krishna Krishna, Hare Hare, Hare Rama, Hare Rama, Rama Rama, Hare Hare.*

Sentí que se me cortaba la respiración. Era como un sueño escucharlo cantar el mismo mantra de la canción de la Madre Ganges. ¡Cuántas veces lo había cantado yo desde aquel día en Rishikesh, cuando el río me lo reveló! Sentí pinchazos en la espalda y un escalofrío me recorrió el cuerpo mientras que el corazón me batía como un timbal. Con los ojos llenos de lágrimas, miré a Srila Prabhupada, que mantenía los suyos cerrados, con las cejas tensas. Los labios se le arqueaban hacia abajo mientras el mantra se deslizaba por ellos. La masiva multitud cantaba en respuesta. Los devotos tocaban tambores tradicionales, címbalos y gongs sobre el escenario, y la carpa resonaba con el sonido del mantra.

Una vez terminado el canto, Srila Prabhupada se aclaró la garganta y habló por el micrófono con una voz profunda y resonante, explicando el significado del mantra.

—Estamos cantando el *maha* mantra, o el gran canto de la liberación.
Luego describió que el nombre «Hare» era una invocación a Radha, la fuerza divina o la contrapartida femenina del Señor.

—Ella es origen y dadora del amor a Dios. «Krishna» es el nombre de Dios, lo cual significa que él es el todo atractivo. Y el nombre «Rama» significa que el Señor es el gozador supremo y otorga ilimitadas bendiciones a aquellos que le ofrecen su amor.

Prosiguió explicando que la vibración trascendental del sonido limpia el corazón de deseos egoístas y despierta nuestro amor natural y original por Dios, dando como resultado la felicidad espiritual.

—Al cantar el *maha* mantra —continuó Srila Prabhupada—, le rezamos al Señor: «Por favor, acéptame en tu amoroso servicio eternamente».

Mi mente se remontó al Himalaya y a la roca en la Madre Ganges. Finalmente entendí. Estos eran los nombres del hermoso niño azul que tocaba la flauta, y él era una forma de Dios. Todo este tiempo había estado cantando el mantra y meditando sobre la pintura, ignorante de la conexión. Ahora, Srila Prabhupada reveló muy sencillamente los sagrados misterios en los que había estado reflexionando durante tanto tiempo. Mi mente no terminaba de asombrarse mientras contemplaba cómo las aventuras de mi búsqueda llegaban a su fin.

Sonriendo, presté atención a las palabras de Srila Prabhupada. Con plena seguridad, explicaba cómo la verdadera religión no era propiedad de ninguna secta, casta ni credo, sino que era la naturaleza de todas las entidades vivientes.

—Nuestra naturaleza —agregó—, es amar a Dios, pero este amor ha sido olvidado desde tiempos inmemoriales. Este amor a Dios debe ser incondicional para satisfacer por completo al ser. Somos almas espirituales, pero en la ignorancia, identificamos temporalmente a este cuerpo con el ser.

Continuó explicando cómo la causa de todo sufrimiento era el olvido de nuestra relación con Dios y cómo esta conciencia podía ser fácilmente reavivada al cantar los nombres de Dios. Con una voz que desbordaba compasión, suplicó a la audiencia que se tomara este mensaje con seriedad.

—Este proceso —continuó— que revive nuestro amor dormido por Dios, se llama *bhakti* yoga.

Mientras Srila Prabhupada hablaba, escuché una voz dentro de mi corazón que proclamaba: «Este es tu gurú».

Pero mi mente no lo podía aceptar. Se desató una lucha entre mi mente y mi corazón:

He conocido a muchos santos y gurús en el pasado y conoceré más en el futuro. No tengo prisa. Esta es la decisión más importante de mi vida. Debo estar seguro antes de comprometerme a seguir un camino en particular.

Mi mente ganó la batalla y, aún confundido, deseché la idea de que estaba listo para elegir a un gurú.

Terminada su exposición, mientras se iba, Srila Prabhupada se detuvo directamente frente a mí. La animada muchedumbre nos rodeaba, y la mente me explotaba de emoción. Caí de rodillas de forma espontánea y extendí la mano para tocar sus pies. Con una voz fuerte como un trueno, alguien gritó:

—¡Nadie toca los pies de Srila Prabhupada!

Avergonzado, retiré la mano. Pero Srila Prabhupada me miró a los ojos. Creo que podía sentir el dolor de mi vergüenza y se sintió responsable por las cortantes palabras de su discípulo. Sentí una ola de afecto que emanaba de él. Finalmente, con una iluminada sonrisa, habló con suavidad:

—Puedes tocarme los pies.

Sintiéndome aliviado y honrado, me coloqué el polvo de los pies en la cabeza. Él me la acarició afectuosamente y me invitó a sentarme en el escenario cada mañana y cada noche. Su gentileza me dejó sin palabras.

A la mañana siguiente, después de la clase, esperé en la fila junto a cientos de personas para tomar el desayuno, un dulce indio muy popular llamado *halava*. No había comido en todo el día y tenía hambre. Finalmente, después de una hora, llegué al frente de la fila, donde me colocaron en la mano una copa hecha de hojas de la cual desbordaba el *halava* caliente recién hecho. ¡Qué bendición! Me moría de ganas de probarlo. Pero sin darme cuenta, de repente, me lo arrancaron de las manos. ¿Qué sucedió? La adrenalina me corría por el cuerpo, y el estómago me ardía cuando me giré, consternado. Allí, con la *halava* en la mano, vi al mismo devoto que me había llevado al escenario la noche antes. Se llamaba Gurudas.

—No irás a comer esto, ¿no? —me preguntó.

—Pensé que sí —dije, algo indignado.

Frente a mis ojos, le dio mi tan esperado desayuno a otra persona.

Luego, tomándome la mano, me sacó de allí. Momentos más tarde, me encontré sentado detrás del escenario, donde una mujer estadounidense muy tranquila llamada Malati Devi colocó un plato frente a mí. Era un festín con doce variedades de comida sagrada vegetariana.

Gurudas sonrió.

—Esto es mejor para tu salud. Queremos hacerte feliz. —Mientras me examinaba, me dijo firmemente—: Tú eres un devoto. Algún día lo entenderás.

Sentado a mi lado se hallaba un devoto estadounidense llamado Shyamasundar, quien inició una amigable conversación. Resultaba muy sencillo hablar con él, y tuve el extraño sentimiento de que ya lo conocía. De repente, me acordé de que era el monje que había conocido en el club Cosmos de Ámsterdam, el cual me había servido la fruta y el yogur en las manos y me había preguntado si quería comida espiritual. Cuando se lo recordé, se rio muy fuerte y dijo:

—¡Ah, eras tú! Todos ya se habían llevado un recipiente, lo siento.

Mientras hablábamos, su esposa Malati trajo más y más comida espiritual hasta que le imploré que parara. Mientras tanto, su hija de cuatro años, Saraswati, jugueteaba encima y debajo del escenario. Su llamativo pelo rubio, sus brillantes ojos azules y su entusiasmo sin igual maravillaban a los hindúes. Me quedé absorto con la escena y rompí mi ayuno con entusiasmo.

Se dice que una persona santa es tan pura que actúa como un espejo cristalino. Ante la presencia de un alma trasparente como un espejo, podemos ver la belleza y la fealdad de nuestra vida interior. Nuestra fe y dudas, virtudes y pecados, fortalezas y debilidades se revelan. Es una experiencia tan feliz como dolorosa. La misma que tuve ante la presencia de Srila Prabhupada.

Una noche, durante su clase, su semblante serio me indujo a cuestionar mi propia sinceridad.

¿Cuán genuina es mi motivación? ¿Me hago responsable de mi propia vida y de la de los otros? ¿Por qué aun no he encontrado un camino en particular? ¿A qué futuro incierto me está llevando esta vida?

Cuando aquellos pensamientos me corrían por la mente, desde su asiento elevado y ante la presencia de miles de personas, Srila Prabhupada fijó sus ojos en los míos. Atrapado en su mirada, sentí que la muchedumbre quedaba relegada a un segundo plano. Parecía que nadie más existía excepto él y yo. Notaba que sus ojos me escudriñaban las profundidades del alma y le hablaban en silencio a mi corazón: «*No pierdas tiempo valioso. Krishna te espera*». Temblé de gratitud, pero sabía que pronto me iría. En mi confusión, sentí que era lo más honesto que podía hacer.

La experiencia de aquellos días con él había sido increíble, pero mi fe aún iba a la deriva, como un barco sin ancla en un mar agitado. Mi temor al compromiso y el torbellino que impulsaba a mi corazón a ver más lugares y conocer más personas iluminadas me motivaron a irme. «Sí», pensé, «debo sentir una profunda convicción en mi mente y mi corazón antes de aceptar honestamente un camino o a un gurú en particular». Creía que Dios me revelaría mi destino a su debido tiempo.

Abrumado por la sabiduría y la compasión de Srila Prabhupada, quise comprar su libro sobre Krishna antes de irme de Bombay. No tenía dinero, de modo que, para comprarlo, me fui a las calles de Bombay a pedir limosna, pero era demasiado tímido para ser un buen mendigo. Con vergüenza e intimidación, traté de juntar lo suficiente, aunque no pude. El último día del festival, un discípulo me llevó frente a Srila Prabhupada. Estaba parado fuera de la carpa, bajo el sol. Tenía la cabeza algo inclinada hacia arriba, la espalda erguida y las manos empuñando el mango de su bastón de madera, que tocaba el suelo entre sus pies. Sus grandes ojos se encontraron con los míos, y sus labios torcidos hacia abajo resaltaban su semblante grave.

—¿Sí? —me preguntó.

El discípulo dijo:

—Este muchacho anhela tanto su nuevo libro que está pidiendo limosna en las calles con la esperanza de comprarlo.

Srila Prabhupada se sintió tan conmovido que, con sus propias manos, me regaló una copia del libro. Me dedicó una mirada que rebosaba gentileza y me dio unas palmaditas en la cabeza. Me dijo muy suavemente:

—Muchas gracias.

«Muchas gracias». Las palabras me resonaron en el corazón. Postré la cabeza en señal de reverencia.

III

Peregrinación al Himalaya

1

EL HIMALAYA ME LLAMABA, y yo añoraba responder. Al día siguiente, me senté sobre el sucio suelo de cemento de una plataforma del ferrocarril a esperar el siguiente tren de tercera clase que me llevara hacia el norte. Decidí leer el libro que Srila Prabhupada me había regalado y me sorprendí al ver que contenía una introducción de George Harrison, de los Beatles, quien escribió:

«*Todos buscan a Krishna.*
Algunos no se dan cuenta de ello, pero lo hacen.
Krishna es Dios. La fuente de todo lo que existe, la causa de todo lo que es, fue y siempre será.
Como Dios es ilimitado, Él tiene muchos nombres.
Alá, Buda, Jehová, Rama. Todos son Krishna, todos son Uno...».

Había estado estudiando las religiones del mundo y sentí que tenía mucho más que aprender. Aquel sentimentalismo ecuménico me complacía y me sorprendía a la vez, y me metí el libro en el bolso para examinarlo mejor en el futuro.

En la estación conocí a un hombre de unos cuarenta años, elegantemente vestido con una camisa y pantalones blancos. Llevaba un sombrero Nehru blanco, y tenía la piel oscura, con cicatrices en las mejillas debido al sarampión que había sufrido en su niñez. Se llamaba Madhava, y trabajaba como supervisor del ferrocarril. Me persuadió para que me uniera a él en un viaje para visitar a su guru, de modo que, desde Bombay, viajamos unas pocas horas al este en autobús, hacia el sagrado lugar de Ganesh Puri. Apenas llegamos, me instruyó:

—Antes de ver a Guruji, debes purificarte bañándote en los manantiales sulfurosos más cercanos.

Nos acercamos a tres pequeños lagos burbujeantes de aguas oscuras y opacas. Decenas de personas se arrebataban y gritaban mientras otras tantas decenas tomaban su baño diario. Me sumergí en el líquido gris y humeante que se pegaba a mi piel como el aceite, adaptándome gradualmente al calor abrasador y al olor ácido. Sumergido hasta el cuello, el calor penetraba y revitalizaba mi cuerpo y mi mente. Madhava me indicó que ya estaba listo para visitar a su gurú.

Después de vestirme, me llevó a un pequeño templo de ladrillos. Al pasar bajo la entrada en forma de arco, me encontré cara a cara con la fotografía en blanco y negro de un hombre algo robusto, con la cabeza rasurada, que solo vestía un taparrabos. Tenía la cara redonda, pómulos prominentes, ojos penetrantes y una barba blanca que le cubría toda la mandíbula. Madhava me informó de que ese era su gurú, Nityananda Baba, que había renunciado a su cuerpo mortal hacía diez años. Allí, en su sagrada tumba o *samadhi*, su espíritu se sentía con una vitalidad más real que la vida misma.

Alrededor del *samadhi*, el cual se hallaba iluminado por lámparas de aceite, perfumado con incienso de mogra y decorado con caléndulas amarillas y anaranjadas, los seguidores de Nityananda Baba cantaban los nombres de Dios al unísono. Para mi sorpresa, entonaban el mantra Hare Krishna, el mismo que el río Ganges me había revelado en el Himalaya y que Srila Prabhupada había cantado en Bombay. Un escalofrío me recorrió el cuerpo.

A Nityananda Baba lo veneraban millones de seguidores en los estados de Maharastra y Karnatka. Madhava me explicó los detalles de su vida, sus enseñanzas y milagros. En la última etapa del siglo XIX, mientras apilaba madera en el bosque, una mujer se sintió atraída hacia el inusual canto de los cuervos en un área densamente boscosa. Allí encontró a un niño que yacía entre las hojas. Le entregó el pequeño a una mujer estéril que trabajaba de sirvienta en casa de un *brahmana* rico. Desde pequeño, el niño mostró desapego por el mundo y dejó a su familia adoptiva a la edad de diez años para convertirse en un renunciante espiritual. Nityananda Baba viajaba a pie en sus largas travesías, siempre ansioso por servir a los necesitados y por iluminar el corazón de todo aquel que se encontraba. En sus últimos años, se estableció en Ganesh Puri. Mientras meditaba en su *samadhi*, con el canto de fondo, sentí la poderosa presencia de Nityananda Baba hasta el punto de asegurarme que él me otorgaba sus bendiciones.

Días después, me llevaron con un discípulo de Nityananda Baba que estaba construyendo un *ashram* en las proximidades. El salón de veneración era pequeño, pero crecía con rapidez, y estaba ubicado cerca de la calle. Al abrir la puerta, el mantra a Shiva, *Om Namah Shivaya*, resonaba en un lento e hipnótico canto. Dentro, una decena de discípulos, tanto de la India como de Occidente, cantaban al unísono, y unos instrumentos de cuerdas llamados *tambouras*, hechos de jícaras vacías, vibraban con intensidad. Cuando el canto comenzó a apagarse en el silencio, la gente se dirigió hacia el patio. Observé y esperé. Luego, mientras los discípulos hacían reverencias, entró el gurú. Tenía sesenta y tres años, piel oscura, ojos oscuros y penetrantes, el pelo y las barbas cortados al ras y vestía ropa de color azafrán. Ante su presencia, sus seguidores se encendieron de dicha. Pregunté quién era.

—Swami Muktananda —me dijeron.

Observándome a través de sus lentes, el *swami* nos habló con ayuda de un traductor.

—Cuando tenía quince años —comenzó a decir—, renuncié a mi hogar de privilegios por la vida de un *sadhu*. Visité cada lugar sagrado y finalmente conocí a mi *gurudeva*, Nityananda Baba. —Pegando el puño derecho contra la palma izquierda, exclamó—: Baba hizo añicos mi orgullo como nunca antes lo había hecho nadie.

Acababa de describir lo mismo que yo había estado preguntándome y por lo que estaba preocupándome: qué camino o gurú elegir y por qué. La audiencia, incluido yo, nos aferramos a cada una de sus palabras.

—La iniciación *bhakti pat* despierta la energía cósmica llamada *kundalini*, ubicada en la base de la espina dorsal. El *kundalini* se eleva por la espina dorsal a través de los siete *chakras* energéticos hacia la parte superior de la cabeza, donde emerge hacia lo supremo. La forma más segura de despertar el *kundalini* —indicó Swami Muktananda— es cuando un *siddha* gurú, maestro perfeccionado, da un mantra o transmite su *bhakti* directamente al discípulo. —Y concluyó—: Vuélvanse más adictos a sus mantras que un alcohólico con el licor. Nunca lo olviden.

En una ocasión, mientras me encontraba junto a Swami Muktananda cerca de la carretera, un perro rabioso, aullando desesperadamente y mostrando sus amenazadores colmillos, vino corriendo hacia nosotros para atacarnos. La gente comenzó a gritar y a huir. Con una simple mirada, Swami domó a la criatura, y esta bajó la cabeza humildemente. Bendijo al perro, se dirigió a mí y me habló a través de su traductor.

—He visto que eres un *sadhu* sincero. Si lo deseas, te iniciaré en el sendero del *bhakti pat*.

Las imágenes de Tat Walla Baba, el Naga Guru y otros que se habían manifestado similarmente aparecieron en mi mente.

—Gracias, Swamiji —respondí, tan asombrado como honrado—, pero he dado mi voto de no aceptar iniciación formal de un gurú hasta no estar convencido de que nunca abandonaré su refugio. No merezco su amabilidad, mas tenga en cuenta que aún no he tomado esa decisión.

—Aprecio tu sinceridad —me dijo, mirándome a los ojos—. Que Dios te guíe.

Luego, como confirmación de su bendición, el anteriormente perro rabioso me lamió la mano repetidamente.

Madhava insistió en que viajara a Goa, donde el clima, según alegaba él, sería excelente para mi salud. Hasta se ofreció a comprarme el boleto del barco. Parecía arreglo del destino, de modo que lo acompañé hasta el muelle de Bombay y abordé un barco muy atestado de gente que me llevó a cuatrocientos kilómetros al sur por la costa del mar Arábico. Después de surcar el mar la mayor parte del día, llegué a mi destino, un paraíso tropical con playas infinitas de arena suave, aire templado y aroma a sal marina. Desde el siglo XVI, Goa fue la capital del imperio asiático portugués. Por aquel entonces, San Francisco Xavier, un sacerdote jesuita, convirtió a miles de personas al cristianismo. En 1961, las tropas indias invadieron Goa y vencieron a las fuerzas portuguesas.

Al llegar a la playa, vi extensiones de arenas blancas, mares de cristal e innumerables cocoteros. Para pasar el rato, visité Calangute Beach, un paraíso para los occidentales, que alquilaban casas económicas allí. Caminando por la playa, pasé junto a hombres y mujeres que se besaban y acariciaban, que escuchaban *rock & roll* a todo volumen, y vi cómo consumían drogas abiertamente. Era el mismo ambiente que había dejado atrás en Europa, pero ahora parecía algo muy ajeno, del pasado. Sin sentirme interesado, caminé por la playa a la orilla del mar. Sentí que los criticaba como si yo fuera superior, y no quería esos pensamientos que solo exponían mi propia arrogancia. Oré para purificarme de mi propia contaminación de querer encontrar errores, pero era muy complicado. Vivir con los animales en la jungla me resultaba mucho más fácil, ya que no exponían tan meticulosamente mis propios defectos.

Un kilómetro más adelante, me encontré con drogadictos occidentales esparcidos por la costa, que se inyectaban agujas en los brazos. Habían viajado hasta tan lejos, a uno de los lugares más hermosos de la tierra, solo para sufrir las miserias de la adicción. Apuré el paso y llegué a una pequeña montaña al final de la playa. Escalé por su ladera de piedras, ahogándome del cansancio, hasta que llegué al otro lado. Allí, el paraíso tropical se desplegaba ante mí. Las blancas arenas afelpadas de la playa se extendían a cientos de metros. Los árboles de coco se balanceaban en el viento y no se podía ver ni a un ser humano. Aquella sería mi casa durante los siguientes siete días.

Durante una semana, me senté bajo un cocotero absorto en mi estudio, meditación y oración. A excepción de unos pocos pescadores que remaban en sus botes para adentrarse en el mar cada mañana, el lugar estaba desierto. Para mi comida diaria, escalaba un cocotero, dejaba caer una fruta, la abría y repetidamente la golpeaba contra una roca. Para mi higiene diaria, me bañaba en el mar, y como cama, me estiraba sobre la arena bajo el cielo estrellado.

Un día, caminé hacia la zona poblada. Allí, anidadas entre los innumerables cocoteros, encontré unas pocas chozas hechas de barro y hojas de coco secas, todas construidas en la arena. Los habitantes, la mayoría convertidos al cristianismo, seguían la tradición de sus antepasados como pescadores sin más posesiones que un bote, dos remos y una red. Desde el amanecer hasta el anochecer, los hombres trabajaban en el mar, bajo el sol abrasador, que manchaba sus caras condenándolos a padecer cáncer de piel, mas el trabajo arduo no les dejaba tiempo para lamentarse de esos detalles. Pensé en cómo Jesús había buscado sus primeros discípulos entre los pescadores y luego les había ordenado ser pescadores de hombres.

Otro día, caminando por la orilla del mar, encontré un pececito revolcándose desesperadamente en la arena. Una ola lo había llevado hasta la orilla. El temor del pez y su desesperación me evocaron compasión. Él y yo no éramos tan diferentes, al fin y al cabo. Decidí devolverlo a su hogar en el mar, pero cada vez que lo levantaba, se desesperaba por salirse de mi mano, con tanto miedo que no podía reconocerme como su amigo. Finalmente, lo atrapé creando una especie de taza con las manos y lo devolví al mar rápidamente. No obstante, mi satisfacción no duraría mucho. La siguiente ola que rompió cerca de la orilla y regresó al mar dejó al pececito nuevamente revolcándose sobre la arena. Una vez más, lo entregué al mar, y otra vez la siguiente ola lo dejó en la arena para morir allí. La siguiente vez, con más dificultad, lo mantuve en mis manos en forma de taza, me adentré en el mar hasta el cuello y lo lancé tan lejos como pude. Regresé a la orilla y observé cómo rompían las olas hasta que me aseguré de que el pececito estuviera seguro.

Caminé una corta distancia y me encontré con un grupo de pescadores que arrastraban sobre la arena una red llena de cientos de pececitos que luchaban desesperados por sus vidas, destinados a terminar en una sartén. ¿Qué podía hacer? Miré seriamente hacia el mar mientras caminaba inmerso en mis pensamientos.

Somos como el pez que se ha separado del mar de la conciencia divina. Para una persona, ser feliz fuera de su relación natural con Dios es como un pez que trata de disfrutar la vida fuera del agua, en la árida arena. La gente santa se esfuerza hasta lo imposible por ayudar incluso a que una persona regrese a su conciencia espiritual, al océano de la dicha verdadera, pero la red de maya, o la ilusión, rapta la mente de las masas y nos distrae de nuestro verdadero interés.

Cuando comencé mi travesía espiritual, mi idea había sido aprender sobre distintos senderos y maestros, tanto como fuera posible, para luego tomar de cada uno la práctica que fuera más efectiva para mí. Esta era una idea muy popular en los sesenta, pero en la India comencé a darme cuenta de su superficialidad. Había conocido a muchos espiritualistas con esta idea, pero la profundidad de sus realizaciones parecía ambigua. Aquellos que me impresionaron como seres avanzados se habían comprometido a un camino en particular. Podía entender que viajar de lugar en lugar y de maestro en maestro tenía sus limitaciones. Parte de mi duda en aceptar iniciación en una religión tenía que ver con el miedo a separarme de otros. Aun así, sabía que necesitaría elegir con el fin de progresar, y posponer la decisión se estaba volviendo doloroso. ¿Pero qué camino y qué maestro eran míos? ¿Cómo saberlo con seguridad?

Muchos grandes maestros me habían iluminado ya con el conocimiento de diferentes caminos y experiencias que no me merecía. Veo belleza espiritual en todos ellos. ¿Qué dirección debo tomar en esta encrucijada de la vida?

Aquella noche, oré para recibir guía y me quedé dormido. En la mitad de la noche, me desperté bajo una luna creciente que brillaba bajo el cielo oscuro, y una estrella brillaba a su vera. Era el símbolo del islam, una señal de sumisión a Dios. Me quedé maravillado. Mi corazón se tranquilizó, y lo acepté como una señal de que el misterio sobre el que reflexionaba se revelaría a su debido tiempo.

2

Desde Goa navegué de vuelta a Bombay y comencé mi travesía de regreso al Himalaya. Viajé en tren a Delhi y luego al noroeste, a la ciudad de Parthankote, cerca de la frontera con Cachemira. Desde allí viajé hacia el este en la parte trasera de un camión con destino a la ciudad de Dharmasala, en el Himalaya, provincia de Himachal Pradesh. El verano se acercaba, y los bosques estallaban en flor. Había flores anaranjadas, amarillas, violetas y blancas. Los enormes y viejos árboles estaban cubiertos de brillantes hojas verdes, y un constante zumbido de vida silvestre daba vida a la atmósfera. Arriba, en la cresta de la montaña, encima de Dharmasala, se alzaba McLeod Ganja, un campo de refugiados tibetanos y el hogar del Dalai Lama en el Tíbet.

Para prepararme para mi peregrinaje al monasterio de la cima de la montaña, me leí su libro, *Mi país y mi pueblo*. Lhamo Dhondrub nació en 1935, en una sencilla casa tibetana de piedra y barro, en el seno de una familia de granjeros pobres. El regente del Tíbet, quien había tenido una visión que le revelaba que aquel era el lugar donde el próximo Dalai Lama había nacido, envió a un equipo de búsqueda de exaltados monjes a su casa. Cuando el niño tenía solo dos años, lo visitaron fingiendo ser viajeros que buscaban refugio. Del cuello de uno de los monjes colgaban las cuentas del Dalai Lama previo, las cuales el niño tomó, reclamando que eran suyas. Tras varias visitas y las consecuentes pruebas, el comité concluyó que habían encontrado a la decimocuarta encarnación de Chenrezig, el Bodhisattva de la compasión. Se cree que esta encarnación guía al pueblo tibetano espiritual y políticamente al encarnarse en cada generación como el Dalai Lama.

El niño fue entregado a un monasterio en Lhasa, donde se lo preparó para ser jefe de Estado y líder espiritual de la nación. Durante su reinado en la niñez, el Tíbet floreció. Pero en 1950, la milicia china invadió el Tíbet, y en 1959, la nación cayó víctima de la agitación y la violencia. Debido a la insistencia de su pueblo, que temía por su vida, al Dalai

Lama no le quedó más opción que huir de su querida patria. El Dalai Lama oró en el templo del Señor Buda y ofreció un chal blanco en el altar como símbolo de despedida, con la intención de volver. Con el corazón partido, el Dalai Lama se despojó de su hábito de monje y se disfrazó de soldado con el fin de escapar del palacio durante una noche oscura.

Bajo la pesada nieve, las lluvias torrenciales y el gélido frío, su séquito y él atravesaron las montañas del Tíbet como fugitivos. Se le partió el corazón por la difícil situación que afligía a su pueblo. Enfermo, exhausto y albergando lo que él describía como «una tristeza mayor de la que podía expresar», el Dalai Lama cruzó la frontera con la India.

Conmovido por esta sorprendente historia de exilio, destino y superación de dificultades, me sentí profundamente atraído a ver el lugar donde el líder espiritual del budismo tibetano había creado su nuevo hogar. Cuando llegué a McLeod Ganja en 1971, este pueblo anidado en las altas montañas del Himalaya, de ricos bosques y empinados valles, parecía un pequeño Tíbet. Los refugiados vestían sus tradicionales vestimentas y habían construido edificios de madera o ladrillo al estilo de la arquitectura tibetana, con dragones y otros seres míticos esculpidos o pintados en ricos colores en los pilares y arcadas. Los yaks pastaban en las laderas de las montañas, y unos pocos peregrinos occidentales encontraban lugares solitarios donde meditar. Al igual que en el Tíbet, muchos de los hombres eran monjes budistas. En el centro de la aldea, los fieles daban vueltas alrededor de una gran área rectangular rodeada de ruedas de la oración, a la vez que hacían girar las ruedas y cantaban el mantra *Om Mani Padme Hum*. Sabía por mis lecturas que en el budismo tibetano se cree que este mantra invoca las bendiciones de Chenrezig, la encarnación de la compasión, y que todas las enseñanzas del Buda se contienen ahí.

La gente en McLeod Ganja era increíblemente amistosa. Resplandecían con sus sonrisas y me daban la bienvenida adonde sea que fuera. A pesar de sus sufrimientos y de ser refugiados en una tierra extranjera, parecían vivir en paz. No vi ni mendigos ni estafadores entre ellos. Todos se veían contentos. Una familia me dio la bienvenida a su pequeño hogar y me sirvió una sopa tibetana de fideos llamada *thupka* y un té tradicional hecho de mantequilla de yak y sal que resulta especialmente efectivo para mantener a las personas en calor durante las frías noches en el Himalaya. Me sentía tan encantado por la gente de allí que pasaba horas simplemente observándolos en sus quehaceres diarios mientras ellos me sonreían de oreja a oreja.

No muy lejos de la casa del Dalai Lama se erguía el templo a la magnífica deidad de Buda sentado en posición de loto. Tanto los monjes como la gente común adoraban esta forma dorada de Buda y le ofrecían incienso, campanas, lámparas y otros artículos. La *puja*, o ceremonia de veneración, me fascinó. Los monjes se sentaban frente a frente en dos filas, rodeando al Buda en el centro. Leían las escrituras inscritas en fajos de hojas de pergamino sueltas y, mientras recitaban las oraciones al unísono, colocaban una hoja sobre la otra. Durante los intervalos auspiciosos, algunos monjes tocaban largas trompetas que parecían cuernos, mientras que otros tocaban campanas ritualísticas o enormes gongs con un mazo de madera y golpeaban con palos unos enormes tambores. Cuando la vibración alcanzaba su punto álgido, un sacerdote anciano alzaba con gran ceremonia un cetro de bronce labrado intrincadamente. Este *dorje* era un medio para transmitir la energía espiritual. Las paredes del templo estaban decoradas con pinturas de vibrantes colores llamadas *tantras*, cuyo fin era ayudar en la iluminación espiritual al describir historias y simbolismos budistas. La fragancia de las lámparas de aceite encendidas y del dulce incienso elevaban mi mente mientras me sentaba junto a los monjes para meditar y cantar mantras.

Lo que me conmovió particularmente fue el amor y el honor que la gente sentía por su Dalai Lama. Para los tibetanos, el Dalai Lama tenía el poder espiritual de un papa y la autoridad política de un rey. Su fotografía destacaba en cada tienda y en cada hogar.

Una mañana temprano, mientras meditaba en el templo, un alto y anciano lama con la cabeza rasurada, hábitos de color granate y un rosario de cuentas de madera alrededor de su cuello se sentó junto a mí. Dijo que me había estado observando durante varios días y me preguntó si tenía alguna pregunta que hacerle. Pasamos un par de horas juntos cada día. Una tarde muy especial, me invitó a unirme a él en su audiencia personal con el Dalai Lama. La casa del líder religioso se ubicaba en una colina de bosques rodeada de guardias de la milicia india, quienes vigilaban para protegerlo porque el Dalai Lama estaba en constante amenaza de muerte. Una vez que pasamos por seguridad, me acompañaron a una habitación donde brillantes pinturas de Buda y los grandes Bodhisattvas decoraban los muros. Había una hermosa deidad metálica de Buda sentado en un altar decorado de flores, lámparas de bronce, campanas y otros artículos de adoración. El incienso con aroma a cedro perfumaba el aire.

Minutos más tarde, se abrió una puerta y el Dalai Lama me miró; los ojos le brillaban de regocijo detrás de sus lentes de borde oscuro. Su gran cabeza estaba rasurada, y tenía la cara cuadrada, la nariz redondeada y hacia abajo, y una vestimenta granate que cubría su camisa dorada de monje. Lucía una sonrisa contagiosa, y cruzó la habitación velozmente hacia mí para saludarme. Rio muy fuerte, me tomó las dos manos con firmeza y las agitó una y otra vez. Los ojos le brillaban de júbilo mientras me decía con una voz que le salía del pecho:

—Has venido de tierras lejanas. Te doy la bienvenida.

Nos sentamos en dos sillas, una frente a la otra. Con la curiosidad de un niño, me pidió que le hablara sobre mi vida en Estados Unidos y me preguntó por qué había elegido la vida de un *sadhu*. Mientras le contaba mi historia, el Dalai Lama escuchaba cada palabra con atención e inquietud. Cuando incluía una chispa de humor en mi relato, todo su cuerpo vibraba con su gran risa y aplaudía. Hablamos tal vez durante media hora hasta que le pregunté sobre la condición de la gente en el Tíbet. Adoptó un semblante serio y se le llenaron los ojos de lágrimas. En el silencio que ahora nos rodeaba, el Dalai Lama murmuró:

—Cuando era un niño, mi nación gozaba de libertad. Éramos un pueblo feliz y unido, y nuestra espiritualidad florecía.

Hizo una larga pausa. En silencio, alzó una tetera y me ofreció una taza de té tibetano. Me quedé mirando cómo el vapor del té iba de la tetera hasta la taza. El Dalai Lama volvió a colocar la tetera en su lugar e inclinó la cabeza mientras reflexionaba profundamente, como si mirara con el ojo de su mente y sintiera en su corazón la lucha de su pueblo en las cimas del Himalaya del Tíbet. Agregó muy dulcemente:

—Tenemos una gran deuda con la India por habernos provisto de refugio a miles de tibetanos. —Y agregó—: La cualidad universal de la religión es la compasión hacia otras entidades vivientes. Sacrificarse por el bienestar de otros es el verdadero *dharma*.

Sus palabras me llegaron muy hondo, ya que pensé en el inmenso sacrificio que había realizado su pueblo.

—La meditación, el estudio y la adoración —dijo— nos dan la fortaleza interior para vivir como seres iluminados en la bondad.

Su mensaje invitaba a la reflexión, y su personalidad inspiraba reverencia, pero su afecto me había hecho sentir como su amigo íntimo. Sonriendo, el Dalai Lama me colocó amorosamente alrededor del cuello un chal blanco bordado con mantras tibetanos.

—Es tradición ofrecer un obsequio a todos mis invitados especiales.

Me sentí poco merecedor de su tiempo y amabilidad, e hice reverencias con la cabeza en señal de gratitud. En su compañía, la virtud de servicio desinteresado cada vez se volvía más prominente en mi mente. Él era una persona dedicada no solo a los principios espirituales, sino que también aceptaba la inmensa carga de servir a las necesidades de su pueblo, que estaba en el exilio o subyugado. Él había pasado por retos inconcebibles y obstáculos en su aparentemente desahuciada lucha, y aun así toleraba el exilio y las amenazas, el Dalai Lama servía a su pueblo. En mi mente, esto es lo que representaba el chal. Era un regalo especial.

Fijé mi residencia en una cueva que daba a un profundo valle, en una ladera de boscosa. Allí sobreviví con una comida llamada *tsampa*, un polvo hecho de cebada tostada. Cuando se le agrega agua, se vuelve avena. Los monjes tibetanos me enseñaron a sobrevivir con *tsampa*, ya que no se descompone. Al simplificar así mis necesidades corporales, podía bajar cada día a McLeod Ganja para aprender más de los lugareños. Por las noches, regresaba a mi cueva. Una noche, mientras yacía sobre el suelo de la cueva, una araña gigantesca se deslizó por las paredes a pocos centímetros de mi cara. Movía su cuerpo velludo y negro con lentitud, levantando una pata cada vez, hasta que desapareció en un hoyo, a tres centímetros de mi cara. De pequeño, me aterrorizaban las arañas; cada vez que había una en casa, corría lejos y, llorando, le pedía a mi madre que la retirara. La araña que moraba en la cueva era la más feroz que había visto. «Esta es una prueba de Dios. Debo superarla», pensé. Desde aquella noche, ambos compartimos respetuosamente la cueva. Donde meditaba, veía ocasionalmente cobras desplazándose por el bosque. A veces también tenía otros compañeros de cuarto. Por ejemplo, una noche, cayó del techo un enorme escorpión que meneó la cola y el aguijón de lado a lado a tan solo centímetros de mí. En aquel momento, se apagó la última vela que me quedaba. La cueva quedó completamente a oscuras. Pensé que no era buena idea moverme y me quedé inmóvil en la oscuridad durante mucho tiempo. En aquella situación, me acordé del paternal Kailash Baba y en cómo me había enseñado la conciencia que debía adoptar cerca de serpientes y escorpiones. Respirando lentamente, oré a Dios para que me ayudara a vencer el prejuicio, el odio y el miedo.

Una mañana, en mi cueva, mi mente divagó por los continentes y los océanos hasta llegar a mi padre en Chicago, en los suburbios de Highland Park. Aún sin rumbo predeterminado, sentí que el acto de amor más grande que podía ofrecerle era escribirle una carta alentándolo para que se acercara a Dios de un modo que fuera más natural para él. Con la convicción que da la juventud, sin saber aún mi propio camino, le escribí:

Mi amado padre:

Quiero pedirte algo muy preciado. Tu compasión es un reflejo de mi amado abuelo Bill. Sé que la raíz de esta compasión era su amplia fe por la religión judía. El abuelo plantó en ti la semilla del amor por el judaísmo. Por favor, aliméntala con sinceridad con el fin de alcanzar la inspiración de tu fe y el amor por Dios. Siento que el sagrado obsequio de la meditación te dará la comprensión para alcanzar lo más profundo del judaísmo, que, al igual que otras religiones, puede acercarnos a Dios.

Por favor, continúa el legado de nuestro padre y antepasados. Sé que esto es lo que realmente deseas.

Richard
McLeod Ganja, Dharmashala, Himachal Pradesh, India
Mayo de 1971

Durante la mayor parte de mi búsqueda por la India, no tuve ningún compañero a quien revelarle mi corazón. Mis asociados o bien no hablaban inglés o bien eran grandes y poderosos sabios, mucho mayores que yo. En ocasiones me sentía solo, pero había aprendido a saborear la soledad como modo de cultivar mi conexión con Dios. La oración silenciosa se había vuelto el medio para verter mis sentimientos y pensamientos. La serenidad de la meditación era mi refugio de la inquietud de mi mente y del mundo que me rodeaba. Al tranquilizar a mi familia en cuanto a mi bienestar, me vi impulsado a usar estas cartas para abrir mi corazón, incluso a receptores que encontrarían mis palabras difíciles de comprender. A veces, también revelaba mi corazón en un trozo de papel. Un día soleado, mientras me encontraba en la soledad de mi cueva en la montaña, escribí lo siguiente, a nadie en concreto:

En la mente del ermitaño, en tiempos agitados, cuando un hombre está cansado y acabado, confundido sobre su rumbo y lo que dejó atrás, este no sabe si apegarse a ello o dejar ir para siempre lo que aún permanece con él. ¿Adónde irá quien ha abandonado a sus amigos y su hogar? ¿Qué hará aquel que deambula solo en el páramo de su soledad? ¿Debe romper los muros que ha construido a su alrededor o debe construir otros aún más fuertes y más altos? Este ruega: «Mi Señor, ¿existe una guía que me pueda mostrar el camino? ¿Dónde debe residir un indigente cuando este cree que su hogar no está en el mundo de los mortales?

Un místico y recluido egipcio vivía a una corta distancia de mi cueva. De vez en cuando, compartíamos alguna charla espiritual. Tenía la piel suave y oscura, la nariz larga, los labios finos y la barba descuidada. Sus ojos oscuros e introspectivos eran tan intensos que brillaban como si miraran otro mundo. De comportamiento tranquilo, su mente estaba siempre activa para encontrar otra pieza de sabiduría que le faltara en el rompecabezas de la vida. Una noche, un maestro egipcio del oráculo, una ciencia parecida al tarot que a veces se conoce como *Metu Neter*, se ofreció a leerme el futuro. Acepté. Mezcló las cartas y las alineó sobre un paño de color azul frente a él. Comenzó a realizar una serie de rituales ocultos del Antiguo Egipto. Luego me guio por una elaborada meditación que culminó en el momento en que yo debía elegir una carta. Cada una de las cartas de colores brillantes medía unos quince centímetros de alto y ocho de ancho, e incluía ilustraciones de figuras y símbolos místicos. Durante una buena media hora, se concentró en la configuración antes de finalmente romper el silencio. Lentamente, se levantó de la silla, colocó ambas manos sobre la mesa y enunció su profecía.

—Ni tu mente ni tu inteligencia tienen el poder de discernir el sendero espiritual que tanto deseas conocer. No obstante, muy pronto el poder divino te guiará. Como una hoja en el viento, serás dirigido al camino que debes seguir. —Parecía como si las cartas lo supieran todo sobre mí y él fuera el portavoz. Colocando el dedo sobre una carta concreta, se quedó en silencio. Cerró los ojos y murmuró —: Debes perseverar con paciencia. Reconocerás a quien debas seguir mediante un poder más allá del tuyo. Créelo. Es tu destino. Tu maestro vendrá a ti.

ME DESPEDÍ DEL REMANSO de paz de McLeod Ganja. Jamás me olvidaría del júbilo y la gentileza que recibí allí, pero debía experimentar más los lugares sagrados de la India para exponerme a más prácticas y tradiciones con la esperanza de que mi destino se me revelara por fin.

Desde Pathankot tomé el tren hacia el sur, hasta el estado de Haryana, donde desembarqué en Kurukshetra, el lugar donde se había dictado el Bhagavad Gita y uno de los lugares más sagrados de la India. Mientras salía de la estación arrastrando mi bolso de libros espirituales, escuchaba por un altavoz, entre interferencias, cómo recitaban los versos en sánscrito del Bhagavad Gita desde un templo cercano.

Allí fue donde me dediqué a leer las palabras que Krishna pronunció a su discípulo Arjuna, quien estaba a punto de renunciar a su deber al tener que enfrentar obstáculos infranqueables. El Bhagavad Gita fue recitado en un campo de batalla, porque la vida misma es una batalla donde el mal ataca perpetuamente al bien y nuestros ideales sagrados están destinados a pasar por pruebas. Todos nos enfrentamos a graves peligros y demonios aterradores interna y externamente. Hay mucho por ganar al enfrentarse a estos agresores con integridad y fe. El eterno llamado de Krishna culmina en la práctica de la devoción desinteresada, la determinación y la absorción espiritual como medio de acceso a un poder más allá del propio para superar todo temor: el poder del amor de Dios.

En aquel lugar sagrado, el mensaje del Bhagavad Gita me llegó tan profundo que sentí como si Krishna en persona me hablara a mí en cada página. Leí varios capítulos cada día, estudiando minuciosamente mi pequeña copia Gita Press del Bhagavad Gita, el cual había sido impreso en un papel barato y encuadernado en tapa de cartón blanco. Yo ya había leído varios libros espirituales en mis viajes, pero ninguno me había parecido tan práctico.

Leyendo el Bhagavad Gita bajo la misma higuera de Bengala donde Krishna originalmente se lo recitó a Arjuna, me impresionó cómo revelaba tan poderosamente la ciencia de la autorrealización, más allá del sectarismo o los límites históricos. Elucidaba complejidades como de qué manera el alma se relaciona con Dios, cómo el alma inmutable se ve afectada por la naturaleza material, cómo el *karma* (la ley natural de acción y reacción) nos afecta a todos y cómo la influencia imperceptible del tiempo actúa sobre la creación. Al igual que un vagabundo solitario que busca la verdad donde el peligro, la tentación y el miedo acechaban por todas partes, encontré refugio y rumbo en aquellas palabras inmortales. En Kurukshetra, el Bhagavad Gita se volvió mi manual práctico de vida.

Después de algunos días, me fui de Haryana y, mientras viajaba en un tren por las planicies de la India, nos detuvimos un tiempo en una estación. Allí fui testigo de un suceso desagradable. Sobre la plataforma, vi a un adolescente ser calumniado y golpeado por su empleador. El adolescente no movió ni un dedo, ni tampoco pronunció palabra, y rápidamente lo echaron del lugar. Le pregunté a un estudiante universitario qué estaba sucediendo. Sacudió la cabeza y me dijo:

—Como nació en una casta más baja, es como un esclavo. Lo más probable es que no se le den oportunidades de recibir una educación apropiada o de casarse con alguien externo a su casta reprimida, y tendrá que desempeñar trabajos de esclavo durante el resto de su vida. Sé que tengo un origen similar, pero soy afortunado. El Gobierno está luchando contra estas injusticias, y la gente más educada, culta o con conciencia social también. Pero este concepto aún sigue muy arraigado en la mente de muchos.

Me explicó que el sistema de castas, en realidad, era un concepto distorsionado de una antigua enseñanza en las escrituras, el *varnashram védico*, el cual enseña que, así como el cuerpo humano tiene una cabeza, brazos, estómago y piernas, y cada miembro sirve para ejecutar su función en beneficio de todo el cuerpo, en el cuerpo social, se enseña a la persona a aceptar responsabilidades para el beneficio social y espiritual, tanto para sí mismo como para la sociedad en general, de acuerdo a las inclinaciones y habilidades naturales de uno. El *varnashram* védico tenía como fin alentar, apoderar y unificar a todos.

—No obstante —concluyó—, esta especulación de casta por nacimiento y la explotación de las castas bajas ha corrompido un hermoso sistema.

Mis pensamientos viajaron atrás en el tiempo, a la represión racial y las minorías religiosas en Estados Unidos y Europa, y reflexioné con tristeza sobre cómo la tendencia a cultivar la superioridad y explotar a otros adopta tantas formas y se expresa en la sociedad, la política, la filosofía e incluso en la religión. Era notoriamente evidente para mí que debía seguir un camino en particular si quería conocer verdaderamente a Dios, pero temía que aquella elección derivara en una mentalidad cerrada. Atraído como yo estaba hacia una de las religiones más importantes de la India, me alentaba saber que nada en la verdadera filosofía hindú apoyaba la represión de los seres humanos según su raza, casta, sexo o nacimiento, y que no había sido testigo de ninguno de estos prejuicios entre los santos.

E n el hermoso valle Kulu, en el estado de Himachal Pradesh, me paseé por kilómetros de naturaleza prístina. Me sentía muy cerca de Dios, en un ambiente natural. Dos días antes, al ver un póster fotográfico pegado en la pared de una estación de tren, me subí a un camión rumbo a Kulu. Un día, mientras absorbía el perfume de pino fresco suspendido en el aire del Himalaya, me encontré con un viajero de Colorado que había conocido previamente en Irán. Por aquel entonces, él iba de camino a la India para estudiar budismo tibetano.

—¿Cómo ha ido tu búsqueda? —le pregunté.

Entró en un estado de trance y puso los ojos en blanco.

—Dios se ha encarnado. —Le temblaron los párpados y se le quebró la voz—. La luz divina me cegó con el mero roce de su dedo, y los torrentes de éxtasis me recorrieron los miembros. Debes irte de inmediato. El Señor del Universo ha descendido a la Tierra. —Como un doctor que suministra medicina a un paciente moribundo, insistió—: La culminación de tu larga travesía a la India te espera en Haridwar. Ve ahora, hermano, no esperes más. El Señor Supremo pronto viajará al extranjero.

Intrigado, viajé hacia el sur, al *ashram* de Haridwar. Al entrar en el templo, me llamó la atención una foto grande sobre el altar. Era un gurú joven, vestido con una corona y una pluma de pavo real, que tocaba la flauta y estaba parado en la pose de Krishna. Pero parecía muy diferente a la pintura de Krishna que había comprado en Delhi. Al igual que mi amigo de Colorado, sus discípulos se acercaron a mí y me abrumaron.

—El misericordioso Señor vino en el pasado como Rama y como Krishna, y ahora ha venido una vez más. Cuando Guru Maharaji otorga el conocimiento, te abre el ojo divino y, entonces, lo conocerás como el Señor del Universo.

Como Guru Maharaji iba a partir hacia su primer viaje al extranjero, sus discípulos me apuraron a ir en autobús a Nueva Delhi.

Una vez allí, cientos de discípulos de Guru Maharaji se reunieron en las instalaciones del *ashram*, esperando poder verlo. Me senté en un rincón y observé. Un discípulo de edad avanzada comenzó a conversar conmigo y me presentó a un grupo de *mahatmas*, título que se otorga a aquellos apoderados para otorgar el conocimiento de Guru Maharaji. Los *mahatmas* decidieron que yo debía conocer a Sri Mataji, la madre sagrada de su Señor. Ella se encontraba sentada sobre un almohadón, rodeada de admiradores que la abanicaban con abanicos de cola de yak y escuchaban cada palabra que decía. Para mi sorpresa, decidió que yo debía tener una audiencia privada con su hijo antes de que este partiera, de modo que un *mahatma* me acompañó a su habitación. Guru Maharaji era un niño de tan solo trece años, algo regordete y con el cabello prolijamente dividido hacia el lado. Se presentó como Prem Rawat y me explicó que era el sucesor de su padre, Sri Hansji Maharaja. Entre el bullicio de los discípulos, Guru Maharaji me llevó a la azotea para mantener una reunión privada con él. Allí, lejos de la muchedumbre, caminamos de un lado al otro mientras me hacía varias preguntas acerca de mi vida y me describía su futuro viaje al extranjero, el primero. Cuando me preguntó si deseaba iniciarme en el conocimiento, le expliqué, al igual que le había explicado a mis previos maestros, que sería muy cuidadoso en hacer tal compromiso. Mientras conversábamos en la azotea, la muchedumbre lo esperaba abajo, ansiosamente. Entonces un *mahatma* asomó la cabeza por la azotea y anunció que había llegado el momento de partir hacia el aeropuerto. Guru Maharaji apuró el paso.

—Debo irme. Si te decides a recibir el conocimiento —agregó—, ven a verme personalmente a la India, a Estados Unidos o a Londres.

Descendimos con miles de personas mirándonos. Yo me aparté, y Guru Maharaji bendijo a su rebaño con mucha pompa y partió en auto.

Lo contemplé a lo lejos, agradecido por su dedicación, y creí que era un yogui consumado, tal vez de una vida pasada, aunque cuando miré en mi interior, no encontré inclinación alguna para aceptarlo como Krishna, el Señor Supremo del universo. «La identidad de Dios», pensé, «es un tema serio, no algo que se pueda tomar a la ligera».

Durante el transcurso de mis viajes, me apegué bastante a los libros espirituales que llevaba conmigo. Con el tiempo, había podido reunir una pequeña biblioteca en una bolsa de tela. A excepción de la pesada bolsa de libros, mi única posesión era un plato de limosnas y una rama que servía de bastón. Muchas veces consideré reducir el peso de aquella carga, pero cada vez que veía los libros y trataba de decidir de cuáles deshacerme, me daba cuenta de que no podía dejar ninguno atrás. Entre ellos estaba el Bhagavad Gita, la Biblia, los Upanishads, *La autobiografía de un yogui*, los libros sobre el budismo (uno escrito por Shankaracharya) y el libro de Krishna que me había dado Srila Prabhupada personalmente. Como cada uno era especial para mí y me preocupaba no poder encontrarlos nunca más, los arrastraba conmigo en la bolsa de libros donde fuera, muchas veces quedando exhausto por la carga. Ahora, cerca de Connaught Circus, en Nueva Delhi, reposé los libros en una esquina. Los bicitaxis motorizados pasaban zumbando y dejaban rastros de humo negro de diésel. Los autos atascaban la calle, cada uno tratando de adelantar al otro. Los bicitaxis, las carretillas y las carretas tiradas por bueyes se desplazaban mientras los camiones desvencijados hacían sonar sus bocinas y emitían nubes de monóxido de carbono. En medio de todo, esperaba que la luz del semáforo cambiara a verde.

De repente, un hombre vino corriendo hacia mí, me tomó de la nuca con el puño, muy fuerte, y me clavó una vara de metal en el orificio de la oreja. La penetración fue profunda y dolorosa. Yo temblaba. *¿Quién es este hombre? ¿Qué me está haciendo? ¿Me va a atravesar el tímpano?* Seguía hurgando, y yo me encontraba completamente bajo su control, con temor a moverme. Finalmente, me soltó del cuello, arrancó el metal de mi oído y lo sostuvo para que yo lo viera. Vi una gran bola de cerilla pegada a la vara. Me sentía contentísimo, ya que por primera vez en años oía mejor, al menos de un oído. Luego me exigió una rupia como precio por haberme limpiado el oído, pero yo no tenía nada. Regateó sin éxito y me dejó con un oído sucio. No me lo podía creer. No tenía ni idea de cuán sucio tenía el oído hasta que sentí lo que significaba tenerlo limpio, especialmente comparado con el otro. Con una sonrisa compungida, diseñé un paralelo con la travesía espiritual. Pensé:

Tal vez la sucia cera del egoísmo que se nos acumula en el corazón nos impide escuchar claramente la voz de Dios dentro de nosotros. Un gurú nos limpia el corazón con la vara del conocimiento. Es muy desagradable ver lo que sale de ahí, pero al seguir pacientemente, continuamos limpiando.

Otra lección de esta experiencia fue:

A veces, el Señor nos da una muestra gratis de experiencia religiosa, pero si deseamos más, debemos pagar un precio con la moneda de la sincera dedicación al proceso de limpieza.

Mi oído estaba ahora como un sistema estereofónico desequilibrado. Sabía que aún debía seguir limpiándome, y a muchos niveles. Esperé en una esquina hasta que la luz del semáforo finalmente cambió a verde, pero cuando traté de levantar la bolsa de libros, ya no estaba. Me puse como loco. Busqué por todas partes, corriendo de un lado al otro; pregunté a todo el que estaba a mi alrededor, pero no tuve éxito. Debía aceptar la realidad de que mis libros habían sido robados. Parado en aquella esquina, me lamenté:

Esos preciados libros me iluminaron con conocimiento e inspiración. Eran un tesoro irremplazable en mi vida. Los recibí de la mano benévola de mis maestros. Me han arrebatado mi preciada riqueza.

Terriblemente triste y sin esperanzas de recuperarlos, me fui. Tras caminar unos pasos, me di cuenta de lo fácil que se había vuelto andar. La bolsa de libros, una pesada carga que me había supuesto un obstáculo durante tanto tiempo, ya no estaba. Con la misma rapidez con la que había sentido la desesperación, me sentí liberado. Casi dando saltitos, reflexioné:

La naturaleza de la mente consiste en interpretar lo que no es esencial como esencial. La mente crea necesidades artificiales y cree que no puede vivir sin ellas, hasta el punto de que llevamos una pesada carga de apegos a través de nuestras vidas. El apego en sí mismo es una gran carga en nuestra mente. Tal vez nunca podamos entender la medida de la carga hasta que, como mis libros o la cerilla, nos liberemos de ellos. Pero si encontramos el regocijo en nuestro interior, podremos vivir una vida sencilla, libre de complicaciones permanentes.

Había comenzado a desarrollar apego a encontrar el camino y el maestro correctos por mi propia cuenta. Paradójicamente, ahora entendía que, con el fin de encontrar lo que estaba buscando, necesitaba desapegarme y ser sincero. Esperaba que cualquier obstáculo que me encontrara en el camino sirviera para concederme la libertad máxima.

4

AYODHYA, EL LUGAR DE nacimiento del Señor Rama, ha sido un lugar de peregrinaje para millones de devotos a través de los siglos, y yo deseaba unirme a ellos. Mucho tiempo atrás, el siempre atractivo Señor apareció aquí en forma de hombre para predicar con su ejemplo. Como hijo, aceptó el exilio sin poner impedimentos, sacrificando el derecho al trono, y todo con el fin de proteger el honor de su padre. Como esposo, amó y protegió a su esposa, Sita, hasta el punto de librar una guerra por protegerla. Como estudiante, prestó servicios muy por debajo de su posición mientras aprendía de sus maestros con entusiasmo. Como amigo, mostró un gran amor hacia aquellos que pasaban necesidad. Como hermano, su lealtad y amor brillaron frente a tentaciones insuperables. Y más tarde, en el papel de rey, el Señor Rama trató a todos sus ciudadanos sin discriminación, como si fueran sus propios hijos. Todos estos atributos tenían el propósito de enseñarnos las responsabilidades que tenemos en nuestras propias relaciones y de cultivar nuestros corazones hacia el amor a Dios.

Caminé por calles anchas, con grandes templos y palacios, y vi a miles de peregrinos aglomerándose. Mi primera impresión fue que, al llegar a Ayodhya, me había adentrado en un espléndido reino.

Por las noches, dormí en las enlodadas riberas del río Sarayu. Una mañana, después de mi baño, caminé con gran expectación al sitio donde había nacido el Señor Rama. Ni me imaginaba que me encontraba en uno de los lugares con más crisis del mundo.

¿Me engañaban los ojos? Un lugar de peregrinaje venerado por miles de millones de personas, el sagrado lugar de nacimiento del Señor Rama, estaba delimitado por una mezquita abandonada rodeada de un cerco de alambre de púas y patrullada por soldados armados con rifles, bayonetas y granadas de mano. Por fuera del cerco, una docena de *sadhus* estaban sentados en una plataforma de madera, cantando los santos nombres del Señor Rama. Confundido, pregunté qué sucedía, pero ninguno de los *sadhus* hablaba inglés. Finalmente, alguien me dio un panfleto escrito en inglés que indicaba que Janma Bhumi era el lugar de nacimiento del Señor Rama y que, mucho tiempo atrás, un magnífico templo de Rama se erigía en aquel lugar. Pero un conquistador mogol construyó una mezquita en el sitio y, a través de los años, los hindúes y los musulmanes habían luchado por la propiedad de la tierra. Por último, para poner fin al sangriento conflicto indomusulmán, el Gobierno tomó el poder. «Hoy, con una guardia militar armada, nadie tiene permitida la entrada a esta área», decía el panfleto. Esa era la razón por la cual los *sadhus* habían jurado sus votos de cantar en voz alta los santos nombres de Rama constantemente hasta que los hindúes ganaran acceso.

Recordé tensiones similares en Jerusalén, en la disputada Cúpula de la Roca. Contemplé el enorme candado de hierro en la puerta y reflexioné sobre la política mundial y el derramamiento de sangre. En mis viajes, en mi búsqueda del amor a Dios, había descubierto una belleza única en todas las religiones del mundo, pero la agresividad y el odio en su nombre era una triste realidad, el sentimiento de aquellos apegados a la forma externa sin entender la esencia. La esencia es el amor único e incondicional hacia Dios. Los síntomas de todo seguidor fiel son la fe, el autocontrol y la compasión.

Miré a través del alambrado de púas y vi una mesa de madera en la entrada de la mezquita abandonada. Sobre ella había una pintura del Señor Rama. Un soldado vestido con un uniforme militar de pies a cabeza caminaba hacia ella, golpeando sus botas de cuero contra el polvoriento suelo. El soldado llevaba una bayoneta que colgaba de su hombro, y unas balas escudaban su pecho. Haciendo reverencias y orando, colocó cuidadosamente una guirnalda de caléndulas alrededor de la pintura. Bajo aquellas circunstancias, él era el sacerdote del templo. Yo miraba maravillado.

En Ayodhya me dieron una traducción al inglés del *Ramayana*, el cual leía a diario en la ribera del río Sarayu. Este antiguo manuscrito relata la vida y enseñanzas del Señor Rama. Aunque aún tenía la tendencia de meditar sobre la verdad impersonal, mi corazón se sentía irresistiblemente atraído hacia las cualidades personales del Señor. Leer acerca de los intercambios entre Rama y sus devotos acercó mi mente al sendero devocional. Él suponía un maravilloso modelo a seguir, al enseñarnos cómo ser personas espirituales y activas en la esfera familiar y en la sociedad. A la hora de mi partida, le di las gracias a la sagrada Ayodhya y oré para no olvidar nunca los preciados tesoros que había recibido.

Mi peregrinaje me llevó al sudeste, a Prayaga, alabada como la reina de los lugares sagrados. Prayaga era el hogar del Kumbha Mela, el encuentro más grande de la Tierra, donde alrededor de veinte millones de peregrinos se reunían cada doce años para conocer gente santa y tomar un baño de purificación. Prayaga está situada en la confluencia de tres ríos: el Ganges, el Yamuna y el Saraswati. Seis meses antes, yo había rechazado invitaciones para venir al Kumbha Mela, favoreciendo mi deseo de permanecer solo en el Ganges, en el Himalaya; no obstante, soñaba con visitarlo. Llegué una mañana de calor sofocante y le pregunté a un hombre del lugar el camino hacia la confluencia. Señaló con el dedo para indicarme la dirección.

Cuando llegué al río Ganges, me senté en su arenosa ribera y pensé en los primeros días de mi vida en la India. Me acordé de cuando me sentaba en la roca en Rishikesh mientras la Madre Ganges me enseñaba las lecciones que moldearían mi vida, y también cuando escuchaba su eterna canción del mantra Hare Krishna, que se arraigaría en mi alma. Ahora, sentado en la arenosa ribera en Prayaga, sabía que, simplemente con seguir su corriente, llegaría a su encuentro con el Yamuna y el Saraswati, en la confluencia que los Vedas describían como el rey de todos los lugares sagrados. Caminé hacia aquella dirección. Era mediodía, y las finas arenas blancas ardían como el fuego y me chamuscaban la planta de los pies. Desde el día en el que ofendí a los *naga babas* al llevar los zapatos puestos en su fuego sagrado, renuncié a todo calzado, pero aquel día la arena estaba tan insoportablemente caliente que parecía imposible continuar. La distancia se alargaba ante mí, infinita. Finalmente, después de una hora, una hermosa visión se desplegó ante mis ojos. El río Yamuna, que descendía del Himalaya habiendo fluido por las planicies del norte de la India, abrazaba a la Madre Ganges: el Yamuna con su tono azul oscuro; el Ganges, con el blanco, y la transparencia del Saraswati se unían más abajo.

Sentado en la arenosa ribera, miré hacia el cielo azul despejado. Allí, un águila con las alas extendidas ascendía por los aires. Sus plumas de color marrón rojizo brillaban al sol mientras revoloteaba más y más abajo, hasta que estuvo a unos pocos metros sobre mi cabeza; sus penetrantes ojos amarillos exploraban atentamente el río. De repente, se hundió de cabeza en el Ganges. Allí prosiguió una frenética escaramuza submarina hasta que el águila emergió con un pez de medio metro que daba aletazos, perforado por las garras. El pez trataba de soltarse con desesperación, pero el águila lo llevaba en lo alto y hacia un bosque cercano. Al ver esto, reflexioné:

El pez no albergaba la menor sospechaba, vivía en el río y seguía su rutina como cualquier otro día, pero en un instante lo arrancaron de su realidad para enfrentarse a la muerte. Al igual que el pez, nosotros vivimos nuestras vidas de manera rutinaria sin saber que, cuando menos lo esperemos, el águila del destino de ojos amarillos, en forma de crisis, tragedias e incluso muerte, nos arrancará de nuestro cómodo ambiente. Lo escuchamos con regularidad en las noticias o lo vemos a nuestro alrededor, pero rara vez tomamos en serio qué puede sucedernos a nosotros. Tal vez la lección aquí sea protegernos de la autocomplacencia y dar más prioridad a nuestras necesidades espirituales. Si el pez hubiera nadado más profundo, el águila no habría podido atraparlo. De manera similar, si profundizamos en nuestra conexión con Dios, encontraremos una realidad interna tan profunda y satisfactoria que elevará la conciencia a un lugar donde podremos lidiar con los efectos del destino imprevisible gracias a una mente estable y desapegada.

En la ribera de los tres ríos, bajo el abrasador calor del verano, no había alma alguna, de modo que dejé mis pertenencias en la ribera y entré en el agua. Después de bañarme, me empapé en una ola de entusiasmo para quedarme allí tanto tiempo como fuera posible. Después de todo, no sabía si alguna vez podría volver a aquel mundo mágico. Me animé a nadar hacia el otro lado. Había alrededor de cien metros de ancho. La corriente del Ganges era fuerte, la del Yamuna suave. Mientras nadaba, la fuerza del Ganges me llevó a una ribera donde no había nada ni nadie. Salí del agua hacia la arenosa ribera. Para mi horror, me encontré de repente siendo engullido y atrapado por un poder que me succionaba hacia abajo.

¡Arenas movedizas! Parecía la arena suave por la que solía caminar, pero las apariencias engañan. Luché frenéticamente por mi vida y, a pesar de mi extremo esfuerzo, me hundía aun más y más profundo. Mi cuerpo ya estaba cubierto hasta pasadas las rodillas, y poco a poco me hundía más. Hice acopio de todas mis fuerzas y me escurrí obstinadamente, pero resultó en vano. La Madre Tierra me estaba devorando, literalmente.

Estudié todas las direcciones en busca de ayuda, pero no encontré nada. A mi izquierda, me fijé en un arbusto sin hojas. Me estiré desesperadamente y me agarré a él como última esperanza de supervivencia. Era un arbusto de espinas, pero aun así me agarré a él decididamente y tiré con todas mis fuerzas. Con las manos ensangrentadas, tirando y tirando de aquella rama de espinas, luché para liberar las piernas. Me retorcí, luchando por mi preciada vida bajo el sol abrasador. Las espinas se me clavaron en las manos cual navajas. La sangre se derramaba por las heridas, que me abrasaban. ¿Qué otra opción tenía? Podía aceptar el dolor agonizante o rendirme a las arenas y a una innoble y espantosa muerte. Jadeando de fatiga y empapado de sudor, traté de liberar solo una pierna, pero fue succionada nuevamente. Con el siguiente tirón, el arbusto de espinas se desprendió de la arena de raíz. Grité en silencio. Aparté la rama inservible y, exhausto, respiré profundo y me relajé. Para mi sorpresa, descubrí que, al calmarme, las arenas movedizas resultaban menos agresiva. Apoyé el torso sobre la arena y me di cuenta de que casi podía flotar en esa posición. No era una solución, pero me regalaba algo de tiempo. Centímetro a centímetro, con movimientos lentos, subí las piernas. Finalmente, a la velocidad de un caracol, me abrí camino hacia el río.

Estaba libre, al menos eso creía. Ahora, todo lo que debía hacer era atravesar la suave corriente del Yamuna nadando, pero aquello significaba desafiar la poderosa corriente del Ganges. No importaba cuán fuerte nadara, la Madre Ganges seguía forzándome de vuelta hacia las arenas movedizas. El cansancio extremo ya amenazaba con vencerme. Ya no podía luchar más contra la corriente. Me esforcé febrilmente, pero aun así, era nadar hacia atrás. Sentía los brazos muy exhaustos, al borde de la parálisis, pero conseguí mantener mi cuerpo y alma ocupados en una batalla en la que no iba ganando. Mi destino estaba tan distante que apenas podía verlo. Luché por sobrevivir. Oré.

De inmediato, apareció la esperanza. A unos cincuenta metros más adelante, pasaba un pequeño bote de pesca. En la proa estaba parado un hombre muy arrugado, con barba blanca y un turbante rojo. Batallé contra la corriente y pedí ayuda a gritos una y otra vez. «¿Me escuchará?» Continué gritando mientras mis fuerzas se desvanecían. Finalmente, me vio. Me saludó con la mano sonriente, e hizo un gesto hacia adelante. Luego, sin dejar de sonreír, pasó junto a mí y me dejó ahogándome.

No podía dejar de tragar más y más agua de manera involuntaria, por lo que perdí todas las esperanzas. Incluso mientras se evaporaban, pensé: «Es mejor ahogarse en un río sagrado que sofocarse en arenas movedizas». El mismo Ganges que en Rishikesh me había enseñado tantas preciadas lecciones y me había nutrido como una madre, a quien yo le había ofrecido mi ego en forma de una armónica y cuyas canciones habían despertado mi alma. A él, ahora le ofrecía mi vida. Lo único que me quedaba era la oración.

Luego ocurrió algo maravilloso. Sumergido bajo el agua, a punto de morir, una hermosa canción emergió de mi corazón:

Hare Krishna, Hare Krishna, Krishna Krishna, Hare Hare.
Hare Rama, Hare Rama, Rama Rama, Hare Hare.

Al igual que el Ganges me había revelado el mantra la primera vez, lo volvía a hacer en mi momento de mayor necesidad. Lo entoné en silencio y me resigné a morir en un lugar sagrado. El mantra me hizo entrar en un estado de paz más allá del temor. Luego, como el sol que se eleva, un pensamiento apareció en mi mente. «¿Por qué ese pescador me saludó con un gesto hacia adelante? ¿Qué quería decir?». De repente, lo entendí. Me decía: «No luches contra la Madre Ganges. Cruza la corriente y nada con la corriente del Yamuna». En mi pasión por sobrevivir, no lo había pensado. El gesto del pescador me salvó la vida.

Mientras me dejaba llevar a través del Ganges, una vez más la preocupación se apoderó de mí. Había dejado mi pasaporte y lo poquito que llevaba al otro lado de la ribera del río. Ahora me encontraba nadando hacia la dirección opuesta. ¿Seguirían mis cosas allí cuando regresara? Y luego se me ocurrió: «¿Por qué inquietarme por tal nimiedad? Momentos antes, la muerte amenazaba mi vida, y con solo el pasaporte de los nombres de Dios crucé y me pude salvar». Horas más tarde, cuando pude llegar a la orilla donde había dejado mis cosas, la noche ya empezaba a caer, y cientos de personas competían por tomar un baño. Mis pertenencias estaban allí, nadie las había tocado.

Rodeado por la ruidosa muchedumbre, me senté en la orilla arenosa. Pensé:

Por la mañana, la arena me quemaba como un fuego abrasador, y más tarde, estaba ávida por devorarme. Ahora, esa misma arena es cálida y suave, y me ofrece refugio. Al igual que la arena, la persona influida por las circunstancias puede volverse tan despiadadamente envidiosa como afectuosa. Nuestra compañía y nuestro entorno tienen un efecto crucial sobre nuestra conciencia. Cuán importante es ser un instrumento para que sobresalga el bien inherente de cada uno en vez de lo peor. Tanta sabiduría se vuelve un murmullo en cada grano de arena; lástima que yo no tenga los oídos para escuchar.

La suave arena se deslizaba entre mis dedos, y yo reflexionaba sobre mi lucha por sobrevivir en la corriente de la Madre Ganges. Una madre afectuosa a veces lidia con su hijo de forma severa para darle una lección que no olvide fácilmente. ¿Qué aprendería de la terrible experiencia de hoy? Tal vez no siempre podamos tener éxito al oponernos directamente a una fuerza poderosa. Pensé en los desafíos a los que me había enfrentado en mi camino. Si nos oponemos, nuestros esfuerzos se ahogarán en el fracaso. Es como nadar contra la corriente del Ganges. En esas circunstancias, sería más efectivo encontrar un camino de menor resistencia para lograr el resultado deseado de forma indirecta. El sol del verano desaparecía bajo el horizonte, y recordé cómo horas antes fui testigo de un águila que arrancó a un pez poco atento fuera de su hogar, el río. Un poco más tarde, sin previo aviso, me aferraron las garras del destino y estuve a punto de ahogarme para salvar mi preciada vida, en el mismo río. «Hoy», pensé, «el Señor me ha concedido una alarmante visión de cuán lejos estoy de mi objetivo. No fue una lección sencilla de aprender, y espero no olvidarla fácilmente». Respiré profundamente y miré al cielo; allí, por encima de todas las aves que volaban, vi a un águila que se deslizaba con gracia en el crepúsculo con la confianza de un emperador.

5

L AS LLUVIAS DEL MONZÓN habían llegado. Unas espesas nubes de color púrpura, índigo y azul marino desplegaban los repetidos destellos de los relámpagos. Los estruendos de los truenos resonaban por todo el cielo. Aunque viajar en la época del monzón era difícil, inhalé el aire cálido y húmedo. Estaba encantado. Se acercaba el mes de julio, y me preguntaba adónde ir para mi próxima extensión de la vida. Corría el rumor de que se podía adquirir una visa fácilmente en Nepal. Considerando que no estaba muy lejos, decidí intentarlo.

En mi travesía al noreste, hacia Nepal, llegué a Patna, una bulliciosa ciudad de grandes graneros, colegios y edificios administrativos en el estado de Bihar. Me dirigí hacia el río Ganges y dormí en la ribera, en Collectary Ghat, donde la Madre Ganges fluía tan ancha como un mar, y me despertaron los rayos del sol que salía y el sonido de cientos de personas que cantaban canciones mientras se preparaban para tomar su baño. Permanecí allí, admirando aquel escenario tan colorido, cuando de repente sentí una presencia arrolladora.

Vi a un hombre mucho más alto que yo, de maravilloso parecer y con la barba y el pelo blancos y largos. Sentí que me hallaba cara a cara con un hombre santo clásico de la antigua tradición. Llevaba dibujadas en la frente tres líneas verticales llamadas *tilak*; la línea central era roja, y las otras dos, blancas. Tal vez andaba cerca de los ochenta años. No hablaba inglés, pero, juntando sus manos e inclinándose reverencialmente, me indicó que lo siguiera a su templo en la ribera. No era más que una cabaña mediana de piedra gris muy antigua. La parte frontal estaba abierta hacia el río y, al entrar, me topé con un hombre que parecía tener unos ochenta y cinco años y que estaba sentado ante un altar, recitando oraciones.

Me saludó con un buen dominio del inglés.

—Me llamo Narayan Prasad, y me dirijo a Patna. —Comenzó a contarme su historia—. Ahora que mis hijos han crecido, me jubilé de mi servicio gubernamental y vengo a diario a servir a mi gurú. —Me tomó la mano y me llevó hacia el mismo hombre santo que me había encontrado reposando en la ribera—. Él es mi gurú, Rama Sevaka Muni, un gran *bhakti* yogui.

Por aquel entonces, ya sabía que *bhakti* significaba devoción, pero no tenía ni idea de la profundidad o el verdadero significado de aquella tradición.

El *swami* me invitó a permanecer en su templo tanto tiempo como deseara. Él iba a ser el primer *sadhu* que seguía el camino del *bhakti* yoga con el que me quedaría. Como un padre amoroso, consideró cuidadosamente mi bienestar. Una dulce sonrisa irradiaba de su añeja cara cada vez que me miraba. Aunque me cuadruplicaba la edad, me daba de comer con sus propias manos. Más tarde, cuando enfermé, me preparó medicina de hierbas. Él era un *swami* muy respetado, y yo un almita perdida, un muchacho occidental que luchaba por encontrar su camino.

Se me conmovió el corazón al ver la devoción de Rama Sevaka Swami. De él aprendí mucho acerca del comportamiento de un hombre santo honesto y genuino. La simplicidad y la devoción emanaban de su corazón hiciera lo que hiciera. Cada mañana se pasaba horas simplemente cantando los nombres del Señor Rama con sus cuentas de madera, y realizaba su veneración diaria en el altar con un sentimiento muy profundo. Un día me explicó el significado de su nombre.

—Rama Sevaka significa «aquel que sirve al Señor Rama», y el mayor servicio a Rama es ayudar a otros a saber de Él y amarlo. —Se mesó la blanca barba y comenzó a emocionarse—. Estoy en deuda contigo por permitirme ayudarte.

Al escuchar esto, Narayan Prasad se inundó de emoción, y le costó traducírmelo. Mientras tanto, yo apenas comenzaba a captar el significado de la verdadera devoción.

De noche, todos dormíamos sobre el irregular suelo de piedra del templo. Legiones enteras de mosquitos sedientos de sangre me atormentaban, sentía que me estaban comiendo vivo. Su zumbido me agitaba los oídos, y notaba cómo me penetraban la carne con perfecta puntería y me chupaban la sangre. Así era imposible dormir. Angustiado, miré a Rama Sevaka Swami y a un *sadhu* que estaba de visita. Aunque los mosquitos merodeaban cerca de ellos y se henchían de sangre, seguían recostados tranquilamente sobre las piedras y dormían sin perturbaciones. Le oré a Dios para que algún día pudiera estar tan desapegado.

Una noche, un *sadhu* que estaba de visita se ofreció a cocinar para nosotros. Después de pedir limosna en la ciudad, este volvió y, agachado sobre el suelo, comenzó a encender un fuego usando el estiércol de vaca como combustible y puso una cacerola de barro. Su piel era oscura, y llevaba el cabello y la barba enmarañados, así como un lienzo blanco desgastado. Cuando terminó de cocinar, primero ofreció el alimento en el altar, y luego a nosotros. Me senté en el suelo, en fila junto a Rama Sevaka Swami y a otros tres *sadhus*. Mientras nuestro cocinero nos servía un cucharón de *kitcheri* en cada plato, nosotros cantábamos canciones en glorificación al Señor Rama y nos preparábamos para comer. Comíamos con los dedos de un plato hecho con hojas. Ya en la primera mordida, la boca me ardió. Se podría decir que el cocinero había condimentado los chiles picantes con un poquito de arroz. Sudaba profusamente, me chorreaba la nariz y se me saltaban las lágrimas. Parecía que la cera que me había quedado en los oídos comenzaba a derretirse. Me desesperé, ya que de acuerdo a la costumbre de los *sadhus*, uno debe terminarse todo en el plato. En aquel momento, mi único objetivo era terminar el plato como buenamente pudiera. El dolor era insoportable y me entró un hipo incontrolable. Comí bocado tras bocado de aquel plato en llamas lleno de pura mortificación.

Los otros lo disfrutaban tanto que jamás se habrían imaginado mi sufrimiento. En cuanto me tragué la última porción y sentí la promesa del alivio, nuestro generoso cocinero vino para hacernos repetir.

Tapé el plato con las manos.

—*Puran, puran.*

«Estoy lleno, ya no más».

Me sonrió con el cucharón desbordando de *kitcheri*, listo para llenar el plato nuevamente.

—*Tora, tora.*

«Un poquito, toma un poquito más».

Sentí como si me estuviera enfrentando a la muerte personificada, y supliqué por mi vida.

—*Puran, puran.* —Mis manos cubrían por completo el plato.

—*Tora, tora.*

Con una amable sonrisa, procedió a hacer lo inevitable: depositó el contenido del cucharón en mi plato. La cabeza me daba vueltas, pero de algún modo terminé aquella comida en llamas y respiré con alivio. Entonces vi que volvía para hacerme repetir una vez más. Quería correr, pero no podía. La etiqueta entre los *sadhus* es que nadie se levanta hasta que los otros terminen. Hundió el cucharón en la cacerola y lo llenó con una porción llena de chiles.

Desde pequeño, fui de los que me sentía mal si les causaba dolor a los demás. Tan dedicado estaba el cocinero a complacernos que no tenía la valentía de revelarle el dolor que me estaba causando. El pulso se me había acelerado sin control. ¿Qué podía hacer?

Apurado, levanté mi plato de hojas y lo arrugué con la mano. Él sonrió y siguió con el siguiente *sadhu*. Sorprendido, vi cómo todos los demás disfrutaban hasta la última gota, un cucharón tras otro. El cocinero me señaló y dijo:

—Le gusta tanto mi comida que está llorando de gratitud.

Forcé una sonrisa y asentí como estando de acuerdo mientras reflexionaba en la filosofía del servicio incondicional, que era una parte tan importante en la vida de estos hombres.

Sí, estoy llorando, y puede que sea de gratitud, como él cree. Complacer al otro no siempre es fácil, pero forma parte de mi naturaleza fundamental querer hacerlo. Soportar este dolor abrasador ha sido un pequeño precio para complacer a este sadhu.

Aquella noche los mosquitos apenas me molestaron: tal vez mi sangre estaba muy condimentada.

En Patna, Narayan Prasad se convirtió en un querido amigo mío. Como sucede con los amigos, él anhelaba que yo conociera a un querido amigo suyo, un médico que regentaba una clínica de rayos X. Un día, el doctor nos recibió en su oficina y nos invitó a sentarnos en torno a su escritorio. Aunque nació hindú, estaba desilusionado por el prejuicio contra las castas inferiores, y debido a esta razón, primordialmente, se había convertido al islam. Era un erudito del Corán, y había aceptado el nombre de Mohammad. Continuaba aceptando las enseñanzas del Bhagavad Gita, pero no quería afiliarse a una religión que discriminaba a la gente en función de su nacimiento. Lo desafié.

—Pero el Gita no discrimina en función del nacimiento. Muchos de los grandes santos de los hindúes nacieron en castas inferiores. El Bhagavad Gita enseña que no somos el cuerpo material, sino almas inmortales.

Juntos discutimos la verdadera base de la religión, examinando los textos paralelos del Bhagavad Gita, el Corán y la Biblia. Seguimos viéndonos de ahí en adelante, y sin ningún tipo de prejuicios, nos enriquecimos mutuamente con el diálogo. No trató de convertirme al islam ni yo traté de convertirlo tampoco. Por el contrario, respetándonos mutuamente, compartimos nuestras realizaciones de un modo especial. Me convencía más y más de que no importa el sendero propio ni cuán angosto se haya vuelto; en términos amplios, la devoción sincera a Dios era el único camino para superar la riña y la división en el mundo.

Sentado en la ribera del Ganges después de haber hablado con Mohammed, le pregunté a Narayan Prasad:

—¿Por qué siente tanto afecto por alguien que es de otra religión en un país donde hay tanto conflicto entre ellas?

Con una cálida sonrisa, contestó algo que nunca he olvidado.

—Un perro reconoce a su amo como sea que esté vestido. El maestro puede que lleve puesta una toga, un traje y corbata, o que esté parado desnudo, pero el perro siempre reconocerá a su amo. Si no podemos reconocer a Dios, nuestro amoroso amo, cuando viene vestido de diferente manera de una religión a la otra, entonces somos menos que un perro.

Como me quedé con Rama Sevaka Swami más tiempo de lo que había planeado en un primer momento, acudí a la oficina de inmigración de Patna para intentar obtener la extensión de la visa. La oficina no era más que una casita de ladrillos con un hombre mayor detrás del escritorio. Apenas había archivadores. La mayoría de los papeles y los expedientes se apilaban en el escritorio del oficial y sobre el suelo. Buscó en los archivos durante unos quince minutos hasta que encontró la solicitud. Completé el formulario y le entregué el pasaporte. Lo estudió unos instantes, y luego, en un tono burocrático, dijo:

—Su visa no se puede expedir pasada la fecha de vencimiento.

Sus palabras me dejaron mudo. Abandonar mi patria adoptiva me resultaba insoportable. Le imploré una y otra vez, pero se mantuvo firme en su respuesta. Parecía no haber esperanzas. Oré.

En aquel momento, vi una pintura del Señor Rama sobre la pared detrás de él. Humildemente me dirigí a él.

—Señor, en el país de donde vengo, todos comen vacas.

Se quedó boquiabierto y se le abrieron los ojos.

—¿Qué? ¿Matan a nuestra sagrada vaca? ¡Qué horrible!

—Señor, en el país de donde vengo, los muchachos y las muchachas a menudo viven juntos antes de casarse.

Sacudió la cabeza en desaprobación e hizo un chasquido con la lengua.

—Incivilizados.

—Me estremezco solo de contárselo, señor, pero nadie en mi país ha escuchado el nombre de Rama.

No podía creerlo. Alargó las manos hasta el otro lado del escritorio y tomó las mías.

—Nunca más debes volver a ese horrible lugar.

—Pero si usted no me extiende la visa, deberé hacerlo. Vine a la India para buscar refugio en su amado Señor Rama.

Empujó la silla hacia atrás y de un salto declaró:

—Soy devoto de Rama. Es mi deber protegerlo a usted.

Con esas palabras, selló una nueva visa en mi pasaporte.

Todas las mañanas, en el *ashram* de Rama Seva Swami, cinco *sadhus* se reunían en el templo para leer el *Ramayana* en hindi, la historia del Señor Rama. Podía entender solo algunas palabras sueltas, pero Narayan Prasad me prometió que me traduciría lo hablado después de terminar la sesión. Durante tres horas, los *sadhus* se sentaron con dedicada atención mientras las emociones les desbordaban los corazones. A veces reían, otras sollozaban de alegría o tristeza, y en ocasiones se quedaban inmóviles ante la tensión, el temor y el asombro. Me moría por escuchar la historia que los afectaba tanto.

Una vez terminada la discusión, imploré a Narayan Prasad:

—Por favor, cuénteme todo.

Salimos del templo y caminamos hacia la ribera del Ganges, donde nos sentamos. Allí comenzó la narración.

—Una mañana, cuando el Señor Krishna era pequeñito, su madre Yasoda lo alimentaba con la leche de su pecho. Mientras lo amamantaba, se fijó en que una cacerola con leche que estaba en el fuego se estaba derramando, así que después de colocar al bebé Krishna en un lugar seguro, corrió a por la leche. A Krishna no le gustó que lo apartaran de ese modo. Para demostrar que nadie debe tener prioridades por encima del servicio a Dios, desplegó su encantadora cualidad de ser travieso al romper unas vasijas de barro llenas de mantequilla y comérsela. Luego, para sembrar aún más el caos, entró en otra habitación y se subió a un mortero de madera. Desde aquella altura, Krishna logró alcanzar una vasija suspendida con sogas en el techo para poder robar más mantequilla. Mientras comía a su plena satisfacción, les dio mantequilla a los monos del lugar. Entretanto, Yasoda buscaba a su hijo.

»Siguiendo las huellas de mantequilla, espió a Krishna dándoles de comer a los monos mientras miraba de lado a lado, con temor a que lo atraparan. Ella sonrió. Mientras se acercaba a él de puntillas, Krishna la pudo ver, y salió huyendo. Yasoda, abrumada por el amor de madre, lo persiguió, y Krishna, complacido al ser conquistado por el amor de su devota, accedió a ser capturado. Su pequeño cuerpecito temblaba por temor al castigo. Las lágrimas le llenaron los ojitos, y sus labios murmuraron piedad. Prometió no robar mantequilla nunca más. Debido a que Madre Yasoda tenía que completar los quehaceres de la casa y quería proteger a su bebé, trató de atarlo al mortero con una soga de seda, pero la soga siempre quedaba cinco centímetros más corta, de modo que le agregaba más soga a la original. Sus amigas, las *gopis* o pastorcillas de vacas, traían más y más soga. No importaba cuánta trajeran: la soga siempre estaba cinco centímetros más corta. Viendo a su madre sonreír con un afecto incontrolable y sudar por el esfuerzo que le ocasionaba la soga, hasta el punto de que se le caían las flores del cabello, Krishna finalmente accedió a ser atado por ella. Con este pasatiempo, Krishna nos muestra que, aunque él es el supremo controlador de los universos, encuentra el sumo placer en ser atado por el amor de sus devotos.

Para mi sorpresa, me sentí inundado de alegría y le imploré a Narayan Prasad:

—Por favor, cuénteme más.

—Eso es todo lo que hablamos hoy —me contestó.

—Pero la conversación duró más de tres horas. Por favor, cuénteme.

—Eso es todo lo que hablamos.

Al día siguiente, lleno de entusiasmo por la historia de Krishna cuando era pequeño y por la atención cautivadora de los devotos durante la clase, me sentí aun más ansioso de escuchar. Una vez terminada la clase,

Narayan Prasad y yo nos sentamos en la ribera del Ganges, y una vez más me contó la misma historia de Krishna robando la mantequilla. No me contaba más que eso, no importaba cuánto le rogara. Con una pícara sonrisa, me dijo:

—Eso es todo lo que hablamos.

Al tercer día, durante la charla, los *sadhus* vibraban de emoción y devoción. Sentado en la ribera de la Madre Ganges, miré fijamente a Narayan Prasad y le dije:

—Debo escuchar lo que hablaron hoy.

Narró la misma historia de Krishna robando la mantequilla que me había contado los días anteriores.

Alterado, lo confronté.

—¿Por qué me hace esto? Cada día la charla se extiende hasta tres horas, pero su historia solo la cuenta en diez minutos. ¿Por qué me engaña?

—Pero eso es de todo lo que hablamos.

La ira me llenó el pecho.

—Hoy escuché atentamente. Ni una vez mencionaron el nombre de Krishna o Yasoda. Así que dígame, por favor.

Sonrió y se mantuvo calmado.

—Solo discutimos de Krishna cuando era pequeño y robaba la mantequilla.

Se me llenaron los ojos de lágrimas.

—¿Soy tan indigno que no merezco escuchar?

Viendo mi angustia, Narayan Prasad se puso serio. Me miró directo a los ojos.

—Al ver tus lágrimas sinceras, te contaré la razón. —Hizo una pausa de varios minutos y rompió el silencio—. La primera noche que viniste aquí, Rama Sevaka Swami tuvo un sueño. El Señor Rama se le apareció y le dijo las siguientes palabras: «Este joven muchacho es un devoto de Krishna, pero no lo sabe aún. No le hables de nada más excepto de las glorias de Krishna. Vrindavan será su lugar de adoración. No te creerá si se lo dices, pero algún día lo entenderá. —El Ganges fluía con fuerza mientras Narayan Prasad me ponía las manos sobre el hombro. Las lágrimas se le acumulaban en los ojos mientras trataba de calmarme—. Mi gurú, Rama Sevaka Swami, me dio una orden. No puedo hablarte de nada más que de Krishna, pero toda mi vida he sido un devoto de Rama, y aunque Rama y Krishna son la misma persona suprema que apareció en diferentes formas en diferentes tiempos, la única historia que sé correctamente es la de Krishna robando la mantequilla.

Metió la mano en su bolsa y sacó una estampa de Krishna bebé robando mantequilla y me la dio. Se me enterneció el corazón. Aun así, no podía entender realmente lo que me quería decir. ¿Debía yo adorar a Krishna en un lugar llamado Vrindavan? Ya que no podía entenderlo, deseché la idea desde el comienzo. Todo lo que sabía por aquel entonces era que me proponía volver a las cuevas del Himalaya.

Me quedé varias semanas en el *ashram* de Rama Sevaka Swami, encandilado por su dulce ambiente y la dulce actitud de sus seguidores. El día que me iba, incliné la cabeza para obtener las bendiciones del *swami*. Él quería darme un obsequio, ¿pero qué tenía para ofrecerme? Mirando alrededor, se fijó en su propio bastón y, con una sonrisa emotiva, me lo entregó. Me llené de gratitud. Aunque no era nada más que la rama rota de un árbol, era un obsequio de amor que significaba más para mí que toda la fortuna del mundo. Acepté su obsequio sagrado y mi deseo de recibirlo lo llenó de dicha. Habló con una voz quebrada por el afecto mientras Narayan Prasad traducía.

—Las escrituras nos dicen que el bastón de la misericordia de un devoto puede salvarlo a uno de los peligros más grandes.

Así, el bastón se convertiría en mi compañero constante.

6

CONTENIENDO EL TEMOR OCASIONAL de cara a lo que me esperaría en mi siguiente destino, proseguí mi viaje. Sentía que algo especial me esperaba en Nepal. Desde Patna, viajé por tren a Raxaul, un pueblo cerca de la frontera entre la India y Nepal.

Un conductor de camiones con el pelo y la ropa sucios por el polvo del camino me sonrió con los dientes manchados de rojo de las especias que masticaba. Agitó la mano y me invitó a que me subiera al tráiler. Encontré un sitio entre los otros pasajeros: mujeres de la montaña con vestimentas largas y desteñidas y pañuelos enrollados sobre sus grises cabellos; campesinos con la ropa desgastada de tanto viajar y sus ovejas que balaban y gallinas que cacareaban sin cesar. Estábamos sentados sobre bolsas de arpillera llenas de grano, apiladas bajo nuestros pies. Nos movíamos al ritmo del camino, subiendo y bajando por la ruta llena de baches.

La parte trasera no tenía techo y estaba sobrecargada de humanos, tanto que nos encontrábamos más alto que la cabina del conductor. Aunque el vehículo no era cómodo ni seguro, no podíamos pedir una mejor vista panorámica del Himalaya. Subíamos a elevaciones cada vez más altas, y las verdes montañas y valles se expandían en todas las direcciones. Las cimas blancas de nieve sobre el horizonte se elevaban a veces sobre nosotros. Mis pulmones se regodeaban con el fresco aire de montaña, y mi piel se regocijaba ante la caricia de la brisa ligera. A nadie parecía importarle ser azotado continuamente por el monzón. Horas más tarde, en mitad de la noche, el camión nos dejó justo fuera de Katmandú.

Exhausto y hambriento, continué mi camino solo a través de la húmeda y oscura noche. Las casas de madera dilapidadas dominaban cada lado de la calle desierta, pero algo más me llamó la atención: a cierta distancia, escuchaba el ladrido feroz de unos perros. Mientras el estómago se me encogía, comencé a recordar las advertencias que me habían dado los *sadhus* ambulantes acerca de los perros salvajes: que por las noches vaga la jauría; que atrapan a su presa rodeándola y atacándola ferozmente; que le arrancan los miembros uno tras otro y que devoran el cadáver allí mismo. Casi al momento de pensarlo, un perro aislado de la jauría, con la boca llena de espuma, me vio solo en la calle desierta. Echó la cabeza hacia atrás y perforó el cielo con su aullido.

Segundos más tarde, una jauría de perros en busca de una presa me atacó. ¿Serían seis o siete? Temblaba demasiado como para poder contar, pero sí me fijé en el veneno espumoso y blanco que chorreaba de sus bocas semiabiertas. Las bestias estaban rabiosas. Con ojos llenos de ira, me cercaron aullando enloquecidamente, con la intención de hacerme pedazos. Sus raquíticos cuerpos lucían consumidos y lampiños, y su aullido sobrenatural me petrificó. Para prevenir un ataque por la retaguardia, me apoyé sobre el muro de una casa y oré en la oscuridad. «¿Qué debo hacer?»

Luego, como sacado de un trance, recordé el bastón que Rama Sevaka Swami me había dado. Comencé a moverlo de lado a lado, descontroladamente. La jauría se reagrupó en un semicírculo a tan solo unos pocos pasos de mí. A medida que cada perro se abalanzaba sobre mí, yo le pegaba en el hocico con el bastón del *swami* y lo azotaba con toda la fuerza de mis flacuchos brazos. Gruñendo ferozmente, uno de ellos saltó sobre mí. Le pegué tan fuerte como pude. Todos mis agresores, cada vez que les pegaba con el palo, caían hacia atrás solo momentáneamente, y luego, recompuestos, saltaban a atacarme de nuevo. Los aullidos invadían la noche. Una y otra vez, la jauría recuperaba las fuerzas y se lanzaba hacia mí, y una y otra vez lograba derrotarlos. Podían oler mi carne y mi sangre. Sentían lo exhausto que me encontraba. No había tiempo para pensar, debía emplear cada segundo en pegarles con el palo con todas mis fuerzas. Si un solo perro lograba avanzar, la jauría completa descendería y me devoraría al instante. «¿Sería este mi destino? ¿Terminar como comida de perro?»

Me estaba quedando sin fuerzas. Ellos sentían la inminente victoria, pues su ataque se volvía más feroz y desafiante. Se dispusieron a matar. Casi me desmayé al oler su aliento penetrante, así de apretados y cercanos los tenía. Febril, desesperado, oré por misericordia en medio de mi impotencia. Me sentía completamente solo y a punto de ser devorado. Entonces, al mirar sobre mi hombro, me fijé en una puerta cerrada atrás de mí. ¿Estaría cerrada? Un rayo de esperanza alumbró levemente mi pesadilla. Me giré rápidamente, le di la vuelta a la perilla y empujé. La puerta se abrió. Me lancé dentro y cerré de un portazo. Afuera, los perros desahogaron su ira lanzándose contra la puerta.

Dentro estaba completamente oscuro. De repente se prendió un farol, el cual reveló a toda una familia junta sobre el suelo, recién despertada de su sueño. Los hombres de la casa, creyendo que yo era un ladrón, se pusieron de pie y me exigieron que revelara mi identidad. ¿Qué podía hacer más que ponerme de rodillas con las manos juntas y suplicar piedad?

Cuando el dueño de casa vio mi actitud de súplica se calmó, y con la mano extendida señaló con el dedo hacia la puerta, exigiéndome que me retirara de inmediato. Pero al escuchar los feroces aullidos de los perros, hizo una pausa y entendió que, para mí, salir significaría la muerte. Aun así, se mostraba aprehensivo en cuanto a recibir a un intruso a medianoche, y me miró con dureza a los ojos durante un buen rato, como queriendo adivinar mis intenciones. Con mi expresión, le pedí que me diera refugio, y de alguna manera le llegó mi ruego silencioso. Bajó la espada y me ofreció un asiento. A partir de aquel momento, me vio con otros ojos, aceptándome como a un *sadhu* que había llegado bajo circunstancias extraordinarias para bendecir su casa. Los otros residentes siguieron su ejemplo y me prepararon fruta y leche caliente, las cuales acepté con gratitud. Pasé el resto de la noche como su invitado mientras escuchaba a la jauría de perros hambrientos, que ladraron afuera hasta el amanecer, su furia incólume.

Una vez escuché una antigua analogía de los indios estadounidenses, y en aquel momento se me vino a la mente. En todo corazón residen dos perros, el bueno y el malo, y ambos se confrontan continuamente. El perro malo representa nuestras tendencias degradadas, como la envidia, la ira, la lujuria, la ambición, la arrogancia y el engaño. El perro bueno, nuestra naturaleza divina, representa el perdón, la compasión, el autocontrol, la generosidad, la humildad y la sabiduría. Al perro que más alimentemos a través de nuestras elecciones y el uso de nuestro tiempo, le daremos fuerzas para que ladre muy fuerte y venza al otro. La virtud es hacer ayunar al perro malo y alimentar al bueno. La jauría de perros malos que me atacó hoy, que derramaba espuma por la boca con lujuria para devorarme, era una visualización gráfica de lo que me deparaba mi travesía interna.

Reposando aliviado, mis pensamientos fluyeron con gratitud a Rama Sevaka Swami: «Si no me hubiera dado ese bastón, sin duda habría muerto esta noche». Recordé sus palabras proféticas y reales: «El bastón de la misericordia del devoto puede salvarlo a uno de grandes peligros».

A la mañana siguiente, los perros se habían dispersado con el amanecer, así que prevalecía la calma. Di las gracias efusivamente a mi anfitrión y partí para visitar un templo del Señor Vishnu. Allí escuché a un grupo de *sadhus* glorificando Janakpur, un lugar sagrado en las planicies de Nepal donde Sita, la consorte del Señor Rama, apareció en la tierra. Sus palabras invocaron mi espíritu de aventura y partí de inmediato. Desde Katmandú llegué hasta Janakpur en un autobús desvencijado. Pasadas las horas, el autobús descendió del Himalaya y cruzó las planicies hacia una densa jungla, donde vi rinocerontes salvajes pastando en el follaje. Al arribar a Janakpur, primero visité Vihar Kund, un pequeño lago en un área abierta y tranquila, rodeada de viejos árboles, pintorescos templos y un *ashram*, donde me dirigieron hacia el gurú Sri Vedji, un *sadhu* anciano con una barba blanca que le cubría la mandíbula y la cabeza. Era increíblemente amable, y me pidió que residiera en su *ashram* con comida diaria y gratuita, que consistía en arroz y *dhal*.

Sri Vedji me explicó por qué Janakpur era un lugar sagrado. En las escrituras se conocía como Mithila, y sus glorias se alababan en el *Ramayana*, la épica espiritual. El rey Janak, preparándose para un rito religioso, estaba excavando la tierra cuando, de repente, la diosa Sita apareció justo debajo de su arado. Se la empezó a conocer como Janaki, la hija del rey Janak. Mithila fue el primer lugar de encuentro de Sita y Rama, y el lugar donde Rama rompió el poderoso arco de Shiva para ganarse la mano de Sita en matrimonio.

Por aquel entonces, en mi viaje, las historias de las encarnaciones de Dios se habían vuelto completamente reales para mí. Viendo lo embelesado que estaba, el muy amable Sri Vedji me presentó la traducción al inglés de dos clásicos hindúes: el *Ramayana*, por Valmiki, y *Ramacharitamanas*, por Tulsidas. Eran volúmenes gruesos, y todas las mañanas me levantaba, me bañaba en un lago cercano, meditaba y comenzaba mi estudio, leyendo desde el amanecer hasta el atardecer.

Descubrí que el *Ramayana* está lleno de aventuras, romance, tragedia, heroísmo, terror, humor y guerra, pero no solo eso, sino que todos estos elementos armonizaban en un espíritu de devoción para despertar el amor a Dios en el corazón del lector. Cuando me postulaba de voluntario para algún quehacer, Sri Vedji simplemente sonreía.

—Tu lectura y aceptar nuestra comida está purificando tu corazón. ¿Qué servicio más elevado puedo pedirte?

Una tarde, temprano, me senté en la calle principal, un camino polvoroso, y no vi ni un auto ni un camión que pasara durante todo el día. Los elefantes nepaleses eran la forma ordinaria de transporte en Janakpur. Sobre el lomo de cada elefante se ataba una enorme caja de carga con una soga que se extendía alrededor de la panza. El conductor, que típicamente era un niño, se sentaba sobre el cuello del animal, justo detrás de la cabeza, mientras sostenía un palo. Una pesada campana de bronce colgaba del cuello del elefante y sonaba mientras se balanceaba de lado a lado. Cada elefante se movía a paso elegante y majestuoso, y caminaban así junto con los bueyes y los búfalos de agua que tiraban de las carretas llenas de carga. Las mujeres se paseaban con canastas o con vasijas de barro sobre la cabeza, a menudo balanceando la carga sin las manos. Hasta las niñas pequeñas llevaban grandes cargas de este modo sin esfuerzo alguno, manteniendo una postura perfecta, y durante su paseo, cantaban jubilosamente las glorias de Sita y Rama. La vida tranquila que esta gente vivía me aliviaba el corazón. Oré para que Janakpur nunca cambiara.

Cerca de un lago sagrado, en el corazón de Janakpur, se erigían muchos templos. Dos de ellos destacaban por encima de todos: Janaki Mandir y Rama Mandir. Un día, en el patio de Rama Mandir, me encontré con un *sadhu* de unos cincuenta años sentado en una plataforma elevada a un lado del templo. Con su largo pelo enmarañado, la barba y la vestimenta de mendigo, parecía tranquilo y santo. Cientos de personas esperaban en fila para recibir sus bendiciones. Cuando llegaban hasta su presencia, él los bendecía con gran ternura con la palma abierta. Deseando obtener sus bendiciones, yo también me sumé a la fila y me acerqué a él, ofreciéndole reverencias con la cabeza como todos los demás. Sorprendido de verme, me indicó que me sentara a su lado en la plataforma. Me sentí especialmente privilegiado.

Mientras bendecía a un admirador tras otro, me preguntó:

— ¿De dónde vienes?

—De Estados Unidos.

—¿Por qué has cambiado la riqueza de tu país por la pobreza de la India?

—Busco a Dios.

Le sonrió a una mujer, que inclinó su cabeza bajo su mano benefactora.

—¿Por qué te has vuelto un *sadhu*? —me preguntó con una sonrisa.

—Para buscar la iluminación.

Al escuchar mis palabras, su expresión se volvió agria. Se le derritió la sonrisa en un ceño fruncido y se le transformó la voz. Sorprendido por su actitud, no supe qué esperar.

—Eres tonto —me dijo entre dientes—. Simplemente tonto. ¿Me escuchas? Tonto e ignorante.

Yo sabía que era tonto. Tal vez esperaba iluminarme, de modo que le pregunté sumisamente.

—Su santidad, por favor, instrúyame. Así podré mejorar.

En pleno berrinche, gritó:

—He vivido como *sadhu* durante treinta años. ¿Sabes lo que he logrado? Nada. En todos estos años de *sadhu*, lo único que he obtenido es un poco de arroz y *dhal* podridos.

Una mujer le tendió a un niño para que recibiera su bendición.

—Estados Unidos es la tierra de la riqueza —me gritó mientras bendecía al niño con la palma de la mano—. Estados Unidos tiene las mujeres más hermosas para disfrutar. Estados Unidos tiene ropas elegantes, comida y bebidas. Estados Unidos tiene las mejores películas y televisión. —Cerró sus ojos y suspiró—. Cómo deseo los placeres de Estados Unidos. —Ahora sus ojos me lanzaban llamas—. Y tú lo has dejado todo, ¿para qué? Arroz y *dhal*. Estoy harto del arroz y del *dhal*. Has venido a este deprimente lugar lleno de pobreza para buscar a Dios. Eres tonto. No existe ningún Dios. ¿Me escuchas? No existe ningún Dios. Vuelve a tu magnífica tierra a disfrutar. Si no me obedeces, llevarás una vida despreciable y quedarás maldito por la miseria.

Mientras vociferaba estas palabras, cientos de admiradores se centraban en adorarlo. No entendían ni una palabra de inglés. Mientras me castigaba, su palma abierta bendecía a aquellos inocentes temerosos de Dios. Le imploraban la bendición de Dios mientras él negaba su existencia. Lo honraban como a un ser iluminado mientras hablaba de la despreciable inutilidad de la vida. Completamente confundido, me retiré. Mi mente luchaba por entender lo que el Señor me acababa de revelar.

El hombre tenía razón. Estados Unidos era la tierra de las riquezas y las comodidades, pero yo había perdido todo interés por una tierra meramente cómoda. En cambio, sentía que recorría un camino donde el tesoro era mayor de lo que el mundo material podía ofrecerme. Si aquel hombre quería disfrutar de la vida material, ¿por qué no se buscó un trabajo? ¿Por qué no era sincero? En vez de ello, fingía ser un santo para engañar a los inocentes.

Siempre está lo real y lo falso. La hipocresía en la religión ha arruinado la fe de la gente a lo largo de la historia. Una persona santa no siempre se puede reconocer por su apariencia externa.

El Bhagavad Gita nos enseña que la renuncia no está hecha para el perezoso que no desea trabajar, sino para el que trabaja con espíritu de devoción.

Pensé en todas las personas a las que había conocido, que vivían sus vidas trabajando con un espíritu de devoción, y oré por ser uno de ellos algún día. Recordé las palabras que había escuchado a Srila Prabhupada en Bombay: «Es mejor ser un barrendero sincero que un meditador charlatán». Luego pensé en aquel pobre hombre que fingía ser un *sadhu*: «Su perro malo está ladrando más fuerte, y lo alimenta diariamente con enormes porciones de arroz y *dhal*».

7

U N AMANECER, EN JANAKPUR, estaba sentado solo a la orilla de un lago y un *sadhu* de apariencia peculiar se sentó junto a mí. Sus palabras iniciales fueron:

—Cuidado. Hay escorpiones disfrazados de mariposas.

Asombrado, le pregunté por qué me decía aquello. Me miró fijamente y me repitió:

—No te entregues a los demonios disfrazados de santos o descubrirás que tu vida está en ruinas cuando sea demasiado tarde.

—¿De qué hablas? —le pregunté alarmado.

—Será mejor que te lo diga en otro momento.

Cambiando de tema de manera abrupta, se presentó como Vasudeva y me invitó a viajar con él a un lugar histórico especial.

Accedí. Vasudeva era un hombre bien parecido, de apenas treinta años, con el aire de un aristócrata y una manera de expresarse que se asemejaba al nivel de distinción de la reina británica. Vestía ropa blanca que, curiosamente, estaba inmaculadamente limpia. Su largo y negro cabello estaba prolijamente peinado. En todos mis viajes, nunca había conocido a un mendigo tan acicalado. Era un erudito tanto en temas materiales como espirituales, y como muchos de los que había conocido por aquellos lugares, también era devoto de Rama.

Cuando mi nuevo amigo me invitó a viajar a pie durante tres días para llegar hasta un oscuro lugar sagrado, accedí. Caminamos por la campiña todo el viaje. Cada día, al pedir limosna, recibíamos una de mis comidas predilectas: un poco de arroz y *dhal*. Todo el que conocíamos por el camino quedaba encantado con la naturaleza dulce y delicada de Vasudeva.

Vasudeva insistía en que debíamos cocinar en campo abierto o boscoso, colocando dos piedras para crear una especie de cocina y balancear la vasija sobre ellas, así que yo me encargaba de buscar la leña para el fuego. Él preparaba el arroz y el *dhal* con la delicadeza de un escultor que creaba su obra maestra. Mientras peregrinábamos, conversábamos sobre temas variados. Vasudeva parecía saber de todo.

Pero algo me desconcertaba. Detrás de una máscara de alegría, yo sentía que este hombre estaba atormentado. Aun así, lograba esconder su sufrimiento y contener sus lágrimas, y mi afecto y curiosidad hacia él iban en aumento. Aunque parezca extraño, una noche, mientras dormíamos en un establo para refugiarnos de la lluvia, tuve una horrible pesadilla donde me atacaban seres fantasmales. Me pregunté por qué.

Tres días después, llegamos hasta nuestro destino: una roca histórica en un campo abandonado. Aquella noche, mientras soplaba el viento, saboreamos y olimos la humedad, y nos dimos cuenta de que el monzón iba aumentando para luego precipitarse de manera inminente. Buscamos refugio y encontramos una pequeña estructura abandonada hacía ya tiempo. Entramos y espantamos a varios murciélagos que colgaban del techo, que abandonaron el lugar con rapidez. La casa consistía en no más de una habitación de tres por tres metros, con dos aberturas para lo que en su tiempo fueron una ventana y una puerta. Las paredes se caían a pedazos. El moho y las telas de araña eran la única decoración. Una vez dentro, nos sentamos en silencio mientras los truenos hacían temblar la tierra, el viento derrumbaba los árboles y la lluvia torrencial caía. Vasudeva me miraba con los ojos llenos de lágrimas. Me preguntó si podía sacar de su corazón la tormenta que llevaba por dentro. Honrado de que depositara así su confianza en mí, le contesté afirmativamente.

Vasudeva me contó que había nacido en el seno de una familia privilegiada de Calcuta y que había obtenido un doctorado, lo que lo había convertido en un popular y célebre profesor. Al conocer a otros devotos, también se convirtió en devoto de Rama.

—Un día, dos distinguidos individuos visitaron mi oficina y me llevaron obsequios y comida que ellos decían que enviaba su gurú. Después de varias visitas, me invitaron a conocerlo, y eso hice.

El gurú lo sabía todo sobre su vida, hasta los detalles más privados, y tenía la habilidad de leer la mente de Vasudeva. Estupefacto, aceptó la invitación de visitarlo regularmente. Yo escuchaba atentamente, fascinado como siempre de escuchar la historia de cómo una persona acepta a su gurú.

—Un día —continuó Vasudeva—, el gurú reveló su mente. «Te he estado examinando cuidadosamente», dijo. «Eres joven, popular e inteligente. Necesito tu ayuda. Desearía iniciarte en nuestro rito». —Vasudeva se sintió sumido en una gran emoción al decir estas palabras—. Le dije que me lo pensaría. —Su voz se apagó y hundió la cabeza entre las manos, como si quisiera enterrar dolores secretos del pasado. Con un gesto desesperado, me miró—. Richard —suspiró—, no quiero contaminarte la mente con una historia horrible, pero no estoy loco. Debo contárselo a alguien. ¿Puedo continuar?

—Por supuesto.

Miró hacia la abertura de la ventana. Un relámpago le iluminó el rostro angustiado. Finalmente, en medio de su desesperación, continuó su historia.

—Comencé a investigar a este hombre y, para mi horrible sorpresa, descubrí que era el líder de una secta muy poderosa, un maestro de las artes tántricas negras. —Sus ojos ahora escudriñaron los míos—. ¿Sabes de tántricos negros, Richard?

—No —contesté.

Vasudeva se estremeció, y su voz comenzó a temblar. Me explicó que el misticismo tántrico era extremadamente poderoso, y que podía ser tanto benévolo como siniestro.

—Existen los tántricos blancos, quienes usan sus poderes para servir a la humanidad, pero también están los tántricos negros, que usan su poder para explotar la vida de la gente y servir a su propio propósito diabólico. Obtienen increíbles poderes a través de sacrificios indescriptibles, ritos tántricos sexuales y yoga. Aquel gurú era un tántrico negro extremadamente poderoso, provisto del poder de controlar la mente de las personas y manipular su vida. En mi investigación, me horroricé al enterarme de que, en el momento de los ritos de iniciación, él tomaba control del alma mediante muchas vidas próximas. Nunca más volví.

—Pero Vasudeva, si te liberaste, ¿por qué tiemblas aún y te atemorizas con solo pensar en él?

—Aquello solo fue el comienzo —continuó—. A diario, los discípulos del gurú me acosaban en la oficina, en mi casa o en cualquier evento al que yo asistiera. No podía escapar de ellos. Un día, cinco hombres entraron a la fuerza en mi oficina y me rodearon en mi escritorio. Me sentí como un rehén. Enseguida, el gurú apareció frente a mí para tomar posesión de mi alma. Me advirtió: «Es demasiado tarde, tengo derecho sobre ti. Ríndete a mí y te concederé los placeres de la fama y la fortuna más allá de lo que tú puedas imaginar. Pero si rehúsas, prometo atormentarte hasta tu muerte». Furioso, me negué a seguir su orden. Me maldijo. Los ojos le ardían en una mirada vengativa, y se retiró encolerizado.

Vasudeva suspiró.

—Una noche, al volver a casa de mi viuda madre, vi que ella había caído en su trampa. Temblando de la ira, me regañó: «¿Por qué has ofendido a un hombre religioso? Debes convertirte en su discípulo». No podía creerlo. Traté de explicarle sus crueles maquinaciones, pero no entraba en razón. El gurú y sus secuaces habían logrado controlarla. Después de algunos días, me echó de su propia casa y me dijo que no sería partícipe de mis ofensas. ¿Qué estaba sucediendo con mi mundo? Luego, bajo los poderes de la secta, el presidente de la universidad me despidió.

Fuera, un rayo partió un árbol, y sus ramas cayeron sobre nuestro techo. Nos quedamos sentados allí, boquiabiertos. Tras el rayo, la explosión de un trueno pareció hacer temblar el universo. Vasudeva se quedó pálido. Con voz titubeante, continuó.

—Sin hogar y sin trabajo, los discípulos del tántrico negro me perseguían adonde quiera que fuera. Hasta influyeron en la policía para que no me protegieran. ¿Qué otra cosa podía hacer sino irme de Calcuta? Por sus poderes sobrenaturales, el tántrico negro sabía dónde me encontraba en todo momento, y despachaba a sus seguidores para que me acosaran.

En cualquier trabajo que conseguía, ellos convencían a los empleadores para que despidieran a Vasudeva, y en cualquier habitación que alquilaba, ellos convencían al propietario de desalojarlo. Hasta acudió a un periódico para contar su historia, pero los reporteros no le creyeron.

—Mi vida estaba arruinada.

En aquel momento, una enorme rana entró por la puerta. Sus ojos anfibios me miraron. Me preguntaba si sería un agente secreto del tántrico negro, y temblé ante la idea. Vasudeva parecía leerme la mente.

—¿Estás seguro de que deseas continuar? —me preguntó. Los truenos retumbaban en cada esquina del cielo.

—Ya no lo sé, Vasudeva —le admití. Tenía miedo, pero parecía importante escuchar la historia—. ¿Qué sucedió después?

—El malvado yogui estaba indignado por mi determinación, y decidió asesinarme. Con ritos negros y mantras, creó un arma invisible que separa el alma del cuerpo. En otras palabras: mata a la víctima. Pero la muerte del cuerpo es lo menos importante. En ese ínterin de tiempo entre la vida y la muerte, el tántrico negro gana el control del cuerpo sutil que cubre el alma. Cuando esta siniestra arma me penetró, se me paralizaron el cuerpo y la mente del dolor. Sentí que me rondaban unos seres espantosos en formas etéreas. Imploré por mi salvación y canté el nombre de Dios. Mientras el nombre se repitiera en mi mente, el arma invisible no podría terminar con mi vida. Durante un día y una noche, el arma me atormentó. Sabía que si dejaba de recordar el nombre tan solo un momento, sufriría un destino peor que la muerte. Canté y canté sin parar. El arma no tenía poder para matarme ante la presencia del nombre de Dios. Si un arma tántrica destructora no puede matar a su víctima, debe volver para matar al que la envía, así que penetró al tántrico negro, que fue asesinado por su creación. El nombre de Dios me salvó.

Al escuchar aquella historia de terror, una oleada de escalofríos me sacudió el cuerpo de pies a cabeza. Me acerqué a él para escuchar más.

—El místico malévolo aún existe, simplemente no tiene un cuerpo burdo. Ahora controla a sus discípulos desde un plano astral, despachándolos adonde sea que me esconda para cobrar venganza. Me persiguen a todas horas. No puedo establecerme en un lugar fijo porque, en pocas semanas, comienzan a aterrorizarme. —La furiosa tormenta que se había desatado fuera comenzaba a calmarse. En el silencio emergente, Vasudeva suspiró—. Por eso, contra mi voluntad y mi naturaleza, me he convertido en un mendigo y un vagabundo. Sé que si me rindo a Dios genuinamente, él me protegerá, pero hasta que llegue el día, debo correr y esconderme disfrazado de santo.

Los grillos comenzaron a cantar. Vasudeva me miró profundamente a los ojos.

—Lamento contarte todo esto. Lo mantuve en silencio durante años, pero debía contárselo a alguien. Richard, no tengo a nadie a quien culpar; es, en definitiva, mi propia obra.

Modestamente, él atribuía sus problemas presentes a su karma de vidas pasadas.

—No sé lo que hice para merecer tanto sufrimiento en esta vida —concluyó Vasudeva—, pero sé que está justificado. Y sé que si paso la prueba sinceramente y me rindo a Dios, él me liberará. —La mano temblorosa de Vasudeva ahora tomaba la mía, y me pidió un último favor—.

Ya que eres mi amigo, debo pedirte que me abandones para no verte implicado. Si no te veo mañana por la mañana, lo entenderé. Hermano mío, mientras buscas tu propio sendero, sé cauteloso, por favor. Te expones a seres poderosos, y no todos son santos. Por favor, reza por mí.

Nos sentamos en silencio. Yo no podía articular palabra. Por lo que ya había observado en la India, sabía que muchos gurús tenían poderes de gran magnitud, incluido el de influir sobre los seguidores para que hicieran cualquier cosa que se les pidiera. Me aterrorizaba más lo que me había contado mi compañero que la jauría de perros rabiosos. Al menos, a los perros había podido verlos y eludirlos, pero ¿cómo elude uno las fuerzas invisibles del mal que atacan a una persona desprevenida que trata de seguir un camino espiritual?

Vasudeva se recostó sobre el suelo de tierra para dormir, usando el brazo como almohada. Pero mi mente no pensaba precisamente en dormir. Miré a través del hoyo de la pared: había tres estrellas que emergían de las nubes que se disipaban, pero no había luna. Junto a mí, Vasudeva se movía ansiosamente en su sueño. «¿Estaba yo dispuesto a implicarme en las horrorosas complejidades de su vida?». De tan solo pensarlo, temblaba. «No podía pensar en otro modo de ayudarlo sino con la oración. Eso es todo lo que me pidió».

Mientras se movía, daba vueltas y gruñía en sueños, caminé lejos en mitad de la noche, orando para que el camino que yo estaba tomando fuera seguro y para que él también pudiera encontrar seguridad y paz.

M i viaje continuó plagado de experiencias buenas y malas. Cada una me ofrecía una ventana a los distintos mundos que me esperaban, y me guiaban a tomar unas decisiones y a desechar otras.

La mayoría de los *sadhus* que me recibieron a mi regreso a Janakpur tenían la edad suficiente como para ser mis abuelos. Un día, me encontraba orando en el templo de Janaki cuando, para mi sorpresa, un joven estudiante nepalés se aproximó a mí. Se llamaba Vishnu Prasad. Iba muy bien vestido, con su cara redonda y su actitud benévola, y se sentía tan fascinado de ver a un joven occidental que había elegido la vida de un *sadhu* que me invitó a visitar su hogar, en la aldea de Brahmapur. Su casa era como un hermoso *ashram*. La riqueza de la familia se hacía evidente en la decoración, las alfombras, las vasijas de bronce y los jardines llenos de flores. Al entrar, los padres de Vishnu me recibieron cordialmente y me sirvieron una suntuosa comida de vegetales condimentados con salsas aromáticas y un arroz que brillaba por la mantequilla clarificada. Pasé unos días muy felices allí.

Todos sus familiares, incluidos tíos, tías y primos, vivían bajo el mismo techo, pero nunca escuché ni una sola voz de enojo. Solo había respeto entre ellos. Por la mañana, los niños tocaban los pies de sus padres respetuosamente, y los padres, a la vez, ofrecían sus bendiciones. No importaba la edad: los niños y hasta los adolescentes eran obedientes de un modo natural con los mayores. Los hermanos menores honraban a los mayores como representantes de sus padres. Por haber crecido en Estados Unidos en los años sesenta, experimenté este respeto de los adolescentes como un choque cultural positivo. Además, cada centímetro de la casa estaba inmaculadamente limpio; todo excepto yo. Me sentía como un mendigo harapiento en un paraíso de clase y refinamiento. Mi cuerpo parecía haber sido vapuleado, y cuando se fijaron, la familia me dio una pomada medicinal para mis pies, resquebrajados y magullados. Aunque me ofrecieron mi propio dormitorio con una cama cómoda, preferí dormir en el jardín, bajo un árbol de *ashoka*. Cada mañana y cada noche, los miembros de la familia se reunían para realizar ceremonias de adoración en su pequeño templo del Señor Rama, ubicado en el centro de la casa, donde, durante el día, las mujeres realizaban varias actividades devocionales.

No encontré nada más que felicidad en aquel hogar. Por las noches, me sentaba con Vishnu Prasad en el agradable jardín, entre caléndulas, rosas y árboles en flor. Tara Prasad, su padre, a veces se sentaba con nosotros. Era un hombre rico con esposa e hijos, y su pureza de carácter era digna de admirar, mucho más que los ascetas que había conocido. «La espiritualidad es un tema del corazón», pensé. Cuanto más aprendía a querer a los miembros de la familia de Vishnu Prasad, más lo sentía como un amigo sincero. Gracias a estas dulces almas aprendí mucho sobre las tradiciones de la vida familiar en Oriente. Lo más importante era que mi realización de que la verdadera espiritualidad se manifiesta de muchas formas, quedaba confirmada.

Sin embargo, no podía quedarme mucho en aquel ambiente tan reconfortante, ya que yo había elegido la vida del asceta. Cuando llegó la hora de irme, toda la familia vino a despedirse a la puerta. Lloraban mientras me alejaba por el sendero de ladrillos. Yo también lloraba.

Ahora, más que nunca, el camino que había elegido me mostraba peligros invisibles. En mi pasión por la verdad, que admitía no podía explicar en su plenitud, había dejado las comodidades del hogar y continuaba renunciando a las comodidades que se me presentaban, continuando a pesar de los miedos que se materializaban en la incertidumbre que me aguardaba.

De Janakpur viajé de vuelta al valle de Katmandú. Justo al pie de la colina de Bodhnath, a once kilómetros al este de la ciudad, en un bosque de árboles con flores, me puse a meditar. Abrí los ojos y observé un magnífico arco iris de una punta a otra del valle del Himalaya, que brillaba superpuesto al índigo de las nubes del monzón. Respiré profundamente y me empapé de la brisa de aire cálido y orgánico. No pasó mucho tiempo hasta que unos fuertes pasos me arrancaron de mi estado de ensueño y desviaron mi atención hacia un turista europeo que caminaba por los campos y llevaba una enorme bolsa de provisiones. Medía más de un metro ochenta de alto, era rubio y sus músculos destacaban por debajo de la camiseta. Tenía el físico de un culturista. De repente, una pandilla de monos de piel oscura salió del bosque y lo rodeó. Aunque ellos solo eran una fracción de su tamaño, sabían cómo encontrar el punto débil y atacar. Le mostraban los dientes y lo amenazaban con gestos de intimidación. Mientras sostenía la bolsa con uno de sus inmensos brazos, con la otra mano sostenía una piedra considerable. Gritando como un guerrero, amenazó con pulverizar a los pequeños bandidos, pero los monos ni se inmutaban; es más, gritaban aún más fuerte. Se acercaron más a su objetivo y lograron amedrentarlo con el miedo, por lo que el gigantón temblaba como un niño temeroso, inmóvil. Finalmente, uno de los monitos lo acechó y le arrebató la bolsa de las manos. Ni siquiera opuso resistencia. Entonces, los monos se aglomeraron alrededor de la bolsa para devorar las provisiones y no le prestaron la más mínima atención. Reducido, el superhéroe huyó corriendo.

Segundos más tarde, un niño nepalés flaquito, de unos ocho años, apareció en la escena. La pandilla de monos acababa de empezar a disfrutar del banquete que había dentro de la bolsa, pero se asustaron al ver al niñito. El muchachito se acercó a ellos con una piedra en la mano. La pandilla de bandidos comenzó a chillar con terror en los ojos. De inmediato, abandonaron la comida y huyeron en todas las direcciones. El niñito juntó las provisiones y se sentó a comer. Mientras tanto, los monos miraban ansiosamente a la distancia. Yo me quedé admirado. ¿Qué acababa de suceder? El niño juguetón difícilmente pesaba lo que un solo bíceps del Hércules europeo pesaba. Los monos ni se inmutaron por la amenaza del gigante porque sentían el miedo en su mente. ¿Qué significaba aquello para mí y para mi búsqueda del camino hacia Dios? Pensé en la jauría de perros salvajes y en el espantoso relato de Vasudeva sobre el malvado tántrico negro. Reflexioné sobre mi miedo a caer bajo el hechizo de un gurú con pocos escrúpulos si elegía precipitadamente. No obstante, podía ver cómo el miedo paralizaba mi progreso.

Somos vulnerables a la derrota cuando nuestras mentes sucumben al miedo. El extranjero no estaba familiarizado con los monos, pero el niño nepalés lleva viviendo entre ellos toda su vida, de modo que nosotros tememos lo que no conocemos. A través del conocimiento de nuestra naturaleza espiritual y la fe sincera en Dios, podemos vencer cualquier temor. Por favor, Señor, bendíceme con el valor al tratar de encontrar mi camino hacia ti.

Mientras reflexionaba sobre estos pensamientos, el niño sonriente corrió hacia mí y me ofreció unas bananas de la bolsa de provisiones. Los monos conversaban animadamente, viéndome como una futura víctima. Me hicieron ver que yo tenía más en común con aquel europeo de lo que yo pudiera imaginar. Sintiendo que tenía un largo camino por recorrer para alcanzar la fe inocente y audaz de aquel niño, decliné la oferta amablemente.

Mientras deambulaba por el bosque conocí a Sita Rama Baba, un alma extraordinaria a la que recuerdo con mucho cariño como el *baba* de pie. Sita Rama Baba era un hombre con barba, de unos sesenta y dos años. Tenía ojos grandes oscuros y piel arrugada, y vestía un simple pulóver de arpillera del cuello a los tobillos. Cuando le pregunté por qué usaba solo arpillera, me contestó que la textura gruesa causaba comezón y lo mantenía siempre en una condición incómoda, lo cual lo ayudaba a buscar siempre el consuelo de recordar a Rama. Aun más sorprendente para mí eran las tablillas de madera que llevaba atadas a los tobillos.

Pese a su extraña apariencia, desde el principio me trató con el amor con el que un padre cuida a su hijo.

Al igual que los yoguis que había conocido en el Himalaya, Sita Rama Baba seguía votos muy extremos, mucho más allá del celibato. Él había dado el voto de estar siempre de pie y no sentarse ni reposar nunca. Por aquella razón, llevaba tablillas de madera para apoyarse con los tobillos. Durante casi cincuenta años había observado aquella penitencia. Junto con su jarrito para guardar la limosna y su rosario, llevaba una soga y un tablón que por las noches colgaba de la rama de un árbol, a modo de hamaca, para apoyarse sobre él y dormir de pie.

También seguía votos de no dormir nunca entre cuatro paredes y, además de ser vegetariano, no comía granos ni legumbres. Yo fui testigo de la severidad de su voto alimenticio. Lo normal era que los mendigos ambulantes subsistieran con los alimentos económicos que la gente daba fácilmente en caridad, como arroz, *∂hal* o *rotis* (pan sin levadura), que contienen granos o legumbres. Sin embargo, Sita Rama Baba pedía en caridad arroz y *∂hal* para mí todos los días con toda la dicha del mundo, juntaba leña y encendía una fogata en una cocina improvisada hecha de piedras mientras se mantenía de pie o en cuclillas. Cuando la comida estaba lista, se la ofrecía con gran afecto a una estampa del Señor Rama con oraciones y mantras, y luego me la daba a mí. Pero yo tenía curiosidad: ¿qué era lo que *él* comía? Durante nuestro tiempo juntos, no lo vi nunca comer nada más que un puñado de maníes baratos que le dieron mientras pedía en caridad. Eso era todo lo que había podido reunir que no violase su dieta. Aun así, era una persona muy feliz al ocuparse de alimentarme bien. Me explicaba que, para mostrar amor por Dios, uno debe servir a sus hijos afectuosamente.

Un día, cuando Sita Rama Baba recibió unos pocos vegetales mientras pedía de puerta en puerta, yo estaba felicísimo. Finalmente, había algo para que él comiera además de maníes sin tostar. Se me encogió el corazón cuando vi mi comida y comprobé que había cocinado todos los vegetales junto con el arroz y el *∂hal*, pero él no se había quedado con nada. Se sentía feliz. Fascinado, lo examiné, pero no encontré vestigios de sustancias artificiales. Era extremadamente sincero en su devoción.

Una vez le pregunté a Baba:

—¿Por qué sigues votos tan complejos?

Él me respondió humildemente:

—Me ayuda a enfocarme en mis prácticas espirituales. Soy feliz.

Y, aunque parecía sorprendente, lo estaba.

Una mañana, antes del amanecer, me senté bajo un árbol en el bosque mientras contemplaba a aquel increíble individuo. No entendía sus extraños votos, me parecían excesivos y hasta innecesarios. Aun así, él había suscitado mi amor sincero y mi plena confianza. Se dice que la austeridad artificial endurece el corazón, pero el suyo era blando y estaba lleno de humildad, compasión y devoción. El Señor Jesús dijo: «Se puede juzgar al árbol por sus frutos». Aunque el suyo parecía ser un árbol extraño, sus frutos maduros eran dulces.

En compañía de Sita Baba Rama, una pregunta me rondó la mente. La mayoría de los yoguis que había conocido meditaban sobre Dios como una fuerza impersonal, mientras que él meditaba sobre el Señor como una persona amorosa. Rama Sevak Swami servía al Señor Rama en aquella misma forma personal. Srila Prabhupada también expresaba semejante amor genuino por el Señor Krishna como el todo atractivo. ¿Contradecía esto las creencias de los yoguis que buscaban fundir sus almas en el uno supremo e impersonal? ¿Creaba un conflicto con las prácticas de los budistas, quienes buscaban la perfección de un nirvana sin cualidades? De niño, oraba naturalmente a Dios de un modo personal, pero al estudiar filosofía comencé a inclinarme más y más por un Dios de existencia omnisciente. Mientras paseábamos por un bosque, un día le pregunté a Baba:

—¿Dios es personal o impersonal?

Se detuvo de inmediato. Sus espesas cejas se fruncieron, y su cara, marcada por los grandes surcos de una vida escarpada, se encogió. Susurró:

—¿Cómo puede nuestro Señor tener menos personalidad y forma que nosotros? Él lo tiene todo sin límite. —Sacudió la cabeza—. Esta confusión me parte el corazón.

Su reacción me asombró. Me estaba volviendo más y más consciente del desacuerdo fundamental sobre la naturaleza primordial del Señor Supremo. De alguna manera, era la misma pregunta que me hacía de pequeño, cuando temblaba ante los truenos y rayos. ¿Quién era Dios? ¿Era él tan reconfortante como mis padres, o sin forma como el viento? Luchaba por reconciliar ese tema filosófico, y sabía que la respuesta me ayudaría a elegir mi camino, pero no podía encontrar la pieza del rompecabezas que faltaba. Había conocido almas maravillosas que sostenían puntos de vista opuestos.

Días más tarde, después de dejar a Sita Rama Baba, contemplé que la forma en la que uno ama a Dios es algo que no se puede medir observando formas externas. Por un lado, vi que la gente santa trabaja y tiene familia, y por el otro, conocí a aquel excéntrico ermitaño en el bosque. Sin embargo, todos tenían en común la humildad, una profunda atención por las prácticas espirituales y una sed insaciable de servir.

8

P ROSEGUÍ MI CAMINO HACIA Swayambhunath, a tres kilómetros al oeste de Katmandú. Rodeada por extensos arrozales, esta hermosa colina está coronada por el Templo de los Monos, un antiguo templo budista cubierto por una ancha cúpula, llamada estupa, que se dice que fue construida hace dos mil años. Los ocho ojos del Buda en la base del chapitel observaban las cuatro direcciones. Aquellos ojos estaban por ver algo sorprendente.

Una mañana sentí el impulso de caminar hasta Katmandú, así que dejé mi morada recluida en las montañas, caminé a pie por la ciudad y me paseé por las calles y mercados durante un breve intervalo de tiempo. Después emprendí el camino de vuelta a Swayambhunath por una larga extensión de arrozales. Con su exuberante vegetación y los picos montañosos nevados del Himalaya que perforaban el cielo, el valle de Katmandú era un paraíso terrenal. Mientras caminaba por la angosta orilla de los pantanosos arrozales, comenzaron a caer gotitas pequeñas. Las oscuras y azuladas nubes del monzón se hinchaban en el cielo y oscurecían el sol con la promesa de dejar caer torrentes de lluvia.

Mientras la llovizna se transformaba en una lluvia ligera, miré a mi alrededor en busca de un refugio, pero no vi ni un solo árbol. No había más que arrozales que se expandían en todas direcciones. Entonces, vislumbré la figura de lo que parecía ser un anciano que llevaba un paraguas sobre la cabeza. Con la esperanza de compartirlo, me escurrí por la fina orilla del arrozal hasta alcanzarlo. El sendero era angosto y resbaladizo, por lo que no podía caminar al lado de este hombre, así que opté por acurrucarme detrás de él. Tratando de mantenerme debajo del paraguas, a menudo me resbalaba en el lodo aguado del arrozal. El portador del paraguas no se dio la vuelta en ningún momento. Tal vez se sentía intimidado por mi intrusión o tal vez se concentraba en no caerse a los charcos de lodo. De esta manera anónima, como dos desconocidos, caminamos juntos durante algún tiempo por los campos desiertos e inundados. Dos hombres solos en los vastos arrozales que compartían el mismo paraguas mientras el monzón dejaba caer torrentes de lluvia.

Diez minutos más tarde, cuando la tormenta amainó, le di las gracias al desconocido, que se giró por primera vez para verme la cara. Nuestras miradas se encontraron. Atónitos, como si nos hubiera alcanzado un rayo, nos quedamos boquiabiertos, y los ojos se nos llenaron de lágrimas. ¿Cómo podía ser verdad? Durante unos instantes nos quedamos parados e inmóviles en un lugar ajeno al tiempo.

El paraguas se cayó al lodo.

—¡Gary! —grité.

—¡Monk! —Bajo el cielo del monzón, con los corazones en un estallido de dicha, nos abrazamos.

—¡Estamos juntos de nuevo! —le dije.

Allí permanecimos de pie, solos en el vasto valle del Himalaya, encantados por los misterios de la vida. Pese a ser amigos inseparables desde la infancia, desde el momento de nuestra triste despedida en la isla de Creta habíamos recorrido nuestros respectivos senderos por separado hasta que el destino, invisible titiritero, nos había reunido de nuevo en un aislado arrozal de Nepal.

Embriagados de tanta alegría, caminamos por los arrozales rumbo al lugar en el que se alojaba Gary, e intercambiábamos nuestras experiencias desde que nos separamos. Gary caminaba delante de mí y yo inmediatamente detrás de él, y nos tropezábamos y nos resbalábamos en la angosta orilla del arrozal.

—¿Lograste llegar a Israel?

Se dio la vuelta y se mesó la barba, que le había crecido bastantes centímetros desde que nos separamos once meses atrás.

—Cuando te fuiste a Creta —me explicó—, trabajé en un barco pesquero para comprarme el boleto a Israel. Trabajé en un kibutz durante un tiempo. Luego, con algo de dinero en mi bolsillo, partí hacia la India.

—¿Cómo llegaste hasta aquí?

—Tomé el autobús mágico.

Hizo una pausa y comenzó nuevamente a caminar. Me describió el autobús para pasajeros que van y vienen de Europa a la India. Después de regresar de Israel, abordó en Estambul, cruzó el Medio Oriente y se bajó en la última parada en la Vieja Delhi.

—¿Y qué te trajo a este arrozal deshabitado? —le pregunté.

—El calor sofocante de Delhi me superaba —me decía Gary, aún temblando de la emoción—. De modo que, con algunos amigos del autobús mágico, me vine al valle de Katmandú y encontré una casita en la campiña.

Nos acercamos a la aldea y dejamos atrás los angostos caminos de los arrozales. Caminé lado a lado con mi viejo amigo. Un búfalo de agua caminaba con dificultad hacia nosotros en el enlodado suelo, así que nos hicimos a un lado para dejarlo pasar.

—Monk —continuó Gary—, vine a la India con la esperanza de encontrarte, pero al ver los cientos de millones de personas en esta vasta tierra, concluí que sería imposible. Sabía que no estarías en los lugares populares donde los viajeros crean su ambiente, sino recluido en alguna cueva o *ashram*. Nunca creí que te volvería a ver. —Gary se detuvo y se dio la vuelta; sus ojos se abrieron—. Nadie creerá esta historia. Nadie.

Era agosto de 1971. Casi un año había pasado desde que nos habíamos separado en Creta. Por mi apariencia, Gary podía ver que yo había adoptado la vida de un *sadhu*. La ardua travesía por el Medio Oriente, el tiempo que pasé en compañía de los yoguis iluminados y los numerosos meses de reclusión me habían dado la experiencia de un asceta. Gary dudaba de llevarme al lugar donde se alojaba con sus amigos, y no sin razón.

¿Qué sucede cuando unos *hippies* occidentales alquilan una casa en una aldea de Nepal? Al entrar a la pequeña estructura, el rocanrol resonaba a todo volumen, hombres y mujeres bailaban de forma seductora y las pipas de opio pasaban de mano en mano, creando una nube de humo. Gary me presentó a sus amigos, a los que saludé cortésmente. Decir que ya no encajaba en aquel ambiente era quedarme corto. Me quedé parado a un lado, observando.

Después de un tiempo, aparté a Gary a un lado y lo acompañé a un lugar tranquilo al aire libre, donde nos sentamos bajo un banano. Un manto de nubes pasajeras rociaba gotas refrescantes. Respiramos profundamente el aire fresco de montaña, un agradable alivio de la nube de opio del interior. Aunque temía ser prejuicioso, le hablé abiertamente a mi amigo.

—Gary, has viajado por todo el mundo para venir hasta aquí. Esta es la tierra de la espiritualidad. Aun así, has traído la cultura *hippie* de Occidente contigo. Podrías vivir así en Chicago. Estás haciendo las mismas cosas y más, pero en un lugar diferente. ¿Cómo vas a crecer así? ¿Qué ganarás? —Le supliqué seriamente—: Por favor, hermano mío, mientras estés en esta parte del mundo, trata de experimentar la riqueza de la espiritualidad del lugar. Si te parece, te llevaré a los lugares sagrados y te enseñaré la vida del *sadhu*.

Gary miró fijamente al horizonte.

—Déjame pensarlo.

—Vamos, Gary —le insistí—. ¿No recuerdas cuando me imploraste ir a Europa contigo? Dejé a un lado todos mis planes y lo hice. Ahora te pido encarecidamente que vengas a los lugares sagrados conmigo.

Amaba a mi amigo y me dolía ver que había llegado tan lejos y estaba perdiendo una oportunidad de oro.

Al día siguiente, Gary se despidió de sus amigos y se inscribió en la escuela de los mendigos espirituales. Juntos nuevamente, empezamos a explorar el significado de la vida al conocer gente nueva en nuevos lugares, pero esta vez seguimos las tradiciones que establecieron mucho tiempo atrás los seres iluminados. Día a día, enseñé a mi viejo amigo a sobrevivir en la India como un buscador de la espiritualidad. Se quedó deslumbrado al aprender cómo subirse a un tren en la India: saltando a la ventana de un tren de tercera clase en movimiento. También compartí con él el arte de pedir comida en caridad y de vestirse como un *sadhu*.

Un anciano *swami* nos informó sobre una peregrinación a Amarnath, una famosa cueva situada en lo alto del Himalaya, en Cachemira. Dijo que cualquier alma lo suficientemente afortunada como para completar el riguroso peregrinaje sería bendecida con un gran mérito espiritual. Gary estaba más que listo para la aventura, y yo también. Decidimos partir.

Una vez más, regresamos a la India montados en la parte trasera de un camión hasta Raxaul, y luego hasta Patna, donde le presenté a Gary a Rama Sevaka Swami. Swami estaba muy feliz de verme nuevamente, y yo aún llevaba el palo que me había regalado. Gary nos contemplaba maravillado, sorprendido del tipo de amigos que había hecho.

Desde Patna viajamos hacia el oeste en tren. Gary estaba especialmente interesado en hacer una gira por Benarés desde la perspectiva de *sadhu*. Durante nuestra estancia allí, visitamos el famoso templo Kasi Viswanath por la mañana temprano. Las campanas de bronce sonaban, los sacerdotes del templo invocaban himnos y las espirales del humo del incienso se elevaban y se disipaban en el aire. Oré: «Señor, anhelo conocerte y amarte. Por favor, muéstrame el camino que debo seguir». Algo me sucedió en aquel momento. Me sentí inundado por un sentimiento de esperanza, y me invadió la seguridad de que, si simplemente me volvía humilde ante el Señor, todo se revelaría. Sentía que su mano se extendía hacia mí y que algo especial estaba a punto de ocurrir en mi vida.

En la estación ferroviaria de Benarés, nos escurrimos en un tren saturado de cuerpos humanos, apretados miembro a miembro en mitad del sofocante calor del monzón. El silbato sonó, y la locomotora a vapor comenzó a bombear como un fuelle nubes de humo, a la vez que el vapor silbaba. Las pesadas ruedas de metal se pusieron en movimiento, el tren se sacudió y emprendimos el camino.

La tormenta del monzón se desencadenaba con furia y convertía campos agrícolas en lagos de lodo que paralizaban la locomotora. Pasamos horas estancados allí. En el calor extremo, tratando de superar la incomodidad física, anhelaba escuchar el silbato que indicara el comienzo de la marcha.

Casi dos días después, el tren comenzó a alejarse de los campos y, antes del amanecer, se detuvo en una estación desconocida. Gary y yo nos escapamos por una ventana hacia una plataforma con el fin de encontrar algo de alivio antes de retomar la travesía. El aire fresco era algo glorioso. La plataforma del tren, atiborrada de gente y escasamente alumbrada, se veía sucia y en ruinas. Para nosotros, no obstante, era como un paraíso, un lugar donde podíamos encontrar agua para beber, aire para respirar y espacio para mover el cuerpo. Pero mientras nos estirábamos, sonó el silbato, la locomotora se puso en marcha y el tren comenzó a moverse. Comenzamos a correr desesperadamente junto al tren, con la intención de introducirnos por la ventana, pero no logramos penetrar en la masa de gente que se encontraba dentro. Lo intentamos ventana tras ventana y puerta tras puerta hasta que, finalmente, el tren desapareció por las vías y nos dejó atrás.

Nos quedamos allí parados, perdidos en un lugar extraño, sin saber cuánto tiempo pasaría hasta que llegase el siguiente tren. Gary me miró y me preguntó:

—¿Ahora qué?

9

ERAN LAS CINCO DE la mañana y el sol salía. Sin saber qué hacer o adónde ir, me quedé con mi amigo en la plataforma, que bullía de gente que salía del tren y de los que se empujaban por subirse. En medio de todo, una extraña sensación de satisfacción me invadió el corazón. Era similar al sentimiento que había tenido mientras oraba en el templo de Kasi Viswanath, la sensación de que algo especial iba a suceder en mi vida. Reinaba un ambiente jovial entre la muchedumbre. Gary y yo nos miramos y, recordando la flor que había determinado nuestra ruta por Europa, decidimos quedarnos quietos por el momento. Después de un tiempo, la estación quedó en calma.

Vi a algunos *sadhus* sentados en círculo sobre la plataforma. Le hice un gesto a Gary para que esperara y yo me acerqué a ellos.

—Disculpen —dije—. ¿Dónde estamos?

Sin decir nada, un *sadhu* me miró a los ojos como si me hubiera estado esperando. Se puso de pie y rompió el silencio.

—Esto es Mathura, el lugar de nacimiento del Señor Krishna. Y hoy es Janmastami, el cumpleaños de Krishna.

Nos invitaron a acompañarlos y Gary y yo caminamos con ellos hasta el lugar donde se celebraba el festival de Janmastami. Al acercarnos a la puerta principal, un *sadhu* me habló.

—¿Sabes algo del Señor Krishna?

—No mucho —admití. Sabía que él era el muchacho azul de la estampa, que su nombre aparecía en el mantra que la Madre Ganges me había permitido oír, y la historia de cómo de niño había roto la vasija de barro para obtener mantequilla con la que alimentar a los monos—. ¿Podría contarme más?

Su cara se encendió de entusiasmo mientras se mesaba repetidamente la barba. Así, comenzó a hablar.

—Krishna es nuestro nombre para el único Dios de la creación. Él no tiene principio ni fin, no nace ni muere. El Señor reside en la morada suprema, pero por su dulce voluntad, ha nacido en este mundo muchas veces y ha adoptado muchas formas a través de la historia de la humanidad, todo con el fin de mostrarnos el camino para salir del sufrimiento hacia la felicidad espiritual. —El *sadhu* señaló un enorme patio repleto de peregrinos—. En este lugar, el Señor Krishna apareció por primera vez en la tierra hace cinco mil años. Vengan. Por favor, únanse en la celebración.

Lo que vi dentro avivó mi curiosidad. Una mezquita masiva erigida sobre un pequeño templo subterráneo para Krishna.

—¿Por qué hay una mezquita en el lugar de nacimiento de Krishna? —le pregunté a nuestro guía.

—Previamente, este era el lugar del templo Adi Kesava, uno de los grandes monumentos del mundo, pero en el siglo XVII, el emperador mogol Aurangzeb lo destruyó y construyó una mezquita en su lugar.

—¿Por qué? —preguntó Gary.

El *sadhu* se encogió de hombros, expresando su impotencia.

—Supongo que esta fue la manera de mostrar la superioridad de su religión y su poder sobre los subyugados hindúes. —Una sonrisa de esperanza le volvió al rostro—. Pero hay un plan para construir un templo majestuoso dedicado al Señor Krishna justo al lado de la mezquita. Muy pronto se erigirá. De todos modos, este lugar es sagrado más allá de lo que el hombre haga. Ahora entremos a celebrar.

El ambiente dentro del patio era, sin duda, de celebración. Miles de adoradores esperaban en fila para entrar en el pequeño templo subterráneo del Señor Krishna, y arriba se congregaban legiones de personas más. Se mirara donde se mirara, había gente festejando. Cientos de personas bailaban y cantaban al ritmo de la música de los tambores, flautas y címbalos. Los ancianos eruditos tomaban su lugar y daban clase a sus seguidores. Sobre un escenario improvisado decorado con colores brillantes, guirnaldas de flores y telones pintados, unos actores vestidos con ropas extravagantes revivían la historia del advenimiento de Krishna. Mientras tanto, los sacerdotes vertían oblaciones de mantequilla clarificada en el fuego sagrado a la vez que cantaban mantras de los Vedas, o antiguos libros sagrados en sánscrito. Sonriendo y cantando, los devotos se lanzaban polvos de colores mientras se trasladaban de un evento al otro. Incluso vimos hindúes con marcas de arcilla en la frente y musulmanes de barba vestidos con sus gorros tradicionales riendo y bailando juntos, absortos en las festividades. Los ermitaños también las celebraban sentándose a un lado, cantando en voz baja y concentrándose en el rosario. Durante los festejos, las clases, las canciones y las conversaciones, oía frecuentemente a devotos decir la palabra «Vrindavan», y me daba cuenta de cuán querido era aquel lugar para ellos.

Pasamos todo el día disfrutando del maravilloso espectáculo y la música de la celebración del cumpleaños. Hacia la medianoche, la muchedumbre caminaba por los carriles que llevaban hasta el río Yamuna y llenaban el templo de Dwarkadish, cerca de la ribera. De acuerdo con las escrituras, el Señor Krishna apareció en la ciudad de Mathura a medianoche, por lo que todo el mundo esperaba aquel momento. Aunque el templo estaba ya atestado con miles de personas, miles más circulaban por la puerta. La policía trataba en vano de controlar a la muchedumbre con largos palos de bambú.

Ni Gary ni yo habíamos visto jamás una multitud tan grande. Para obtener mejores vistas, nos subimos a dos pilares en el salón del templo y observamos desde arriba esta sorprendente escena. Recorrimos con la vista el variado gentío, que vibraba por la expectación. Cuando las agujas del reloj dieron la medianoche, las puertas del santuario interno se abrieron de par en par para revelar el altar de Krishna. Un tumulto hundido en el regocijo se elevó como la alta marea. Cautivados, la gente en la multitud era completamente ajena a los empujones y a la aglomeración. Jóvenes y ancianos, hombres y mujeres, ricos y pobres, todos se unieron con las palmas juntas en oración y los ojos brillando de devoción. Pequeños círculos de aldeanos cantaban sus propias canciones mientras el resto reía, lloraba, bailaba y, en toda su exuberancia, alababan los santos nombres de Krishna. Para Gary y para mí, colgados de los pilares, el entusiasmo de estos peregrinos era cautivador.

Cerca de las tres de la mañana, encontramos un lugar donde dormir en la ribera del río Yamuna. Nos habían dicho que este lugar en particular, Vishram Ghat, era donde Krishna había descansado personalmente en una ocasión. Al día siguiente, mientras paseábamos por las calles de Mathura, cuatro hombres bien vestidos salieron de un puesto de té para saludarnos.

—Estamos orgullosos de ver extranjeros en nuestra ciudad —dijo el líder—. ¿Les gustaría conocer a nuestro respetado gurú?

—Claro —contestó Gary—. Nos encantaría conocerlo.

—Vamos, amigos —dijo el hombre, haciéndonos entrar al puesto de té—. Hace mucho tiempo, nuestro gurú renunció a los placeres mundanos para descubrir la verdad suprema. Guruji es un erudito que responderá a cualquier pregunta que tengan. Somos unos cuantos entre cientos de discípulos fieles en esta área. Permítanme un momento mientras voy a por él.

Minutos más tarde, apareció el gurú. Era un hombre de unos cuarenta años, con la cabeza rasurada y de movimientos meticulosos. Hablaba un inglés refinado y articulaba con un acento agradable la importancia espiritual de la ciudad de Mathura. Para nuestro regocijo, nos invitó a pasar la noche en su templo. Lo seguimos hasta un pequeño templo en honor al Señor Shiva. En el medio, había un *lingam*, y detrás de él, un tridente de hierro plantado firmemente sobre las cenizas de un fuego sagrado. El *swami* atendió cuidadosamente nuestras necesidades, nos trajo una cena vegetariana y contestó a todas las preguntas que le hicimos.

Al llegar la noche, el *swami* le ofreció a Gary una esterilla de paja donde dormir, y a mí me invitó a compartir su cama de madera. Dormir al mismo nivel que este respetado gurú era un honor que no merecía. Me imaginé cuántos de sus discípulos habrían dado cualquier cosa por estar en mi lugar aquella noche. El *swami* se recostó junto a mí. Luego, en el silencio de la noche, sentí que sus manos me masajeaban el cuerpo.

—¿Por qué hace esto? —le pregunté.

—Es nuestra costumbre demostrar hospitalidad a nuestros invitados de esta manera.

Sin querer ser desagradecido, me quedé callado. Poco a poco, sus manos se deslizaron hacia las partes privadas de mi cuerpo. Mi mente comenzó a nadar en un remolino de miedos. Confundido, le quité las manos de allí. Después de unos minutos, sus manos se deslizaron nuevamente hacia esa zona. Y nuevamente se las quité.

—Por favor, no me masajee. No me agrada.

Me murmuró al oído:

—Te estoy dando las bendiciones de Dios. No soy yo quien lo está haciendo. Yo soy simplemente un instrumento de Dios. No debes resistirte.

La habitación estaba a oscuras, y hacía mucho calor. Me encontraba completamente angustiado. «¿Y si lo decepciono? Tal vez decida castigarme». Pensé en Vasudev y su desafortunada experiencia con un gurú corrupto. «¿O tal vez tenga poderes yóguicos?». Cada vez que el hombre trataba de toquetearme, yo le quitaba las manos. «¿Es esta realmente una costumbre para demostrar hospitalidad?». Su agresividad se incrementaba con cada intento fallido.

Ahora jadeaba de pasión, y se estaba volviendo más insistente. No aceptaba un no por respuesta. Consciente de la afronta, estuve a punto de emprenderla a puñetazos con él, pero me refrené. ¿Cómo podía pelear contra un *swami*? ¿Es eso lo que un *sadhu* suele hacer? ¿Y qué harían sus discípulos si lo hiciera? Sudando profusamente por la sofocante humedad del monzón, permanecí allí y oré por la salvación. Así me decidí. Lo empujé y me puse de pie. Furioso, me sostuvo con fuerza, pero me escabullí. Gary, mientras tanto, dormía plácidamente mientras tenía lugar aquella odisea.

Corrí hasta un callejón desierto y finalmente me pude liberar. Desde una distancia segura, espié al *swami* por la abertura de una entrada, asegurándome de que no le ofreciera la misma «hospitalidad» a Gary. Como un perro guardián, me puse en guardia, listo para socorrer a mi amigo si fuera necesario. Parado en las sombras de la noche, empapado por la tormenta del monzón, me mantuve despierto hasta el amanecer. En todo camino espiritual están aquellos que son sinceros y los que son falsos. La santidad no se determina por un título, un hábito, un corte de pelo o un lugar de residencia. Este hombre, por ejemplo, tenía el título de *swami*; la cabeza rasurada, que indicaba que había renunciado a los placeres mundanos, y el hábito de un *sadhu*. Era un erudito de las escrituras, el sacerdote mayor de un templo y el gurú de muchos discípulos que lo reverenciaban. Aun así, trató de aprovecharse de mí para satisfacer su apetito carnal. La santidad verdadera debe entenderse mediante el comportamiento de la persona. Hacer uso de la autoridad espiritual para aprovecharse de la inocencia es una injusticia grave. Oré para que este incidente no creara dudas en mi mente hacia los devotos sinceros. Gary continuó durmiendo plácidamente toda la noche sin ningún incidente, ajeno a la tormenta que se había desatado tanto dentro como fuera del templo de Shiva.

Por la mañana, Gary se quedó perplejo al escuchar mi descripción de lo que había sucedido. ¿Un gurú consumido por la lujuria? Nuestra inocencia idealizada había sido nuevamente desafiada por el mundo real.

A pesar de habernos quedado varados en Mathura, aún seguíamos con la determinación de emprender nuestro peregrinaje hasta Amarnath, en el Himalaya, pero aquel día, mientras me daba mi baño matutino en el río Yamuna, sentí un intenso deseo de visitar una aldea cercana llamada Vrindavan, de la cual todos me habían hablado. Por razones inexplicables, anhelaba ir a Vrindavan solo, como un peregrino solitario. Gary accedió a que nos viéramos allí al día siguiente, a la hora en que decidimos continuar nuestra travesía hasta Amarnath.

IV

Bosque de gracia

1

VRINDAVAN. LA EXPECTACIÓN ME inundaba el corazón. Mi entusiasmo aumentaba con cada paso que daba por el trecho de trece kilómetros. A ambos lados del asfalto había árboles de tamarindo y campos que derrochaban espacio. Vi pasar lentamente una carreta tirada por bueyes sobrecargada de heno, con las ruedas de madera que crujían mientras los bueyes se esforzaban, bufaban espuma por la nariz y tableteaban el asfalto con las pezuñas. La puerta se abrió, y el conductor, que lucía una sonrisa casi desdentada, me hizo señas para que me subiera gratis. ¿Cómo rechazar semejante hospitalidad? El conductor llevaba las marcas visibles de una vida religiosa: la cabeza rasurada con un mechón de pelo atrás y un lienzo que le rodeaba la cintura. Al llegar a la aldea de Vrindavan, le pregunté dónde estaba el río, y me señaló la dirección.

Unos pasos más adelante, un campesino se encontraba de pie, bloqueando el camino con las palmas juntas en súplica. Al verme, exclamó alegremente:

—Bienvenido a Vrindavan. Todo el que llega hasta aquí es un invitado especial del Señor Krishna. —Me tomó las manos y continuó—. Soy *vrajabasi*, un residente de Vrindavan. Es mi deber hacerte feliz. Permíteme conseguirte comida y un lugar donde quedarte.

—Muchas gracias, pero me encantaría dormir en la ribera del río y pedir comida en caridad.

Inclinó la cabeza y comenzó a desesperarse.

—Por favor, acepta mi humilde servicio. Si no lo haces, ¿cómo podré presentarme ante mi Krishna?

Su humildad era muy difícil de rehusar. Instantáneamente, sentí afecto por aquel *vrajabasi*, y sentí que era como un miembro de mi familia que me estaba dando la bienvenida a mi hogar. Arregló mi estadía en el *ashram* de un anciano y ciego *swami* y se fue.

Aquella tarde dejé atrás el atestado *ashram* para caminar por uno de los exuberantes bosques de Vrindavan. Al caminar, apoyaba los pies sobre sus suaves y finas arenas. Me paseé entre árboles viejos, cuyos troncos se elongaban en forma de espiral, cada uno desplegando un manto de flores blancas, anaranjadas y amarillas con brillantes hojas verdes. Me sentí atraído hacia una manada de vacas que pastaban en los arbustos y que me miraban con los ojos bien abiertos, como si me conocieran de toda la vida. Aunque pareciera raro, yo también me sentía igual. Continué caminando. Escuché un impresionante y prolongado graznido y, al darme la vuelta, vi un pavo real. Las plumas de su brillante cola se habían abierto como un abanico, y su iridiscente cuello se movía con gracia de atrás hacia adelante. Luego, un profundo y resonante mugido me dirigió hacia un enorme toro blanco que se paseaba por el camino masticando perezosamente los arbustos dispersos. Mirando las copas de los árboles, vi una bandada de loros verdes con los picos anaranjados y curvados, y los ojos de color rojo brillante. Se hablaban los unos a los otros hasta que se fijaron en mí y se elevaron al cielo. Los monos de pelaje marrón, caras rosadas y ojos verdes se balanceaban de rama en rama como niños traviesos y gritaban: «¡Chi, chi!». Arriba de la copa de los árboles, se podía escuchar el ruido de las nubes del monzón. El aire perfumado con el aroma de las flores transportaba un cálido vapor que me acariciaba la piel.

Pero de todos los lugares y sonidos agradables, lo que más me elevaba el corazón era el canto de los himnos de los devotos. Las niñas balanceaban las vasijas de barro llenas de agua sobre sus cabezas mientras cantaban: «¡Radhey, radhey!» y bailaban por el sendero de arena a lo largo del bosque, templos, ashrams y casas de techo de paja. Seguí a los niños hasta que alcancé un claro. Allí pude observar con admiración el río Yamuna, que se deslizaba con su majestuosa calma a través del bosque.

Los botes de madera navegaban transportando mujeres vestidas con coloridos saris, hombres con turbantes blancos enrollados de manera informal sobre la cabeza y niños de piernas delgadas y en constante movimiento, absortos en su conversación mientras chapoteaban en el agua. Las cúpulas medievales de piedra roja intrincadamente esculpidas se alargaban en paralelo a la ribera del río, y los vrajabasis se refugiaban del sol y la lluvia bajo ellas mientras cantaban los nombres de Krishna. Las campanas del templo resonaban a la distancia, y mi corazón se henchía de sorpresa y gratitud. Después de recorrer el mundo durante más de un año, sentí que había encontrado mi hogar una vez más.

Vi a un *sadhu* sentado en el hueco de un árbol cerca de la ribera del río, el cual, según me habían mencionado, tenía ciento diez años. Solo vestía un taparrabos de arpillera, y tenía el pelo enrollado sobre la cabeza como si fuera una corona. Su cara avejentada mostraba los pliegues de su piel, y tenía que levantar sus pesados párpados con los dedos para poder ver. Me hizo señas con la mano. Pronto descubrí que era un *mauni baba*, aquel que toma el voto de no hablar nunca y cuyo único modo de comunicación era un trozo de pizarra rota y una tiza. Me acuclillé a su lado y escribió tres palabras grandes en una pizarra de apenas un metro: «La gente cree». Luego borró las palabras con los dedos y continuó escribiendo: «Que los habitantes». Volvió a borrar y escribió: «De Vrindavan». Borró. «Están locos». Borró. «Es verdad». Borró. «Estamos locos». Borró. Luego escribió en letras grandes: «Por Krishna». Esto también lo borró, y escribió nuevamente en secciones: «Si permaneces aquí, tú también te volverás loco». Sonrió como si supiera algo que yo desconocía.

A l día siguiente, Gary y yo nos vimos de nuevo. Dada la muchedumbre que congestionaba la aldea por la festividad, Gary anhelaba escapar a un lugar tranquilo en el Himalaya, pero el bosque místico de Vrindavan me atraía demasiado, y decidí permanecer unos días más. Gary partiría antes, según acordamos, y en cinco días nos veríamos en Brahma Ghat (Hardwar) para reanudar nuestro peregrinaje a Amarnath. Sin duda nos veríamos pronto, de modo que nos despedimos sabiendo que nos reuniríamos.

Durante aquellos pocos días, no vi extranjeros en Vrindavan. De hecho, parecía que el encanto de Vrindavan se ocultaba para Occidente. Me sentía deleitado, ya que había observado que, cuando los occidentales frecuentaban cualquier lugar en la India, el comercialismo se diseminaba como una epidemia. Afectado por el ambiente, en mi corazón despertó un anhelo por saber de Krishna. Ya no tenía libros que leer desde el día que me los robaron en una esquina en Delhi, así que le pregunté a un hombre dónde podría encontrar libros en inglés sobre Krishna y me sugirió ir al hospital Ramakrishna.

Llegué al edificio bien cuidado, entré y pregunté sobre los libros. Las enfermeras y las mujeres de la limpieza me miraban con curiosidad. Me llevaron ante el director del hospital, Shakti Maharaja, un discípulo del famoso yogui Sri Ramakrishna. Entonces trajeron a una mujer mutilada; la había atropellado un autobús justo fuera de la puerta principal y estaba toda ensangrentada. El personal se centró en salvarla de inmediato. Aun preocupado por la crisis, Shakti Maharaja se dirigió a mí y me preguntó:

— ¿Cómo puedo ayudarte?

Sabía que no era un buen momento, y aquella crisis también me había afectado, pero de todos modos le pregunté:

—Maharaja, ¿tiene libros de Krishna en inglés?

Me miró asombrado.

—Esto es un hospital, no una biblioteca. Vuelve si estás enfermo.

—Lo siento, me retiro.

Alargó el brazo y me detuvo.

—No, quédate —me dijo.

Me ofreció un asiento y prometió volver en unos instantes. Al regresar, me dibujó un mapa y me explicó:

—Debes ir hacia el templo de Madan Mohan, todo el mundo sabe dónde está. Muy cerca está el *ashram* de Swami Bon Maharaja. Ellos tienen libros en inglés.

Seguí el mapa, caminé por varias calles y senderos. En la cima de una colina cubierta de hierba, mirando hacia el río Yamuna, se alzaba uno de los más bellos paisajes que mis ojos habían visto jamás. Allí se encontraba un templo de roca de arenisca roja con intrincados diseños esculpidos. Era de forma octogonal, y se elevaba unos veinte metros para luego alargarse y finalmente ensancharse en la parte superior, en un enorme disco en forma de flor. Era el templo de Madan Mohan, de 450 años de antigüedad. Evocaba mucho más que el simple poder y reverencia de un gran monumento religioso: suscitaba un sentimiento de intimidad que rozaba el alma.

Bajé por la colina por un angosto sendero, me acerqué al *ashram* y destrabé la puerta para entrar en un pintoresco patio. A mi derecha había un templo de Krishna; a mi izquierda, un pequeño templo dedicado al Señor Shiva y un jardín de flores con plantas de tulasí, una hierba de la familia botánica del laurel considerada sagrada por los hindúes. Un joven *sadhu* bengalí salió de la cocina mientras se desempolvaba el delantal lleno de harina.

—Bienvenido —dijo, y se presentó como Gopesh Krishna.

Era difícil imaginar que aquel cocinero se convertiría dentro de pocos años en el gurú de aquella misión. Me llevó a una pequeña oficina donde me ofreció agua y un libro en inglés sobre Krishna antes de volver a la cocina.

Leí durante varias horas. Luego, tras colocar el libro en la biblioteca, partí hacia el Yamuna. Pero en la puerta principal encontré a un hombre de unos veinticinco años con ojos azules brillantes y tez blanca. Llevaba la cabeza rasurada y vestía de color azafrán.

—Me llamo Asim Krishna Das. —Sonrió—. Bienvenido a Vrindavan.

Me ofreció un asiento, se retiró y volvió con un plato lleno de arroz inflado y vegetales condimentados. Comí con apetito y le pregunté cómo es que había decidido vivir en la India. Me comentó que su nombre era Alan Shapiro y que provenía de Nueva York. Había viajado por Europa e Israel, y su búsqueda de espiritualidad lo había llevado a la India. Dijo que en el estado de Punjab conoció a un santo llamado Mukunda Hari, que le aconsejó: «Ve a Vrindavan, allí lo encontrarás todo». Asim sonrió.

—Sus palabras fueron proféticas.

Cuando me retiraba, se ofreció a asistirme.

—Si hay algo que pueda hacer para servirte, me complacerá mucho ayudarte.

Al día siguiente deambulé solo por el bosque y al final regresé a la ribera del río, justo debajo la colina del templo Madan Mohan. Debía partir por la mañana temprano hacia Hardwar, donde Gary me estaba esperando. Cuando cayó la noche, me despedí de la tierra de Vrindavan. Pero mi mente estaba dividida. Recostado sobre la arena de la ribera, listo para dormir, pensaba: «Vrindavan atrae mi corazón como ningún otro lugar. ¿Qué me sucede? Por favor, revélame tu divino deseo». Con esta plegaria me quedé dormido.

Antes del amanecer, me desperté con las campanas del templo, las cuales indicaban que era hora de comenzar mi travesía hacia Hardwar. Pero mi cuerpo yacía allí como un cadáver. Jadeando del dolor, no me podía mover. Una fiebre altísima me estaba consumiendo por dentro, y bajo el influjo de las náuseas insoportables, el estómago se me revolvía. Como un rehén, quedé inmovilizado en aquella ribera. El sol salía celebrando un nuevo día, y yo sentía que mi fuerza vital se hundía. Aquella mañana, la muerte habría sido un alivio bien recibido. Pasaban las horas.

Al mediodía, aún me encontraba allí inmóvil. «Esta fiebre sin duda me matará», pensé.

Justo cuando pensaba que no podía empeorar, vi en el cielo nublado algo que me paralizó el corazón. Las aves de rapiña volaban en círculos sobre mí, me clavaban la mirada. Parecía que la fiebre me estaba cocinando para el almuerzo y ellos simplemente esperaban a que estuviera bien asado. Volaban cada vez más y más bajo. Una aterrizó, un ave grande, blanca y negra, con el cuello largo y encorvado y el pico alongado y curvo. Me miró y calculó mi condición. Luego me incrustó el largo pico en el tórax. Se me estremeció el cuerpo, mi mente gritó y mis ojos miraban a mi agresor implorando piedad. El buitre desplegó sus gigantescas alas y se unió a sus compañeros mientras se elevaban en vuelo, impacientes. De repente, mi visión se nubló, y durante unos instantes perdí el conocimiento. Al volver, sentí que ardía por dentro. Transpiraba, temblaba y, en silencio, perdí toda esperanza.

De pronto, escuché que se acercaban pasos hacia donde me encontraba. Un granjero del lugar que estaba apacentando a sus vacas me vio y se apiadó de mí. Me puso la palma de la mano sobre la frente, miró hacia arriba, a los buitres, y, entendiendo mi situación, me subió a la carreta tirada por bueyes. Mientras avanzábamos por el camino, los buitres nos seguían de cerca.

El granjero me puso al cuidado de un hospital de caridad, donde los asistentes me colocarno en la sala de emergencia. Había dieciséis camas alineadas una al lado de la otra. Los pacientes, tanto *sadhus* como pobres, las ocupaban todas. Permanecí allí, sin ser atendido, durante horas, echado sobre una cama cerca de la entrada. Finalmente, el doctor llegó por la noche, y después de realizar una serie de estudios, concluyó que sufría de fiebre tifoidea grave y deshidratación. Sin titubeos, dijo:

—Lo máximo que puede ocurrir es que usted muera, pero trataremos de salvarle la vida.

Me sacó el termómetro de la boca, lo leyó y dijo:

—Nada de sólidos durante una semana. Su dieta constará solo de agua con glucosa.

Con esas palabras partió. Subyugado ante la fiebre y las constantes náuseas, sin energía en el cuerpo y al borde de la muerte, me quedé allí. Había muy poco dinero para tratar a los pacientes en aquella guardia, por lo que solamente recibimos los cuidados básicos. Una vez al día, el doctor hacía sus rondas y le dedicaba unos pocos minutos a cada paciente. Las enfermeras aparecían de vez en cuando, pero ninguna hablaba inglés. Otros pacientes gritaban durante toda la noche, presos de la agonía. La primera noche que pasé allí, murió un hombre. Y la muerte no era más que una bendición para un anciano en la cama al lado de la mía. Soportaba su dolor en silencio. Se echaba a un lado para expulsar orina con sangre en un recipiente colocado a un lado de su cama. Tosía sangre constantemente, a menudo rociándome la cara. Una noche de calor abrasador, mientras me encontraba inmóvil y sumido en el dolor, los pacientes de toda la habitación gritaban, se quejaban y se lamentaban por la agonía del dolor en medio del olor a sudor, moho y excremento. «¿Por qué estoy aquí? ¿Por qué dejé atrás mi hogar y a mi familia y amigos en Highland? ¿Y qué hay del pobre Gary? Nunca sabrá por qué no llegué». Puse mi vida en las manos de Dios y oré: «Soy tuyo. Por favor, haz de mí lo que desees». Entoné las palabras que habían empezado a darme alivio en momentos de angustia en voz baja durante toda la noche: «Hare Krishna, Hare Krishna, Krishna Krishna, Hare Hare, Hare Rama, Hare Rama, Rama Rama, Hare Hare».

A la mañana siguiente, después de enterarse de que me encontraba enfermo, Asim vino a visitarme. Lo acompañaba un apuesto anciano cuyos ojos brillaban de amor espiritual.

—Este es uno de los grandes santos de Vrindavan —dijo Asim—. Se llama Krishnadas Babaji.

Babaji solo vestía un simple trozo de tela blanco alrededor de la cintura que se extendía muy poco bajo las rodillas. Otro trozo de tela le cubría la nuca y le colgaba del pecho. De la cabeza y la cara le asomaba pelo blanco. Con una compasión indescriptible, el anciano Babaji me miró. Luego, me tocó la cabeza y estalló en un grito.

—¡Hare Krishna!

Todos los días los dos venían a darme las bendiciones, y cada día Babaji me llenaba el corazón con un regocijo de sanación mientras que su sonrisa emanaba la bienaventuranza de su alma.

Un día, dos jóvenes médicos internistas se acercaron a mi cama y se turnaron para hacerme responder un cuestionario interminable. Pero yo tenía una pregunta para ellos.

—¿Qué enfermedad tiene ese hombre junto a mi cama?

Uno de ellos puso los ojos en blanco y respondió:

—Tuberculosis contagiosa. —Y agregó—: Por favor, tenga cuidado, señor. Si usted inhala su tos o si una gota de sangre le cae en la boca, también se contagiará.

—¿Qué? ¿Entonces por qué lo mantienen en una habitación tan atestada de gente?

—Es nuestra política. No se pone a nadie en cuarentena hasta no tener los resultados positivos del laboratorio. Desafortunadamente, nuestro laboratorio está cerrado porque el técnico cayó enfermo de tuberculosis. Por lo tanto, no se permiten cuarentenas. —Levantó su paraguas, caminó hacia la puerta y se dirigió a mí—: No hay duda de que el hombre a su lado tiene el germen contagioso, de modo que, por favor, tenga cuidado. Fue un placer conocerlo. Buen día, señor.

Unos días después, aquella pobre alma murió delante de mis ojos.

Un día, sentado en la cama del hospital, le escribí estas palabras a mi familia:

> *Donde hay fe, el temor no puede existir. Que siempre reciban la bendición de gozar de buena salud, de una vida plena, paz mental y amor a Dios.*

> *Richard*
> *Vrindavan, septiembre de 1971*

Después de unos diez días, el doctor me dio de alta con la siguiente instrucción:

—No puede viajar durante un mes. —Me señaló con el dedo y me advirtió—: Por la manera en la que ustedes los *sadhus* viajan, no sobrevivirá. Permanezca en un lugar fijo y coma arroz sin condimentar.

La noticia de que no podía irme me causó ansiedad. Mi primer pensamiento fue para el pobre Gary. ¿Qué habría pensado cuando no me encontré con él en Hardwar? Después de separarlo de todos sus amigos, ahora yo lo había abandonado y dejado solo en la India. ¿Nos volveríamos a ver? Sin embargo, una parte de mí se alegraba de quedarse y descubrir qué más cosas tenía para ofrecerme Vrindavan.

2

KRISHNADAS BABAJI Y ASIM, en un gesto de amabilidad, me llevaron al *ashram* con el fin de que me recuperara. Descansé todo el día. Al día siguiente, Asim me preguntó si me gustaría conocer a su gurú, y yo asentí con agrado. En el patio de árboles de tulasí vi por primera a vez a aquel hombre: una figura majestuosa de alrededor de setenta años sentado en una silla de madera. Tenía los ojos cerrados y cantaba con su rosario. Se llamaba Swami Bon Maharaja, y llevaba la cabeza rasurada y el cabello blanco y corto. Vestía una simple camiseta y una tela color azafrán, típica de *sannyasi*, que le cubría de la cintura para abajo. Cuando escuchó que nos aproximábamos, abrió los ojos lentamente.

—Por favor, acérquense —dijo, indicando con la mano que nos sentáramos en el suelo, próximo a él. Sonriendo, preguntó mi nombre—. Ah, sí, Richard. Estoy feliz de darte la bienvenida como nuestro invitado. No es coincidencia que hayas venido a Vrindavan. ¿Sabes qué es Vrindavan?

Sus formas cálidas me cautivaban.

—Me complacería mucho que me lo explicara.

Depositó su rosario en una mesa próxima, levantó el dedo índice y habló en un inglés perfecto.

—Más allá de nuestra existencia material temporal existe el mundo espiritual o *brahman*. Este es el destino que buscan aquellos que adoran a Dios como algo impersonal. Dentro del mundo espiritual hay planetas espirituales donde el único Señor Supremo reside en sus variadas formas. Vrindavan es el reino más elevado del mundo espiritual.

Comenzó a recitar unos versos en sánscrito para verificar sus palabras. El ritmo de sus palabras me hechizaba.

—Hace cinco mil años —dijo— el supremo Señor Krishna descendió a nuestro mundo y manifestó su propia morada, Vrindavan. Aquellos que sienten *bhakti* puro o devoción aún pueden ver a Krishna exhibiendo sus pasatiempos. —Hizo una pausa, me miró profundamente a los ojos y volvió a decir—: No es casualidad que hayas venido hasta aquí, Richard. Te damos la bienvenida de vuelta a casa en Vrindavan y a nuestro *ashram*.

Los fieles discípulos comenzaron a entrar por la pintoresca entrada de madera para ofrecer su amor. Una mujer de mediana edad se acercó a Bon Maharaja y le entregó una flor dorada. Maharaja se dio la vuelta para hablarme.

—Puedes quedarte con nosotros tanto tiempo como desees, Richard. Serás mi invitado especial —me dijo. Miró hacia el templo, donde Krishnadas Babaji caminaba de un lado al otro cantando con su rosario—. ¿Ves a Krishnadas Babaji allí? —Yo asentí—. Obtendrás gran beneficio espiritual si pasas las mañanas con él. Él es un *paramahamsa*, un alma perfeccionada, absorto en *kirtan*, el canto de los nombres de Dios, día y noche. —Los ojos del *swami* se llenaron de lágrimas mientras glorificaba al anciano Babaji—. Su devoción es una inspiración para todos nosotros. Permanece a su lado por las mañanas y aprenderás la esencia del *bhakti* yoga. Por las tardes, paséate con total libertad por los bosques de Vrindavan y experimenta la atmósfera divina.

Agregó que no me presionarían. Dijo que para los residentes del *ashram* había reglas estrictas, pero que yo era su invitado especial y podía entrar y salir tanto como lo deseara.

—Por favor, ponte cómodo y sé feliz. —Bon Maharaja sostenía una flor entre los dedos—. Todas las mañanas me siento aquí, en este patio. Siempre serás bienvenido a venir y conversar conmigo.

Incliné la cabeza, demostrándole mi gratitud.

—Gracias.

En mi condición enfermiza, sentí su generosidad como un gesto de salvación. Asim también sonreía por la amabilidad que yo estaba recibiendo.

La educación era una misión importante para Bon Maharaja, que fundó una universidad en Vrindavan. Él mismo era sumamente instruido y distinguido por su carácter, el orgullo de una ortodoxa familia brahmánica de Bengala Oriental.

Asim explicó que, cuando tenía veinte años, Swami Bon Maharaja conoció a su gurú, Bhaktisiddhanta Saraswati. Después de escuchar su poderoso mensaje y comprobar su carácter intachable, Bon

Maharaja ofreció su vida al sendero del servicio devocional. Bhaktisiddhanta Saraswati declaraba con audacia que nadie debía ser categorizado en función de la raza, la nacionalidad o la casta, que todos somos almas espirituales, no el cuerpo temporal. Enseñó que la gente debe ser respetada de acuerdo a sus cualidades personales, no por su nacimiento. Exponiendo con valentía la tergiversación moderna del sistema de castas, fue víctima de conspiraciones para terminar con su vida. Bhaktisiddhanta Saraswati enfatizó el espíritu de la devoción genuina, o *bhakti,* y desechó las superficialidades modernas y la seudoespiritualidad. A la joven edad de veinte años, Bon Maharaja tomó los votos de *sannyasi,* celibato de por vida, y comenzó a predicar por toda la India. Fue uno de los primeros discípulos de Bhaktisiddhanta en ir a Inglaterra y Alemania en la década de los veinte.

Todas las mañanas, al amanecer, Asim y yo nos veíamos en el patio para hablar con Bon Maharaja. Luego, Asim se iba a la universidad para asistir a su gurú, y yo me iba corriendo al templo. Allí, desde las ocho hasta el mediodía, Krishnadas Babaji se sentaba a diario solo en el suelo, absorto en el canto de sus canciones devocionales. Yo me sentaba a su lado. Sus ojos irradiaban emoción espiritual, y muchas veces luchaba por contener las lágrimas. Mientras cantaba, tocaba un tambor de barro llamado *mrdanga* por los dos extremos. Aunque su voz era simple, rebosaba un poder devocional que me penetraba el corazón.

Cada mañana, a las cuatro y media, Babaji recibía el honor de liderar la asamblea de monjes en oración. Cuando la oración crecía hacia un *kirtan,* o canto en congregación, todos bailaban en un abandono de júbilo. Mientras tocaba su tambor, Babaji, que era pequeño, delgado y anciano, bailaba desde el templo de Krishna hasta el patio mientras que los demás devotos lo seguían. Al entrar en un pequeño templo de Shiva, cantaba en voz alta y fuerte mientras veinte monjes daban altos saltos y las campanas repicaban. Luego, guiando la procesión por el jardín de tulasís y de vuelta al templo, Babaji culminaba con un final que electrificaba a los normalmente serios monjes, que se volvían locos de regocijo. Así era como comenzaba el día en el *ashram.* Con setenta años, Krishnadas Babaji era como un volcán activo que hacía erupción de devoción cada vez que cantaba las glorias del Señor.

Babaji parecía que nunca dejaba de cantar. Una vez, cuando sufrí de disentería, corrí hacia las letrinas en mitad de la noche y escuché su fuerte y sencilla voz cantando el *maha* mantra desde su habitación. ¿Acaso había algún momento en el que dejara de cantar los nombres de Dios? Fuera la hora que fuera a la que me despertara de noche, me dirigía sigilosamente hacia la ventana de su habitación y escuchaba cómo, recluido en su amor personal, Babaji cantaba el nombre de Krishna día y noche. Nadie en el *ashram* podía determinar cuándo dormía.

Excepto por su arrebato al gritar «¡Hare Krishna!» en el hospital, Babaji nunca me dirigió ni una palabra, y asumí que no hablaba nada de inglés. Una mañana, me levanté tarde y tomé mi baño en el pozo. Con una soga, bajé el balde, lo llené de agua y lo subí. Agachado sobre una roca cerca del pozo, me regué el cuerpo con una vasija de bronce llena de agua. De repente, escuché una voz.

—¿Dónde estabas esta mañana?

Busqué de dónde provenía, pero no había nadie a mi alrededor excepto Krishnadas Babaji. Continué con mi baño. Nuevamente, las palabras resonaron.

—¿Dónde estabas esta mañana?

Busqué a quien me hablaba, pero una vez más vi solamente a Babaji. Lo miré burlonamente. Tal vez él sabía quién me estaba hablando.

Mirándome directamente a los ojos, dijo en inglés:

—¿Por qué no contestas a mi pregunta?

—Babaji —le dije impulsivamente—, no sabía que usted hablara inglés.

—Eso no contesta a mi pregunta.

Desde aquel día, aunque sus palabras más predominantes consistían en «Hare Krishna», me habló en perfecto inglés. Esto me impresionó mucho. En la India, a principios de los años setenta, aquellos que sabían al menos una palabra en inglés, aunque no supieran qué quería decir, se sentían orgullosos de exhibirlo, especialmente a los extranjeros. Pero Babaji Maharaja, que hablaba un perfecto inglés, nunca me dirigió ni una sola palabra hasta que fue necesario ayudar a alguien. Ni un rasgo de arrogancia se detectaba en él. Tal vez esta fuera la razón por la que estaba empoderado a cantar los santos nombres constantemente.

Antes pensaba que la meditación en silencio era el camino de los espiritualistas exaltados y que el canto y la danza eran para gente sentimental, sin realizaciones filosóficas profundas. Krishnadas Babaji hizo trizas aquella idea falsa. No podía negar el poder de aquel conocimiento, el desapego, el amor. Su sendero era el *bhakti* yoga, servicio devocional a Krishna. Claramente, el método para despertar ese amor era su canto de los santos nombres de Dios.

A Babaji lo amaban en toda Vrindavan. En muchos templos, cuando había una función especial, lo invitaban a liderar el *kirtan* y a veces me llevaba. Un día, entramos en un templo lleno de gente, donde cientos de personas cantaban. Krishnadas Babaji eligió sentarse discretamente en la parte de atrás, feliz de poder observar. En cuanto alguien notó su presencia, el *kirtan* se detuvo, y el gurú de aquel templo se acercó a él y le colgó una *mṛdanga* del cuello. La congregación entera le imploró que liderara el canto. Con el primer toque de *mṛdanga*, la muchedumbre se derritió de gratitud. Al ser testigo de aquella manifestación de amor a Babaji, entendí el dicho de que solo aquel que no tiene deseo alguno por la adoración se encuentra calificado para recibirla.

Un día, en Ekadasi, el día de ayuno que se observa dos veces al mes, Krishnadas Babaji pasó la noche entera bajo el sagrado árbol de tamarindo cantando los nombres de Krishna desde el atardecer hasta el amanecer. Me uní a él, y me sentía más que sobrecogido. El anciano no mostraba síntomas de fatiga, mientras que yo luchaba por mantenerme despierto. Me había dado cuenta de que, para Babaji, el ayuno y la meditación de toda una noche no era una disciplina, sino simplemente la manifestación natural de su amor hacia Krishna.

Mientras el sol asomaba, Babaji exclamaba:

—Hace quinientos años, bajo este árbol, el Señor Chaitanya reveló su amor al mundo.

—Babaji —le pregunté—, por favor, hábleme del Señor Chaitanya.

Los ojos se le encendieron. Embriagado por el canto de toda una noche, me explicó.

—El Señor Chaitanya es Krishna, el Señor Supremo, quien descendió hace quinientos años para distribuir el amor a Dios de la manera más fácil. Su aparición se predijo en las escrituras eras atrás. Aunque es Dios mismo, él asumió el papel de un devoto simplemente para predicar con su propio ejemplo.

Babaji alzó la voz con entusiasmo. Era la viva personificación del amor extático, lloraba lágrimas de compasión por todas las entidades vivientes.

—En esta era de riña e hipocresía, la medicina esencial para curar nuestra enfermedad original es el canto de los santos nombres de Dios. El Señor Chaitanya nos enseñó que Dios ha revelado muchos nombres a través de las eras y ha conferido su potencia en todos ellos. El amor a Dios es la naturaleza inherente del alma, y está dormida dentro de cada uno de nosotros, pero lo hemos olvidado. Cantar el nombre de Dios despierta ese amor desde dentro del corazón. —Levantó el puño y exclamó—: El Señor Chaitanya rechazó todas las fronteras sectarias y les dio a todos y cada uno la misma oportunidad de alcanzar la perfección espiritual.

Sus palabras me llegaron como sencillas y ciertas. Anhelaba saber más.

—¿Cuál es la mejor manera de cantar? —le pregunté.

Se le llenaron los ojos de emoción y, cerrándolos, cantó un verso en sánscrito y explicó.

—El Señor Chaitanya enseñó que uno debe esforzarse por ser más humilde que la hojarasca y más tolerante que un árbol, y que debe ofrecer respeto a otros sin esperar ninguno para uno mismo. De ese modo, uno puede cantar los nombres del Señor constantemente. —Acarició el césped que nos rodeaba—. ¿Ves este césped? Está feliz de servir a todos, aunque deba permanecer en la posición más humilde bajo nuestros pies. Cada vez que lo pisamos, vuelve a erguirse para servir. Debemos aprender de su humildad. —Inclinó la cabeza hacia el árbol detrás de nosotros—. ¿Ves ese árbol? Tolera el abrasador sol del verano a la vez que nos provee sombra. Tolera el mordaz frío mientras nos da la leña para mantenernos calientes, y puede permanecer quieto durante meses sin una gota de agua a la vez que nos da frutas jugosas para saciar nuestra sed, todo sin queja alguna. Debemos aprender tolerancia del árbol. El Señor Chaitanya nos enseñó que debemos aspirar a ser humildes sirvientes del sirviente del Señor, solo de ese modo uno podrá saborear el néctar del santo nombre.

Babaji luego se puso en pie y, con una risa que le salía del corazón, me acarició la cabeza y se fue por la ribera del río. Yo me quedé allí, mirando las aguas color azul marino del Yamuna, que, aún ancho por las lluvias del monzón, fluía en profunda calma por los bosques y los campos de Vrindavan. «Sus palabras son como joyas preciosas», pensé, «y como las pone en práctica de forma tan sincera en su propia vida, me penetran profundamente en el corazón». En aquel momento, una paz renovada brotó desde dentro de mí. Sentí que estaba exactamente donde necesitaba estar.

3

P ODÍA SENTIR LA ANGUSTIA de mis padres desde el otro lado del mundo, ya que estaban totalmente imposibilitados para comunicarme sus sentimientos. Durante el año y medio que había estado viajando, era muy raro que me quedara en un lugar el tiempo suficiente como para enviarle a mi familia un mensaje que tuviera una dirección de regreso, de modo que ya había pasado demasiado tiempo sin noticias de ellos. En una carta reciente, había compartido mis experiencias en Vrindavan e incluido una dirección de regreso. Esperaba sus respuestas.

Una tarde, Asim Krishna me entregó tres cartas. Intuyendo el contenido, me las llevé a la ribera del Yamuna. La primera carta era de mi padre. Las lágrimas que había derramado habían borrado palabras y pasajes completos. Solo con tener el papel en la mano podía sentir su dolor. «¿Qué le he hecho a mi padre y a mi madre, que han dedicado sus vidas a brindarme bienestar?». En cada línea, mi padre me imploraba que volviera a casa. «Cada día de culpa y preocupación», decía, «parece durar eternamente. ¿Qué cosas tan horribles te he hecho para que me hayas rechazado así?», escribió. «¿Cómo puedo vivir sabiendo que mi hijo habita en las cuevas y en la jungla, solo y sin dinero?». Firmó: «Tu padre, con el corazón roto». Contemplando la corriente en calma del Yamuna, sentí que se me partía el corazón. Después abrí el segundo sobre. Era de mi madre. Anhelaba saber: «¿Por qué llevas tanto tiempo en el extranjero? ¿Aún no has encontrado lo que andabas buscando? ¿Con qué te vistes y qué comes? ¿Cómo vas de salud?». En toda la carta no hizo más que reiterar su amor.

La tercera carta era de Larry, mi hermano menor y querido amigo. Larry era una persona sencilla y honesta, de modo que ya sabía que todo lo que dijera sería verdad. Me describía la preocupación perpetua a la que había sometido a mi familia entera. De mi madre escribió: «¿Acaso no entiendes el amor de una madre? Mamá está en un estado continuo de confusión. Se preocupa día y noche por tu seguridad, no lo puede evitar». Luego describió la condición de mi padre. «El cabello de nuestro padre está emblanqueciendo. Ha envejecido años desde que nos abandonaste. Mira a la pared como perdido en su dolor. Cuando piensa en ti, que estás viviendo solo en cuevas y junglas, se echa a llorar. ¿Acaso quieres matar a tu propio padre? ¿Es esa tu idea de religión? Tal vez ya no te importe si vive o muere, pero nosotros lo amamos. Si no regresas a casa, serás responsable de su propia muerte».

Me latía muy fuerte el corazón, y oré en silencio para recibir la guía correcta. Contemplando las suaves y ondeantes aguas del Yamuna, mi vida entera se desplegó en mi mente. Me sentía muy agradecido por el afecto de mi familia y odiaba causarles dolor, pero la llama de amor a Dios que me ardía en el corazón era más fuerte que cualquier otra cosa. No esperaba que me entendieran. Recordé lo que había leído sobre grandes personalidades que, en su dedicación a Dios, habían soportado el sufrimiento de romperles el corazón a sus seres queridos. Después de escuchar el llamado de Dios, Abraham estuvo dispuesto a sacrificar a Isaac, su amado hijo. Después de escuchar su llamado en Getsemaní, el Señor Jesús aceptó la crucifixión mientras su madre María lloraba sin consuelo bajo la cruz. Sus apóstoles también dejaron todo atrás para seguir el llamado. Por escuchar el mismo llamado interno, el príncipe Siddharta Gautama dejó a su amada familia para convertirse en Buda. Cuando la voz interna de Dios lo llamó, Shankaracharya, el gran oponente al camino del no dualismo, dejó su hogar, rompiéndole así el corazón a su pobre madre. Y, por nuestro bien, el Señor Chaitanya dejó a su madre viuda en un océano de lágrimas. «Estos santos y avatares son grandiosos», pensé, «y yo soy pequeño. Aun así, me ha embargado el llamado a la divinidad». Pasé el día en la ribera del río Yamuna, rezando por mi familia y por guía.

A la mañana siguiente, en el patio del templo, me senté a los pies de Bon Maharaja y le presenté las cartas. Se le llenaron los ojos de lágrimas mientras las leía. Durante un buen rato, se quedó mirando sin un objetivo fijo, sumido en sus pensamientos. Luego me dijo:

—Hace tiempo, cuando tenía tu edad, acepté la vida de renuncia. Esto causó que mi madre y mi padre sufrieran brutalmente. Fue una gran prueba en mi vida. Romperles el corazón a tus seres queridos es, a menudo, el precio que debes pagar para aceptar una vida de devoción exclusiva. Pero verás que, al pasar el tiempo, ellos entenderán y apreciarán tu vida. De hecho, estarán orgullosos de ti. Mientras tanto, no hay restricciones para que un *sadhu* se encuentre con su padre y su madre. Debes buscar en tu propio corazón.

En mi respuesta a mi padre, escribí:

Mi querido padre:

Una sensación dolorosa me invadió el corazón cuando recibí tu última carta con fecha del 14 de septiembre de 1971. Escucha bien lo que tengo que decirte, no con los oídos, sino con tu dulce corazón. Cada hombre debe elegir lo que él cree que es lo más sagrado en su vida. Si un hombre no sigue sus creencias, su vida no tendrá mucho sentido. Creo con todo mi corazón y toda mi alma que el propósito más elevado que existe es vivir la vida dedicada al único Dios, que rige amorosamente sobre nosotros. Somos sirvientes del mismo Señor. Creo que el origen de todas las riñas entre los hombres y de los sufrimientos radica en olvidar esta gran verdad.

Desde tiempos inmemoriales, siempre han existido políticos, hombres de negocios, soldados, etc., y, junto a ellos, siempre ha habido quien forja el camino de la verdad y lleva una vida religiosa. Pero hoy, la gente se ha vuelto tan dedicada a satisfacer su hambre material que han olvidado a Dios por completo.

¿No es verdad que el hombre más noble es aquel que es humilde, honesto, recto y respetuoso del prójimo? Esto es vida religiosa del modo más contundente, la que creo que debo seguir. Por favor, te aseguro que todo lo que hago es tratar de seguir una vida libre de maldad. Para un hombre de mi temperamento, entrar en un mundo de negocios conllevaría una vida sin sentido ni satisfacción, ya que, cuando un hombre lucha contra su propia naturaleza interna, se arruina a sí mismo. En el presente me encuentro algo afectado.

Por favor, te imploro que me des un poco más de tiempo para fortificar mis convicciones. Cuando eso suceda, organizaremos un encuentro familiar.

Me mantendré en contacto contigo. En Estados Unidos, muchos padres sufren el gran dolor de la separación de sus hijos durante dos o cuatro años debido al Ejército, donde arriesgan su vida por una causa

*originada en el odio. Te ruego solo que tengas fe de que lo que busco es
por el bienestar de todos.*

   *Que Dios te bendiga, mi amoroso padre. Muy pronto te contaré mis
planes, muy pronto.*

*Richard
Vrindavan, India
30 de septiembre de 1971*

A mi madre le escribí una carta describiéndole mis hábitos alimenti-
cios y la ropa con la que me vestía para asegurarle que gozaba de buena
salud. Traté de explicarle mi elección de buscar el significado de la vida.
Le agradecí su amorosa preocupación y le deseé la paz.

Sabía que no podían entender mi llamado. Mis tímidas palabras cier-
tamente perpetuaban su angustia, pero tenía fe en que Dios entendía mi
corazón y que extendería su amorosa mano para ayudarlos.

4

POR LAS NOCHES ME recostaba en la azotea del *ashram* para contemplar el cielo estrellado de Vrindavan. Los pavos reales graznaban mientras los guardias nocturnos protegían la aldea llamándose en voz alta con los nombres de Dios.

Pero, de entre todos los sonidos nocturnos de Vrindavan, el que más me cautivaba era la melodía del mantra Hare Krishna flotando en la brisa que venía desde lejos. A través de altavoces y amplificadores, se escuchaban las voces alternadas de un anciano y una mujer durante toda la noche, lo cual creaba una sinfonía espiritual que agitaba mi corazón. Pensé en el anciano *sadhu* que me había escrito un mensaje con un pedazo de tiza en su pizarra rota. ¿Me estaba volviendo loco por Krishna en esta Vrindavan mágica?

La tradición manda que los devotos circunvalen lugares sagrados como Vrindavan como muestra de devoción. Una noche, una fuerza mística me llevó desde la azotea al camino de polvo serpenteante que recorría la aldea. Guiado por la luz de la luna, caminé por el sendero a lo largo de la ribera que llevaba al bosque, y un sonido me atrajo desde un lugar lejano. Al acercarme, la expectación aumentó. ¿Se trataría de la misma canción que cantaban el anciano y la mujer, la que me había arrullado en el sueño cada noche? Anhelaba saber su origen.

Cuanto más me aproximaba, más fuerte se oía el mantra. Sí, era la misma canción. En poco tiempo me encontré en un pintoresco templo de Hanuman, el mono sagrado que personifica el éxtasis devocional. Allí, un hombre y una mujer estaban sentados en el suelo, cantando a sus casi ochenta años con los ojos cerrados en intensa absorción. Vestían ropa blanca y parecían ser campesinos. Era alrededor de la una de la madrugada, y me uní a ellos en el canto de esta melodía familiar. Cuando más tarde partimos, me invitaron a unirme a ellos nuevamente al día siguiente, a la hora del almuerzo.

A la tarde siguiente, recorrí el camino de polvo hacia el templo de Hanuman. Sin saber por qué, me regocijaba de expectación. Apenas había pasado un minuto cuando un hindú de unos veinticinco años se acercó a mí.

—Maharaji quiere conocerte.

—¿A mí? —le pregunté, tocándome el pecho—. ¿Quién es Maharaji y cómo me conoce? ¿Serías tan amable de hablarme de él? —le pedí.

—Ahora no. Maharaji te está esperando. Hablaremos más tarde.

Me tomó de la mano y me llevó a un patio muy soleado, donde un hombre grueso con una sonrisa beatífica estaba sentado con las piernas cruzadas en una cama de madera, cubierto por una cobija escocesa que le cubría todo el cuerpo. Me acerqué a él. Su cara, enmarcada con vello blanco, brillaba de dicha sobrenatural. Sus ojos casi cerrados parecían penetrar en mí a través de las ventanas hacia los misterios de mi vida. Él era Neem Karoli Baba. Mientras vivía en el Himalaya, había oído hablar de sus extraordinarias cualidades. Sus seguidores lo llamaban afectuosamente Maharaji.

Al acercarme, hablaba en hindi a unos pocos discípulos hindúes que estaban sentados en el suelo, formando un semicírculo alrededor de él. Al verme, rompió en una contagiosa sonrisa y me dio la bienvenida. Elevó el dedo índice y me habló a través de un traductor.

—Has renunciado a las riquezas y comodidades en la búsqueda de la iluminación, y con gran esfuerzo has venido a la India. Ahora viajas solo e imploras por Dios mientras tu familia, desde muy lejos, llora por ti. —Con un elegante gesto de la mano, me indicó que me sentara con los demás—. No tengas miedo —me dijo, de un modo tan serio que se le elevó la ceja y se le apretaron los labios—. Regocíjate en soportar todas las dificultades. Krishna ha escuchado tus oraciones y te ha traído a Vrindavan. Por cantar el nombre de Rama y Krishna, todo se cumplirá, pero —agregó sacudiendo la cabeza— la gente está creando un infierno debido a su adicción a criticar y reñir. No juzgues a tu prójimo ni caigas en el egoísmo.

Parecía saberlo todo sobre mí, y pronunció justo las palabras que necesitaba escuchar. Me sentía encantado y sorprendido.

—Pero casi todo el mundo ha caído en esa trampa. ¿Cómo la evito? —le pregunté. Los ojos le brillaron y sonrió.

—Ama a todos, sirve a todos y alimenta a todos. Sirve como Hanuman, sin egoísmo ni ambición. Esa es la clave para realizar a Dios.

Asumiendo el humor de un niño juguetón, se puso la mano en la boca como si comiera y nos invitó a honrar la comida sagrada.

Al entrar en el salón especial para comer, expresé a mi guía lo ansioso que estaba de escuchar hablar sobre su gurú. Me lo agradeció.

—Soy de una aldea cercana a Nandital, en el Himalaya.

Nos sentamos en filas en el suelo. Un devoto ubicó un plato de hojas frente a nosotros y lo llenó con cucharones de una comida maravillosa. Mi anfitrión iba vestido con una camisa blanca de botones y pantalones. Su ondulado cabello negro y aceitado estaba cuidadosamente peinado. Después de recitar una corta oración, me relató algunos recuerdos de Neem Karoli Baba.

—Maharaji es un *Siddha Purusha*, un ser perfeccionado. He sido testigo personalmente de su conocimiento del pasado, presente y futuro. En realidad, él siempre sabe dónde estoy y lo que estoy haciendo. — Bebió de su taza de barro una refrescante bebida de yogur llamada *lassi*—. Déjame decirte algo más —agregó—. Maharaji a veces está en dos lugares distantes al mismo tiempo. Esto ha sido documentado. Siempre estamos esperando a que aparezca en el momento menos esperado. Es impredecible. En cualquier momento puede aparecer o desaparecer, castigar o elogiar, hablar en rima o decir verdades profundas, instruir a alguien para renunciar al mundo o casarse. Lo que sí sabemos seguro es que siempre consigue sacar lo mejor de nosotros y que nos acerca a Dios. —Sonrió con orgullo—. Neem Karoli Baba, aunque es un yogui serio, puede ser muy encantador con su humor juguetón. Tal como Hanuman.

Me sirvieron *halava* humeante; sémola tostada en mantequilla y cocida al vapor con un jarabe dulce. El exquisito aroma llenaba el salón. Mientras comíamos, Neem Karoli Baba apareció por la puerta. Notó cuánto estábamos disfrutando de la comida y sonrió alegremente. Yo también me regocijé al ver su dulce humor. Personificaba todo lo que nos enseñaba.

—Ama a todos, sirve a todos y alimenta a todos. Sirve como Hanuman.

Al día siguiente volví y encontré a Maharaji rodeado de nuevos seguidores que recitaban la historia de la devoción de Hanuman del *Ramayan*. Paralizado, Neem Karoli Baba temblaba, las lágrimas le brotaban de los ojos. Durante las siguientes semanas, pasé una hora o más cada día sentado a los pies de Maharaji. No daba clases formales mientras yo estaba allí; en su lugar, mantenía conversaciones informales con sus seguidores o cantaba *kirtan*. Me sentí fascinado por cómo respondía a las preguntas con una sabiduría concisa y breve, como por ejemplo: «Simplemente sirve a cada criatura de la creación de Dios con humildad, respeto y amor», o «Simplemente canta los nombres de Rama y todo lo demás se cumplirá». Un día se dirigió a mí con una mirada que parecía requisar mi alma. Luego, levantando un dedo, exclamó:

—¡Eh, eh, eh! Dios es uno.

En aquel momento no era consciente de que la gente de Occidente conocía a Neem Karoli Baba, hasta que llegó una celebridad muy conocida de mi generación: Baba Ram Dass. Un día, sentado a los pies de Maharaji, Ram Dass y un pequeño grupo de occidentales aparecieron inesperadamente en el *ashram*. En su día se lo conoció como el controvertido profesor Richard Alpert de la Universidad de Harvard, un ícono de la contracultura de los sesenta que, junto a Timothy Leary, popularizó el LSD como medio para expandir la conciencia.

Al entrar, Ram Dass inclinó su canosa cabeza humildemente sobre el regazo de su gurú, como lo haría un niño. El afecto manaba del corazón de su gurú mientras tiraba de la barba blanca de su discípulo juguetonamente y le daba palmaditas en la cabeza como a un cachorro. Sonriendo, Maharaji dijo:

—Te estábamos esperando.

Qué maravilloso fue para mí ver a un distinguido erudito de Harvard y poderoso ícono social disfrutar de que lo trataran como a un niño travieso. Maharaji exhibió una blanca sonrisa para todos nosotros y luego movió la mano para señalar:

—*Jao, prasadam*. Ve a almorzar.

Maharaji debió conocer místicamente su llegada sin anunciar, dado que habían preparado un deslumbrante festín en grandes cantidades, más que de costumbre. Tuve el placer de llevar a Ram Dass y a su grupo a algunos de los lugares sagrados de Vrindavan. Un día, participamos en un *kirtan* y en una clase impartida por Anandamayi Ma, quien tenía un *ashram* en Vrindavan. Ella se acordaba de mí y de nuestro encuentro en el Himalaya y, mientras le daba la clase a una gran audiencia, me miró y sacudió la cabeza para reconfirmar la dirección espiritual que dirigía con las palabras.

—Cuando te sea posible, sustenta el flujo del santo nombre. Repetir su nombre es estar en su presencia. Si te asocias con el Amigo Supremo, él te revelará su verdadera belleza.

Cuando terminó el programa, Ram Dass y yo comenzamos una conversación de entendimiento espiritual, pero la noche estaba cayendo, de modo que lo invité a continuar nuestra charla al día siguiente, en su residencia.

Llegué temprano a Jaipur Dharmasala, una casa de huéspedes sobre una calle ruidosa que lindaba con mercerías y puestos de comida, a la vez congestionada de bicitaxis que aturdían con la bocina de goma para desplazar al tráfico de peatones. Baba Ram Dass abrió la puerta mientras la luz de la mañana iluminaba su cara, dándome la bienvenida. Miré detrás de él, a la habitación, que no parecía la residencia de un distinguido profesor, sino la de un simple *sadhu*. Me invitó cortésmente a sentarme en su único mueble: una cama de madera. Después de ofrecerme asiento, él también se sentó de piernas cruzadas, desplegando a los lados su ropa blanca. Estábamos sentados cara a cara. Su pelo blanco se le extendía por la cabeza calva y le caía sobre la espalda y los hombros. La brisa de una ventana próxima movía tímidamente su casi canosa barba. Sus grandes ojos azules brillaban, y las imperceptibles arrugas a los lados se hundían al reír. Sin decir ni una palabra, simplemente miramos nuestros corazones a través del canal de los ojos. Aquellos momentos parecían eternos, y aquella larga mirada afectó mi visión de tal manera que a veces parecía ser un niño inocente y otras un anciano y sabio estoico.

Reflexioné sobre un verso del Bhagavad Gita: «Así como el alma eterna pasa en este cuerpo de la niñez a la juventud y luego a la vejez, el alma, de forma similar, pasa a otro cuerpo en el momento de la muerte». Una paz sublime invadió la habitación. Tal vez pasara media hora así antes de que Ram Dass inhalara profundo, encogiera levemente los hombros y rompiera el silencio invocando «Om».

—¿Puedes contarme algo de tu travesía espiritual? —le pregunté. Estaba ansioso de saber cómo había llegado a la India y cómo había conocido a su gurú. Ram Dass se acomodó y cambió el peso del cuerpo al otro lado en su cama de madera, como preparándose para la narración.

—Hace algunos años —comenzó a decir— vine a la India. Traje una provisión de LSD con la esperanza de encontrar a alguien que entendiera más de estas sustancias que lo que sabíamos en Occidente. En mis travesías me encontré con un *sadhu* estadounidense, Bhagavan Dass, quien me guió a Neem Karoli Baba. Eso fue en 1967. Yo aún estaba atravesando el duelo por la muerte de mi madre. Maharaji vio mi corazón y me consoló con una compasión inimaginable. Sin tener yo que decir ni una palabra sobre mi vida, él pudo leer mi corazón y contarme detalles confidenciales de mi pasado. Sus poderes, combinados con su amor, sabiduría y humor, transformaron mi vida.

—Tuve una experiencia similar cuando lo conocí por primera vez —le dije—. Parecía saber todo de mí.

Baba Rama Dass sonrió.

—Un día, Maharaji me preguntó: «¿Dónde está la medicina?». Al principio me sentí confundido, pero Bhagavan Dass sugirió que estaba preguntando por el LSD. Intrigado, le mostré tres píldoras de LSD y, para mi asombro, se las tragó todas. Yo estaba preparado para monitorear sus reacciones clínicamente, pero no sucedió nada. Nada. ¡Su conciencia estaba más allá del LSD!

Al haber sido yo mismo testigo de los poderes de los yoguis del Himalaya, me reí, maravillado.

Ram Dass estaba sentado con las piernas cruzadas y la espalda erguida. Sus manos descansaban sobre su regazo.

—No pude separarme de la asociación de Maharaji, así que me quedé tanto como pude. Me aceptó como discípulo y me dio el nombre de Ram Dass. Pasé meses en su extraordinaria compañía. Con lo influyente que yo era en Estados Unidos, Maharaji me prohibió que le trajera gente. —Ram Dass sacudió la cabeza sin dar crédito—. No tenía inclinación hacia nada material, ni siquiera dinero, fama o seguidores. Nunca antes había visto a alguien así. —Retomando el amor a su gurú una vez más, su voz comenzó a temblar—: Cuando estoy sentado con Maharaji, siento que albergo amor incondicional hacia todos en este mundo.

Aquel mismo año, 1971, Ram Dass publicó su historia en el clásico *Be Here Now*.

El día pasaba, y una sensación de hermandad crecía entre nosotros mientras compartíamos las realizaciones e inspiraciones que habíamos obtenido en nuestras travesías espirituales. Antes de partir, le confié la preocupación que sopesaba en mi mente.

—La Madre India se ha vuelto mi hogar espiritual. Aún tengo mucho por descubrir, pero temo que me denieguen la ampliación de mi visa y me vea forzado a irme.

Baba Ram Dass cerró los ojos y se sumió en un profundo pensamiento. A pesar de la conmoción exterior de la traficada calle, la habitación estaba en calma. Cerré los ojos también y me dejé llevar por la tranquilidad de la meditación. Pasaron cinco minutos. Cuando abrí los ojos, encontré a Rama Dass mirándome con una cálida sonrisa. Dijo suavemente:

—Puede que tengas que abandonar las fronteras geográficas de la India. Sin embargo, nunca tendrás que dejar Bharata, el espíritu interno de la India.

5

LA DISENTERÍA, UNA ENFERMEDAD por lo demás común para los extranjeros en la India, no tardó mucho en apoderarse de mí una vez más. La debilidad, las náuseas y las repetidas visitas a la letrina se volvieron mi realidad diaria. Sin el desinteresado cuidado de mi amigo Asim, habría sido mucho más difícil. A menudo me tranquilizaba:

—*Bhakti* significa servir con amor y devoción.

Mientras yacía sobre el piso, Asim me traía arroz cocido, yogur y cáscara de llantén de arena. Cada vez que me visitaba, compartía su amor por Krishna y Vrindavan. Así, mi enfermedad se volvió otro episodio que ayudó a cimentar nuestra amistad.

Una mañana, temprano, recuperé la salud, y Asim me invitó a unirme a él en una travesía por las aldeas del interior de Vrindavan. Me dijo que Vraja era el nombre de todo el área de alrededor de la aldea de Vrindavan, y que Krishna había exhibido sus pasatiempos allí. Vraja consistía en unos ciento treinta kilómetros de bosques, campos y aldeas, y más de cinco mil templos de Krishna; algunos eran los más grandes de la India, y otros bastantes pintorescos.

—Te sentirás fascinado por el amor natural de los *vrajabasis* hacia Krishna. —Se le abrieron los ojos azules del entusiasmo—. ¿Vamos?

Unos minutos más tarde, estábamos rebotando en un dilapidado autobús local que no hacía más que crujir. Los campos de mostaza y trigo dorado y sus flores amarillas, que se inclinaban por el viento, se extendían a ambos lados. De vez en cuando, los humildes campesinos a un lado del camino hacían señas al autobús para que se detuviera y poder subirse. Con sus ropas rasgadas, algunos de ellos sufrían de cataratas, enfermedades de la piel o infecciones que no habían sido tratadas, pero eran felices mientras cantaban canciones devocionales, aplaudían y bailaban en el autobús en movimiento. Las mujeres mayores, llenas de arrugas que surcaban su piel oscura y gruesa, levantaban espontáneamente los pies y los brazos y bailaban mientras se cubrían la cabeza tímidamente con saris agujereados. Brillaban con la exuberancia de una niña.

En las aldeas, los *vrajabasis*, aunque pobres, sonreían radiantemente y se saludaban con «Jaya Radhey», el nombre del aspecto compasivo y femenino de Krishna. Amaban a Dios, no simplemente como el creador supremo, sino también como un vecino íntimo de su aldea. Las mujeres sacaban agua del pozo y la llevaban en vasijas de barro redondas sobre la cabeza mientras me sonreían al pasar y cantaban: «¡Radhey, Radhey!». El intenso olor de los redondeles de bosta vacuna seca que se quemaba llenaba el aire desde sus cocinas de barro. Los hombres de la aldea se rasuraban la cabeza cada mes como ofrenda de devoción, y pasaban los días arreando las vacas, sembrando la tierra con los bueyes o vendiendo vasijas a lo largo del camino, a pie. Los delgados niños de ojos brillantes saltaban y jugaban con palos y pelotas. Todos, hombres, mujeres y niños, me sonreían y decían: «*Radhey, Radhey*» al verme pasar. Observé a cientos de aldeanos que acudían a los templos con ofrendas de leche, mantequilla y dulces, algunos orando y otros cantando y bailando para regocijo del Señor. Transitando este otro mundo, reflexioné: «La religión de esta gente no se reserva para los domingos o los días festivos, sino que es intrínseca a cada aspecto de su vida diaria, además de espontánea».

Una tarde, Asim y yo nos estábamos relajando en la colina del templo de Madan Mohan, contemplando el río Yamuna. Sentados sobre el césped mientras los abejorros negros zumbaban un canto meditativo a nuestro alrededor, estiré las piernas y me apoyé sobre una pared de piedra roja. Allí le revelé mi mente.

—Asim —le pregunté—, ¿me puedes explicar lo que entiendes sobre la adoración de la deidad?

Le conté cómo en mis viajes por la India había visto a todo el mundo adorando una imagen tallada del Señor. Los yoguis y *shivaístas* adoraban el *lingam* o estatuas de la deidad del Señor Buda.

—Los seguidores de religiones occidentales condenan todo esto como idolatría —le dije—. Pero los cristianos rezan a las estatuas o pinturas de Jesús, y también a la cruz.

Le conté que, cuando estaba en Italia, había visitado el convento de San Damián en Asís, donde Cristo le habló a San Francisco desde un crucifijo de madera en el altar y le ordenó que restaurara su iglesia.

—Y los judíos ofrecen artículos de veneración a la Torá, mientras que los musulmanes, que también condenan la adoración de ídolos, ofrecen respetos a la Kaaba en la Sagrada Meca.

Sabía que había diferencias tanto en las explicaciones como en los significados de estas formas de adoración, pero veía la idea común que compartían: enfocarse en una forma o sonido que conectara nuestra conciencia a la divinidad.

En aquel momento, Krishnadas Babaji se acercó y nos saludó con su sello característico de «Hare Krishna». Le ofrecimos nuestros respetos con gran dicha mientras pasaba.

Aunque había sido yo quien le había hecho preguntas, me di cuenta de que Asim me estaba otorgando el regalo de poder llegar yo solo a mis propias conclusiones.

—¿Sabes? —continué—, cuando veo la increíble devoción de devotos como Krishnadas Babaji mientras adoran a la deidad, no puedo rechazarlo por considerar que es la adoración a un ídolo. Cuando veo esa conducta elevada y espiritual, no puedo rechazar a esa gente por considerarla idólatra. Ellos parecen estar experimentando el amor a Dios en su adoración. ¿Acaso Jesús no dijo que podíamos juzgar al árbol por sus frutos?

Asim sonrió con la seguridad y el consentimiento de un hermano mayor; luego se inclinó hacia adelante y dijo:

—Sí, continúa.

Le dije cómo, al ver por primera vez la adoración de la deidad en la India, la rechacé un poco, ya que me resultó una adoración extraña y supersticiosa.

—Pero después de pasar tanto tiempo con personas santas, que aceptan naturalmente a su deidad como una forma de comunicarse con Dios, terminé por aceptar que la adoración a la deidad es hermosa. Ahora quisiera entender la filosofía según las Escrituras. ¿Podrías ayudarme?

Asim, quien estaba parado cerca de unos arbustos de tulasí, se tocó la barbilla mientras meditaba y se tomó un momento antes de responder.

—En realidad no estoy cualificado para explicar estas cosas, pero te diré lo que escuché de los labios de mi gurú y lo que leí en las escrituras védicas. —Mientras las abejas se desplazaban de flor en flor, recolectando el néctar, me empapé de sus palabras—. Dios es ilimitado e independiente —comenzó a decir Asim—. Decir que él no puede aparecer en la forma de la deidad es limitarlo. Los Vedas también condenan la idolatría. Desde el punto de vista histórico, han existido tradiciones donde la gente especulaba formas y las adoraba por superstición, sin un concepto claro de Dios, tanto en Oriente como en Occidente. A menudo, a la gente la mueven motivos egoístas o malvados. Este tipo de idolatría es la que ha sido condenada a través de las eras. En la época de la Biblia y el Corán, era algo común entre los no creyentes. Pero este no es el tipo de adoración a la deidad que se aprueba en los Vedas. La legítima adoración a la deidad, de acuerdo con los Vedas, es una ciencia mediante la cual el Señor es llamado con ritos devocionales a aparecer en formas designadas. En estas formas, él acepta nuestras ofrendas devocionales, todo con el propósito de purificar el cuerpo, el alma y las palabras del adorador al fijar en nosotros recuerdo del Señor. El objetivo es complacer al Señor a través de la entrega y del amor.

Una mariposa con alas iridiscentes de color púrpura, rojo y amarillo que revoloteaba a nuestro alrededor se posó sobre el muslo de Asim. Este se quedó quieto, admirando la belleza de la mariposa.

—Mira —dijo con una voz que desbordaba felicidad—, la creación es una galería de arte con obras maestras por donde mires. Anhelo conocer al artista. Todo lo que emana del Señor, todos los elementos materiales, son su energía. Por su voluntad, él puede elegir aparecer en su propia energía como deidad para ayudarnos a enfocar nuestras mentes y nuestros sentidos en servicio amoroso. Así como la electricidad se manifiesta en un bombillo para irradiar luz, Dios puede impregnar a la deidad con su presencia. La electricidad es invisible a simple vista, y el bombillo en sí mismo da luz cuando la energía eléctrica infunde al bombillo con su presencia. Así podemos ver y sentir la luz. De un modo similar, el Señor puede aparecer en una forma tangible como la deidad para ayudarnos a ver y sentir su presencia y así reciprocar con nuestro amor.

Sonriendo, me preguntó si lo que había dicho tenía sentido. Asentí. Una sensación de calma inundó mi corazón.

Aquel año, después de una abundante estación de monzones, Vrindavan se llenó de prados y bosques exuberantes. Era otoño y los días eran cálidos, mientras que las noches se volvían frías. Observé fascinado cómo los residentes de Vrindavan se preparaban para celebrar uno de los festivales más sagrados. Los seguidores del camino del *bhakti* celebran el amor a Dios con el regocijo de su propio amor y festivales llenos de espontaneidad. Por donde quiera que fuera, todos esperaban con expectación la noche de octubre de luna llena. De acuerdo con las escrituras, el *Srimad Bhagavatam*, esta era la noche en la que el Señor Krishna exhibía su danza Rasa. La danza Rasa, profusamente glorificada en el arte, la poesía y el teatro, es una de las revelaciones más profundas del amor espiritual. Toda Vrindavan estaba alborotada de tanto entusiasmo, y las tiendas desbordaban de devotos que compraban decoraciones para sus templos, ornamentos para sus deidades y comida para las fiestas. Aquella noche, los cinco mil templos de la región habían organizado una celebración. Justo antes del ocaso, un grupo de discípulos se reunió con Bon Maharaja en el patio para escucharlo explicar el significado de la danza Rasa.

—Esto no es como cualquier danza mundana donde la gente trata de satisfacer sus sentidos materiales —comenzó a explicar—. Mientras las *gopis* viven como pastorcillas de vacas, representan la expresión más elevada del amor del alma por Dios, ya que complacer al Señor es su aspiración exclusiva. Esta danza representa la intimidad más perfecta entre el alma y Dios, libre de cualquier matiz de deseo egoísta, y por el contrario, está cargada de la bienaventuranza más completa. Aquella noche, cuando Krishna las llamó para que salieran de sus casas con la dulce canción de su flauta, las *gopis* abandonaron todo lo que tenían y se arriesgaron a peligros y al rechazo social con el fin de satisfacer al Señor. Cuando se encontraron con Krishna, el Señor Supremo, él admitió que, durante la creación, no tuvo el poder para corresponder a las *gopis* lo suficiente por su devoción pura. Pero, en reciprocidad, se expandió a sí mismo para danzar simultáneamente con cada *gopi* en sus cuerpos espirituales eternos, por una noche de dicha sin límite. —Bon Maharaja dirigió su vista hacia el sol, que se ocultaba, y la luz rosada del atardecer se reflejó en sus ojos. Concluyó—: Dentro de unos pocos minutos, lo celebraremos orando para que algún día sigamos los pasos de las *gopis*.

Los devotos llevaban todo el día construyendo un trono en el jardín de tulasís del templo de Bon Maharaja. Lo habían realizado entrelazando miles de florecitas fragantes. Mientras la hora de la celebración se acercaba, transportaron ceremoniosamente a las deidades desde el altar hasta el trono en medio de las ofrendas de dulces y platillos salados. La luna se elevaba por el oriente, llena y dorada. En Vrindavan, esta luna *rasa purnima* se celebra como la luna más hermosa del año. Los devotos le dan la bienvenida con canciones compuestas especialmente para la ocasión. Mientras la luna se elevaba cada vez más alto, su luz dorada iluminaba las cuatro direcciones. Entretanto, Krishnadas Babaji cantaba con profunda emoción, y el resto de la gente repetía el canto con alegría.

Me uní a ellos y me centré en la encantadora visión de Radha y Krishna en el bosque de flores de Vrindavan, a la luz de la luna. La luna se elevaba aún más alto y reflejaba su matiz plateado sobre cada hoja y flor. La Madre Tierra parecía encenderse con su toque. Todos brillaban en el baño de dulzura de aquella luna perlada: las deidades, el bosque y nosotros, que los adorábamos. De este modo, cantamos hasta bien entrada la noche para regocijo del Señor.

El tiempo que pasaba en Vrindavan me llegaba profundamente al corazón. En la dulzura de aquellos momentos, pensé en cómo es de incondicional el amor a Dios y qué experiencia más elevada es, en contraste con alcanzar poderes místicos, donde uno puede realizar proezas sobrenaturales o incluso la liberación, donde uno se libera de todos los sufrimientos y ansiedades. En el amor espiritual, como el de las *gopis*, un devoto se entrega por completo al placer del Señor y puede saborear la intimidad del amor a Dios en toda su plenitud.

O tra noche iluminada por la luna, mientras los pájaros nocturnos cantaban melodiosamente en el jardín del templo, Swami Bon Maharaja me miró con atención, sentado en su silla de madera.

—Te he estado observando atentamente, Richard. —Hizo una pausa para prepararme para lo que venía—. Esta noche me gustaría iniciarte como mi discípulo. —Tenía en la mano un rosario de cuentas de madera de tulasí—. He santificado estas cuentas para ti. ¿Estás dispuesto a aceptar?

Una fría brisa corrió por el patio. Mi mente oscilaba entre la gratitud y el dolor. Me sentía honrado por semejante propuesta; no obstante, me horrorizaba pensar en desilusionarlo. No podía aceptar sin la convicción suficiente.

—Me siento en deuda con usted —le contesté con la voz temblorosa— por toda la inspiración con la que me ha bendecido. Pero he dado mi voto de no aceptar iniciación de ningún gurú hasta que me sienta con la plena confianza de que me mantendré fiel para toda la vida. Creo que sería una falta de respeto de mi parte hacia su santidad si me comprometo sin la sinceridad apropiada.

Los ojos de Bon Maharaja se llenaron de lágrimas mientras me tocaba la cabeza.

—Me siento complacido por tu sinceridad. No ejerceré presión alguna sobre ti. Debes seguir tu corazón. Los miembros del *ashram* quieren llamarte por un nombre espiritual, de modo que, si me lo permites, te daré uno. No un nombre de iniciación, sino de afecto. Puedes usarlo hasta que decidas aceptar iniciación. —Asentí—. Te llamaremos Ratheen Krishna Das. Ratheen Krishna significa «Krishna, quien es el auriga de Arjuna», y Das significa «que es su sirviente».

Le ofrecí mis respetos con la cabeza.

—Hay un problema. —Estrechó los ojos—. Todos se quejan de tu cabello largo y desaliñado. ¿Por qué no te rasuras la cabeza como los otros miembros del *ashram*?

—Para mí, rasurarse la cabeza representa comprometerse con un mentor. Hasta que no tome esa decisión, no lo haré superficialmente —alegué.

—¿Al menos considerarías llevarlo un poco más corto? A nuestros invitados no les gusta.

—Si lo complace a usted, Maharaja, lo llevaré más corto.

Mi deseo de complacerlo era más fuerte que cualquier otra preocupación.

Aquella noche, por curiosidad, me miré al espejo. En realidad, había pasado mucho tiempo desde que había visto por última vez mi reflejo o me había peinado. Mi melena estaba bastante enredada, y me llegaba hasta la mitad de la espalda. A la mañana siguiente, Bon Maharaja instruyó a Asim:

—Lleva a tu Ratheen Krishna Das al barbero.

Asim se rio mientras me llevaba a la barbería, un puesto descuidado con la madera descompuesta donde apenas se podían sentar cuatro personas. Me senté en una pesada silla de madera. El barbero se quedó boquiabierto al ver mi melena. Era un hombre pequeño y muy delgado, de unos cincuenta años, con el pecho descubierto, y vestía solo un paño de algodón a cuadritos desde la cintura hasta la parte superior de las rodillas.

—¿Cómo se corta esa cantidad de pelo? —murmuró.

Desesperadamente, lo intentó con todo tipo de tijeras, pero ninguna penetraba, por lo que finalmente convocó una junta al aire libre con otros barberos del lugar.

—¿Cómo se corta tal cantidad de pelo? —repetía una y otra vez.

Después de una larga discusión, decidieron llamar a un jardinero.

El jardinero era un hombre grande y musculoso con un grueso bigote que vestía holgadas ropas de algodón mezcladas con polvo y sudor. Evaluó mi cabeza un tiempo y luego se fue a su depósito a buscar el equipo apropiado. Regresó con unas tijeras de podar que se usaban para cortar arbustos. La herramienta tenía la forma de unas tijeras gigantes. Mi corte de pelo se había vuelto un proyecto elaborado, y el jardinero, el autoproclamado líder del lugar. Señalando con el dedo, dictaba las órdenes.

—Toma su pelo y tira hacia atrás —le decía a su asistente—. Tira más fuerte, más fuerte. Sí, ahora sujétalo tan fuerte como puedas. —Parando a un transeúnte que pasaba por allí, le instruyó—: Sostenga a este *sadhu* en su silla y no deje que se mueva. —Luego le ordenó al barbero—: Usted tome la parte inferior de las tijeras con ambas manos y empuje. Yo presionaré la parte superior de las tijeras hacia abajo.

Con ceremoniosa seriedad, los cuatro hombres se colocaron cada uno en una posición estratégica. El jardinero y el barbero ejercían presión, gruñían y sudaban, utilizando todo el peso de sus cuerpos mientras empujaban las tijeras en ambas direcciones. Decenas de transeúntes se detenían a ver el espectáculo, boquiabiertos. Otros se sumaban al esfuerzo, cada uno usando su propio peso para mover las tijeras. Lo que saliera de aquello sería mi nuevo estilo de peinado. No habría un segundo corte.

Todos en el equipo se quejaban y sudaban, tratando de penetrar el cabello. Poco a poco, sentí el filo cortando mis greñas y vi caer cientos de cabellos de mi cabeza. Entretanto, mi amigo Asim se reía tan fuerte que las lágrimas le brotaban y se le escurrían por las mejillas.

Finalmente, después de unos largos minutos de empujar y tirar, las dos hojas de las tijeras para podar arbustos entrechocaron. Estaba listo. Mi preciado cabello estaba tirado en el suelo como si fuera basura. En su momento, representó mi revuelta contra la guerra, el prejuicio y la superficialidad de la sociedad, todos los ideales que yo consideraba sagrados. Ahora, el barbero los pisoteaba con las sandalias sin reparo alguno. Lo que quedó de mi pelo apenas me colgaba por debajo del cuello. Tal vez fuera el corte de pelo más desaliñado de la historia moderna, pero ya estaba hecho. El jardinero y su barbero, con orgullo, sostenían el espejo.

—Ya está listo, por favor. Por favor.

Con las manos juntas, les di las gracias. Pero preferí no ver.

De vuelta, en la entrada del *ashram*, aparecieron dos estadounidenses muy interesantes. Uno era David, un hombre sincero e inteligente que había sido recientemente el secretario personal de Alan Watts, el famoso autor que mezclaba el misticismo oriental y la lógica occidental. David y yo nos hicimos amigos de inmediato, y compartimos muchas horas de conversaciones espirituales. David, al igual que Asim, hablaba desde el corazón, y era un oyente excelente.

Un día, cinco de los discípulos más prominentes de Bon Maharaja llegaron de Bengala Oriental. El líder, Jagannath, servía como director de escuela y como jefe del pueblo. Era alto, bien arreglado, y tenía los andares de un líder. Aun así, era humilde y respetaba a todos. Aunque era mayor que mi padre, nos volvimos íntimos amigos. Una mañana, Jagannath y sus compañeros vieron a David con una cámara en la mano.

—Señor, por favor, tómenos una foto de grupo —dijo uno mientras todos posaban frente al templo.

David me miró y murmuró:

—Solo queda una foto, y es mi último rollo. Guardaba esta foto para algo especial. ¿Qué hago? Ya están posando.

Decidimos fingir que tomábamos la foto al imitar el sonido de clic mientras posaban. Luego, sin pensar dos veces en nuestro engaño, continuamos con nuestras tareas.

Al día siguiente, me llamó la atención ver a Jagannath solo y llorando en silencio.

—¿Por qué está tan triste? —le pregunté a su amigo. Me fulminó con la mirada.

—Por lo que hiciste.

—¿Qué es lo que hice? —le pregunté asombrado.

—Ayer fingiste tomar nuestra foto mientras posábamos. Aquello fue un vil engaño. Debería darte vergüenza habernos engañado.

Corrí como un relámpago hacia donde estaba Jagannath y le imploré que me perdonara, pero no dijo nada. Al día siguiente, una vez más, le pedí que me perdonara por la tontería que había cometido. Me miró fijamente con su triste mirada.

—Tú eres un devoto de Krishna —dijo—. ¿Cómo puedes tratar a otro ser humano tan indignamente? ¿Acaso no sabes que el Señor Chaitanya nos enseñó a ser humildes como la hojarasca y ofrecer respeto a los demás? El engaño es una enfermedad terrible. —Los ojos se le llenaron de lágrimas mientras giraba la cara. Mirando al cielo, agregó—: Confié en ti como devoto, pero me has decepcionado. Por eso lloro. Lloro por ti, amigo mío, porque sabes muy poco. Un auténtico devoto nunca trataría a alguien de un modo tan mezquino.

Me abrazó y se fue.

Caminando hacia la ribera del río, avergonzado por mi insensibilidad, traté de encontrarle sentido a todo aquello. Reflexioné:

En una sociedad común, una transgresión insignificante como esta pasaría desapercibida, pero en una cultura devocional, un corazón blando y la integridad se consideran sagrados. ¿Qué es realmente la cultura de la devoción? Es muy sutil y a la vez fertiliza el campo del corazón de modo que la semilla del amor verdadero pueda crecer.

Ya había pasado más de dos meses en la agradable compañía de Asim, Krishnadas Babaji y Bon Maharaja, que nunca me presionó para iniciarme. Sin embargo, había un monje en el *ashram* que no podía tolerar que yo hubiera rechazado la iniciación. Un día, me llamó a su habitación y, con el desprecio reflejado en su cara, me sermoneó con palabras muy duras.

—Mírate —me castigó—. Has renunciado a la vida material para vivir como un asceta, pero hasta que no tomes iniciación de un gurú, no tendrás vida espiritual. —Lo miré en silencio—. ¿Sabías eso?

—No —le respondí con timidez.

Se levantó súbitamente de su asiento y me apuntó con el dedo en la cara.

—Te conviertes en un fantasma. Estoy hablando de ti. Vives como un fantasma. Si la muerte te sobreviene inesperadamente, sufrirás terriblemente durante miles de años, vagarás como un fantasma. —Me miró fijamente—. ¿Por qué tomas la misericordia de nuestro gurú como algo tan barato? Debes ceder o irte.

Con tristeza, miré cabizbajo al suelo y le dije:

—Lo siento. Me iré.

Caminando hacia la salida, tomé mi bolso y mi platillo de donaciones y procedí a abandonar el *ashram*. Mientras partía, vi que Bon Maharaja estaba sentado en el patio, de modo que me postré a sus pies y le pedí sus bendiciones para irme.

Se le abrieron los ojos de la sorpresa al escuchar mis palabras.

—¿Por qué nos dejas?

—Maharaja, no quiero ofenderlo.

Le repetí el sermón que había acabado de escuchar. Su expresión demostró su disgusto.

—¿Quién te ha dicho esas tonterías? —me preguntó. Luego, con la ternura de un padre, me dijo las siguientes palabras—: Nunca pensé esas cosas de ti. Tú eres un devoto sincero, te quiero como se quiere a un hijo. No me has ofendido, te lo aseguro. Nunca más tendrás esa presión.

Me sentía agradecido por la amabilidad de Bon Maharaja. No obstante, reflexioné sobre este episodio y sentí que debía irme. No deseaba agitar la mente de sus discípulos. Después de todo, aún continuaba en mi búsqueda, y residir en el *ashram* se reservaba a los discípulos dedicados. Respetando el afecto y la sabiduría con la que Swami Bon Maharaja siempre me bendijo, me quedé unos pocos días más. Luego, después de recibir sus bendiciones, partí hacia los bosques de Vrindavan.

6

VIVIR EN LOS EXUBERANTES bosques de Vrindavan! El río Yamuna me atrajo a su ribera, donde una vez más pude llevar la vida de un indigente vagabundo, durmiendo bajo un árbol diferente cada noche. Solo tenía mi ropa y dos paños de tela sin costuras: uno que se ataba alrededor de la cintura para cubrir la parte inferior del cuerpo y otro que cubría la parte superior. La reclusión era, una vez más, mi anhelada compañera.

A menudo dormía en Chira Ghat, cerca de un viejo árbol de kadamba. Los aspirantes al amor puro por Dios acudían desde tiempos inmemoriales a aquel sitio sagrado para colgar prendas de vestir a modo de reconocimiento simbólico a Krishna por robar el velo de la ignorancia. El árbol de kadamba se consideraba especialmente sagrado en Vrindavan, y sus flores brindaban regocijo a todos. La flor de kadamba, una bolita dorada y brillante del tamaño de una fresa y cubierta de cientos de pétalos en forma de trompeta, tiene una fragancia dulce y embriagadora. Dado que estas flores se asemejan al color de piel de Sri Radha, los árboles de kadamba son muy queridos para el Señor Krishna. Cada noche me arrodillaba bajo un árbol en Chira Ghat y oraba por humildad y devoción. Luego estiraba el cuerpo en la ribera, sintiendo el frío suelo bajo mi piel mientras me quedaba dormido. Mi cama era la tierra sagrada; mi cobija, el cielo estrellado, y para despertarme solo bastaba el distante sonar de las campanas del templo.

Todas las mañanas, a las cuatro, me despertaba en la oscuridad, daba mis reverencias en la ribera para ofrecer gratitud y me sumergía en las sagradas aguas para tomar mi baño. Noviembre se acercaba, y el Yamuna se había vuelto gélido. Muy a menudo me quedaba sumergido hasta el cuello, temblando. Recordaba la letra de una canción que me gustaba mucho en la niñez: «El río Jordán es frío. Enfría el cuerpo, pero calienta el alma». Y luego reflexionaba: «Si soportar las dificultades por un propósito significativo es un placer sublime». Sumergiendo una y otra vez el cuerpo en el agua, meditaba sobre la purificación del cuerpo, la mente y el alma. Luego permanecía de pie, quieto bajo el inmóvil cielo estrellado, orando por un corazón puro. Esta era mi primera meditación cada día. Me sentía muy cerca de Dios. Después, regresaba a la orilla, me quitaba el taparrabos, escurría el agua de la ropa y me la volvía a poner. Sentado en la ribera, meditaba una vez más sobre el mantra Hare Krishna mientras rezaba con cuentas de rosario hechas de madera de tulasí. Cada día comenzaba de esa manera, una experiencia que oré para no olvidarla nunca.

Una noche, mientras el atardecer daba paso al anochecer, me senté bajo el árbol de kadamba y redacté una carta para mi padre. Ya habían pasado dos semanas desde que había hecho de la ribera mi residencia.

Mi querido padre:

Mi larga búsqueda me ha llevado a Vrindavan. Al menos he encontrado algo que atrae mi corazón como la verdad pura. Me ha llevado hasta ahora encontrar las condiciones que he estado buscando. Estas pasadas semanas he descubierto la gran joya que hay que conocer en Vrindavan. Créeme cuando te digo que no estoy aquí por placer ni diversión, sino con toda la seriedad y sinceridad para sacar adelante una misión que no puedo descuidar. Sabes que nunca he tratado de hacerte daño a propósito. Por favor, cree en la importancia de esta travesía para mi vida.

Con todo mi afecto,
Richard
Vrindavan, octubre de 1971

Una tarde tranquila, mientras caminaba por la ribera del Yamuna, unos niños descalzos que vestían pantalones cortos y unas niñas descalzas con blusas de algodón y falda jugaban y reían en total abandono mientras jugaban al críquet con palos y pelotas. Otros niños arreaban vacas, búfalos, cabras u ovejas con palos angostos. Las mujeres paseaban llevando canastas de granos que balanceaban sobre la cabeza, y se cubrían la cara con saris de forma tímida mientras pasaban. A mi derecha, bajo un árbol, se sentaba Krishnadasa Babaji, que cantaba dulcemente los nombres del

Señor. Al verme, dio unos golpecitos en el suelo y me invitó a sentarme con él. Allí observamos cómo un *ferry* llevaba y traía gente por el río. Luego, Babaji susurró:

—Debajo de aquel árbol de tamarindo está el lugar preferido de encuentro de Radha y Krishna.

Intrigado, le pregunté:

—Babaji, por aquí todos aman mucho a Radha. Por favor, hábleme de ella.

Se le llenaron los ojos de lágrimas ante el simple sonido del nombre de Radha. Cerró los ojos y se inclinó hacia adelante.

—Las escrituras y los santos nos enseñan que Dios es uno; aun así, el Señor tiene una naturaleza tanto femenina como masculina. Krishna es el principio masculino y Radha es la potencia femenina. En el mundo espiritual, el Señor reside en estas formas. El amor entre Krishna, quien es el amado, y Radha, la amante, es el origen divino del amor.

—Babaji —le pregunté—, ¿cómo se relaciona este amor entre la naturaleza masculina y femenina de Dios con el que la gente comparte en el mundo?

Krishnadas Babaji respondió:

—Bajo el velo de la ilusión o *maya*, olvidamos el amor extático por Dios, que es intrínseco a nuestras almas. El amor de este mundo es solo un reflejo de él. Buscamos amor verdadero de muchas maneras y olvidamos que se encuentra en nuestros corazones.

Babaji hablaba con humildad. Alzando las cejas blancas, balbuceó:

—Krishna anhela ser conquistado por el amor de su devoto, y por la suprema gracia de Radha, podemos realizarlo. Ella es la naturaleza compasiva del Absoluto y la fuente principal de todo el amor espiritual.

El misterio de Radha, la energía femenina de Dios, me ha fascinado tanto como se me escapa. Después de todo lo que he experimentado, de todo lo que he leído, de todos los *sadhus* que he conocido, nada me ha preparado para el mayor y mejor misterio oculto del yoga: el del *bhakti* o la devoción. Y ahora me estaba enterando de que quien protege ese misterio es Radha. Por primera vez, comencé a darme cuenta de que los santos de Vrindavan habían penetrado en lo más profundo, en el aspecto más confidencial de la travesía espiritual.

¿El secreto? Que más allá de los placeres mundanos y de la liberación en el uno con Dios existe una danza eterna, una noche de amor sin fin y la embriaguez de nuestra propia alma. Y Radha era capaz de abrir las puertas a aquel reino insoportablemente dulce.

El ansia de conectarse con Radha permitía a los yoguis de Vrindavan demostrar aquella humildad tan intensa y genuina. Dejando de lado todo tipo de interés en poderes yóguicos, parecían ahogarse en un océano de amor divino. Mi mente y mi corazón habían sido cautivados por la enriquecedora teología conocida como *bhakti*, el yoga del amor incondicional. Parecía situar las preguntas de mi mente, tanto las ya formuladas como las que no lo habían sido aún, en una perspectiva global. Aunque aún albergaba aprehensión por comprometerme a un camino en particular, sentía que en mi corazón ardían las ansias por seguir el camino del *bhakti*.

Cuando Krishnadas Babaji me bendijo, me puse de pie y caminé por la orilla de la ribera. Me senté allí, mirando el río, y contemplé el secreto de la divinidad femenina. En la iglesia cristiana, la adoración a María, la madre de Jesús, inspiraba tanto amor divino como facciones opuestas. Y el misterio de María Magdalena originó órdenes secretas, simbolismos encubiertos e intrigas. Muchos hebreos vieron al Shekinah como el aspecto femenino de Dios o la novia del *sabbat*, así como hicieron ciertos estudiantes de la cábala. Y dentro del islam, había seguidores de la secta sufí que honraban a la divinidad femenina al venerar a Fátima. Estaba descubriendo cómo, desde la antigua perspectiva de las escrituras védicas, la divinidad femenina ha sido aceptada siempre como verdad.

Observando a Madre Yamuna, admiraba cómo el lado compasivo y que da vida queda a veces invalidado por los elementos de poder y control. Me impresionó cuán importante era prestarle atención al aspecto femenino de lo divino.

Cerca del mismo tiempo en que me fui del *ashram*, también lo hizo mi amigo Asim. Supongo que se agobió ante las constantes exigencias y se impresionó de cómo mi estilo de vida era, simultáneamente, estricto y libre. A menudo nos reuníamos para explorar el bosque de Krishna. Una tarde soleada, mientras Asim y yo hablábamos bajo la sombra de un baniano, nos sobrecogimos ante una presencia poderosa. Al darnos la vuelta, descubrimos a alguien sentado justo al lado de nosotros. ¿De dónde vino? Sus rasgos parecían ser de alguien viejo y a la vez joven. Una sola prenda de vestir de algodón blanco le cubría todo el cuerpo por delante, y sus rizos medio enredados le llegaban hasta debajo del cuello. Tenía unos ojos enormes y una cara redonda y con barba, y exhibía una sonrisa resplandeciente.

—Quien entre en Vrindavan —dijo— queda inmediatamente vinculado a Krishna. Otros adoran a Dios como un gran rey, pero aquí en Vrindavan, Krishna está en casa. —Miró a su alrededor y estiró los brazos hacia el bosque—. Aquí lo amamos como amigo, como niño y como amante.

Contemplamos el bosque y, desde la distancia, vimos un animal que parecía una vaca azulada salvaje escondida entre los árboles. Todo parecía mágico. Estábamos maravillados.

—Al principio —continuó el señor— aprendimos a amar a Dios como creador todopoderoso, destructor y salvador. Pero Dios también es el amante más dulce y perfecto. Las escrituras nos dicen que, en Vrindavan, el juguetón de Krishna es la esencia de toda la belleza y la dulzura.

—Luego, poniéndose de pie, este *sadhu*, que había aparecido misteriosamente del aire, dijo—: Vengan, les mostraré lugares que nunca olvidarán.

Lo seguimos entusiasmados mientras se paseaba por los bosques, junto a la ribera y de templo en templo. Mientras caminábamos, la gente del lugar y los sacerdotes de templo le rendían honores.

—¿Adónde se fue? —preguntó Asim abruptamente.

Miré a mi alrededor. El hombre se había ido y nosotros habíamos sido abandonados en un antiguo templo. Asim le preguntó a un sacerdote anciano:

—¿Conoce al *sadhu* que estaba con nosotros?

Los ojos del sacerdote se agrandaron y su boca se abrió, sobrecogido del asombro.

—¿No lo sabían? —Nos alejó de la muchedumbre y nos llevó a una cámara aparte, donde nos susurró—: Aquel era Sripad Baba. Nadie conoce su edad ni dónde reside. Es un mendigo sin hogar que vaga misteriosamente sumido en un trance embriagador por Dios.

Sripad Baba aparecía místicamente casi todos los días, cuando Asim y yo estábamos juntos. ¿Cómo nos encontraba? Nunca se molestaba en saludarnos. Nunca se molestaba en despedirse. Parecía que su poder era tal que siempre estaba allí con nosotros, de forma visible o invisible.

Sripad Baba parecía saberlo todo sobre cada colina, roca, piedra, piedrita o grano de polvo de Vrindavan y sus áreas aledañas. Caminamos sin rumbo con él durante muchos días, y muchas veces de noche. Una gélida noche de invierno, mientras estaba recostado en la ribera, observé a Sripad Baba sumergido hasta los hombros en las frías aguas, ofreciendo oraciones hasta el amanecer.

Una mañana, en un callejón, una anciana viuda vestida con un sari blanco nos saludó.

—Los he observado caminar por el bosque con Sripad Baba. Ahora vengan conmigo.

Cada paso que daba era penosamente dificultoso; su espalda estaba encorvada, y apoyaba el peso de su cuerpo sobre un bastón de caña de bambú. Cojeaba al andar, y nos contó una historia oscura del pasado de Sripad Baba. Asim traducía del hindi.

—Hace mucho tiempo, cuando Baba era un pequeño que iba a la escuela, él y su amigo disfrutaban haciendo volar cometas durante los recreos. —Hizo una pausa, frunció la cara apergaminada mientras hundía el bastón en el camino, apretó el ceño, nos miró y dijo en voz alta—: El maestro les dio una bofetada y los regañó. —Su cuerpo y voz ahora temblaban—. El pobre niñito estaba tan asustado que no podía entender qué era lo que había hecho mal. Se preguntaba si debía seguir estudiando, si aquel maestro, erudito en todas las materias que él esperaba aprender, aún no había aprendido a amar. En aquel momento, renunció a la escuela y al hogar en busca de Dios. —Dando una vuelta a la llave de la puerta de su casa de ladrillo, nos miró por encima de los hombros—. Con el tiempo, se convirtió en el discípulo de un santo en Vrindavan.

Una noche, Asim y yo nos fuimos con Sripad Baba a un bosque escondido junto a otras cuatro personas. Eran aproximadamente las nueve y media de la noche. A mi lado, en la ribera del Yamuna, estaba sentado un *sadhu* con una cítara tallada a mano atada por la espalda. Sripad Baba me lo presentó como un virtuoso del instrumento, un alumno del mismo maestro que la leyenda de la cítara Ravi Shankar.

—Bueno, es un *sadhu*.

Con un refinado movimiento de cabeza, el citarista nos saludó y cerró los ojos. El cielo parecía tan oscuro como la tinta negra detrás de la luna plateada; cada estrella irradiaba un brillo especial, y todas las gemas encendidas sobre nuestra cabeza danzaban en la destellante corriente del río Yamuna. Muy cerca, escondidos entre las ramas de un kadamba, los pájaros nocturnos cantaban, y desde la distancia, los pavos reales graznaban en la noche que transportaba la brisa perfumada de los jazmines. Entre toda esta tranquilidad, emergía el dulce sonido de la cítara. Las largas y llorosas notas de una antigua raga armonizaban con la sinfonía del bosque de Vrindavan, y cada nota expresaba, a mis oídos, el anhelo del músico por Dios.

Una experiencia abrumadora me inundó mientras escuchaba. Me sentía muy lejos de Krishna. No podía encontrar ni un rastro de amor en mi corazón. Privado de él, ansiaba sentir ese amor, lloraba por ese amor, imploraba por ese amor. De repente, toda la creación parecía irrelevante en la ausencia de ese amor. La cítara también lloraba e imploraba, articulando a la perfección mis aspiraciones.

7

VRINDAVAN ESTABA REPLETA DE milagros para mí, tanto grandiosos como pequeños. Una tarde, mientras caminaba por un sendero en el bosque, me encontré cara a cara con un toro que me embestía. Había una nube de polvo suspendida alrededor de su enorme cuerpo, mientras que de su boca se desprendía una espuma blanca. Me miraba iracundo; abrió la enorme boca para dejar salir un escalofriante bramido. Golpeó el suelo, enfurecido, y sus pezuñas se prepararon para pisotearme. Antes de poder reaccionar siquiera, se detuvo, movió la cabeza hacia abajo y me embistió abruptamente, clavándome el cuerno en el estómago. Me quedé sin aire. Me lanzó con todas sus fuerzas y volé por encima de su cuerpo para aterrizar en el suelo. Mientras yo yacía allí, el toro raspaba la tierra impacientemente con las pezuñas, bufando por los orificios nasales. Se preparaba para atacarme una vez más. Retorciéndome del dolor, pensé que era hombre muerto.

Entonces, un anciano delgado y bien vestido que llevaba un sombrero Nehru apareció en el camino. Gritó unas palabras en la lengua local que hicieron que el toro agachara la cabeza. Para mi alivio, el animal se alejó en silencio. Extendiendo la mano, aquel extraño me ayudó a ponerme de pie.

—¿Te encuentras bien? —me preguntó—. Ese toro estaba demasiado enojado.

Aliviado, revisé mi condición física. Aunque parecía increíble, no había lesiones, y el dolor ya se había desvanecido. Al dar mi primer paso, grité. Una espina me había penetrado el pie profundamente, causándome más incomodidad que el cuerno del toro. Traté de quitarla reflexionando sobre la amabilidad de Krishna: una espina de consuelo para reemplazar el cuerno del toro.

—Estoy bien —le respondí—. Gracias por salvarme la vida.

—Yo no te salvé, Baba. —El anciano sonrió—. Krishna te ha salvado.

Yo fui simplemente su instrumento. —Su voz temblaba de emoción—. Todo lo que Krishna desea de nosotros es nuestro amor.

Me hizo dar la vuelta para examinarme las heridas y me sacudió el polvo de la ropa.

—¿De dónde vienes y por qué estás aquí? —me preguntó. Le expliqué mi situación, y el anciano, fijándose en la posición del sol, anunció—: Llego tarde a una reunión. Puedes venir si lo deseas.

Juntos, caminamos por el polvoriento sendero del bosque. Se quitó el sombrero, que escondía su cabello blanco cuidadosamente peinado, y dijo:

—Te llevaré a la casa de un santo y erudito fuera de lo común. No es conocido por el público, pero las almas espiritualmente elevadas de este lugar lo veneran. Creo que en Occidente se llamaría santo entre los santos.

Nos encontramos con una roca plana que sirvió de puente para cruzar un canal de alcantarillado abierto. Las aguas abiertas negras burbujeaban y borboteaban en aquel foso de un metro de ancho. Ahogándome por el penetrante olor, lo crucé con mucho cuidado. En aquel momento, una familia de cerdos se zambulló en el foso para deleitarse, sorbiendo y tragando el néctar negro y putrefacto. Las heces se les escurrían por la cara, y ellos resoplaban de placer.

Minutos más tarde, nos vimos rodeados de un paraíso verde con flores aromáticas, abejorros zumbando y pájaros gorjeando. Después de una distancia, llegamos a un patio con un pequeño *kutir*, una choza para la adoración.

—Por favor, ven —dijo mi guía, apretando mi puño contra el suyo.

Dentro, sentado sobre una tabla, se encontraba un *sadhu*. Tanto la cabeza como la cara estaban limpiamente rasuradas, representando lo que ahora entiendo como una expresión de desapego a la búsqueda de logros egoístas. Le quedaba un pequeño mechón de pelo en la parte trasera de la cabeza, que representaba el servicio a Dios. Me dijeron que tenía más de ochenta años. Con una gentil sonrisa, se puso las manos juntas contra la frente e inclinó la cabeza.

—Te damos la bienvenida a nuestra familia.

Él era Vishaka Sharan Baba.

Una asamblea de cinco sabios ancianos estaba sentada a sus pies, todos ansiosos por escuchar cada una de sus palabras. Vishaka Sharan

Baba me miró y habló. Mi guía, a quien todos llaman Punditji, traducía del hindi.

—Si uno implora el amor a Dios como un hombre hambriento desea el alimento, el Señor te otorgará el tesoro de lo más difícil de conseguir. —Me tomó la mano—. Por favor, permíteme alimentarte.

La satisfacción de su compañía hizo que recorriera aquel arenoso sendero todas las tardes a las cuatro. Apenas llegaba, Vishaka Sharan Baba me ofrecía con sus propias manos una esterilla donde sentarme y pan sin levadura hecho en casa, o *rotis*, con *gur*, un extracto de caña de azúcar, la comida de la gente más pobre de Vrindavan. Sus seguidores lo exaltaban y estaban ansiosos por hacerse cargo de sus comidas, pero él rehusaba. Deseando sentirse humilde, mendigaba de puerta en puerta incluso a su avanzada edad. Recibiera lo que recibiera, generalmente *rotis* secos y *gur*, se regocijaba al compartirlo conmigo. Aunque me cuadruplicaba la edad, este santo entre los santos y reconocido erudito me trataba con una compasión que me dejaba sin palabras.

Vishaka Sharan Baba llegó a Vrindavan como *sadhu* en 1918 y se quedó allí el resto de su vida. Poco se sabe de su pasado, ya que difícilmente habla de él. En el Himalaya, viví entre santos que practicaban una severa indiferencia al mundo y fui testigo de varios poderes sobrenaturales. Vishaka Sharan Baba no desplegaba aquellos milagros ni torturaba su cuerpo, simplemente se consagraba al servicio devocional. Cuando hablaba del amor de Sri Radha y de los pasatiempos del Señor Krishna, era como un niño inocente, sin percibir que tenía la autoridad de un rey espiritual. En su timidez, escondía sus éxtasis y servía de una forma común. Su presencia me despertaba un gran afecto en el corazón que no podía entender plenamente.

En una ocasión, le pedí a Vishaka Sharan Baba:

—Por favor, dígame lo que a usted le parezca que yo necesite escuchar.

Sentado en su tabla de madera, cerró los ojos y, entrando en trance, comenzó a fluir de su boca una corriente de palabras muy relevantes para mis inquietudes, preguntas y deseos de comprender a Krishna. Yo lo escuchaba mientras Punditji cerraba los ojos y traducía para mí.

—El cuerpo del Señor Krishna es puramente espiritual. Su forma es eterna, llena de conocimiento y bienaventuranza. Tanto las escrituras védicas como la visión de miles de santos coinciden en describir su forma en el mundo espiritual. Aunque su belleza es indescriptible para los sentidos materiales, las escrituras nos dan una descripción lo más cercana a lo humanamente posible. Él es la fuente de toda belleza.

»Su piel es azulada como una nube del monzón recién formada, con la excepción de la palma de las manos y plantas del pie, que son del color rosado del loto. Sus ojos, que lo ven todo, tienen la forma de los pétalos rosados del loto florecido. Su nariz es suave como la flor del sésamo; sus labios, tan rojos como la fruta bimba, y sus dientes, como hileras de perlas. Sus mejillas y frente poseen la belleza de las lunas llenas. Sus orejas, que lo escuchan todo, están decoradas con aretes de joyas en forma de tiburón. Su cabello cae en cascada como la radiante seda negra, enmarcando lujosamente su cara de luna, y va adornado con pequeñas florecillas enhebradas, joyas y una pluma de pavo real. Su cuello despliega delicadamente los diseños circulares de la caracola, y cada uno de sus miembros es más blando que la mantequilla fresca. Aun así, él puede actuar con el poder de un rayo.

»Es ilimitado y supremamente independiente. A través de sus energías, él domina los mundos materiales y espirituales, y se expande para residir personalmente dentro del corazón de cada entidad viviente como nuestro constante amigo y testigo.

»Él supervisa la creación material, a veces como un padre estricto, pero en el reino más elevado del mundo espiritual, Krishna es el supremo gozador. Él comparte su bienaventuranza con todos a través de sus pasatiempos, palabras humorísticas y travesuras. Cuando despliega su pose contorneada para tocar la flauta, cautiva nuestros corazones con su atractivo amor. —Vishaka Sharan Baba continuaba hablando en completo regocijo mientras yo lo escuchaba fascinado—. Y Sri Radha, la contraparte femenina del Señor, tiene la piel del color del oro fundido. Ella es la supremamente compasiva madre de todos los seres vivientes, y sus bellos atributos encantan incluso la mente de Krishna. Pero me siento poco cualificado para comenzar a describirlos siquiera. Su amor es la siempre presente realidad, que insufla fuerzas al mundo espiritual con bienaventuranza eterna.

Su encantadora descripción luego pasó a ser un análisis erudito de las formas más personales de Dios, un perfecto bálsamo para mi mente occidental analítica.

—Uno puede pensar que tal descripción de Dios es antropomórfica o que trata de imponerle cualidades humanas a Dios, pero por el contrario, son los humanos quienes, en un grado minúsculo, han sido bendecidos con las cualidades que se originan en el Señor. Tal y como está escrito en la Biblia: «El hombre está hecho a imagen y semejanza de Dios».

Su concepción de un único Dios era altamente personal; no solo de una manera alegórica o simbólica, sino como una verdad espiritual mucho más allá del ámbito sensual o intelectual. La única manera de acceder a Dios, para él, era a través de la devoción sincera. Sentí que iba obteniendo gradualmente una apreciación más profunda de las razones de aquellas personas para cantar los nombres de Dios, servir al prójimo con semejante humildad y orar a la deidad.

Una tarde, encontré a Vishaka Sharan Baba y a los sabios reunidos alrededor de una vieja radio de madera con la parte superior arqueada, las perillas de metal y una antena. Probablemente era una radio de los años treinta. El ruido de la estática era lo que más se escuchaba, y mi amigo, que me había salvado del ataque del toro, me traducía las noticias.

—La India y Pakistán han entrado en guerra. —Su cara reflejaba angustia—. La cruel guerra es encarnizada, las bombas continúan cayendo, y miles de tropas se hallan en el campo de batalla; ningún lugar es seguro. El Gobierno ha declarado que habrá un apagón, que cortarán la electricidad para protegernos de los bombardeos nocturnos. —Dirigió nuevamente la atención a la voz entrecortada de las noticias—. Estados Unidos ha pedido a todos los ciudadanos estadounidenses que abandonen la India de inmediato.

Me sentía más un *sadhu* hindú que un estadounidense, de modo que ni siquiera me di por aludido ni pensé que aquella advertencia era para mí. Aun así, las noticias de la guerra sin duda intensificarían la preocupación de mis padres. Para asegurarles que me encontraba a salvo, escribí una carta el 7 de diciembre de 1971, el día en que cumplía veintiún años.

Mi querida familia:

Las guerras en esta tierra no son más que una manifestación de la batalla dentro de la mente del hombre. Entramos en la zona de batalla en el momento en el que olvidamos a Dios.

En la actualidad, hay guerra en Vietnam, en Israel y ahora entre la India y Pakistán.

Mientras seamos prisioneros de nuestras pasiones mentales, estaremos en cada uno de estos campos de batalla, pero no se preocupen: me encuentro sano y salvo.

Con afecto,
Richard

Mientras la guerra de Vietnam afligía a mis colegas del otro lado del globo en los Estados Unidos, ahora me encontraba yo mismo en una zona de batalla. ¿Por qué otra guerra? Con la separación de la India y Pakistán en 1947, se habían formado dos territorios en lugares opuestos de la India: Pakistán Occidental y Pakistán Oriental. El 3 de diciembre de 1971, los aviones de Pakistán Occidental atacaron suelo indio en represalia por la ayuda de la India a un grupo de Pakistán Oriental que apoyaba la autonomía de Pakistán Occidental. Se desató una guerra a gran escala entre la India y Pakistán Occidental, una guerra sangrienta con batallas violentas por tierra, aire y mar que dejó miles de muertos y muchísimos más heridos. Después de catorce días, Pakistán Occidental se rendiría, derrotado, y Pakistán Oriental se convertiría en la nación independiente de Bangladesh.

Mientras la guerra seguía su curso, Vishaka Sharan Baba y los ancianos sabios se reunían todas las noches para escuchar las noticias vespertinas por la radio y se les llenaban los ojos de lágrimas de empatía al escuchar que se había derramado tanta sangre. Al apagar la radio, se dedicaban a hablar de Dios, y enseguida la dicha los abrumaba. A la vez, estaban tan felizmente absortos en la realidad espiritual, más allá del nacimiento y la muerte, como angustiados por el sufrimiento humano que los rodeaba.

Vishaka Sharan Baba y sus seguidores me enseñaban la virtud del equilibrio. Era un arte que requería madurez y realización. A través de ellos, aprendí que ser sensible a los problemas del mundo y a la lucha de otros en el plano material no significaba que uno debiera descuidar el plano espiritual. Por el contrario, vi cuán amorosamente Dios despierta de forma natural las cualidades del ser humano ideal: uno que siente compasión hacia todos sus congéneres.

8

U NOS MONOS ENORMES Y enojados gritaban y gruñían mientras
rodeaban a un ternero recién nacido que no dejaba de temblar
y mugir para llamar a su madre con los ojos llorosos, lleno de
desesperación y miedo; con esa escena me encontré al caminar por la
aldea. Busqué un palo para ayudar al ternero, pero la madre soltó un
poderoso mugido y corrió a su lado desesperadamente. Con sus cuernos
y un amor audaz, logró ahuyentar a los monos. Entonces la vaca, cuyos
ojos brillaban por el afecto, comenzó a lamer a su bebé hasta que el ternero se tranquilizó lo suficiente como para mamar la leche de la ubre.

Mientras observaba la escena, recordé la enseñanza del Señor Chaitanya sobre cantar el santo nombre de Dios en un estado mental humilde,
así como lo hace un bebé al llamar a su madre. Al provenir de un pasado
en el que la humildad se veía como una debilidad, me cuestioné seriamente la verdadera humildad y cómo funcionaba, sin saber que pronto
me enfrentaría a una lección inolvidable sobre este tema.

Un día, Sripad Baba nos llevó a Asim y a mí a un antiguo templo. Al
verlo por dentro, observamos una sala cavernosa de piedra roja con un
techo imponente. El templo llevaba mucho tiempo abandonado. En la
semioscuridad, los monos dormían, y los enormes murciélagos negros se
encontraban colgados del borde cabeza abajo, en lo alto de la cúpula, con
las manchas de sus heces diseminadas por el suelo. Pasamos el templo
y caminamos por un sendero resquebrajado que llegó abruptamente a
un fin. Al borde de este, había un alcantarillado de alrededor de sesenta
centímetros de ancho. Sripad Baba, riendo, nos azuzó:

—Vamos, quiero mostrarles un templo muy especial.

Nos apoyamos sobre una piedra y la usamos como puente para cruzar
el foso. Una vez al otro lado, nos encontramos en una casa tranquila,
donde los niños saltaban y jugaban mientras la madre se arrodillaba
frente al fuego para cocinar. «¿Qué tipo de templo podía ser?», me
pregunté.

Para mi sorpresa, dentro de un clóset, pude admirar un altar que albergaba a las deidades de Radha y Krishna. Eran de medio metro aproximadamente. Krishna era de piedra negra, mientras que Radha era de bronce brillante. Se veían muy antiguos. Curiosamente, la familia parecía indiferente a aquellas radiantes deidades que honraban su hogar, pero al acercarnos, vimos a un anciano vestido con andrajos que abanicaba a las deidades del Señor con los ojos inundados en lágrimas. Era un hombre pequeño y delgado de setenta años, de ojos dulces, cabeza y cara rasuradas y extremadamente frágil. Salió del altar y ofreció sus reverencias a cada invitado en el suelo. Apoyado sobre las rodillas, nos dio la bienvenida una y otra vez con lágrimas de gratitud.

—Soy su obediente sirviente —balbuceó—. Por favor, bendíganme. —Hizo un gesto hacia las deidades en el clóset—. Permítanme presentarles a Radha y Krishna. Krishna los ha traído hoy aquí porque ustedes son sus queridos amigos, mientras que yo solo soy un insignificante sirviente. Mi única fortuna es servir. Por favor, permítanme servirles.

Así fue mi primer encuentro con Ghanashyam.

Sripad Baba le habló de nuestro largo recorrido hasta llegar a Vrindavan, y Ghanashyam se maravilló.

—Krishna te ha llamado para cruzar océanos y continentes desde una tierra lejana —dijo Ghanashyam—. Te ha estado esperando desde hace mucho tiempo, y finalmente has venido. —Su voz se quebró—: Sí, finalmente has llegado.

La anciana y pequeña cara de Ghanashyam se veía dulce y frágil a la vez con sus ojitos humedecidos, la nariz redondeada, sus labios finos y unas delicadas arrugas que le daban una expresión de melancolía permanente. Su tono de voz apagado resonaba con un sentimiento similar, pero bajo todo aquello, su corazón y alma estaban inundados de un enorme amor extático que llenaba las vidas de quienes se acercaban a él. Al vernos parados frente a sus deidades, Ghanashyam se sintió pleno de dicha.

Empecé a pasar más tiempo con aquel santo devoto. Cada mañana, a las nueve, me dirigía por aquel precario sendero hasta su templo en el clóset de una habitación. En cuanto llegaba, él me ofrecía el mismo afectuoso saludo.

—Soy tu obediente sirviente.

Este anciano sentía cada palabra que decía. Lo daba todo sin esperar nada a cambio, y le encantaba hacerlo. Anhelaba poder sentir lo mismo algún día.

Una mañana, mientras Ghanashyam y yo estábamos sentados solos, le pregunté cómo llegó a Vrindavan. Este agachó la cabeza.

—Mi historia no tiene importancia —dijo. Luego elevó los ojos y agregó—: Pero merece la pena escuchar la misericordia de Krishna hacia este pecador. —Dulcemente, comenzó a contarme que había crecido en una familia acomodada—. Cuando era joven, mi familia hacía peregrinajes a Vrindavan, y las redes de la misericordia del Señor capturaron mi corazón. Ya no tuve el poder de partir.

Mientras me contaba la historia, Ghanashyam se encogía con mansedumbre. Me contó cómo se horrorizó su familia ante su resolución de renunciar a una carrera prometedora con el fin de permanecer en Vrindavan.

—Me amenazaron con quitarme las riquezas, pero yo no me perturbé. Krishna ya me había robado el corazón. Durmiendo en el suelo y pidiendo pan seco en caridad en la casa de los *vrajabasis*, nunca más anhelé mi fortuna previa. Me sentía agradecido de poder servir a Krishna en su dulce hogar. —Los ojos negros de Ghanashyam se movían como los de un tímido niño—. Mi corazón llevaba mucho tiempo deseando adorar a la deidad. Posteriormente, llegó un día que nunca olvidaré. Mientras estaba sentado bajo un árbol en un jardín cercano, escribí en el polvo del camino el nombre «Sri Radha». Adoré la impresión escrita de su nombre sobre el sedoso polvo durante el resto del día, con flores, canciones y oraciones. Finalmente, al atardecer, borré el nombre de Radha.

—Ghanashyam dejó de hablar. Mirando a sus queridas deidades, luchó visiblemente por contener sus emociones y, después de una larga pausa, continuó su historia—. Mientras borraba el nombre en el polvo, vi algo dorado justo donde había estado. Me intrigué. «¿Qué es esto?», pensé. «Volveré cuando no haya nadie alrededor». A la mañana siguiente, muy temprano, escarbé en aquel mismo lugar donde Radha había estado presente en su santo nombre. —Ghanashyam perdió la batalla por contener sus sentimientos. Las lágrimas le corrían por las mejillas mientras contaba, con una voz temblorosa, el relato de su amor—. Aquel objeto dorado que tocaron mis dedos era la parte superior de la cabeza de mi Radha. Su deidad emergió ante mí por debajo de la tierra, y parado allí frente a ella, bajo la tierra, también estaba la deidad negra del Señor

Krishna. En la base estaba escrito su nombre: «Gopijana Vallabha», el Amado de las Pastorcillas de Vacas. —Su voz se quebró nuevamente—. Pero yo no tenía nada, nada. ¿Qué podía hacer por ellos? —Ghanashyam miró dulcemente a sus deidades y murmuró—: No sé por qué lo hicieron, pero se pusieron a mi cuidado, de modo que los he atendido día y noche. Al comienzo, algunos transeúntes donaban comida para que yo se la ofreciera. Durante mucho tiempo, los adoré bajo un árbol. Luego, los antepasados de mi familia, sintiendo compasión al ver a Radha Gopijana Vallabha sin un hogar, ofrecieron su clóset como refugio. Los he estado adorando aquí durante más de cincuenta años.

Las semanas pasaban, y mi inspiración aumentaba paralelamente al estudiar la personalidad de Ghanashyam.

—Soy tu obediente sirviente, soy tu obediente sirviente —decía mientras trataba de darme todo lo que tenía.

Juntos cantábamos para Gopijana Vallabha o los abanicábamos con abanicos de pluma y pavo real. Día tras día, Ghanashyam insistía en que comiera el *prasadam* del Señor, tres *rotis* de Vraja. Los *rotis* de Vraja son la comida más popular para la gente de Vrindavan. Aunque desde un punto de vista ordinario no es nada más que un trozo de pan sin levadura seco y plano, para aquellos que tienen fe es una misericordia inestimable. Cosechado en la tierra de Vrindavan y cocido y ofrecido a Krishna por las manos de un devoto, el *roti* de Vraja se considera un sacramento. Con gratitud, comí los *rotis* de Vraja de Ghanashyam.

Una tarde, mientras me bañaba en el río, vi a un *sadhu* que me resultó familiar. Esperaba recibir de él la acostumbrada bendición que aquel Baba siempre ofrecía, pero por el contrario, me sorprendió su reprimenda hostil.

—Por tu culpa —me gritó desde la orilla opuesta del río—, Ghanashyam se está muriendo de hambre.

—No entiendo —le grité.

Me miró intensamente.

—Un *vrajabasi* le trae tres *rotis* a diario. Ese es su único alimento, y cada día te los comes todos tú. ¡Qué mezquino eres!

—¿Qué? —dije jadeando mientras subía por la orilla—. No es posible. Por favor, créame, no lo sabía.

Al día siguiente Ghanashyam me hizo sentar en el suelo de su sencilla morada y, con todo su amor, me sirvió los *rotis* de Vraja. Retiré a un lado el plato de hojas.

Arriba: El autor con B. K. S. Iyengar.
Abajo: Los ghats de cremación en Benarés.

Arriba: Reunión con el presidente de los estados unidos, Barack Obama.
Abajo: Reunión con la presidenta de India, Smt. Pratibha Devisingh Patil.

El autor fue rechazado en la frontera de India, pero le prometió al oficial de inmigración que haría algo bueno por el pueblo de India se lo dejaban pasar. Convencido, el oficial le concedió el paso. Hoy, Radhanath Swami ha cumplido su promesa al establecer el programa *Midday Meal* (www. radhanathswami.com/activities/midday-meal/), que alimenta a miles de niños en los barrios pobres de Mumbai (*arriba*), y el hospital Bhaktivedanta (www.radhanathswami.com/activities/bhaktivedanta-hospital/) (*abajo*).

CHINA

TIBET

HIMALAYA

Indus River

MOUNTAINS

N E P

Manali

Pathankot

Dharamshala

Lahore

Hussainiwala

Firozpur

Debra Dun

Kurukshetra

Uttar Kashi

Dev Prayag

Rishikesh

Haridwar

New Delhi

Vrindaban

Mathura

Agra

Ganges River

Yamuna River

Pokhara Valley

Kathmandu

Swayambhunath

Bodhnath

Pashupatinath

Ayodhya

Raxaul

Janakpur

Bagmati River

Sarnath

Patna

Prayag
(Allahabad)

Varanasi

Bodh Gaya

INDIA

C

Ganeshpuri

Bombay

ARABIAN SEA

Goa

BAY

OF

BENGAL

—No tengo hambre hoy, no comeré.

Al escuchar mis palabras, Ghanashyam se sintió mortificado.

—Debes comer. Esta es la comida de Gopijana Vallabha. La guardo solo para ti.

La rechacé. Con las manos juntas y temblando, me rogó:

—¿No aceptas mi servicio debido a mis pecados? Por favor, cómete los *rotis*.

Se me partía el corazón. Le dije:

—Ghanashyam, te estás muriendo de hambre porque yo te estoy quitando todos los *rotis*. Puedo comer *rotis* en cualquier lado, pero tú nunca sales de aquí.

—Pero tengo muchos *rotis* —insistía Ghanashyam—. No hay escasez. —Una vez más, apoyó el plato frente a mí—. Por favor, te imploro que comas y disfrutes.

Nuevamente, retiré el plato hacia un lado.

—Si tienes más *rotis*, entonces muéstramelos.

—No hace falta, no hace falta.

Habló en voz baja, con un tono agudo que temblaba de desesperación.

—Me niego a aceptar tu único alimento hasta que me muestres más.

Levantó la voz para hacerme entrar en razón.

—No hace falta, no hace falta. Están en esa habitación.

Enseguida me levanté y busqué en la habitación, pero no encontré nada.

—Ghanashyam, aquí no hay *rotis*. Te has estado muriendo de hambre por mi culpa. Por favor, cómete esos *rotis*.

Los ojos de Ghanashyam se llenaron de lágrimas mientras revelaba lo que tenía en su corazón.

—Tú eres amigo de Gopijana Vallabha, pero yo solo soy el sirviente de sus sirvientes. Mi única felicidad en la vida es servir a los devotos. Te imploro que disfrutes de estos *rotis*, por favor. —Con las manos juntas, me imploró—: Te ruego encarecidamente que no me prives de lo único por lo que vivo.

Rompí a llorar al hallarme frente a tanto amor desinteresado. Para regocijo de mi querido Ghanashyam, me comí todos los *rotis*.

Al día siguiente, llegué dos horas más tarde de lo habitual, asumiendo que ya se habría comido los *rotis*. Ghanashyam se llenó de dicha.

—Krishna Das, Ratheen Krishna Das, por fin has llegado. Gopijana Vallabha te ha estado esperando.

No podía creer lo que estaba viendo. Los *rotis* estaban aún en el altar. Ghanashyam me explicó:

—El Señor no honrará mi ofrenda hasta que tenga la compañía de un amigo. Krishna ha guardado estos *rotis* solo para ti. —Con estas palabras, puso todos los *rotis* ante mí para que me los comiera—. Solo cuando tú comas, Sri Radha me aceptará como su sirviente.

Una vez más, me sentí derrotado.

Un día, un alma caritativa le donó ropa nueva a Ghanashyam. La miró tímidamente y exclamó:

—Este cuerpo solo acepta los remanentes usados de los devotos.

Ghanashyam solo vestía ropa usada de los *sadhus*. La consideraba invalorable.

Una noche, encontré a Ghanashyam sentado solo, cantando hermosas ragas y tocando un pequeño armonio. Absorto en su devoción, no se percató de que yo había entrado en la habitación. Aunque no podía entender el lenguaje de su canción, la dulzura de su amor lo revelaba todo. A veces, su voz se estremecía de felicidad. Otras, expresaba la nostalgia del sentimiento de separación de su amado. Me habían dicho que, en su juventud, él había sido un músico de la corte en el palacio del rey. Estaba tan absorto en su canto que pasó una hora hasta que se dio cuenta de que yo había llegado. Al verme, su cara irradiaba alegría.

—Krishnadas, has llegado.

Me preguntó si lo ayudaría a acostar a las deidades aquella noche. Durante cincuenta años lo había hecho noche tras noche, pero ahora, en su vejez, estaba muy débil para alzarlas. Me sentí honrado.

Mientras partía, me preguntó:

—Krishnadas, ¿dónde dormirás esta noche?

—En la ribera del río Yamuna, donde lo hago todas las noches.

Me tomó de la mano y me dio un coscorrón en la cabeza como lo haría un padre preocupado.

—Pero estamos en mitad del invierno. Duerme esta noche aquí, por favor.

Él durmió en el suelo de un angosto pasillo fuera del clóset. La familia, moviéndose dentro de la casa, caminaba pasándole por encima. Al verme yaciendo en el suelo, Ghanashyam me tapó con la única cobija que tenía.

No podía permitir que aquello sucediera. Arrancándome de encima la cobija desgarrada, se la entregué.

—Esta es tu cobija. Debes usarla.

—No hace falta, no hace falta —dijo en voz alta, negándose a aceptar la cobija.

—Eres anciano, y yo soy joven. Tú debes usarla.

Nuevamente, le entregué la cobija.

Pero insistió:

—No hace falta, no hace falta.

La conversación desembocó en una discusión. Cuando insistía, lo amenazaba con volver al río. Tiré la cobija al suelo y salí iracundo hacia la puerta.

—No hace falta, no hace falta. —Levantó la cobija—. La usaré yo.

De modo que me quedé acostado a su lado, en posición fetal para mantenerme caliente en aquella fría noche de invierno, y me quedé dormido. Más tarde me desperté, preguntándome por qué me sentía tan abrigado. Miré a Ghanashyam, que estaba acostado sobre el suelo temblando como una hoja en medio de una tormenta. Sobre él no había ninguna cobija. Me di cuenta de que, cuidadosamente, había colocado la cobija sobre mi cuerpo mientras yo dormía. En silencio, lo cubrí con ella.

En cuanto la cobija lo tocó, se puso de pie y gritó:

—No hace falta, no hace falta. Tú eres el amigo de Krishna. Tú debes disfrutar de un sueño saludable.

—Entonces me iré al Yamuna —le insistí, enfadado, mientras me dirigía hacia la puerta.

Una vez más, accedió a aceptar la cobija desgarrada, pero más tarde, me desperté sintiéndome bien y abrigado. Allí estaba mi querido amigo Ghanashyam con su frágil cuerpo temblando violentamente de frío. Traté nuevamente de cubrirlo con la cobija.

—No hace falta, no hace falta.

Ghanashyam adoraba servir a todo el que conocía. En cincuenta años, nunca abandonó el área de los alrededores del pequeño templo excepto para traer agua para el Señor. En realidad, no podía ni imaginarse abandonar a sus deidades, a cuyo servicio él había dedicado su vida y su alma.

Una mañana, muy temprano, mientras iba de camino al río, me sorprendí al ver la anciana figura de Ghanashyam en un callejón solitario, tropezándose y cayéndose. Corrí a ayudarlo. Con gran dificultad, trataba de llevar un balde de agua que traía desde el Yamuna para bañar a sus deidades. Después de unos cuantos pasos, se quedó sin aliento, exhausto.

—Ghanashyam, por favor, permíteme llevar el balde.

Con una aguda mirada, me respondió:

—No hace falta, no hace falta.

No podía soportar verlo esforzarse de aquella manera.

—Por favor, por favor, soy joven. Lo tendré en tu templo sin dificultad en cinco minutos. Eres muy anciano y estás débil. Tu tardarás media hora. Por favor, permíteme llevarlo.

La inocente sonrisa del anciano Ghanashyam irradiaba en su cara mientras me decía:

—Tú eres el joven amigo de Gopijana Vallabha. Tú debes disfrutar. Yo soy su viejo sirviente, mi vida es servir. Ahora ve y disfruta de Vrindavan. Eso me hará feliz.

Su humildad me derretía el corazón a la par que me preocupaba.

—Por favor, nada me haría más feliz que llevar el balde.

Tomé la manija del balde y tiré hacia mí. El cuerpo entero de Ghanashyam permanecía tenso como un árbol. Parado inmóvil, tomó la manija del balde con todas sus fuerzas. Se sostuvo a ella como lo haría un hombre desesperado agarrado de la soga en un precipicio que lo separa de la muerte.

Sus ojos me miraron con desesperación.

—Soy un pobre hombre ya anciano. Mi única riqueza es mi servicio. —Se le enrojecieron y se le hincharon los ojos en un torrente de lágrimas—. Si me quitas mi servicio al Señor, me quitarás la vida. Por favor, permíteme vivir. Por favor.

Mi corazón se hizo trizas. ¿Qué más podía hacer? Le devolví la vida, y su balde.

Pero al notar él mi ansiedad por su estado, consintió que lo lleváramos juntos, lado a lado, preguntándome a cada minuto si me encontraba bien.

Una noche, Ghanashyam me sugirió que visitara Varsana, una aldea próxima, que era el hogar de Radha. Lentamente, me dijo:

—Krishnadas, tu vida nunca será la misma después de haber sentido la atmósfera de Varsana. —Al ver mi entusiasmo, tímidamente agregó—: Cuando vayas, por favor, dile a Sri Radha que su insignificante sirviente Ghanashyam desea verla.

Mi corazón estaba profundamente afectado por aquel anciano que vivía en el olvido. Él no era un erudito, ni un gurú famoso, ni un yogui místico, pero sí un verdadero santo; su humildad era una expresión de su amor a Dios.

En cierto momento pensé, como muchos en Occidente, que la humildad era el acto de pasar desapercibido, una debilidad que revelaba una falta de confianza o cuidado en uno mismo, hasta una obsesión negativa que podía originar un sentimiento de inferioridad e incluso depresión. Pero estaba descubriendo, en compañía de gente como Ghanashyam, que la verdadera humildad era justo lo opuesto, ya que nos vinculaba a un poder inexhausto más allá del nuestro: el poder de la gracia. La verdadera humildad es un orgullo universal en la grandeza de Dios, y una genuina apreciación por las virtudes ajenas.

Estaba comprendiendo que la humildad real no significaba que debiera actuar cobardemente o retroceder ante los desafíos, sino incitarme con todos mis recursos a superarlos con integridad, respeto, amor y gratitud para volvernos un instrumento de lo divino tanto como fuera posible.

En la verdadera humildad existe un principio más profundo que nuestra triste necesidad de sentirnos superiores a otros. Ese principio elevado nos ayuda a no ser arrogantes y condescendientes hacia aquellos que sentimos que son inferiores a nosotros, nos protege de ser envidiosos hacia los más consumados. Al ser humilde, uno se siente agradecido y le da crédito al Señor y a todos aquellos que han ofrecido asistencia. Con un corazón humilde, uno puede admitir errores fácilmente y abrir el corazón para aprender. Volverse humilde no es el acto de aniquilar el ego, sino de liberar el verdadero ego, el que está eternamente vibrante de amor por Dios y por los demás.

Comenzaba a vislumbrar que el misterio más profundo es que, en la medida en que uno posee estas exaltadas características, uno se siente muy pequeño, una parte de Dios y el sirviente de todos. Servir a otros sin rastros de egoísmo era la única dicha en el corazón de Ghanashyam. Ghanashyam Baba era una de las personas más felices y ricas que jamás conocí, un hombre sencillo que simplemente amaba a Dios.

9

U NA SERPIENTE NEGRA SE arrastraba con su brillante lengua por debajo de la piedra en la que yo estaba sentado. Bajo el cielo gris de la noche, infestado de mosquitos que zumbaban sobre la ribera del río, mi mente estaba inquieta. «El miedo es una fuerza dominante en la vida: miedo a las enfermedades, al fracaso, a desilusionar a otros o a la ruina económica. Miedo a los enemigos, a los ladrones, a los estafadores o a innumerables posibilidades, que incluyen la duda en el rumbo que elegimos para nuestras vidas». Al sentir que un mosquito me picaba el tobillo, me di cuenta de que cualquiera de estos pequeños insectos podría matarme con la malaria, y me pregunté sobre el destino de la serpiente. «Sin duda», pensé, «debo ser realista en cuanto a protegerme, pero demasiado temor puede reprimir mi progreso y consumirme la mente de ansiedad». En los brazos de su madre, un bebé se siente a salvo de todo temor. Esta fe, cuyo origen puede ser científico, filosófico o una simple verdad, nos da tranquilidad. «La fe real», pensé, «proviene de la experiencia directa de una realidad más elevada o de la compañía de aquellos que han alcanzado la fe». La siguiente aventura puso de relieve esta verdad, y se convirtió en otro punto de referencia para mi travesía interna.

Un día, Krishnadas Babaji, Bon Maharaja y Asim me recomendaron visitar Varsana. Recuerdo la noche en la que Ghanashyam me pidió que hiciera lo mismo. Ghanashyam nunca le pedía nada a nadie, esa era su naturaleza. En su modo afectivo, consideré que me estaba dirigiendo más aún hacia los misterios de mi camino, que gradualmente se iba revelando. Me recomendaron quedarme con un sabio recluido que residía en las lejanas montañas de Varsana, una aldea dedicada a Radha, situada a treinta kilómetros de Vrindavan y repleta de lagos, jardines, palacios y templos palaciegos. Para llegar adonde se encontraba aquel sabio, primero escalé una ancha escalera que se elevaba en espiral a la montaña y que llevaba hasta el templo repleto de cúpulas, chapiteles y arcadas.

Me quedé sin aliento. El sendero me llevaba por aquel palacio hacia un jardín en la montaña cubierto de flores. Luego, hacia otro templo palaciego. Minutos más tarde, me encontré en un camino de tierra serpenteante en un bosque poblado de monos, pavos reales y exóticos pájaros.

Mientras caminaba, meditaba en el mantra Hare Krishna. La atmósfera cargada de gracia espiritual parecía abrazarme mientras el mantra me inundaba por dentro. Bendecido tanto por fuera como por dentro, caí en un hermoso estado de conciencia. Fue allí, solo en el bosque de Radha, cuando un profundo vislumbre de amor espiritual despertó en mí. Sentí que el corazón se me inundaba de un néctar embriagador.

Cerré los ojos llenos de lágrimas y sentí a Radha y Krishna cubriéndome con su amor y llamándome para reunirme con ellos, para estar en un mundo a miles de millones de kilómetros de la Tierra.

Como muestra de mi gratitud, continué pronunciando suavemente el mantra Hare Krishna. Sentí que esto era solo una visión de divinidad que pronto desaparecería y crearía en mí un anhelo por experimentar más. Aquella tarde, en el bosque de Radha, me di cuenta de que aquel anhelo por el amor espiritual, invocado por el propio mantra, era una experiencia más completa y profunda que todo lo que había conocido.

Caminando a lo largo del sendero por aquel bosque encantada, en un estado de regocijo, me encaminé hacia la sagrada montaña de aquel sabio. Ya casi era de noche cuando pude ver lo pronunciado de la ladera que debía escalar para alcanzar el refugio del sabio.

En la cima, encontré un templo que parecía estar desierto y en ruinas por el paso de los años. Permanecí sentado solo un tiempo hasta que la curiosidad me atrajo hacia una de las ruinas. Al acercarme a la entrada, una serpiente se deslizó a tan solo unos centímetros de mí hasta que desapareció en un agujero en la pared. Penetré más en su interior; mis ojos trataban de ajustarse a la oscuridad. Al adaptarse, descubrí un altar de madera con una pintura resquebrajada. El yeso desmoronado de las paredes revelaba el ladrillo. Desde las sombras, emergió una voz suave.

—Desde lejanas tierras has sido convocado a llegar hasta aquí. Te doy la bienvenida.

Me di la vuelta. Sentado sobre las ruinas, en una esquina en la oscuridad, había un hombre con la cabeza rasurada. Su enorme y redondo estómago contrastaba con sus miembros delgados. Excepto por un taparrabos, el resto de su cuerpo estaba desnudo, y contaba con unos cuarenta años de edad. Se veía profundamente distante mientras elevaba su mirada hacia un mundo que los ojos no podían ver.

Me presenté y le pregunté:

—¿Puede hablarme sobre este lugar?

Se sumió en un profundo pensamiento y cerró los ojos.

—Acabas de entrar en Man Garh, la montaña del amor en ira. En este bosque, Sri Radha finge estar enojada con el Señor Krishna para expresar su amor único por él, y él viene hasta aquí para suplicar por ese amor. —Me miró fijamente—. El amor conquista al amado Señor. Es su propia dulce voluntad ser conquistado. Y cuando Radha está complacida por nuestra sinceridad, ella también nos bendice con el amor a Dios. —Tocando el piso de tierra con la palma de la mano, continuó—: Ven, siéntate si te place.

Hablando en un inglés distinguido, se presentó como Radha Charan Das, el sabio al que buscaba.

—Pero la gente me llama Ramesh Baba —agregó.

Caminamos un poco y salimos. El sol se estaba poniendo, y el cielo brillaba por el oro y el rojo sobre las colinas y valles. Las estrellas comenzaban a manifestarse en el cielo, y el aire a enfriarse. Alrededor de una decena de niños de una aldea vecina se reunieron en la azotea de las ruinas. Pequeños, delgados y vestidos con ropas rasgadas, rodearon a Ramesh Baba mientras este tocaba el armonio y cantaba *ragas* clásicas. Al abrir la boca, sonidos celestiales salían de ella. Los pequeños niños cantaban con él, saltaban y bailaban enloquecidos mientras la música crecía con el compás. Uno de los niños tocaba un tambor nativo con dos ramas de árbol, mientras que otro hacía sonar un gong de metal con un mazo de madera; otros hacían tintinear címbalos de mano. Desde aquella solitaria cima, bajo el cielo estrellado, bailaban y cantaban alabanzas al Señor en voz alta. Cuando el entusiasmo alcanzaba el clímax, Baba se levantó de su asiento y bailó en trance. Cuando el canto llegó a su máxima expresión, Ramesh Baba se sentó a cantar una suave melodía que salía del corazón y que culminó en un silencio que nos dejó sin aliento.

Un niño de unos siete años me apretó la mano y me llevó a la azotea en la que él y sus amiguitos habían erigido un altar nada más que con un sombrero de paja atado con un cordel. Dentro había una pintura del

Señor Krishna en la que abrazaba a un ternero. Los ojos del niño, profundos y negros, brillaban a la luz de la luna. Sonriendo con orgullo y con la voz llena de entusiasmo, declaró:

—Este es mi Dios.

Habló con una certeza que me dejó asombrado. Me soltó la mano juguetonamente y corrió a reunirse con sus amigos. Me quedé sin palabras. Había hablado desde un corazón que no albergaba malicia, envidia ni engreimiento, y exhibía el tipo de fe que pocas almas aspiran alcanzar en una vida dedicada a la práctica espiritual y al estudio de las escrituras. Recordé las palabras del Señor Jesucristo: «A menos que nos volvamos niños, no entraremos en el reino de Dios». En la presencia de aquel niño, me sentí como un agnóstico. Con humildad, me quedé parado mirando la pintura y comencé a orar. «Mi Señor, ¿alguna vez seré bendecido con semejante fe?».

Sakhi Sharan Baba, la otra única alma que residía en la montaña, me habló sobre la vida anterior de Ramesh Baba. Ramesh Baba había nacido en Allahabad, el hogar de Kumbha Mela. De pequeño, fue reconocido por su estudio del sánscrito y la filosofía, y a la edad de doce años ganó el premio nacional en la competencia de música gracias a su voz. A pesar de su futuro prometedor, un intenso deseo espiritual hizo que huyera de su casa para vivir como *sadhu*. Cada vez que huía, un miembro de la familia lo capturaba y lo traía de vuelta a su casa. En su adolescencia, fue un erudito y predicador tan poderoso que miles de personas acudían a escuchar sus clases.

—Pero abandonó todo eso para residir en este lugar solitario —me decía Sakhi Sharan.

Una plácida noche, mientras estábamos sentados junto a la titilante luz de un farol, le pregunté a Ramesh Baba por qué había abandonado una carrera tan exitosa como orador. Miró hacia arriba, mostrando su desinterés. Baba no se sentía en absoluto interesado en hablar de él mismo.

—Como me lo has preguntado —dijo— es mi deber responderte. —Bajó los ojos—. Miles de seguidores asistían a mis clases, pero mi corazón anhelaba desesperadamente el amor de Sri Radha. Ella me llamó. —Baba fijó la mirada en la llama del farol, con la cara redonda iluminada por la luz dorada—. Entonces —continuó—, abandoné mi fama como predicador y vine a Vrindavan, donde encontré a mi gurú en la colina de Govardhan. Luego vine aquí. Eso fue en 1950. Tenía dieciséis años. Por aquel entonces, este lugar era una jungla habitada por animales salvajes, y esta cima, escondite de asesinos y ladrones. Llevo aquí veinte años meditando sobre el nombre de Sri Radha.

A lo largo de los años, Ramesh Baba se convirtió en uno de los santos más respetados del área de Vrindavan. Él era el único hijo de una madre viuda que más tarde se mudó a una casita a los pies de la montaña con el fin de estar cerca de su hijo. Vivió la vida de una viuda renunciante, y optó por seguir una vida sencilla centrada en la adoración al Señor.

Dado que no había electricidad, plomería, agua corriente o comida en la montaña donde Ramesh Baba vivía, Sakhi Sharan y yo bajábamos baldes por la pronunciada ladera para transportar agua del lago. Escalar la ladera era una actividad extrema, lo cual, sumado al calor bajo el sol, nos obligaba a detenernos y descansar apenas dábamos unos pocos pasos. Al mediodía dejábamos el agua en la cima, y luego descendíamos por el otro lado de la montaña hacia la pequeña aldea de Manpur, donde pedíamos comida en caridad puerta a puerta. En una casa, la madre hizo sonar la caracola, convocando a su familia para que se reuniera y volviera a casa sin mayor dilación. Enseguida, la familia se reunió y cantó un hermoso *kirtan* para celebrar nuestra llegada. El padre tocaba el armonio y lideraba el canto con un pequeño niño de menos de diez años que tocaba hábilmente un tambor *dolak* de dos cabezas. Otro niño lo acompañaba con címbalos. Todas las mujeres de la casa aplaudían y cantaban en bienaventuranza. Después de veinte minutos de canto, pusieron una escritura ante mi compañero y le pidieron que diera clase. Sakhi Sharan Baba habló durante quince minutos en el hindi de la región mientras que la familia escuchaba atentamente. Luego, la madre llenó nuestros recipientes con gruesos *rotis* de Vraja y así regresamos a la cima, donde los compartimos con Ramesh Baba, que estaba sentado en el suelo de tierra.

Pero en este mundo, el precio por ser honrado y amado es también ser envidiado y odiado. Una mortal pandilla de criminales, la mafia local, se sentía alentada por aquellos que detestaban presenciar la creciente popularidad de Ramesh Baba y su canto de los nombres del Señor, que se escuchaba por doquier. Una plácida noche, mientras estaba sentado en la azotea con él, pude ver a unos bribones que llevaban armas y cuchillos desolando la montaña. Se dirigían directamente hacia nosotros. Yo sabía que en lugares tan remotos no se respetaba la ley ni la vida. Nos emboscaron con miradas salvajes, dejando claro que estaban dispuestos a degollarnos allí mismo. El líder era sucio y andrajoso, grande, fuerte y violento. Llevaba un pañuelo negro envuelto alrededor de la cabeza, y tenía el bigote negro y los dientes podridos.

—Nosotros somos la ley en este lugar —gritó—. Dejen de cantar o morirán.

Matarlos sería como matar a un mosquito con nuestras propias manos.

Baba continuó sentado tranquilamente, indiferente, hasta que la pandilla se fue. Otra noche, un seguidor de Baba, de una aldea vecina, nos describió las amenazas de muerte que había recibido su familia. Sabía que los asesinatos en estos bosques solitarios eran algo común, pero a Ramesh Baba no le perturbaba.

—Canto los nombres del Señor en un *kirtan,* siguiendo los pasos de los santos y de las escrituras. Si el Señor está contento conmigo, no me importa lo que hagan.

Baba continuó con el *kirtan,* sin inmutarse. Me di cuenta de que tal convicción era una cualidad por la que debía orar. Sí, él tenía un ideal por el que estaba dispuesto a dar su vida.

Bajo la luz de las estrellas, dormimos sobre una plataforma de cemento fuera del templo. Una noche pude ver que Ramesh Baba se había recostado con un palo de un metro a su lado. Curioso, me levanté.

—Nunca antes te había visto dormir con un palo, Baba. ¿Hay alguna razón por la que lo tengas que hacer ahora?

Su voz permanecía en calma.

—Sí. Los aldeanos me enviaron noticias de que un leopardo está en el área. Ya ha masacrado algunas vacas, y también a aldeanos. —Luego, frunciendo el ceño, levantó el palo—. Esta noche vieron al leopardo subir por nuestra montaña. Tengo el palo por protección.

Me explicó este hecho muy despreocupadamente, como quien habla del clima.

Maravillado, le pregunté:

—¿Pero qué hará un palito para protegernos de un leopardo salvaje?

—Nada, Krishnadas. Solo el Señor puede protegernos. —Soltó un gran bostezo, cerró los ojos y, dormitando, terminó de decir lo que quería—. No obstante, nuestra obligación es demostrar a Krishna que estamos haciendo lo que debemos.

Alentado por su fe, dormí bien aquella noche. Sin duda, el Señor nos protegió.

Me quedé con Ramesh Baba en varias ocasiones. Durante la temporada de calor, la cima donde estaba Baba se quemaba, alcanzando a veces los 46 grados Celsius. Los inviernos también eran muy crudos, con temperaturas generalmente bajo cero. A pesar de la severidad de las estaciones, sin un ventilador para refrescarlo en el verano o un calentador en el invierno, Ramesh Baba se encontraba plácidamente absorto en el canto, meditando sobre Krishna día y noche. Dado que no había plomería, responder al llamado de la naturaleza significaba caminar por el bosque con una pequeña vasija de agua. Agachados, primero evacuábamos, y luego nos limpiábamos con el agua que habíamos traído. Completábamos el proceso con un baño completo en el lago. De hecho, en todos mis viajes por la India, esta era la manera en que los *sadhus* eliminaban los desechos del cuerpo. Los cerdos, miembros del departamento de sanidad local, aparecían a menudo y, con gran entusiasmo, devoraban los desechos de la comida.

Una tarde de otoño, víctima de un ataque de disentería, me agaché en los arbustos haciendo caso al grito de la naturaleza. Ya afiebrado y completamente exhausto por la enfermedad, me horroricé al ver una enorme serpiente deslizándose por los arbustos y acercándose a mí. Medía casi dos metros de largo y unos cinco centímetros de ancho, y era amarilla con manchas verdes. Reconocí que era venenosa por su cabeza triangular. El reptil clavó su dura mirada en mí, se me subió por los pies, se detuvo y descansó su cuerpo allí. No me animé a moverme. Aguantando la respiración, reflexioné: «La muerte puede llegar en el momento menos esperado. ¿Es esta la manera tan poco gloriosa en la que debo morir?». A diferencia de Ramesh Baba, quien no tenía miedo alguno a la muerte, yo sí le temía. Los latidos del corazón y la tormenta de pensamientos en la cabeza me mostraron lo lejos que debía llegar para rendirme al Señor.

Pensé nuevamente en la poderosa corriente del Ganges que me llevaba hacia la muerte. Ahí me encontraba una vez más. Canté una y otra vez con todo mi corazón y mi alma: «Hare Krishna, Hare Krishna, Krishna Krishna, Hare Hare, Hare Rama, Hare Rama, Rama Rama, Hare Hare». Luego, tal como aquel día en el que la corriente me arrastraba, comencé a sentir paz gradualmente a través del inconcebible poder del mantra, y así surgió el desapego. Me sentí capaz de ver a la serpiente no como un enemigo, sino como un hermano. En presencia de los nombres del Señor, todo el miedo se disipó. Me regocijé. Los minutos pasaron.

La serpiente me miró a los ojos. Luego, bajando lentamente la cabeza, se deslizó entre los arbustos. Con humildad, reflexioné:

Hoy el Señor me ha revelado lo precoz que soy en el sendero espiritual. Cuando un niño está en peligro, su única forma de protección es llamar a su madre o padre. Y hoy la madre y padre de este niñito han venido en la forma de los santos nombres para darme refugio.

Cada noche, Ramesh Baba y yo compartíamos *rotis* sobre el suelo de tierra. Una noche, mientras su forma brillaba ante la luz del farol, me preguntó:

—¿En qué lugar de los Estados Unidos creciste?

—En un pequeño suburbio de Chicago —le respondí.

Dejó de masticar y una lágrima de compasión se le clavó en los ojos.

—Ay, Krishnadas. Chicago es el lugar donde matan a las vacas.

Respirando profundo, cerré los ojos, recordando con dolor el olor y los gritos desde los corrales por los que solíamos pasar en auto cuando era niño. Aislado como Ramesh Baba estaba, en aquella solitaria cima y sin haber escuchado aconteceres del mundo en décadas, ¿cómo podía saber eso? Pero era verdad. En el pasado, el Union Stockyards, al sur de Chicago, comprendía la cooperativa de mataderos más extensa del mundo, y procesaba la mayoría de la carne de los Estados Unidos. Me conmovió ser testigo de la compasión de Ramesh Baba por las vacas que vivían a miles de kilómetros de distancia.

Ramesh Baba se convirtió en mi amigo íntimo y en una gran inspiración. Vivía y decía lo que pensaba, sin importarle la opinión ajena. Me pareció fascinante que viviera en condiciones similares a los sabios del Himalaya, sin abandonar nunca Vrindavan. Era un asceta estricto y un destacado erudito que pasó su vida pidiendo en caridad e implorando ser un instrumento del dulce amor de Radha Krishna. Cuando cantaba y servía, aquel amor era evidente. «Sí», pensé, «el camino del *bhakti* es muy profundo. Las almas misericordiosas como Ramesh Baba y otros que he conocido me guían en la profundidad de mi travesía y me avivan el fuego del corazón para encontrar a mi gurú». Creía con toda sinceridad que aquel maestro se me revelaría cuando yo estuviera listo.

10

U NOS NIÑOS ADORNADOS CON deslumbrantes coronas, cente-
lleante joyería y brillante vestuario interpretaban los pasatiempos de Krishna sobre el escenario. Versados en los detalles
más precisos del teatro, cantaban, bailaban y actuaban ante una audiencia de cientos de lugareños, que se encontraban sentados en el jardín.
Aquellas puestas en escena tenían lugar simultáneamente en toda Vrindavan, y Asim y yo a veces asistíamos a ellas. Aquel día en particular,
Krishna y sus amigos pastorcillos de vacas simulaban ser recolectores de
impuestos y bloqueaban el paso de Radha y sus amigas pastorcillas de
vacas, que llevaban sobre la cabeza vasijas de barro llenas de mantequilla. Asim me traducía del hindi.

El dulce niño que interpretaba a Krishna le decía a Radha:

—Antes de permitirte pasar, debes pagar impuestos por la belleza, el
encanto y el dulce amor que posees. El impuesto será las vasijas que
llevas sobre la cabeza.

La encantadora niña que interpretaba a la amiga de Radha, Lalita,
contestó:

—¿Por qué habríamos de pagarte impuestos? Mi Radha es la reina
de Vrindavan. Tú deberías pagarle impuestos a ella por el pasto que tus
vacas comen a diario.

Con un diálogo juguetón lleno de humor, dicha y emoción espiritual,
los actores cautivaban nuestros corazones con sus historias clásicas
acompañadas de música y danza. En cada encuentro, el amor de Radha
se imponía al travieso de Krishna. A lo largo de mis viajes, aprendí que
el significado de la esencia del yoga era, simplemente, consagrarse al
Supremo. Para entonces, me impactaban las diversas maneras en las que
uno puede consagrarse.

E l sol del amanecer vertió su primer rayo en un espacioso patio
detrás de un templo medieval de piedra. Un muro de ladrillos de

tres metros cubierto de frondosas enredaderas que atraían innumerables abejas rodeaba el patio. Los pájaros ocultos en las ramas de los árboles comenzaban a cantar para dar la bienvenida al astro rey. El recinto era un santuario donde los devotos oraban en silencio. Previamente, Krishnadas Babaji me había explicado que en el centro del patio se encontraba el *samadhi* o tumba de un renombrado santo llamado Rupa Goswami. Él y su hermano mayor, Sanatan, habían gobernado alguna vez Bengala como primeros ministros, bajo la orden del rey. Aquellos jóvenes aristócratas eran de buen parecer, eruditos y propietarios de palacios con magníficas riquezas. Aunque eran caritativos en todos los aspectos y amados por todos, anhelaban darle a la sociedad el mayor de los regalos: el amor a Dios. Con aquella convicción, donaron todo lo que tenían y se instalaron en Vrindavan, donde dormían bajo los árboles del bosque. Inspirados en el Señor Chaitanya, los hermanos compusieron una vasta literatura para iluminar al mundo con los íntimos secretos del amor espiritual, a la vez que ellos mismos eran el vivo ejemplo de dichas enseñanzas. Durante casi cinco siglos han seguido inspirando a innumerables seguidores. Me sentí tan atraído por la devoción de Rupa y de Sanatan que no me alcanzaban los oídos para escuchar sobre ellos.

Me hinqué ante la tumba de Rupa Goswami y oré en silencio. Sobre el montículo de tierra donde estaba consagrado el cuerpo del santo había una pequeña sala cuadrada de piedra que tenía una cúpula y un chapitel sobre ella. En mis lecturas de libros sobre diversas fes, aprendí cómo la presencia de un santo es especialmente poderosa en su tumba, pero nada me había preparado para lo que se presentaría ese día. De repente, experimenté una fuerza invisible, mística pero real, que emanaba del *samadhi*. Era como si un espíritu poseedor de gracia ilimitada me rodeara y llenara de amor. Me sentí liviano, más allá del cuerpo y de la mente. Se me estremecieron las piernas y los brazos, y la piel me temblaba levemente mientras que olas de gratitud henchían mi corazón. Miré al suelo de tierra y me sentí muy pequeño e insignificante ante tan íntima experiencia. ¿Era aquella otra visión del amor divino que tanto anhelaba, que me alentaba a ansiar aun más? Eso sentí. Mi Señor me estaba empujando a dar un paso más hacia mi destino.

Inmediatamente supe, con certeza, que el *bhakti* era el sendero al que dedicaría mi vida, y que el nombre de Krishna, a su debido tiempo, me revelaría su amor. Todas las reservas que me habían impedido comprometerme con todo el corazón a este camino se disiparon, pero entendí que debía seguir con sinceridad, al amparo de un auténtico maestro o gurú, a quien sabía que Krishna me presentaría.

Bhakti. El camino de la devoción. Por fin se había revelado mi camino. Lo acepté.

Ya llevaba un año en la India. Continuaba aprendiendo la lección de que, junto con todo lo maravilloso, se presentaría un número paralelo de desafíos. Meses antes había visitado la oficina de inmigración de Mathura penosa y diligentemente para solicitar una ampliación de visa. El agente envió la solicitud a Nueva Delhi y me aseguró que, en el ínterin, el recibo de la solicitud serviría como mi visa legal hasta obtener la respuesta oficial.

El otoño dio paso al invierno, y la respuesta no llegaba. Al menos, eso era lo que yo creía. Sin mi conocimiento, una carta había sido entregada en un *ashram*, donde la persona que la recibió la perdió y no me lo informó nunca. En la carta me notificaban que debía presentarme de inmediato en las oficinas de Mathura. Completamente ajeno a ello, falté en mi obligación de acudir. El tiempo pasó. Como consecuencia, el agente de inmigración encargado de mi caso se indignó, considerando que yo había desafiado su autoridad mientras proseguía con mi vida sin conocimiento de que algo andaba mal.

Un día, el sacerdote de un templo corrió muy serio hacia la calle donde me encontraba parado.

—Un agente del Gobierno va detrás de ti —dijo—. Cree que desafiaste su autoridad.

—¿De qué habla? —contesté confundido. ¿Qué pude haber hecho yo para provocar semejante atención?

—Esta mañana vino aquí, buscándote. Gritaba como un loco y amenazó con que, una vez que te encontrara, te castigaría severamente. —La cara del sacerdote se desfiguró, y bajó la voz—. Conozco a este hombre. Es cruel y corrupto. Le tememos más que a los criminales del lugar, dado que tiene el poder de hacer lo que le plazca.

—¿Qué debo hacer? —pregunté. El corazón me latía muy fuerte.

—Ten cuidado.

Allá donde iba, la gente me decía que el agente me había estado buscando. Decenas de *vrajabasis* y *sadhus* oraban por mi protección.

Aquellos días, junto a Sripad Baba y Asim, visitaba a veces la segunda casa de una influyente mujer de Delhi llamada Yogamaya. Tenía un apartamento pequeño de dos habitaciones, donde, por las noches, agasajaba a los devotos, quienes hacían *kirtan* mientras ella cocinaba para todos. Una de aquellas noches conocí a un hombre de Nueva Delhi llamado "Ingeniero". Ingeniero mecánico de profesión, era alto, de mediana edad, con el pelo negro cuidadosamente peinado y bigote, y como cualquier otro en el apartamento de Yogamaya, era un alma sincera devota de Krishna. Después de escuchar mi caso, nos aseguró a todos que, a través de sus contactos, trataría de regular mi estatus migratorio en Nueva Delhi. Todos los presentes insistieron en que ambos nos fuéramos de inmediato.

Bajo el manto de la noche, Ingeniero y yo nos escabullimos por los escuetos senderos de Vrindavan con el fin de llegar hasta la estación de autobuses. Mientras estábamos en la fila para comprar los boletos, una voz resonó cual relámpago.

—¡Arréstenlo!

La estación de autobuses quedó en silencio. Antes de poder entender siquiera lo que estaba sucediendo, una mano me rodeó el pescuezo y me tiró contra la pared de ladrillos.

Estaba cara a cara con el agente del Gobierno.

—Me desautorizaste —gritó—. Ahora eres mío.

Sus ojos ardían con ira. Ingeniero tironeó de su manga, tratando de explicar la falta de comunicación, pero el agente no estaba dispuesto a atender a razones. Era un hombre más dado a ejercer fuerza física. Le pegó a Ingeniero en la cara una y otra vez hasta tirarlo contra la pared, junto a mí.

—Tienes la osadía de desafiar mi autoridad —gritó—. Si dices una palabra más, a ti también te golpearemos y arrestaremos.

Las mujeres gritaban, los hombres jadeaban y los niños lloraban. Dos policías lo escoltaban, garrote en mano, para impedir que alguien interfiriera. Mientras Ingeniero se chocaba con la pared, un agente me tomó del cuello y me llevó aparte. La gente del lugar miraba horrorizada y gritaba:

—Es un *sadhu*. No le hagan daño. No le hagan daño a este muchacho.

El agente me arrastró y me metió en un autobús con destino a Mathura. En la puerta del autobús, se dirigió a los agentes.

—Váyanse. Ya no los necesito.

Me estrelló contra uno de los asientos delanteros y se sentó junto a mí. Ahora podía verlo bien. Tenía el físico de un guerrero con el pelo revuelto y barba corta. Mientras me sacudía por los hombros, me gritaba al oído:

—Te golpearé, te haré pasar hambre. Desearás no haber nacido nunca.

Escupía baba por la boca. Limpiándome la saliva de la cara, pensé: «Estoy en manos de un sádico. Este hombre está loco. ¿Qué puedo hacer?». Cerré los ojos y entoné el mantra en mi interior. El autobús lleno de gente comenzó su marcha.

Anduvimos un tiempo cuando, de repente, se desató el caos en la parte trasera del autobús. Dos granjeros comenzaron a reñir. Mi captor aprovechó la oportunidad para desplegar su destreza. Se levantó de su asiento y le pidió al conductor que me vigilara, como si yo pudiera ir a alguna parte dentro de un autobús a toda velocidad por la autopista. El agente rugió y se dirigió rápidamente hacia la parte trasera del autobús, tumbando a quien estuviera en su camino. Se zambulló en la pelea en la parte de atrás y azotó a los dos granjeros sin piedad. Al ver eso, pensé: «Los próximos segundos son mi oportunidad de escapar». Dentro de mí, pedía a gritos una orientación.

Se me ocurrió una idea. Salté de mi asiento y corrí hacia el conductor gritando: «¡*Pani, pani, pani!*», lo cual significaba que debía orinar. Con un movimiento de mano, me ordenó que volviera a mi asiento, pero, para su asombro, yo no me movía. Comencé a saltar, apretándome como lo hace un niño que grita porque no aguanta las ganas de orinar.

—¡*Pani, pani!*

Una vez más, ordenó que me sentara. En aquel momento, me di cuenta de que el conductor estaba descalzo. Era mi única posibilidad de escape, y la estaba desaprovechando. Lo que hice a continuación debe entenderse como una medida radical en un momento de emergencia extrema. Me puse en cuclillas al lado del asiento del conductor y oriné en el suelo del autobús, apuntando con cuidado para que el chorrito de orina le llegara a los pies descalzos. Sintiendo como mi tibia orina rociaba sus pies, abrió los ojos y se quedó boquiabierto. Desbordado por el asombro, apretó el freno, abrió la puerta y gritó:

—Hazlo fuera.

Corrí como el viento. Para mi sorpresa, el autobús partió. Creo que el conductor se quería deshacer de mí para siempre. Vi desde un arbusto en el campo como, a cincuenta metros del camino, el autobús se detuvo y comenzó a retroceder. Podía imaginarme a mi captor golpeando al conductor por haberme dejado ir libre. El agente salió a la oscuridad de la noche y buscó frenéticamente por la carretera con una linterna en mano, pero todo lo que encontró fue la soledad del camino. Frustrado, se subió nuevamente al autobús y regresó a Mathura. Mientras tanto, me escabullí sigilosamente por campos, bosques y oscuros callejones hasta llegar a la casa de Yogamaya.

Ingeniero estaba allí. Ya les había narrado mi captura a los devotos. Ellos a su vez, habían estado orando y cantando toda la noche para mi protección. No sabían qué más hacer. Al entrar, todos se levantaron para saludarme.

—¿Cómo escapaste? —preguntaron al unísono.

—Por la misericordia de Krishna. —Me dio vergüenza relatar mis métodos poco convencionales.

Más tarde, otros pasajeros que se encontraban en el autobús me contaron los sucesos que tuvieron lugar después de mi huida. Mientras el agente ardía de la ira, una anciana viuda lo ridiculizaba.

—¿Usted dice ser un hombre tan fuerte? ¡Ja, ja, ja! Pero ahora ha sido derrotado por ese flacucho *sadhu*.

Todos en el autobús explotaron de la risa. Extremadamente humillado, prometió públicamente vengarse del mal que le había causado. De aquella noche en adelante, dedicaría su tiempo a cazar a su presa: yo.

Los *vrijabasis* le daban pistas equivocadas. Mientras tanto, me aprendí de memoria todos los callejones ocultos de Vrindavan, sin exponerme a ninguna calle principal. Viví como un fugitivo, evitando a un agente de la ley obsesionado por atraparme.

Una mañana, a las cuatro y media, orando en el templo de Radha Raman, le expuse mi caso a Krishna.

—Si trato de irme de la India con una visa ilegal, nunca más tendré permiso para volver. Si me quedo, será cuestión de tiempo que me atrapen y me deporten de Vrindavan para siempre. Por favor, haz conmigo lo que plazcas.

En la oscuridad de las primeras horas de la mañana, me fui del templo y caminé por un angosto sendero. De repente, un espeluznante aullido resonó en la noche. Dudé en seguir caminando; sentí terror, y la bestia me hundió los colmillos en la pierna derecha. Provisto de una quijada formidable, me arrastró por el suelo. Luego, todo acabó. Miré hacia atrás y solo vi oscuridad. La criatura se desvaneció en la noche tan rápido como había aparecido. La pierna me ardía de dolor. Me arrastré como pude en las sombras, perdí el equilibrio y caí en un canal de espesas aguas negras. Finalmente, pude salir de allí y, renqueando, llegué al templo de Radha Vallabha, donde fui afectuosamente recibido por el sacerdote mayor y su hijo, Radhesh Lal Goswami. Hicieron los arreglos para que pudiera tomar un baño. Distraído por su amorosa compañía, el dolor de la pierna parecía volverse irrelevante.

Más tarde, me senté con Ghanashyam y otros dos *sadhus* en su templo. Ghanashyam se percató del sangrado de mi pierna. Sobresaltado, aquel amoroso anciano preguntó en tono grave y alzando la ceja:

—Krishnadas, ¿qué te sucedió?

Le expliqué todo. Los tres sacudieron la cabeza, desalentados. Un anciano *sadhu* murmuró:

—Un perro que muerde así tiene la rabia. Debes procurarte un tratamiento de inmediato.

Abatido, respondí:

—Será mejor morir en Vrindavan a que me deporten.

Sus cuerpos se balanceaban sin descanso, y me miraban como mendicantes pidiendo comida.

—La rabia causa locura. Insistimos en que te procures tratamiento.

El puesto de medicina pública era una choza de madera en una calle principal. Con el agente al acecho, era doblemente peligroso para mí estar allí, pero me arriesgué de todos modos. Decenas de personas pobres esperaban en fila. Las moscas zumbaban y picaban. El médico contaba con una limitadísima provisión de medicamentos. Miré cuidadosamente cómo le ponía una inyección a un enfermo: limpiaba la aguja en un vaso con alcohol y luego la usaba con el siguiente paciente, y el siguiente, y así. Entonces llegó mi turno. El doctor analizó la herida y frunció el ceño, sorprendido. Exclamó:

—Debes tener la rabia. ¿Puedes identificar al animal que te mordió?

—Desapareció en la noche, doctor —le respondí—. No sé lo que era.

Me hizo acostarme sobre una mesa de madera. Buscando en una caja de metal, sacó una enorme aguja negra y retorcida. Frente a mis ojos, la afiló con una lima. Lentamente, llenó la jeringa de suero.

—Discúlpame, pero debo inyectarte esto en el estómago. Será muy doloroso.

El doctor empujó la negra aguja en contra de mi estómago, pero no penetraba. Lo intentó una y otra vez, luchando por hacerla entrar mientras yo yacía acostado y gritando. Mostró una visible frustración mientras decenas de enfermos impacientes esperaban en fila, y dijo:

—Si no recibes este suero, morirás. En una emergencia, a veces debemos abandonar las técnicas convencionales.

Con todas sus fuerzas, me clavó la aguja en el estómago y mi cuerpo entero brincó de la mesa. Fue algo espantoso. Finalmente, la aguja atravesó la piel. Sentí que me partía en dos. El doctor hizo que el suero penetrara lentamente, pasando por los músculos hasta llegar al torrente sanguíneo. El estómago se me inflamó de dolor.

Estaba desesperado por salir de allí y no volver nunca más. Mientras me tambaleaba al salir, el médico anunció:

—Debes volver los próximos trece días para recibir estas inyecciones.

Sabía que para mí sería imposible sobrevivir otra odisea semejante.

—Me es imposible volver —le dije.

—Si no lo haces, te volverás loco, sufrirás convulsiones incontrolables y morirás.

Le expliqué mi complicada situación.

—Si vengo a esta calle principal a diario, sin duda me atraparán.

Mientras hablábamos, el médico me tomó afecto, y me aseguró:

—Soy un médico del Gobierno. Escribiré una carta con el sello gubernamental. Llévala a Delhi y te darán una visa válida.

Al día siguiente tenía el estómago morado e hinchado. Sin embargo, no habría un aplazamiento. Debía repetir la misma dolorosa odisea durante otros trece días, sin concesiones. El pobre doctor trataba de hacer lo mejor dentro de sus posibilidades. Me prometió tener una aguja mejor cuando regresara.

Tal como me instruyó, abordé un tren de tercera clase a Nueva Delhi. Una vez que llegué a la oficina ministerial, me derivaron a un oficial de alto rango, dado a que mi caso lo ameritaba. El oficial leyó la nota del médico seriamente, la cual declaraba que sufría de rabia y debía someterme al tratamiento adecuado. El médico prosiguió y requirió que se me concediera una visa legal urgentemente con el fin de continuar mi tratamiento.

Una vez que terminó de leer la cara, el oficial me miró fijamente a los ojos y dijo:

—No podré dormir de noche si sé que soy la causa de su muerte.

Pidió mi archivo y cuidadosamente regularizó mi estatus migratorio.

—Ahora eres completamente legal. Ya no habrá más problemas.

Diciendo estas palabras, selló mi pasaporte con una visa nueva.

Volví a Vrindavan sintiendo que había pasado por otra purificación necesaria para prepararme para mi destino. El agente del Gobierno ya no me molestaría más, puesto que estaba bajo investigación y en vías de ser despedido por abuso de autoridad. Por fin podría permanecer en el lugar que tanto amaba, a la vez que sentía la abrumadora sensación de que algo maravilloso se presentaría ante mí.

Una fría noche de finales de noviembre, estaba sentado solo bajo un árbol de kadamba en la ribera del río, donde escuchaba detenidamente el suave susurro del Yamuna. La luz de la luna brillaba sobre la superficie del agua mientras los pájaros de la noche llenaban el aire de placenteros sonidos. Mi mente se volvió un proyector, y el río una pantalla de cine en la que observaba los eventos de mi vida. Fui testigo de las alegrías y desdichas de mi niñez y las escapadas de la adolescencia. Nos vi a Gary y a mí cargados de la energía de la juventud, dejando atrás nuestro hogar para encontrar un significado. Deambulamos por Europa viendo hermosos lugares, haciendo amigos y quedándonos con lo mejor de cada experiencia. La constante común era aquel anhelo por Dios que se convirtió en una obsesión. ¿De dónde provenía? No lo sabía.

En mi búsqueda, estudié religiones y filosofías, y desde la niñez oraba en las sinagogas, más tarde en monasterios, catedrales, mezquitas y templos. Observando la corriente, mi mente se remontó a aquel profético atardecer en la isla de Creta, donde resolví embarcarme en mi peregrinación a la India. Me aguardaron unas lecciones cruciales mientras cruzaba el Medio Oriente. Cuando estudié el sagrado Corán, me acechaban el peligro y las enfermedades. Mientras observaba más detenidamente en el río, el ojo de mi mente admiraba la belleza panorámica del Himalaya. Recordé a los grandes *rishis*, místicos, ascetas, yoguis y lamas de quienes tanto había aprendido. Todos habían sido muy amables conmigo, y en mi corazón les di las gracias a todos y cada uno de ellos. Luego fui testigo del milagroso encuentro con Gary en los arrozales de Nepal. Me preguntaba dónde se encontraría ahora y por qué estábamos nuevamente separados. En aquella ribera, escuché una vez más todas las constantes oraciones que había ofrecido en mi ardua peregrinación, orando para que mi sendero espiritual se revelase. Recordé cómo el Señor Brahma había aparecido en el sueño de Rama Sevaka Swami y había dicho de mí: «Este joven es un devoto de Krishna, y Vrindavan será su lugar de adoración». En aquel momento no tuve en cuenta aquellas palabras, pero ahora, tras haber residido en Vrindavan casi cinco meses, sentía un compromiso sincero. Finalmente, había aceptado la devoción de Krishna como mi camino espiritual.

Aun así, sentía un vacío. Sabía que debía aceptar a un gurú a quien poder dedicarme de lleno. Esa necesidad se veía enfatizada tanto por la tradición como por las palabras en las escrituras. Armonizar la vida en el servicio a las enseñanzas del gurú era el camino que las almas iluminadas habían seguido desde tiempos inmemoriales. Observando la oscura corriente del Yamuna, oré para encontrar mi rumbo.

Ya era tarde. Con aquellos pensamientos, me acosté para dormir en la ribera solo para que me atormentara un extraño sueño. Me encontraba en una cómoda casa de Estados Unidos, rodeado de gente que charlaba de temas frívolos mientras se escuchaba la televisión de fondo. «¿Por qué me fui de Vrindavan?», grité. Confundido, di vueltas por la ribera, llorando en la oscuridad. «¿Por qué me fui de Vrindavan? ¿Por qué me fui de Vrindavan?». De a poco, reconocí el Yamuna fluyendo en la cercanía del árbol de kadamba. «Estoy en Vrindavan». No cabía en mí de regocijo.

—Estoy aún en Vrindavan —dije en voz alta.

Apretujé fuerte la fría arena debajo de mí, sintiendo que nunca querría partir. Después de recuperarme, reflexioné: «Esta fría y polvorosa ribera en Vrindavan es mil veces más valiosa que un palacio en mi tierra natal».

Más tarde, mientras caminaba por un angosto sendero, me encontré con una vaca descansando cómodamente en mi camino. Al mirar, vi a un monje occidental, vestido de color azafrán, que se acercaba ansiosamente y hacía señas con los brazos mientras gritaba.

—¡Richard, Richard!

Parecía que conocía a aquella persona. Al acercarse, vi que era un devoto al que había conocido en un festival Hare Krishna en Bombay.

Nunca antes había visto a uno de aquellos discípulos occidentales de Srila Prabhupada en Vrindavan. Me sentí sobrecogido.

—Srila Prabhupada llega mañana —exclamó.

El sol estaba poniéndose. Los pájaros cotorreaban y jugaban en el cielo. La vaca se levantó perezosamente de su sueño y, con el tableteo de sus pezuñas en el sendero, se alejó con un suave mugido. Un extraño golpe de entusiasmo me recorrió el cuerpo. Continuó:

—¿Sabías que Srila Prabhupada vive en Vrindavan? Está de regreso después de propagar la cultura de la devoción por todo el mundo. —Me dio unas palmaditas en la espalda y sonrió—. Prabhupada estará muy feliz de verte aquí. Nos preguntábamos dónde te encontrarías. Por favor, ven.

11

ERA 26 DE NOVIEMBRE de 1971. Me encontraba parado a un lado del camino cuando un desvencijado autobús fabricado en la India entró en Vrindavan. Una vez estacionado, las puertas se abrieron y bajó un pequeño anciano vestido de color azafrán que llevaba un bastón de madera en la mano. Srila Prabhupada, para mi conocimiento, era el embajador de Vrindavan para el mundo entero. Tanto jóvenes como viejos corrían a saludarlo desde todos los rincones. Al ver al hombre que una vez me mostró tanto afecto, me derretí de la dicha.

Lo que seguiría suscitó los clamores de la muchedumbre. Del mismo autobús salieron cuarenta devotos de Krishna, hombres y mujeres de nacionalidades mixtas: europeos, estadounidenses, latinoamericanos, africanos, asiáticos e indios. Era la primera vez en la historia que llegaba un grupo tan grande de extranjeros. Mientras descendían del autobús, sacerdotes y peregrinos se maravillaban y regocijaban; los niños sonreían fascinados, y los granjeros no podían concebir lo que veían.

Krishna es adorado por cientos de millones de hindúes, y Vrindavan es el lugar de peregrinaje más sagrado. Los corazones de la gente de Vrindavan se henchían de orgullo al ver a gente de razas que nunca habían visto antes, compartir lo que para ellos era el tesoro más preciado. Se preparó una ceremonia en la que los dignatarios, incluidos el alcalde, oficiales del Gobierno, sacerdotes y líderes religiosos, dieron la bienvenida a Srila Prabhupada. Aquel anciano *sadhu*, que había partido de Vrindavan sin un centavo, solo con un sueño, había regresado como un maestro de renombre mundial.

Srila Prabhupada nació como Abhay Charan en Calcuta, en una familia profundamente religiosa, en 1896. Mientras estaba en Bombay, leí que el joven Abhay conoció a su gurú, Srila Bhaktisiddhanta Sarasvati, en 1922. Cuando tuvo lugar su primer encuentro, Srila Bhaktisiddhanta le dijo: «Eres un muchacho instruido. ¿Por qué no enseñas el mensaje del Señor Chaitanya por todo el mundo?».

Abhay no podía creer lo que escuchaba. Ni siquiera se conocían, pero aun así aquel *sadhu* le asignó una misión de por vida. En aquel momento, Abhay era un miembro activo del movimiento de independencia de Mahatma Gandhi.

—¿Quién va a escuchar nuestro mensaje? —respondió Abhay—. ¿Cómo podemos predicar la cultura de la India si estamos bajo dominio británico?

Srila Bhaktisiddhanta agregó:

—Que un poder u otro domine es una situación temporal. La realidad eterna es que no somos estas designaciones corporales, sino el alma, que es eterna y llena de dicha. El verdadero servicio social, sea individual, social o político, debe ayudar a la persona a restablecer su eterna relación con la realidad suprema, el Señor Krishna.

Después de escuchar a Bhaktisiddhanta recitar las escrituras tanto con lógica como con compasión, Abhay se convenció. En el fondo de su corazón, aceptó a Bhaktisiddhanta como su maestro espiritual, y entró en aquella orden con toda su alma.

—¡Mi viejo amigo! —exclamó alguien.

Me di la vuelta y encontré a un hombre blanco sonriente, algo robusto, de ojos verdes, la cabeza rasurada y vestimenta blanca que corría hacia mí con los brazos en alto. Era Gurudas, aquella bulliciosa alma que, nueve meses antes en Bombay, me había hecho subir al escenario para conocer a Srila Prabhupada. Me abrazó.

—Nos volvemos a encontrar, y en este lugar sagrado.

Más tarde, me llevó por una serie de senderos, por un umbral en arco de un templo medieval y a una habitación pequeña, donde me contó más sobre la vida de Srila Prabhupada.

—En 1954, Srila Prabhupada vino para residir como renunciante en Vrindavan. En esta pequeña habitación, donde estamos sentados hoy, llevó una vida recluida durante seis años, preparándose para lo que se avecinaba.

Apoyándome sobre el suelo de tierra, mis ojos escaneaban la habitación. Una lagartija verde de apenas veinte centímetros con una cola larga y ondulante croaba mientras se deslizaba por la pared de ladrillos. Una mesa baja y una cama de madera con una red que servía de colchón eran los únicos muebles.

—Aquí mismo —continuó Gurudas— tradujo las escrituras del sánscrito al inglés.

Asentí, alentándolo a que me contara más.

—En 1959, tomó los votos de *swami* y se le otorgó el nombre de A. C. Bhaktivedanta Swami —dijo Gurudas—. A los sesenta y nueve años, en 1965, dejó su casa en Vrindavan para cumplir la misión de su vida. Con menos de siete dólares y un boleto gratis, abordó el Jaladuta, un barco de carga, con destino a los Estados Unidos. Navegó por mares difíciles, sufrió dos ataques cardíacos y cumplió setenta años en el viaje antes de arribar solo, primero llegando a Boston y luego navegando hacia Nueva York.

Una ligera y fría brisa corría de la calle hacia el patio mientras que las campanas del templo sonaban como parte de la ceremonia y los sacerdotes usaban mazos de madera para golpear los gongs de bronce. «Bong bong, bong bong, bong bong«.

Mientras la muchedumbre inundaba el patio del templo para formar parte del ritual, Gurudas continuó hablando.

—Al llegar a la bahía de Nueva York, Srila Prabhupada no conocía ni a un alma. Luchó solo, viviendo en el Bowery y en el Lower East Side hasta que, gradualmente, sus amorosas cualidades y su vasto conocimiento atrajeron a sinceros buscadores de la contracultura. Transformó los corazones de muchos jóvenes estadounidenses y europeos. Yo me convertí en su discípulo en San Francisco. Lo llamamos afectuosamente Srila Prabhupada, lo cual significa «a cuyos pies, grandes maestros se sientan». Después de unos pocos años en el extranjero, ha establecido un movimiento mundial, y ahora, por primera vez, trae a un grupo de sus discípulos más entusiastas de vuelta a su hogar, Vrindavan.

Agité la cabeza, maravillado ante la travesía de Srila Prabhupada. Aunque yo también viajé por tierras extranjeras solo, sin dinero y sin conocer a nadie, tenía diecinueve años y gozaba de buena salud cuando comencé. Prabhupada comenzó su travesía a la edad de setenta, y viajó a tierras extranjeras sin dinero, sin conocer a nadie, y todo para ser un instrumento de la compasión del Señor.

Aquella noche, volví al templo para escuchar hablar a Srila Prabhupada. Me senté en el suelo a esperar en un salón abarrotado de fieles, con ruidosos ventiladores de techo. A través de las ventanas se podía escuchar un coro de trinos y gorjeos de pájaros mientras la asamblea cantaba himnos religiosos. Tras la aparición de Srila Prabhupada, un silencio tranquilo imperó en el salón. Los discípulos hicieron sus reverencias, los viejos amigos lo abrazaron y los invitados solo mostraban asombro. Vestía la vestimenta color azafrán de *swami*, perfectamente limpio y acicalado. Se sentó con las piernas cruzadas al extremo final del salón, en un estrado tapizado de rojo. La puesta de sol brillaba a través de muchas ventanas, bañando su tez dorada oscura con suaves rayos. Sus penetrantes ojos oscuros, aunque envejecidos y sabios, brillaban con la inocencia de un niño mientras miraban afectuosamente a cada uno de los miembros de la audiencia. Era bastante pequeño de estatura, tal vez medía un metro sesenta y cinco, pero su presencia era inmensa. Con las manos en un gesto de plegaria, inclinó la cabeza para darnos la bienvenida y luego se aclaró la garganta. Habló con una voz profunda por el micrófono.

—El principio básico de la condición de vida es que tenemos la propensión general de amar a alguien —comenzó—. Nadie puede vivir sin amar a alguien. Esta tendencia está presente en toda entidad viviente. La pieza que falta, sin embargo, es adónde dirigir nuestro amor para que todo el mundo esté incluido y pueda ser feliz. —Hizo una pausa y miró a la audiencia a la vez que reflexionaba—. En este momento, la sociedad humana nos enseña a amar a nuestro país o familia o amarse a uno mismo, pero no hay información de dónde dirigir la inclinación a amar de modo que todo el mundo esté feliz. —Su voz se quebró, inundada de emoción. Sentí que no solamente estaba enseñando, sino suplicándole a cada miembro de la audiencia que entendiera la urgencia del mensaje que estaba propagando. Veía a un hombre comprometido con esta causa, y la audiencia entera se aferraba a cada una de sus palabras—. Hemos fracasado creando paz y armonía en la sociedad humana, a pesar de las grandes tentativas de las Naciones Unidas o de nuestro progreso económico y científico, simplemente porque no hemos entendido nada. —Cerró los ojos humedecidos y entró en un breve trance; parecía estar sintiendo el dolor del mundo entero—. Esa falta de conocimiento puede verse en el despertar de nuestro amor original por Krishna. Si aprendemos a amar a Krishna, entonces será fácil amar a toda entidad viviente inmediata y simultáneamente. Es como regar un árbol por las raíces: todas las partes del árbol tendrán nutrientes. O suministrar alimentos al estómago: todas las partes del cuerpo tendrán nutrientes. Una vez situados en esa posición, podremos disfrutar de una vida de bienaventuranza.

Me encontraba intensamente enfocado en mi búsqueda espiritual en aquel momento de mi vida, y la urgencia con la que nos suplicaba que reviviéramos nuestro amor perdido por Dios me afectó profundamente.

Los devotos me invitaron a quedarme en una casa con ellos, pero me sentí fuera de lugar. Preferí descansar bajo un árbol en la ribera del Yamuna. Sin embargo, cada día, después de mi baño por la mañana y mi meditación, caminaba en el tranquilo amanecer para asistir a la clase de Srila Prabhupada. Aunque me sentía algo escéptico con respecto a sus discípulos (veía extraño que algunos tuvieran cámaras y grabadoras, algo que nunca había visto hacer a un *sadhu*), el conocimiento y las cualidades personales de Srila Prabhupada me convencían cada vez más. Conocía el arte de explicar puntos filosóficos intrincados con la mayor simplicidad y facilidad, y después de la clase, cada mañana, nos llevaba personalmente a recorrer Vrindavan. Mientras caminaba con él, vi los mismos lugares que había visto tantas veces, pero en su compañía experimenté un entendimiento como nunca antes, como si se revelase ante mí un nivel de realidad más profundo. Cuando contaba la historia de un palacio, era como si pudiera ver con mis propios ojos lo que estaba describiendo. Una vez, después del almuerzo, mientras estaba sentado en su habitación, me convertí en el blanco de una reprimenda por parte de uno de los discípulos mayores.

—Esta reunión es solo para invitados —dijo—. Por favor, sal de aquí. Los devotos tienen que desempeñar sus responsabilidades ahora. Esa es la regla.

Aunque no tenía la cabeza rasurada como los otros devotos varones, yo era el único occidental en la habitación. Obviamente, el devoto no me veía como un invitado.

Tomé un mechón de pelo entre el pulgar y el índice y lo agité levemente.

—Pero mira, por favor. No soy un devoto.

Visiblemente enfadado, el discípulo miró a Srila Prabhupada, esperando instrucciones. Esperé el veredicto ansiosamente, ya que tenía muchos deseos de quedarme. Srila Prabhupada alzó las cejas, me sonrió y soltó una carcajada.

—No es un devoto. Deja que se quede. —El discípulo partió, derrotado. Luego, con una expresión seria y modesta, Srila Prabhupada me dijo—: Aprecio tu anhelo por escuchar.

Se me derritió el corazón por lo íntimo del trato.

Otro día me encontré con Krishnadas Babaji por la calle.

—¡Hare Krishna! —me saludó, y después de mi saludo, le informé de que Srila Prabhupada había llegado. Se le iluminó la cara—. Maravilloso. Por favor, llévame a ver a mi querido hermano.

Caminamos juntos, tratando de no chocar con los bicitaxis y los búfalos de agua que dormían en el medio de la calle. Después de subir unas escalinatas, entramos en la habitación de Srila Prabhupada. Sentado en el suelo, detrás de una mesa baja, Srila Prabhupada le hablaba a una decena de invitados. Cuando entramos y las miradas de estas dos grandes almas se encontraron, las caras brillaron de dicha. Krishnadas Babaji desplegó una sonrisa.

—¡Hare Krishna! —exclamó.

Srila Prabhupada se iluminó de una felicidad que nunca había visto en un ser humano. Irradiaba una amplia sonrisa, y sus ojos llenos de lágrimas brillaban.

—¡Hare Krishna! —exclamó él también, y saltó de su asiento para saludar a Babaji. Ambos corrieron a abrazarse, con los ojos llenos de lágrimas de felicidad. Srila Prabhupada acompañó a Babaji para que se sentara en el mismo almohadón que él. Una hora más tarde, la habitación se llenó de risas mientras conversaban en su lengua nativa, el bengalí, ajenos a la presencia de otros. Sentado apenas a unos metros de distancia, observé rebosando entusiasmo. Qué relación espiritual tan increíble tenían aquellos dos hombres. Nunca antes había visto tanto amor y camaradería entre dos seres humanos. Sentí que había tenido acceso a una breve visión del mundo espiritual.

Solo pasaron algunos días hasta que varios discípulos de Srila Prabhupada me comenzaron a presionar para que me comprometiera.

—No está bien vivir en Vrindavan —me decían—. Debes unirte a nuestro movimiento y viajar con nosotros.

Aunque estaba acostumbrado a lidiar con ese tipo de presiones, no me sentía particularmente feliz. Si iba a comprometerme con un maestro, algo que anhelaba hacer con todo mi corazón, la decisión debía estar impulsada por una profunda fe e inspiración, no por la presión de nadie.

Una tarde, corrí hacia un jardín donde Srila Prabhupada tenía que hablar, pero llegué tarde. Me vi en medio de vacas que pastaban, de frondosos árboles repletos de pájaros que cantaban y de una muchedumbre de *vrajabasis* del lugar que gozaban bajo el acogedor sol de invierno. Srila Prabhupada partía, y cientos de personas a lo largo del camino inclinaron la cabeza para ofrecer sus respetos. Yo era uno de ellos. Al levantar la cabeza del arenoso suelo, observé sus pies cubiertos con unas simples sandalias de lona a unos pocos centímetros de mi cara. Arrodillado, mirando hacia arriba, me topé cara a cara con él. Su expresión era seria.

—¿Hace cuánto tiempo que vives en Vrindavan? —me preguntó.

Me retorcía por dentro, temiendo que él también me castigara por vivir allí. Le contesté:

—Hace como unos seis meses, Srila Prabhupada.

Sus enormes ojos negros penetraron en los míos. Era como si nada existiera aparte de aquella mirada. Sentí que lo sabía todo sobre mí: fortalezas y debilidades, virtudes y faltas, todo lo que anhelaba alcanzar y todo de lo que ansiaba deshacerme. Me quedé sin habla, tal vez pasó un minuto así. Luego, ante mis ojos, floreció en su cara una amplia sonrisa.

—Muy bien —dijo acariciándome la cabeza afectuosamente—. Vrindavan es un lugar maravilloso.

En su mirada y sus breves intercambios, experimenté el amor de un amigo eterno, de un padre benévolo y el de Dios. Se dio la vuelta lentamente y caminó por el sendero. Su bastón de madera tocaba el suelo a cada paso. Cerré los ojos y cavilé:

> *Es un hombre muy ocupado, con miles de personas que esperan tener un momento con él.*
> *¿Por qué se detuvo por mí? No tengo nada que ofrecerle. No soy más que un pobretón que duerme bajo los árboles.*

Aquel simple gesto tuvo un profundo impacto en mí, mucho más que todos los milagros que había presenciado. Fue un impacto que no podía entender ni explicar. «Tal vez», pensé, «el milagro de ser un instrumento de benevolencia es el más poderoso de todos».

Durante un tiempo, me preocupé por una controversia filosófica fundamental sobre si Dios era personal o impersonal. Por un lado, había escuchado a algunos yoguis y filósofos profesar que en realidad Dios era impersonal y sin forma, pero que acepta una forma material temporal como *avatara* cuando desciende al mundo para beneficio de todas las entidades vivientes. Una vez cumple con su misión, se funde nuevamente en su existencia sin forma. Toda forma y personalidad, de acuerdo a los impersonalistas, es un producto no permanente de la ilusión material. En el estado final de liberación, el alma se despoja de su identidad temporal y se vuelve una con Dios, fundiéndose en la omnipresente existencia espiritual.

Por otro lado, había escuchado a otros yoguis y filósofos profesar que Dios es la persona suprema, que su forma espiritual es eterna, llena de conocimiento y bienaventuranza. En el momento de la liberación, el alma entra en el reino de Dios, donde sirve eternamente a la siempre hermosa personalidad de Dios en amor puro.

Muy a menudo reflexionaba sobre esta aparente contradicción. «¿Cómo pueden estar ambos en lo cierto? Dios tiene que ser una cosa o la otra. Tiene que ser, en última instancia, personal o impersonal». Por respeto a mis amados maestros, era difícil para mí pensar que cualquiera de ellos estuviera equivocado. Algunos atacaban el punto de vista opuesto, mientras que otros evitaban argumentar y dejaban el tema ambiguo. Me di cuenta de que muchas enseñanzas espirituales eran similares hasta que se tocaba este tema.

¿Cuál era el objetivo al que debía aspirar? ¿Debía empeñarme en trascender las dualidades para volverme uno con un Dios impersonal y sin forma? ¿O debía empeñarme en purificar mi corazón para servir a un Dios personal con amor incondicional en su eterna morada?

Una tarde, un invitado le formuló a Srila Prabhupada aquella misma pregunta.

—¿Dios no tiene forma y es impersonal o tiene forma y personalidad?

El trinar de los pájaros, los gritos de monos y las bocinas de los bicitaxis distantes fueron silenciados por la expectación que sentía en el corazón. Me senté prestando atención, anhelando la respuesta. Srila Prabhupada se inclinó hacia delante lentamente, con la cara perfectamente relajada y los labios con las comisuras hacia abajo. Sentado en el suelo con las piernas cruzadas, reposaba las muñecas sobre la mesa frente a él, y juntaba las manos bajo el mentón. Con la mirada seria, citó los Vedas y explicó:

—Ante todo, debemos entender la inconcebible naturaleza de Dios. El Señor Supremo es simultáneamente personal e impersonal. Es una verdad eterna que no tiene forma y que a la vez tiene una eterna y bienaventurada forma.

Sentí que una tibia sensación me llenaba de paz y me llegaba hasta el pecho. Srila Prabhupada extendió el dedo índice hacia arriba.

—La energía impersonal y omnipresente del Señor se llama *Brahman*, y *Bhagavan* es la forma personal de Dios, que es la fuente energética y que nunca se encuentra bajo la influencia de la ilusión. Tomen como ejemplo el sol. La forma del sol como planeta y la luz sin forma nunca pueden estar separadas, ya que existen simultáneamente. De forma similar, existen dos escuelas diferentes de trascendentalistas que se enfocan en diferentes aspectos de la verdad. Los impersonalistas se empeñan en alcanzar la liberación en la luz impersonal y sin forma de Dios, mientras que los personalistas se empeñan en el servicio amoroso y eterno a la siempre atractiva forma del Señor. No hay contradicción.

»De forma similar, el alma es parte y porción del Señor, simultáneamente una con Dios y diferente de Dios. Cualitativamente, somos uno con Dios al ser eternos, llenos de conocimiento y bienaventuranza, pero cuantitativamente, siempre formaremos parte, al igual que el rayo del sol no es más que una mínima fracción del sol y aun así tiene las mismas cualidades que el sol. Somos uno con Dios y diferentes a Dios. Dios es el controlador independiente, pero cuando el alma hace mal uso de la independencia que Dios le dio, esta olvida su relación con Dios, cae en el engaño y subsiguientemente sufre. —Apoyándose contra la pared, movió ligeramente la cabeza y me miró directo a los ojos—. Las dos escuelas, personalistas e impersonalistas, se enfocan en aspectos diferentes del mismo Dios.

Prosiguió explicando cómo Krishna, su forma, cualidades, personalidad y morada son ilimitadas, y que todas las religiones verdaderas del mundo adoran al mismo y único Dios. Simplemente se revela de diferentes maneras en diferentes tiempos.

Qué hermoso. Srila Prabhupada había armonizado dos puntos de vista aparentemente opuestos con tan simples e inteligentes palabras. Mientras lo escuchaba, los ojos se me llenaban de lágrimas. «Sí, ahora todo tiene sentido», pensé. Un dilema que me había confundido en mi progreso ahora ya no existía. Se me dibujó en la cara una sonrisa espontánea y alegre. Srila Prabhupada me contestó con otra sonrisa, una sonrisa llena de sabiduría y serenidad.

Un invitado preguntó:

—¿Usted es el gurú del mundo?

Srila Prabhupada agachó la cabeza humildemente y miró al suelo.

—Soy el sirviente de todo el mundo —dijo—. Eso es todo.

Encontré un encanto especial en aquel trato. Srila Prabhupada no tenía pretensiones; era libre, se sentía cómodo en todo lo que hacía y decía. Recuerdo la humildad de Ghanashyam, quien vivió durante cincuenta años en un corredor fuera de un clóset. Srila Prabhupada era un erudito, orador elocuente y un yogui poderoso que había fundado una sociedad mundial con miles de seguidores. Los dignatarios iban a rendirle honor a diario. Aun así, su espíritu natural de humildad estaba presente.

—Soy pequeño. Dios lo es todo.

Paradójicamente, aquella humildad le confería poder con una confianza y determinación ilimitadas.

Después de la reunión, me puse de pie y le ofrecí una rosa a Srila Prabhupada. La olió e inclinó la cabeza gentilmente. Mientras me iba de la casa, me dirigí hacia el Yamuna, eufórico. Las palabras de Prabhupada habían armado finalmente el rompecabezas del personalismo y el impersonalismo, pieza por pieza, y de tantas otras maneras, me había impactado en lo más profundo. ¿Pero quién es ese asombroso hombre?, me pregunté. ¿Cómo es *él* como persona?

12

E N DICIEMBRE, LOS DÍAS se hacían más cortos, y ya entrada la tarde, la temperatura comenzaba a descender. Me até un pañuelo alrededor de la cabeza y comencé a recorrer el camino de peregrinaje hacia el río Yamuna. La vida del bosque transcurría a mi alrededor. Los pájaros y los pavos reales gorjeaban sus canciones nocturnas, los granjeros regresaban de los campos, y las *vrajabasis*, vestidas con saris anaranjados, verdes y amarillos, parecían deslizarse por el camino, balanceando sobre la cabeza enormes vasijas de agua. De repente, vi una cara familiar. Era Shyamasundar, el devoto que me había dado comida espiritual en Ámsterdam y que había tomado un especial interés en mi bienestar en Bombay. Incluso por detrás reconocí a aquel estadounidense alto que servía a Srila Prabhupada como secretario personal. Tenía la mano derecha enterrada en una bolsa de cuentas y cantaba mientras se aproximaba al río. Apuré el paso para alcanzarlo y grité su nombre.

Se dio la vuelta para mirar y sonrió de oreja a oreja al reconocerme.

—¡Ah, Richard! ¿O cómo te llaman ahora?

—Algunos me llaman Krishna Das.

Posó el brazo sobre mi hombro y me apretó contra él.

—Entonces, Krishna Das, me enteré de que llevas viviendo en Vrindavan algunos meses.

Nos quedamos un tiempo parados en el camino hablando de nuestras vidas. Algo me decía que este hombre, a su debido tiempo, ocuparía un lugar muy especial en mi corazón. Parecía conocerlo de toda la vida.

—Srila Prabhupada te quiere mucho —me confesó—. A menudo pregunta por ti.

—Eres muy afortunado de poder estar tan cerca de él —le dije entusiasmado—, y todos los días. No me lo puedo imaginar...

—Sí. —Rio modestamente—. A veces me pellizco para cerciorarme de que no estoy soñando. Ya sabes, estoy con él desde hace casi cuatro años, y parece como si rejuveneciera y se pusiera más hermoso día a día. Siempre está alerta; nunca lo he visto dormir.

—¿Recuerdas la primera vez que lo viste? —le pregunté. Anhelaba saber tanto como pudiera de Srila Prabhupada y entender cómo otros habían decidido cambiar sus vidas tan radicalmente con el fin de seguirlo. Sobre la ribera, sentado de piernas cruzadas, Shyamasundar se balanceaba suavemente hacia atrás y hacia adelante.

—Fue en Haight-Ashbury, San Francisco, enero de 1967. Mis amigos y yo organizamos un festival de *rock & roll* en el Avalon Ballroom, lo llamamos Mantra Rock Dance. Todo el mundo estaba allí para darle la bienvenida a la costa oeste al *swami*: los Grateful Dead, Janis Joplin, Jefferson Airplane, Canned Heat, Quicksilver y Moby Grape, todos tocaron. Hasta Allen Ginsberg, Timothy Leary y Ken Kesey estaban allí. Estaban presentes todos los héroes *hippies*. —Shyamasundar, entusiasmado, comenzó a balancearse más rápido—. Imagínate esta escena: todo el lugar vibra con las luces y el rocanrol, repleto de chicos locos y de pelo largo, la mayoría habiendo consumido ácido. Luego, a eso de la medianoche, Srila Prabhupada camina tranquilamente hacia el escenario, que está oscuro, y se sienta de piernas cruzadas en un asiento alto. El lugar quedó en silencio. Srila Prabhupada comienza humildemente a cantar el *maha* mantra Hare Krishna. Las luces se enfocan en él, y la muchedumbre se une gradualmente al canto. Luego, uno tras otro, los grupos de *rock* se suben al escenario para unírsele, y el resto es historia. Durante dos horas, Prabhupada dirigió el *kirtan* más increíble que te puedas imaginar. Al bailar con los brazos en alto, se ganó el corazón de miles de personas o, como lo expresó más adelante en un juego de palabras, «transformé a los *hippies* en "happies" [personas felices]».

Traté de imaginarme a Srila Prabhupada viviendo en Haight-Ashbury, la capital mundial de la cultura *hippie*. Gary y yo pasamos un tiempo allí en 1968. De lo que recuerdo, era como un universo en sí mismo, con *hippies* muy pacíficos, gente que buscaba su camino, traficantes de droga, drogadictos, turistas, empresarios o los Hells Angels para arriba y abajo por la calle Haight, en sus majestuosas Harleys de cromo. No podía imaginarme a aquel santo anciano de Vrindavan viviendo allí.

—¿Cuánto tiempo se quedó? —le pregunté.

—Cuatro meses. Vivió con nosotros, sus discípulos estadounidenses. Apenas entendíamos lo que el *swami* nos decía, solo sabíamos que estábamos enamorados de él, de aquella hermosa persona que se alojaba en un pequeño apartamento en lo alto de una lavandería automática, que se alegraba de ver a quien quisiera visitarlo. Y lo que más me atraía era que siempre estaba de buen humor. A veces se recostaba sobre la pared y se reía tanto que mostraba todos los dientes y las lágrimas le brotaban de los ojos.

La ribera se estaba volviendo oscura y fría; el aire comenzaba a oler al humo que emanaba de la madera quemada en las cocinas de la aldea. Sugerí que camináramos a lo largo del río hasta Kesi Ghat.

Ambos nos pusimos de pie, y él se sacudió el trasero. Mientras caminábamos, Shyamasundar continuó relatándome cómo Prabhupada se había ganado el corazón de los Beatles, especialmente el de George Harrison; cómo los devotos se habían vuelto amigos muy cercanos de las superestrellas y cómo terminaron quedándose en la casa de John Lennon durante meses.

—¿Cómo podía suceder algo así si no es por la divina providencia? —reflexionó. Yo simplemente sonreía.

—Y Prabhupada no quería nada de ellos. Solo quería darles el secreto de la vida. En el primer encuentro con John y George, Prabhupada les vislumbró los corazones. Fue encantador. Les dijo simplemente que Krishna es la persona suprema, les describió cómo era él, lo que decía y hacía, cuánto amaba la música, bailar y cantar. Y luego les prometió que podrían conocer a Krishna cara a cara.

Me detuve en el camino. No podía creer lo que escuchaba de los Beatles mientras caminaba por la ribera del Yamuna en Vrindavan. Me tuve que reír.

Shyamasundar se detuvo un momento, entusiasmado por contar la historia. Una lágrima le rodó por el rostro, y balbuceó:

—Recuerdo que, antes del primer encuentro, detrás de la puerta de Prabhupada, George me confesó que estaba aterrado, más que cuando fue al programa de Ed Sullivan o cuando conoció a Elvis. Pero al verlo hacer las reverencias y ver cómo Prabhupada lo saludaba tan cordialmente, sentí que estaba con dos viejos amigos que, después de muchos años, reanudaban la conversación por donde se habían quedado. A la salida, después del primer encuentro, George se dirigió a mí y me dijo: «Sí, Srila Prabupada es lo verdadero».

Había pasado ya un año desde que había escuchado rocanrol por última vez. A miles de kilómetros de casa, en una aldea de la India, era lo último que se me pasaba por la cabeza. Aun así, me deleitaba la idea de que George Harrison de los Beatles se estuviera tomando su vida espiritual tan en serio. Lo sentía como a un hermano con quien compartir mi preciado ideal. «Qué mundo tan pequeño y maravilloso», pensé.

Mientras subía las escalinatas de Kesi Ghat con mi nuevo amigo, observé la lluvia de meteoritos en el norte. Shyamasundar miró hacia arriba y comenzó a hablarme de la visita de Srila Prabhupada a Rusia. En aquellos años, debido al Telón de Acero, nadie podía entrar en Rusia. Pero una vez más, Krishna le abrió el camino y le facilitó el deseo a su devoto.

—No teníamos comida, ni un plan establecido. Nos quedamos en habitaciones pequeñas, con apenas un poco de luz. Había una atmósfera de constante miedo, represión y tristeza. ¿Qué íbamos a hacer aquellos cinco días?

Shyamasundar comentó que deambulaba por la Plaza Roja cuando conoció al hijo del embajador de la India y a un joven ruso llamado Anatoly, quien fue al hotel a conocer al gurú.

—Durante tres días y tres noches, Anatoly se quedó con Prabhupada y absorbió como una esponja todo lo que él le enseñaba. Prabhupada era encantador y tenía humor, pero también precisión al enseñarle a Anatoly todo el proceso de la conciencia de Krishna. Después, Prabhupada y yo nos fuimos de Moscú juntos, pero de aquella semilla, ahora las enseñanzas de Krishna se han esparcido como un fuego sin control, de forma subterránea, detrás del Telón de Acero.

Mirando al río y al horizonte, recordé que, desde pequeño, me adoctrinaron el miedo a los rusos. En la escuela hacíamos simulacros aéreos y nos entrenaban para refugiarnos bajo los escritorios en el caso de un ataque ruso. De hecho, muchas de las familias más ricas de mi vecindario construyeron refugios antinucleares en sus patios, anticipándose a un ataque ruso de esa naturaleza. En el punto álgido de la Guerra Fría, Shyamasundar y Srila Prabhupada se encontraban en Moscú, felices de poder enseñarle el camino del *bhakti* yoga a un ruso.

—¿Por qué trajo Srila Prabhupada a todos sus discípulos occidentales a la India?

Shyamasundar miró a la distancia y reflexionó antes de contestar.

—Prabhupada nos ha repetido muy a menudo que la verdadera religión está decayendo en este país. Dice que, en vez de Dios, la gente quiere televisión y autos. —Pensé en el falso gurú al que había conocido en Janakpur, cuya máxima ambición era ser un estadounidense rico—. De modo que volvió a la India y nos trajo a algunos de nosotros para decir a la población: «Vean. Estos muchachos occidentales lo tienen todo, televisores y autos, más de lo que ninguno de ustedes jamás tendrá, y no eran felices hasta que conocieron a Krishna. Ustedes tienen algo que ellos quieren, a Krishna, de modo que deben exportarlo».

»Prabhupada ha mencionado a menudo que, con la filosofía de la India y la riqueza de los Estados Unidos, el mundo realmente puede prosperar. A los discípulos occidentales nos llama sus «elefantes blancos danzarines».

Me dio mucha risa, y consideré cuán brillante era sintetizar la filosofía oriental con la riqueza y tecnología occidentales. Me di cuenta de que, al estar tan inmerso en la búsqueda de Dios en mi propia vida, pensar en cómo ofrecer espiritualidad a otros estaba lejos de mi mente. Le pregunté:

—¿Y cómo los está recibiendo la gente de la India?

—Aquí en la India, adonde sea que vayamos, hay festivales en los que muy afectuosamente nos dan la bienvenida. Pero a veces critican a Srila Prabhupada hasta el punto de recibir amenazas por darles iniciación a los occidentales, ignorar el sistema de castas o por otorgar papeles sacerdotales a las mujeres.

Aquello me causó una gran impresión. Durante mis viajes por la India, fui testigo de la opresión a las castas bajas y a las mujeres, algo que me había entristecido. La valentía de Srila Prabhupada para luchar contra ello me inspiraba.

Shyamasundar continuó:

—Srila Prabupada es un verdadero revolucionario. —Se agachó para rociarse un poco de agua del río en la cara y refrescarse. Luego se paró y estiró la espalda—. Krishnadas, es realmente un placer habernos reunido esta noche. ¿Puedo hacer algo más por ti?

—¿Qué puedo decir? —Me puse de pie—. Me siento muy agradecido. —Le puse la mano sobre el hombro—. Ya he abusado suficiente de tu tiempo. Nos vemos mañana en la clase.

Shyamasundar sonrió.

—Gracias. Tienes razón. Será mejor que vuelva. —Me tomó de las manos—. Srila Prahupada se pondrá muy contento cuando sepa que tú y yo nos hemos encontrado.

Mientras lo veía partir apresuradamente, sentí una enorme gratitud y, junto a ello, una inminente curiosidad.

13

EN LOS PRECIADOS Y tranquilos momentos que preceden el amanecer, es natural sentirse cerca de Dios. Me levanté de la ribera del río y partí para la clase del día siguiente.

—Todo el mundo es potencialmente espiritual —comenzó a decir Srila Prabhupada, como si siguiera mi pensamiento—. Todo es la energía del Señor. La conciencia material es olvidar nuestra relación con Dios. La conciencia espiritual es ver todo en relación con Dios y utilizarlo en el servicio devocional. —Prabhupada le dio unos golpecitos al micrófono para recalcar este punto—. Tomemos como ejemplo este micrófono. Si lo utilizamos para cantar canciones sobre la pasión mundana, entonces es material. Sin embargo, si lo usamos para cantar las glorias de Dios, es espiritual. Es todo una cuestión de conciencia. Queremos utilizar todo para una causa espiritual. *Bhakti* yoga es el arte de transformar la energía material en energía espiritual a través del espíritu de la devoción.

Sus palabras sacudieron todo mi mundo como un terremoto. «Este concepto es revolucionario», pensé. «Desafía el núcleo de mi concepto de lo que es el desapego». Había asumido que el desapego era renunciar a todo y vivir solo con lo mínimo para subsistir. Al buscar en lo más profundo de mi corazón, debo admitir que, de una manera sutil, me sentía orgulloso del modo en el que había vivido en la India y hasta sentía que era superior a la manera en la que la gente vive en Occidente. «Pero tal vez esta idea del desapego no sea más que otro engaño del ego, que me induce a sentirme superior a otros». Mi realidad se tambaleaba. Era fácil pensar en el hermoso paisaje natural de Vrindavan y en los templos a las deidades como algo espiritual, ¿pero un micrófono? Pensé en cómo había juzgado a los discípulos occidentales de Prabhupada por llevar cámaras y grabadoras.

Qué tonto por mi parte fue juzgarlos, considerándome mejor por mi estilo de vida ascético. Ahora entiendo que el desapego solo es sagrado si fomenta la humildad, el respeto y el amor.

En pocas palabras, Srila Prabhupada había aplastado mi ilusión. Mi ego se sentía dolido, y aun así, me sentía agradecido.

Se dice que un santo puede ser más suave que una rosa o más fuerte que un relámpago. Esta mañana, un invitado dio excusa tras excusa para defender su inmoralidad y debilidad espiritual. Srila Prabhupada lo escuchó; luego, su voz sonó como un trueno.

—Si es débil, rectifíquese. Si no tiene determinación, no tiene carácter. ¿Qué lo hace diferente a un animal?

El hombre se desinfló como un globo. Ofreció sus respetos y prometió hacer lo correcto. Cuando era necesario, Srila Prabhupada podía ser muy estricto en enfatizar la urgencia del dilema de una persona, pero al igual que el bisturí en manos de un experto cirujano, sus duras palabras solo cortaban con el fin de curar, o como bien lo explicaba él: «Un maestro espiritual debe tener el valor de un general británico y el corazón de una madre bengalí».

Srila Prabhupada continuó hablando, dirigiéndose a nosotros con un tono de súplica:

—Cuando una gota de agua cae de las nubes, es transparente, pero en contacto con la tierra pierde esa transparencia. Si la filtramos, podemos devolverle su cualidad original. De forma similar, nuestra conciencia es pura originalmente, pero, en contacto con la energía material, ha perdido su transparencia. Al cantar los nombres de Dios, podemos revivir ese estado natural y de goce.

Explicó cómo debíamos separarnos del sectarismo, además de entender que Dios tiene muchos nombres y que en cada uno de ellos existen poderes divinos.

—El nombre Krishna significa «el todo atractivo» —continuó—. Él es el todo atractivo porquees la fuente de toda belleza, conocimiento, fuerza, riqueza, fama y renuncia. Poseer una partícula de esas cualidades hace grandiosa a una persona. Dios es grandioso porque es el origen de todas estas opulencias y las posee ilimitadamente. Esto es lo que significa la suprema personalidad de Dios.

Prosiguió explicando que era un proceso natural: cuanto más escucháramos de Krishna, más se despertaría la atracción dormida del alma. El camino del *bhakti* se centra en escuchar a Krishna y cantar sus santos nombres. En la medida en que nuestro amor despierta, el entusiasmo por servir aumenta. Muy a menudo, escuché las palabras «Dios es grandioso», pero esta explicación de *cómo* es grandioso me estremeció, me provocó escalofríos.

Aquella noche me senté en la colina coronada por el templo de Madan-Mohan. Mientras contemplaba el río Yamuna, leí un verso escrito por Srila Prabhupada cuando viajaba en el buque de carga en mitad del océano en su viaje a Estados Unidos. Con setenta años, había sufrido varios ataques cardíacos consecutivos a bordo del barco. Solo tenía siete dólares en moneda india, y no conocía a nadie fuera de su país. Después de treinta días navegando, llegó al puerto de Boston, donde compuso un verso personal a Krishna. Años más tarde, sus seguidores lo encontraron en un viejo baúl.

En la soledad de la cima de la montaña, las hojas de los árboles susurraban en el viento. A lo lejos, escuchaba el mugir de las vacas y a los barqueros llamándose. Medité, en la quietud de mi mente, con unos versos que ahora se llaman «Oraciones en el Jaladuta», y que cantan lo siguiente:

Mi querido Señor Krishna, eres muy benévolo con esta alma inútil, pero no sé la razón por la que me has traído hasta aquí. Ahora puedes hacer conmigo lo que te plazca.

Imagino que tienes algo planeado en este lugar; de lo contrario, ¿por qué me traerías hasta aquí?

De una forma u otra, oh, Señor, me has traído hasta aquí para hablar de ti. De modo que, mi Señor, depende de ti que me hagas un éxito o un fracaso.

Oh, maestro espiritual de todos los mundos, simplemente puedo repetir tu mensaje, de manera que, si tú quieres, puedes hacer que mi facultad del habla sea adecuada para el entendimiento de otros.

Solo por tu misericordia sin causa mis palabras se volverán puras. Tengo la seguridad de que, cuando este mensaje trascendental penetre en sus corazones, se sentirán dichosos y, de ese modo, liberados de todas las desafortunadas condiciones de vida.

Oh, Señor, no soy más que un títere en tus manos, de modo que, si me has traído hasta aquí para danzar, entonces hazme danzar, hazme danzar, oh, Señor, hazme danzar como gustes.

No tengo devoción ni conocimiento, pero sí una fe firme en el nombre

de Krishna. Se me ha otorgado el nombre de Bhaktivedanta, o aquel
que posee devoción y conocimiento, y ahora, si lo deseas, puedes hacer
que se cumpla el verdadero significado de Bhaktivedanta.

Firmado: el más caído e insignificante mendigo,
A. C. Bhaktivedanta Swami,
A bordo del barco Jaladuta, muelle Commonwealth,
Boston, Massachusetts, EE. UU.
18 de septiembre de 1965

Desde la cima de la colina, observé cómo el Yamuna se desplegaba por las planicies. Mientras meditaba sobre el verso de Srila Prabhupada, mis pensamientos me llevaron a las situaciones paralelas entre mi ardua travesía desde Estados Unidos hasta la India en busca de maestros para recibir conocimiento de Dios y el increíble viaje de Srila Prabhupada de la India a Estados Unidos en busca de estudiantes para impartirles conocimiento de Dios.

«Tal vez Dios», pensé, «revela el amor verdadero al mundo a través de las vidas de aquellos que lo aman». En el verso de Prabhupada, encontré la humildad que emanaba del corazón de un hombre que había renunciado a todo por el bienestar espiritual ajeno. Un anciano considerablemente enfermo, sin un centavo y solo en una tierra extranjera implorándole a Dios una sola bendición: volverse un instrumento de su misericordia.

A la mañana siguiente, temprano, me desperté con las lejanas campanas de los templos y me quedé en la ribera del río bastante tiempo, mirando el lucero del alba y recordando el verso que había leído la noche anterior. Era el octavo y último día de Srila Prabhupada en Vrindavan. Como era mi costumbre, me bañé en las gélidas aguas del Yamuna y luego oré, sumergido hasta los hombros. La suave luz de la luna brillaba en las siluetas de los chapiteles de templos distantes. El silencio cubría el éter como un manto de plumas y, a aquella hora, la soledad era mi única compañera. Temblando de frío, apreté las manos y oré a Radha y a Krishna para que me enseñaran el camino a seguir. Luego subí a la ribera, escurrí el agua de la ropa y me volví a vestir; entre tanto, temblaba del frío. Me senté a cantar los santos nombres del

Señor con unas cuentas de madera, preocupado por la partida de Srila Prabhupada al siguiente día.

Una hora más tarde, me encontraba caminando por las oscuras calles de Vrindavan, ansioso por participar en la última clase de Prabhupada. En el camino, mezclados en la quietud del amanecer, se intercalaban el sonido de los campanarios y los gongs de los templos, el canto de los devotos y el sonido de los propietarios de tiendas que abrían sus negocios. Al llegar, me senté en el suelo. El salón estaba desbordado de discípulos e invitados que cantaban en voz baja el *maha* mantra mientras un tambor de arcilla y címbalos de bronce marcaban el ritmo. En el frío de aquella mañana de invierno, algunos se abrigaban con chales de lana, sombreros y suéteres. Una dulce fragancia emanaba de los inciensos de sándalo y un amargo sentimiento rondaba en la asamblea: nadie quería ver partir de Vrindavan a Srila Prabhupada.

Srila Prabhupada entró, y el *kirtan* se expandió en volumen y tempo solo para desvanecerse en un discreto silencio una vez que Prabhupada tomó asiento en la plataforma. Los rayos del sol de invierno penetraban por la ventana y abrazaban el cuerpo de Srila Prabhupada con su luz. Fuera, los loros entonaban sus elaboradas canciones. A esta sinfonía de pájaros, Srila Prabhupada le sumó el repicar de los címbalos de bronce. Luego, cerrando los ojos, cantó una hermosa oración devocional: «*Jaya Radha Madhava Kunjavihari, Gopijana-vallabha, girivara-dhari*». Mientras cantaba sobre el amor de Dios y sus amados devotos, escuché una voz en mi corazón. «El amor de Dios de Srila Prabhupada me está conquistando».

El canto de Srila Prabhupada me penetraba los oídos como un torrente que se deslizaba hasta el corazón. Sentía que todos los sucesos de mi vida hasta aquel momento habían sido una conspiración para hacerme llegar a este punto. De mi más profundo interior brotaba un espíritu de aceptación de que sí, Dios me había revelado quién era mi gurú. Sentía que mi alma se elevaba en el torbellino de una enorme ola de fe que me lanzaba a un grandioso océano de gratitud. En aquel estado casi desconocido, la dicha me inundaba el corazón.

Pensé en mi primer encuentro con Srila Prabhupada en Bombay. En aquel momento, una voz proclamó en mi corazón: «Este es tu gurú». Sin embargo, aún no me encontraba convencido ni preparado para aceptar lo que la voz me decía. Mientras mi mente luchaba contra mi corazón, decidí hacer caso omiso y continuar con mi búsqueda, que al final me trajo a Vrindavan y a Krishna. Ahora, mi mente y mi corazón estaban en armonía por un poder infinitamente mayor a cualquiera de los dos. «Sí, sí». Podía escuchar mi corazón regocijado. Mi búsqueda, que había comenzado al otro lado del mundo, en Highland Park, Illinois, finalmente me había acercado a los pies de mi gurú. En aquel momento, me di cuenta de que no había objetivo mayor en la vida que ayudar a Srila Prabhupada a propagar el amor a Dios por el mundo. Cómo deseaba ser, al menos, el instrumento más insignificante de aquella misión llena de compasión.

Gradualmente, emergieron otros pensamientos. Me acordé del místico egipcio en el Himalaya, que había profetizado: «Debes perseverar y tener paciencia, ya que por un poder más allá del tuyo, reconocerás a quien buscas. Cree en esto, es tu destino. Tu maestro vendrá a ti». Su predicción se hizo realidad.

Mi Señor había revelado una semilla de fe en mi gurú, y yo parecía nadar en un océano de euforia. Pero, en el lapso de unos momentos terrenales, tuve la honestidad de admitir mi propia realidad.

¿Podré realmente mantenerme fiel a las enseñanzas de mi gurú? Existen ilimitadas tentaciones en el mundo. Traicionarlo sería un acto de ingratitud inimaginable. Y, además, aunque estoy aprendiendo a respetarlos, sus discípulos occidentales son muy diferentes a mí. ¿Podré vivir entre ellos? Tengo una fe firme en él, pero débil en mí mismo. Sinceramente ¿estoy cualificado para ser su discípulo?

Los ojos se me llenaron de lágrimas, las piernas y los brazos me temblaban, y el corazón me latía con la cálida sensación de saber que no estaba cualificado, pero que tenía la determinación de prepararme con el paso del tiempo.

En una fría mañana de invierno en la que el sol proporcionaba calor al mundo, yo trataba de movilizarme en la inmensa muchedumbre que crecía fuera para despedirse de Srila Prabhupada y de sus discípulos. Momentos más tarde, la muchedumbre me empujó de determinada manera que me encontré parado frente a él, mirándolo fijamente a los ojos, y él a los míos. Un sentimiento místico me abrumó, como si el Señor mismo estuviera mirando dentro de mi alma, a través de los ojos de Srila Prabhupada. Todo lo demás parecía desaparecer. Prabhupada se mantuvo en calma, esperando a que yo hablara. Con la voz entrecortada y la emoción del agradecimiento, tímidamente le dije:

—Srila Prabhupada, quisiera ofrecerle mi vida.

Un tiempo incalculable pasó tras el silencio del momento. Luego, me tocó delicadamente con la punta de los dedos de las manos unidas y me sonrió con amabilidad. Sus ojos, humedecidos por el afecto, eran como los de un padre dándole la bienvenida a casa a su hijo perdido después de años de separación. En su mirada pude ver un enorme océano de sabiduría que se expandía más allá del tiempo. Sentí un profundo amor que era personal, que me prestaba una protección nunca antes sentida. Con un leve movimiento de cabeza, me dijo:

—Sí, estás en casa.

Una profunda sensación de agradecimiento hizo que me brotaran lágrimas de los ojos y, luchando por contener el torbellino de emociones, hice una reverencia. Srila Prabhupada inclinó la cabeza, le dio su bastón a mi amigo Shyamasundar y se subió al auto, a la vez que sonreía y ofrecía sus respetos a sus amigos y admiradores. Entre vítores, saludos y lágrimas vimos cómo se alejaba el séquito de devotos en el horizonte.

Me quedé paralizado, mirando el cielo de aquella hermosa mañana. Sentí que el sol de la fe había amanecido en las sombras de mi mente. Era un sol que creí que nunca desaparecería.

De mi corazón solo podían emanar torrentes de agradecimiento. Para obtener aquella bendición, había tenido que pasar por peligros y dificultades. Obtener aquel tesoro me llevó toda una travesía. Para alcanzar aquel preciado momento, mi alma había sufrido y anhelado. Dios me había revelado el camino. La nebulosa de duda y miedo se había despejado, y ahora me encontraba ante un maestro espiritual completamente iluminado a quien le podía dedicar mi vida. Aquello por lo que había ofrecido miles de oraciones y a lo que había dedicado innumerables lágrimas, finalmente me había sido revelado, y con qué dulzura tomó forma.

Mi dicha no conocía fronteras. En su divinidad, Srila Prabhupada encarnaba las enseñanzas que yo había descubierto en el corazón de cada tradición que examiné. Experimenté un amor más allá del tiempo y la sabiduría de una pléyade de santos que le brotaba de los labios y que ahogaba toda duda al hablar. Pronunció un mensaje que se había preservado durante eras mediante una línea ininterrumpida de maestros que nos enseñan a darnos cuenta de nuestra relación íntima con el todo atractivo amado. En mi corazón había despertado una fe que me indicaba que aquel humilde santo de cuerpo menudo estaba completamente enamorado de Krishna, y que Krishna, el Señor Supremo, estaba completamente enamorado de él.

D urante mis viajes, no ha sido mi práctica establecer una comparación entre mis maestros para resaltar la superioridad entre ellos. Simplemente, absorbía cual esponja sus enseñanzas y la experiencia que había obtenido al estar junto a ellos con la fe de que Dios me revelaría mi camino y a mi gurú. En Bombay, Srila Prabhupada me plantó primero en el corazón la semilla de nuestra relación, como una concepción espiritual, y permaneció escondida, gestándose, mientras encontraba mi camino hacia el lugar de nacimiento de Krishna en Vrindavan, para luego hacer de él mi hogar. Ahora, nueve meses desde el momento de aquella concepción espiritual, la semilla comenzó a dar frutos en aquella tierra sagrada. Mirando atrás a los acontecimientos de mi vida, comencé a reconocer cómo la invisible mano del Señor me había llevado por el camino.

Podía ver cada etapa de mi vida como una hermosa bendición. Contemplé los momentos de felicidad y tristeza, de orgullo y vergüenza, de éxitos y fracasos, y de cómo todo me llevó a avanzar en mi camino. Recordé a aquellos que habían derrochado su afecto en mí, como Kailash Baba, y a aquellos que me odiaban o planeaban destruirme, como los agresores en Estambul. Todo formaba parte de un hermoso plan. Así como el agua del río encuentra su desembocadura en el mar, el llamado en mi vida me llevó finalmente a los pies de Krishna y a los de mi amado gurú. Con lágrimas de gratitud, podía sentir a mi Señor proclamando: «Estoy aquí, soy yo quien te ha traído hasta aquí, y es a él a quien perteneces».

Perdido en mis pensamientos, regresé a la pequeña habitación en el antiguo templo donde Prabhupada había residido recluido durante seis años. Sentado en el suelo en el pequeño espacio donde Prabhupada cocinaba, miré por la ventana y no pude creer lo que veía. A solo unos pocos metros de la ermita de Prabhupada se encontraba el *samadhi* de Rupa Goswami, el mismo lugar donde tuve una revelación que me cambió la vida y donde mi camino espiritual finalmente se había revelado.

Regresé a mi hogar en la ribera y saboreé la experiencia de aquel día inolvidable. Comenzaba a anochecer. Bajo la calma del claro de luna, medité en mi fascinación por los ríos durante mi travesía. Cada uno de ellos me atrajo a su ribera, donde me nutrían de sabiduría y me proveían un santuario. Buscando en las olas del Yamuna, en el ojo de mi mente, también podía ver aquel arroyo en Gettysburg, la corriente de Luxemburgo, los canales de Ámsterdam, el Támesis en Londres, el Tíber en Roma y el hermoso Ganges. Cada uno me habló al oído en momentos críticos y en tiempos de necesidad.

Ahora, observando su suave corriente, medité sobre cómo el río Yamuna comenzaba su travesía en el Himalaya, donde fluía por las moradas boscosas de los yoguis y sabios y, al final, por un poder más allá del suyo, el Yamuna se sentía irresistiblemente atraído a Vrindavan. «De manera similar», pensé, «al llegar a la India comencé mi travesía en el Himalaya, donde el río de mi destino me llevó por las moradas boscosas de los yoguis y sabios y, al final, por un poder más allá del mío, me sentí irresistiblemente atraído a Vrindavan, la tierra del *bhakti*, y a los pies de mi gurú».

Bajo la luz de la luna, miré al río y vi la silueta de mi propio reflejo. En todo este tiempo, el Señor había estado tratando de mostrarme, a través del río de la vida, quién era yo en realidad. Sentado sobre la arena de la ribera, recordé cómo había orado a mi Señor en mi dormitorio en Highland Park y sonreí. «Sí, todo este tiempo has estado escuchándome».

ERA ABRIL DE 1972, y habían pasado casi cuatro meses desde la partida de Srila Prabhupada de Vrindavan. Desde entonces, me centré en mis prácticas espirituales en los bosques y en dedicar tiempo a visitar gente y templos a los que había aprendido a amar profundamente.

Tenía la esperanza de poder quedarme para siempre, pero mi visa vencería pronto, y el día de mi partida de Vrindavan y de la India se acercaba cada vez más. Parecía tan lejano en el tiempo cuando, de camino al Himalaya, me encontré misteriosamente perdido en Vrindavan el día del nacimiento del Señor Krishna. Todo lo que anhelaba, mi camino espiritual y mi amado gurú, me había sido revelado aquí.

Los últimos días antes de partir, ofrecí mis reverencias a los bosques y a todos los templos y personas que habían cautivado mi corazón. Pensé en cada uno de los momentos que habían sido una fortuna indigna de merecer.

Una mañana, apenas unos días antes de mi partida, me encontraba sentado junto a Ghanashyam y a algunos de nuestros amigos en el templo que estaba dentro del clóset, donde me halagaron con su gentileza y presentes para ayudarme a recordar Vrindavan. Una devota australiana llamada Radha Dasi, seguidora de Sripad Baba y la otra única occidental en Vrindavan aparte de Asim y yo, pintó diferentes paisajes de Vrindavan en un cuaderno como regalo para ayudarme a sentirme en casa una vez estuviera lejos.

Un día antes de mi partida, Asim y yo visitamos un lugar muy querido por mí, la colina de Govardhana. Durante milenios, los peregrinos y los santos circunvalaron aquella montaña y honraron hasta la más minúscula de las piedras de su suelo, dado que allí se llevaron a cabo los pasatiempos amorosos más íntimos de Radha y Krishna. Con solo siete años de edad, Krishna levantó aquella colina y la sostuvo con un dedo durante siete días, y sin mostrar el más mínimo esfuerzo, la sostuvo como paraguas para proteger a sus devotos de una devastadora tormenta. Caminamos los veintitrés kilómetros alrededor de la colina de Govardhana entre serenos bosques, lagos, vacas y miles de peregrinos, sintiendo ambos dicha y dolor por el día en que debía marcharme.

Al regresar a la aldea de Vrindavan, visité los lugares que más atesoraba. Recogí polvo de cada lugar y lo guardé en un pequeño paño para poder llevar Vrindavan conmigo adonde fuera que estuviera destinado a ir. Oré a Krishna. «Donde sea que la vida me lleve, por favor, permíteme llevarte siempre en mi corazón». Aquella noche, en la ribera del Yamuna, me senté bajo la luz de las estrellas para cantar mi mantra.

Al amanecer del día siguiente, Asim me acompañó a la estación de tren de Vrindavan, donde abordamos un tren a Mathura. Una vez a bordo, abrimos nuestros corazones y compartimos nuestra comida favorita: *rotis* y *gur* de Vraja. Los ojos se me llenaron de lágrimas al pensar cuánto extrañaría la comida del campesino pobre.

—No sé cuándo será la próxima vez que vea *gur* y *rotis* de Vraja.

Asim sonrió y me dio una bolsa de tela.

—Ábrela, por favor.

Estaba llena de unos veinte *rotis* de Vraja gruesos y un trozo de *gur*.

Desembarcamos en la estación de tren de Mathura y nos quedamos esperando el tren que me llevaría fuera de la India, hasta Nepal. En la plataforma ferroviaria, me despedí de mi amigo y hermano. Juntos habíamos compartido experiencias inolvidables. El tren se aproximaba a la plataforma y yo luchaba por contener mis emociones. No podía creer que tuviera que dejar el lugar que tanto amaba, el lugar donde Krishna había respondido a mis plegarias. Las lágrimas me corrían por el rostro. Asim me apretó la mano para consolarme. Sonrió a través de sus lágrimas y murmuró una bendición:

—Krishnadas, donde sea que recuerdes a Krishna, allí encontrarás Vrindavan. Oraré para que regreses.

No podía hablar. El dolor de la separación me abrumaba. Con las palmas juntas, intercambiamos *pranams*.

—Gracias por todo —murmuré, y abordé el tren.

Me despedí de Vrindavan, mi hogar espiritual, mientras el tren se alejaba.

Viajé hasta Katmandú preguntándome si me esperaría algo en la oficina de American Express. En efecto, sí. Aunque le había escrito y no podía patrocinar mi propio viaje de vuelta, mi padre, ansioso de verme, me había enviado trescientos cincuenta dólares para mi boleto de avión. En la embajada de la India en Katmandú me entregaron una visa de tránsito de dos semanas para permanecer en el país, desde donde tomaría el avión hacia Nueva Delhi y desde allí hasta Bélgica, para luego tener como último destino los Estados Unidos.

Antes de mi partida de Katmandú, hice una caminata nostálgica a Swayambhunath y miré los añorados arrozales que me habían reunido con Gary. Extrañaba a mi viejo amigo. Muchos acontecimientos dramáticos se habían presentado en mi vida desde que nuestros caminos se separaron y deseaba mucho compartirlos con él. «Aún vivo como un vagabundo indigente. ¿Él también?». Solo otro milagro podía volver a reunirnos.

Luego caminé por la ribera del río Bagmati, hasta Pashupatinath. Sentado en la ribera, bajo el cielo estrellado, recordé las lágrimas nostálgicas que había derramado un año atrás y las bendiciones que había recibido desde aquella noche. Por la mañana me despedí, y siendo ahora un solitario trotamundos, me subí a la parte trasera de un camión hacia el valle de Pokhara, una de las rutas más hermosas hacia la India.

Al valle lo rodeaban las cumbres nevadas del Himalaya. Encontré un lugar donde quedarme en una cueva escondida en la ladera frontal del abrupto acantilado, encima del río. Los siguientes siete días remé en una canoa hacia el lago Phewala, donde medité desde el amanecer hasta el atardecer. Durante aquella semana no vi ni a un alma, excepto por el ocasional granjero o pescador. El séptimo día, dos días antes de que mi visa nepalí venciera, susurré a las montañas, al cielo y al agua:

—Me despido de ti, hermoso Pokhara. Mañana debo partir.

Después de remar hasta la orilla, reposé el remo transversal sobre la canoa y caminé por los campos con la última luz del día.

En un remoto bosque, mientras cruzaba el camino oscuro y solitario, comencé a descender de vuelta a la cueva cuando un autobús pasó traqueteando. Comenzando a descender el acantilado escuché, de repente, un grito extraño. Curioso, me di la vuelta. El autobús se detuvo momentáneamente a unos metros, y luego se marchó. De la intensa oscuridad, una figura fantasmal comenzó a dirigirse a mí. «¿Acaso me quieren atacar? ¿Debo salir corriendo?». Mientras la sombra avanzaba, me esforcé para ver quién era. Paso a paso, las siluetas se volvían más claras. «Será posible? Dios mío, sí».

—¡Gary!

Salté en el aire y corrí hacia él. Enloquecido de la dicha, agradecido y sin palabras, lo abracé. Conmovido, solo podíamos repetir:

—Es la voluntad de Dios.

Detrás de Gary había otra figura familiar que corría en la oscuridad. ¿Quién podría ser? Imposible. Era nuestro amigo Hackett, de Brooklyn. Fue en casa de Hackett donde recibí la llamada de Gary que catapultaría mi travesía. Las palabras que Hackett había dicho al enterarse de que iríamos a Europa ahora resonaban en mi corazón: «Los buscaré por cielo y tierra, pónganlo por escrito». Tal como lo había prometido, nos buscó a 825 metros sobre el nivel del mar, en el paraíso de un valle del Himalaya. Después de dos años, los tres nos encontrábamos cautivados bajo el brillo de las estrellas en la ladera remota de una montaña en Nepal.

Los invité a que pasaran la noche conmigo. Me siguieron y escalamos el precipitado acantilado hacia la llanura fuera de la cueva. Mis dos amigos estaban asombrados de mi nueva residencia, una cueva primitiva sobre la ladera del acantilado, en el medio de la nada. Juntos, nos sentamos en el suelo de piedra. Como buen anfitrión, les ofrecí arroz y agua del arroyo con algunos de los *rotis* y *gur* de Vraja que me quedaban. Al no haber cubiertos, decidieron comer con las manos.

Gary apoyó el bol sobre el suelo y dijo:

—Esta mañana salimos de Katmandú en autobús camino a una travesía a pie por las montañas.

Se rascó la cabeza, aún conmovido por nuestro reencuentro.

—Monk, o Richard, ¿o cómo te llamas ahora?

—Me llaman Krishna Das.

—Bueno, Krishnadas, estaba durmiendo en el autobús y, justo cuando abrí los ojos, vi rápidamente las luces que te alumbraron inadvertidamente mientras descendías la ladera. Le grité al conductor que se detuviera y salté del autobús, en el medio de la nada. —Gary sonrió—. Nadie nos creerá nunca.

Hackett no se podía contener. Tiró el bol al suelo y exclamó:

—Yo soy un fiel testigo, y aun así no lo creo.

Los ojos se le movían inquietos al pensar.

—Creo que tienes razón. Tiene que haber un Dios.

Nos quedamos en silencio, maravillados. Desde nuestra cueva arriba del río, nos quedamos observando de una forma soñadora las siluetas de las montañas a lo lejos del otro lado del valle. Finalmente, rompí el silencio.

—Lamento mucho decirlo, pero debo partir mañana al amanecer.

De todos modos, nos quedaba toda la noche bajo el cielo estrellado. Hackett estaba muy cansado de la travesía en autobús, de manera que, aunque luchó por mantenerse despierto, rápidamente se quedó dormido. Gary y yo, mientras tanto, nos pusimos al día. Me contó como él también había vivido como un *sadhu* visitando *ashrams* y lugares sagrados, y yo le hablé sobre Vrindavan. Cuando se enteró de mi situación, sonrió.

—¿Quién te entiende, Krishnadas? Ahora tienes el dinero que te envió tu padre y aun así eliges vivir en una cueva del bosque. Sorprendente.

Ni siquiera había pensado en aquello hasta que Gary lo mencionó.

—Sí —admití—, ha pasado tanto tiempo, Gary, que he olvidado lo que es gastar dinero.

En aquel lugar místico que contemplaba el valle, compartimos las experiencias y realizaciones de nuestras respectivas búsquedas. Toda la noche observamos el valle y la luna que se extendía en su plateada luz sobre las montañas vecinas. Debajo de nosotros, la canción del río sonaba a un ritmo constante.

Con los años, Gary había sido testigo de la transformación de mi vida. De pequeños, jugamos juntos, fuimos a la escuela juntos, nos metimos en problemas juntos. De adolescentes, nos rebelamos contra las normas sociales y nos adherimos a la contracultura. En Europa, exploramos las artes y las culturas de nuevos lugares. Él observó cómo mi anhelo espiritual le daba forma gradualmente a mi destino. Viajamos juntos mientras mi llamado me llevaba a orar en sinagogas, monasterios y catedrales, y a meditar en cuevas y montañas. Partí desde una cueva en Creta siguiendo aquel llamado. Luego, un año más tarde, en un arrozal de Nepal, Gary me encontró como un estricto renunciante, transformado por una vida de ascetismo con yoguis y lamas. En aquel momento, aún sentía anhelos; buscaba mi camino y a mi gurú. Aquella noche, en cambio, él había encontrado a su viejo amigo, fijo y dedicado a su camino revelado por el único Dios. El Señor me había llevado hasta mi querido padre espiritual, Srila Prabhupada, cuya gracia divina atrajo mi fe y amor. En aquel momento, con el corazón en la mano, me encontraba tratando de desarrollar humildad, amor por Krishna y un espíritu genuino de servicio a la humanidad.

El sol salió, y una lágrima se deslizó por el rostro de Gary hasta caerle sobre la barba. Susurró:

—Me siento feliz por ti, hermano. Dios ha escuchado tus plegarias. —Sonrió—. Ha sido una travesía emocionante.

Cerré los ojos y respiré profundo. Era hora de despedirnos una vez más. Nos dimos un abrazo fuerte y nos deseamos un buen viaje. Sonriendo, di la vuelta y escalé el precipitado acantilado hacia la carretera.

—Hermano mío —me llamó Gary.

A mitad de camino, escalando la montaña, me agarré de una piedra de donde apoyarme y miré hacia abajo, en la llanura, donde Gary se encontraba parado. Tenía la mirada perdida y los ojos llenos de lágrimas. Mesándose la barba, me gritó:

—Me pregunto si nos volveremos a encontrar.

Miré la cueva que me había proporcionado refugio y escuché la mágica canción del río que sonaba abajo en sus aguas. Con lágrimas de agradecimiento, le grité a Gary:

—Tengo fe en que sí, si continuamos persiguiendo nuestro llamado interno.

En el aeropuerto de Nueva Delhi, abordé el vuelo de Air India a Aston, Bélgica. Vestía hábitos de mendigo, y llevaba como equipaje una bolsa de tela en el hombro y una vasija de metal de mendicante. Era algo digno de ver entre los turistas y hombres de negocios internacionales. Un irlandés sentado junto a mí, en clase económica, fumaba sin cesar un cigarrillo tras otro. El humo me ardía en los ojos a la vez que me sofocaba, pero el fumador ni se percataba. El desafío de mi retorno a Occidente ya había comenzado.

Ver a la azafata sirviendo la comida me reavivó la memoria. En mi bolsa había un tesoro que podía transformar aquel avión en un oasis espiritual: el regalo de mi querido hermano Asim de *rotis* y *gur*. Puede que estuvieran pasados y duros, pero para mí eran apetecibles. En aquel vuelo, a 10.700 metros de altura, me comí los *rotis* y el *gur* de Vraja con la mayor alegría mientras me encontraba absorto en mis recuerdos de mi hogar espiritual.

Desde Bélgica, hice dedo hasta Holanda para visitar a los primeros amigos que hicimos Gary y yo en Europa. Al visitar la casa de Kosmos en Abcoude, me enteré por su madre de que se había mudado a Ámsterdam. Cuando llegué a su apartamento sin previo aviso, Kosmos, Chooch y sus amigos se apuraron a abrir la puerta para darme la bienvenida. El rocanrol sonaba muy alto y el olor de la cerveza era intenso, al igual que el de la marihuana. En la nube de humo, hombres y mujeres se abrazaban apasionadamente.

Sentí una opresión en el pecho.

Solo dos días antes me encontraba viviendo con sabios en un bosque sagrado en la India y ahora estaba allí, parado en medio de esta fiesta vestido de *sadhu*, rosario en mano y un bol donde colectar donaciones. Desorientado, reflexioné: «¿Qué les ha sucedido a mis queridos amigos?». Luego recordé mi encuentro con Sean en Connaught Circus y entendí. «La pregunta correcta es: ¿qué me ha sucedido a mí?». Hablamos unas horas y luego, cortésmente, me despedí.

Adentrándome en las calles de Ámsterdam, todo el ambiente me resultaba desconocido. La manera en la que se vestía la gente y se relacionaba entre sí me resultaba extraña. Llegó la noche, así que me hospedé en un albergue para jóvenes, donde me dieron la cama litera de abajo, en una habitación compartida. «Tal vez mientras descanso en la cama», pensé, «pueda ajustar mi mente a estos drásticos cambios».

Apenas unos días antes me encontraba en un tranquilo lugar divino en las riberas de un río sagrado. Ahora me encontraba en Ámsterdam. Cansado después de la jornada, caí finalmente rendido. De repente, en la oscuridad de la noche, mi cama comenzó a mecerse y a vibrar. Luego entendí. De la litera de arriba provenían los sonidos de los variados gemidos apasionados de un hombre y una mujer. No me encontraba listo para aquel ajuste cultural. «*¿Dónde estoy? ¿Por qué estoy aquí? ¿Dónde está mi lugar de descanso en la ribera de un río sagrado?*». Me salí del albergue y caminé por las calles hasta el amanecer.

Cuando salió el sol, me senté en un parque a comerme lo que me quedaba de *rotis* y *gur*. Más tarde, escribí una carta a mis padres explicándoles que no viajaría de vuelta a casa de inmediato. Necesitaba más tiempo para adaptarme al mundo occidental.

Una vez en Ámsterdam, me dediqué a comer maníes mezclados con yogur. No sabía cómo ser vegetariano en Occidente, pero sí me gustaba mucho mi dieta sencilla.

Una noche, visité Cosmos. Cosmos era el club nocturno donde había encontrado a aquel hombre de aspecto extraño, con la cabeza rasurada y cola de caballo, que me sirvió un cucharón de ensalada de fruta en la mano. Aquel mismo hombre, Shyamasundar, había aparecido nuevamente en Bombay y Vrindavan para volverse mi querido amigo. Me quedé maravillado pensando en las vueltas que da la vida y sintiendo que el círculo comenzaba a cerrarse.

Eran las once de la noche de un domingo cuando me vi, sin querer, caminando la avenida principal repleta de marineros estadounidenses y luces de neón. A ambos lados había discotecas llenas de gente, bares, clubes nocturnos y burdeles. La música en vivo resonaba a ambos lados, y el olor a bebidas alcohólicas y a carne de animal quemada impregnaban el aire. Yo aún vestía hábitos de *sadhu*. Una prostituta sobrecargada de perfume con brillantes labios rojos y rímel grueso me tomó de la mano para llevarme con ella, pero me resistí. Una pandilla de marineros borrachos me rodeó mientras gritaban:

— ¿Qué tipo de bicho raro eres?

Se turnaban para empujarme de marinero en marinero. Mientras uno me pegaba en el pecho, otro gritaba:

— ¡Bébete un trago, amigo!

De repente, me derramaron una enorme jarra de cerveza fría en la cabeza. ¿En qué planeta aterricé? Al final, me dejaron en paz.

Ahora me encontraba caminando sin rumbo en una jungla de depredadores más intimidantes para mi mente que los leopardos, elefantes y serpientes del Himalaya. Caminando desesperadamente por la vasta ciudad, llegué a un callejón angosto en el Barrio Rojo. A ambos lados, la calle estaba bordeada de burdeles, y las ratas correteaban en las sombras. Por detrás de las ventanas, las prostitutas trataban de seducir a los clientes con ropa ligera. Un letrero al frente de un negocio promocionaba en grandes letras «Sex *shop*». A la izquierda del negocio había una puerta de garaje con una puerta más pequeña en ella. El letrero decía: «Templo Radha Krishna».

¿Podía ser verdad? Toqué a la puerta. Al abrirla, un devoto sonriente exclamó:

—Por favor, entra y siéntete como en casa.

Tomé una ducha y me senté para recuperarme. Una dulce música sonaba suavemente. Las paredes estaban decoradas con arte religioso que reflejaba escenas de Radha Krishna en Vrindavan, y el incienso con olor a almizcle llenaba el aire.

—Toma un poco de leche caliente —dijo el devoto.

La leche estaba levemente aromatizada con banana y cardamomo. Aliviado, miré a mi alrededor. Sentía que había salido de un vasto desierto y entrado en un oasis. Luego, sobre la pared, vi una pintura de Srila Prabhupada, donde sonreía y parecía nuevamente darme la bienvenida a casa. En silencio, le agradecí haber hecho el viaje desde la India en el buque de carga tantos años atrás. Como resultado de sus esfuerzos, cientos de oasis semejantes se establecerían más tarde por todo el mundo.

Desde Ámsterdam viajé hasta Londres, donde pasé un tiempo en un *ashram* cerca del Museo Británico. Luego abordé un vuelo a Nueva York. Al llegar a la inmigración de Estados Unidos, un agente me saludó y examinó cada página de mi pasaporte. Llamó a alguien por teléfono y luego selló una de las páginas. Mientras caminaba, dos hombres corpulentos vestidos con traje se pararon frente a mí. Se veían muy intimidantes, y desplegaron su placa en mi cara.

Me confiscaron el pasaporte.

—Somos agentes federales. Venga con nosotros. —Me llevaron a una habitación aparte y me miraron de arriba a abajo. Un agente declaró—: Usted está detenido por contrabandear estupefacientes a los Estados Unidos. Si se rinde voluntariamente y coopera con nosotros, su pena será reducida.

—No tengo estupefacientes —le dije humildemente.

—Sabemos afirmativamente que sí los posee. Entréguelos porque los encontraremos. —Dio un golpe sobre la mesa con el puño—. Se lo advierto. No nos haga enojar.

Me registraron el bolso meticulosamente. Encontraron mi bolsita con la colección de polvos de Vrindavan y se regocijaron. Ostentando la bolsita en mi cara, el agente me desafió.

—¿Qué es esto?

—Es polvo de un lugar sagrado.

Con extremo cuidado, examinó el polvo, deshaciéndolo en sus dedos y oliéndolo. Decepcionado, cerró la bolsa y la puso a un lado.

Uno de los agentes me registró. De repente, se le encendieron los ojos, y juntó las manos dando un chasquido en un tono de emoción.

—La encontré. La encontré. Aquí está la droga. —Sintió un bulto duro en la parte inferior de mi espalda—. ¿Qué es esto?

—Es mi taparrabos.

Era obvio que nunca habían visto un taparrabos de *sadhu*.

—Quítese la ropa —me exigieron. Me quité todo menos el taparrabos.

—¿Qué es eso? —gritó un agente. Sorprendido, el líder se burló:

—Sin duda, no es precisamente de marca. Examinaron el taparrabos, que estaba manchado después de cientos de baños en el lodo de los ríos y lagos. —Póngase de nuevo la ropa —dijeron.

Luego, con una gentileza burocrática, un agente me explicó que los sellos de Afganistán, Pakistán y Nepal en mi pasaporte eran indicativos de importación de narcóticos. Se disculpó:

—Lamentamos mucho la inconveniencia causada, pero por favor, entienda que es nuestro deber proteger los Estados Unidos.

Me devolvió el pasaporte y me escoltaron desde la aduana hasta la salida.

Había partido de casa como un estudiante adolescente hacia unas vacaciones veraniegas en Europa y volví dos años después como un asceta encaminado espiritualmente. Para cuando estuve de vuelta, mi familia ya había vendido nuestra casa en Highland Park y comprado un apartamento en Miami, Florida. Del aeropuerto JFK, tomé un vuelo doméstico hacia allí. Mi padre, en muletas y con la pierna quebrada, vino al aeropuerto con Larry, mi hermano menor. Me encontraron sentado en el suelo, meditando con los ojos cerrados, cargando nada más que un bolso de tela y una vasija metálica. Mi padre, emocionado, dijo con la voz quebrada:

—Hijo, gracias a Dios que estás finalmente de vuelta en casa.

Di un salto para saludarlo. Se le llenaron los ojos de lágrimas, y me abrazó muy fuerte. Suspiró como si muchos años de dolor se hubieran acabado por fin. Entusiasmado, el pequeño Larry, ahora con diecisiete años, sonrió en un abrazo fraternal. Me observaba como si yo fuera un héroe que regresaba a casa.

Al entrar al nuevo apartamento, mi madre corrió hacia la puerta y gritó:

—¡Richard, cómo te extrañamos!

Nunca olvidaré las lágrimas de mi madre mientras me besaba la frente y me abrazaba.

—Estás tan delgado —me dijo y continuó—. Mira, estoy aprendiendo cocina vegetariana para ti.

Sobre el mostrador de la cocina vi una pequeña biblioteca de libros de cocina vegetariana. Con el deseo de complacerme, de inmediato me sirvió la cena, que consistía en sopa, ensalada, verduras salteadas, un guiso al horno, arroz y un *strudel* de manzana como postre.

Sonó el teléfono y era mi hermano mayor, Marty, que llamaba desde la universidad en Arizona para darme la bienvenida. Me sentía emocionado de ver el esfuerzo de mis padres por hacerme feliz. Aunque mi elección les había resultado difícil y continuaría siéndolo, se esforzaban por entender y aceptar mi elección de vida. Con sinceridad, traté de expresar el amor que sentía por ellos mientras mantenía los ideales que consideraba sagrados. Aunque nuestros mundos eran muy distintos, el afecto y el respeto que compartíamos predominaban. Con la práctica devocional hacia Dios, estaba aprendiendo que preservar las relaciones amorosas en este mundo requiere de perdón, tolerancia, paciencia, gratitud y humildad. Una virtud esencial de humildad es aceptar a otros por lo que son, a pesar de las diferencias. Contemplé una vez más cómo la tendencia a juzgar a los demás es a menudo un síntoma de inseguridad, inmadurez o egoísmo, y anhelaba trascenderla. «Todos somos hijos de Dios, Dios ama a todas sus criaturas. Si deseo amar a Dios, debo aprender a amar a aquellos a los que él ama».

Todos sabíamos que no permanecería mucho tiempo en casa. Mi madre tenía una hermosa habitación preparada para mí, pero elegí dormir en el patio de cemento que se extendía en nuestro apartamento en el quinto piso. Desde allí, en las tranquilas horas antes del amanecer, vi una piscina vacía en una bahía rodeada de palmeras y árboles de eucalipto que se mecían en la brisa. Mientras meditaba, la tenue canción del mar susurraba en la distancia. Sentí que el patio se había convertido en mi preciada roca en el Ganges. Mientras cantaba en voz baja el sagrado mantra que había recibido del río, en el ojo de mi mente podía ver el río Ganges fluyendo con gracia hacia el mismo mar que ahora se desplegaba ante mí. Sentí a Vrindavan, a mi gurú y a mi Señor indescriptiblemente visibles más allá del tiempo y el espacio. Respiré profundamente el aire salado y mi corazón se llenó de agradecimiento. Sonreí, junté las palmas y susurré:

—Ha sido una travesía inolvidable y tú has respondido a mis plegarias. Donde sea que te recuerde, me siento en casa.

EPÍLOGO

HAN PASADO YA DÉCADAS desde que emprendí mi camino hacia Oriente. Con el paso de los años, he llegado a la conclusión de que no importa que vivamos en un lugar sagrado de la India o en una ciudad congestionada de los Estados Unidos: si armonizamos nuestras vidas en la devoción al Señor, encontraremos nuestro hogar eterno.

Al poco de regresar con mi familia, opté por vivir en un *ashram* en Estados Unidos. Mi gurú me ofreció iniciarme dos veces, pero lo rechacé porque sentía que aún no lo merecía. No me cortaría el pelo ni me afeitaría la cabeza como los demás monjes hasta que me sintiera absolutamente dispuesto a asumir dicho compromiso. En la primavera de 1973, celebramos el día de la aparición del Señor Chaitanya, la encarnación de Krishna para esta época, y ayunamos hasta la salida de la luna. Me aislé en un ático oscuro, lo más parecido que encontré a una cueva, y prometí entonar cien mil veces el nombre del Señor con mis cuentas de madera. Tras casi seis horas, sentí cómo emergía de mí una inspiración especial. Recé: «Mi querido Señor, ¿qué regalo te puedo ofrecer por tu cumpleaños?». Entoné el *maha* mantra durante una hora más, y entre cánticos de «*Hare Krishna . . . Hare Rama*», mi pregunta volvió a resonar. «Mi querido Señor, ¿qué puedo ofrecerte por tu cumpleaños?». Cuando terminé de entonar el último de los cien mil nombres, una voz en el interior de mi corazón respondió. «Ofréceme tu cabello».

Sabía lo que implicaban aquellas palabras. Yo había determinado cortarme el pelo solo cuando estuviera listo para aceptar los votos de iniciación de un maestro espiritual, así que consideré que aquella voz pertenecía al Señor, que confirmaba que estaba preparado para aceptar lo que tantas veces había rechazado por parte de tan grandes personalidades a lo largo de mi vida. Así, tomé los votos de iniciación de manera oficial en el verano de 1973, y Srila Prabhupada me nombró con gran cariño «Radhanath Das»: el sirviente del Señor Krishna, el amado de Radha.

Un amigo me regaló una fotografía enmarcada para rememorar aquel día especial, pero ninguno de los dos se esperaba la reacción tan intensa que me provocó. Me comenzó a temblar todo el cuerpo, y me quedé mirándola con la boca abierta: no podía creer lo que veían mis ojos. Tenía ante mí la misma foto de la contraportada del panfleto que me habían dado durante el Festival de Rock de la isla Randall el día antes de recibir la profética llamada de Gary y de que el destino me alejara de la vida tal y como la conocía para conducirme al reino donde todo cambiaría para siempre. Recuerdo que la contemplé por primera vez semanas después de que me la entregaran, apiñado en la camioneta que me había recogido mientras hacía dedo por Inglaterra, y que me llamó poderosamente la atención la persona de la fotografía. Pensé: «Si alguien en este mundo siente dicha espiritual, es él». Entonces perdí el panfleto y no volví a prestarle atención, pero ahora, por primera vez, até los cabos. Aquella persona era Srila Prabhupada, mi gurú. No me lo podía creer. El destino me había llevado a trazar un círculo perfecto. Al comienzo de mi búsqueda espiritual, el Señor me reveló de forma críptica la identidad de mi gurú y el camino que seguiría, un misterio que solo se me revelaría el día de mi iniciación.

Durante los seis años posteriores residí en un austero monasterio en la cima de una montaña remota, a la que se accedía recorriendo cinco kilómetros a través de un bosque, por un sendero fangoso. Cuando llegaban las heladas de invierno todo se cubría de nieve, y no teníamos calefacción. Para asearnos, rompíamos una capa de hielo con ayuda de una piedra y nos enjuagábamos con el agua helada. Nuestro sistema de saneamiento consistía en descender la colina con una pala en la mano y enterrar nuestros desechos en la tierra. Allí llevé una vida similar a la de Ghanashyam: servía día y noche a la forma divina del Señor, seguía escrupulosamente las disciplinas espirituales y cuidaba de las vacas.

Tras pasar años meditando gracias a la generosidad de mi gurú, desarrollé el intenso deseo de compartir los regalos que había recibido con los demás, así que pasé ocho años impartiendo charlas en distintas universidades, sobre todo en Ohio y al oeste de Pensilvania. Los profesores me invitaban a hablar sobre disciplinas como la filosofía, la religión, la sociología, la interreligiosidad o el Bhagavad Gita, y también impartía cursos sobre cocina vegetariana.

Mi amado *gurudeva* Srila Prabhupada abandonó este mundo en Vrindavan el 14 de noviembre de 1977. Aquel día se grabó a fuego en mi corazón. Cuando se separó de mí, sentí que me arrojaban al vacío. Recuerdo que se me llenó el rostro de lágrimas implacables y que perdí la paciencia mientras gritaba en el fondo de mi corazón: «¿Adónde iré ahora que mi querido amigo y guía me ha dejado solo en este mundo de conflicto y confusión? ¿Cómo saldré adelante sin su amor, su sonrisa y su sabiduría?». Aún debía comprender que su presencia pasaría a mi corazón. Mi fidelidad se pondría a prueba: debía seguir sus instrucciones sagradas de amar a Krishna y de convertirme en un instrumento de su amor. Cuando se aspira a servir con honestidad, el gurú siempre debe estar ahí para guiar y proteger al discípulo; servir de esta manera, separados, constituyo una prueba de gratitud y amor, y terminé por encontrar en dicha separación la unión más dulce.

En 1982, los devotos me insistieron para que aceptara los votos de *swami*, un monje célibe dedicado en exclusiva a servir a Dios. Me resistía bastante a la idea, la rechazaba porque consideraba que el honor y la distinción que conlleva ser un swami me supondría una gran carga y una distracción, además de que no me sentía digno. Sin embargo, no dejé de recibir presiones. «¿Qué debo hacer?». Recé a Srila Prabhupada y al Señor, y tanto mis superiores como la voz interior de mi gurú me revelaron que debía consagrarme a servir lo mejor posible al Señor, por lo que en mayo de 1982, acepté los votos de *sannyasa* y se me otorgó el título de Radhanath Swami.

En 1983, regresé a la India por primera vez en once años. Viajé en avión desde Londres hasta Nueva Delhi, y completé en menos de nueve horas el mismo recorrido que me llevó más de seis meses haciendo dedo; sin embargo, la velocidad y la seguridad de un avión no podían equipararse a las experiencias que viví por vía terrestre y que me cambiaron como persona. Una vez en la India, peregriné por fin hacia mi preciado hogar: Vrindavan. Me sentía desbordado de alegría ante la perspectiva del regreso, pero dicha emoción no tardó en mezclarse con la consternación de descubrir que casi todos mis seres queridos habían fallecido. Vagué de un santuario a otro solo para recibir la noticia de que un amigo más nos había abandonado.

Me apresuré a visitar a un alma muy querida, y recé por que no fuera demasiado tarde. Entonces, cerca de las antiguas ruinas de un templo de arenisca, contemplé una imagen que me derritió el corazón; allí, sentada en unos escalones de piedra, había una persona cuyas glorias pasaban desapercibidas al mundo, pero que resplandecían como nunca en mi mente: mi querido Ghanashyam. Su anciano cuerpo había envejecido aún más desde la última vez que lo vi, y su figura menuda se veía tan frágil y delgada que parecía que el mínimo soplo de viento lo derribaría. Tenía la cabeza gacha, y entonaba los nombres de Radha y Krishna con los ojos llenos de lágrimas. Me senté a su lado con mucho cuidado. Entonces lloré de alegría y susurré:

—Ghanashyam Baba, ¿me recuerdas? Yo he pensado en ti todos los días de mi vida.

Me miró y entrecerró sus ojillos infantiles para intentar reconocer a aquel intruso desconocido. Tras unos segundos que se me parecieron eternos, rompió el silencio con un susurro de incredulidad:

—¿Krishnadas? —Las lágrimas le brotaron de los ojos y se le derramaron hasta la barbilla. Tembló de emoción y repitió—: Krishnadas, ¿de verdad eres tú?

Me acarició la mejilla con una mano temblorosa mientras me miraba fijamente a los ojos. Todos los músculos de su rostro ajado por la edad se tensaron mientras gritaba:

—¡Sí, eres tú! ¡Eres tú, Krishnadas!

Con gran dificultad, inclinó la cabeza hasta el suelo en agradecimiento al Señor. Se levantó muy despacio y tomó mi mano con timidez. Con la voz quebrada, exclamó con gran regocijo:

—¡Ven, Krishnadas! Gopijana Vallabha lleva mucho tiempo esperándote. Acompáñame, por favor.

Ghanashyam me condujo lentamente hacia el callejón con el que tantas veces había soñado y me llevó hasta su pequeño templo en el clóset. ¡Qué gran júbilo para mis ojos y mi alma encontrarme de nuevo cara a cara con Radha Gopijana Vallabha y su idolatrado Ghanashyam, que procedió a ofrecerme sus *rotis* de Vraja y prácticamente todo lo que poseía! Me senté y me sumí en un trance de gratitud durante horas. Había vuelto a casa.

Sin embargo, mis compromisos con las universidades requerían mi presencia, y no tardé en regresar a los Estados Unidos. Al año siguiente regresé a Vrindavan, eufórico ante la perspectiva de volver a ver a mi preciado Ghanashyam. Crucé el canal de aguas residuales temblando de expectación, pero cuando entré en la casa, comprobé que el templo privado del clóset de Radha Gopijana Vallabha se había convertido en un simple armario de almacenamiento. Las deidades habían desaparecido. En aquel sencillo armario se había erigido un glorioso templo para el Señor, que emergió de la tierra y aceptó el servicio de mi amado Ghanashyam durante más de sesenta años, pero ahora estaba abarrotado de escobas, cubetas de limpieza, ropa interior y utensilios. Justo en aquel momento, la dueña de la casa dejó de cocinar y acudió para ver qué deseaba.

—¿Dónde está Radha Gopijana Vallabha? —pregunté.

—Se ha mudado.

—¿Y Ghanashyam Baba?

Ella alzó las manos hacia el cielo y contestó:

—Se ha ido con Krishna.

Aturdido, salí de la casa. Una vez fuera, alcé la mirada al cielo de Vrindavan y lloré mientras susurraba:

—Ghanashyam, vivirás para siempre en el pequeño clóset de mi corazón, donde encontraré calor bajo la manta de tu humildad y me alimentaré de los *rotis* de Vraja que me entregarás con tu amor desinteresado.

Un día, en 1985, cuando guiaba a unos veinte devotos por la colina de Govardhan, me llevé una sorpresa totalmente inesperada al encontrarme cara a cara con mi viejo amigo Asim. Nos abrazamos rebosantes de gratitud, eufóricos. La última vez que nos vimos, hacía ya catorce años, también rodeábamos la colina de Govardhan; parecía que nos habíamos reencontrado justo donde nos despedimos. Se sentía muy orgulloso de que me hubiera convertido en *swami*. Nos sentamos a charlar en un lugar tranquilo y apacible.

Asim me contó que se había doctorado en Sánscrito en la Universidad de Columbia, que en el mundo académico lo conocían como Alan Shapiro y que se dedicaba a ayudar a importantes académicos de todo el mundo con sus investigaciones en el campo del sánscrito. Aun así, él consideraba Vrindavan su hogar.

Asim sonrió.

—Espera aquí, *swamiji*.

Poco después, regresó con una bolsa de tela. No pude evitar esbozar una enorme sonrisa, porque sabía lo que contenía. Maravillados por la dulce voluntad del Señor, contemplamos la belleza de la colina de Govardhan y celebramos nuestro reencuentro con un festín de *rotis* de Vraja y *gur*. Mantuvimos nuestra estrecha amistad durante muchos años, hasta que falleció en 1998, por voluntad del Señor.

Mi trabajo como *swami* requería que viajara cada vez más, ya que el círculo de personas que asistía a mis conferencias se ensanchaba.

En el verano de 1988, en Los Ángeles, recorrí la costa de Big Sur junto a un amigo que se había ofrecido a llevarme a una cita muy especial, pues me habían invitado a impartir un seminario en un monasterio de monjes benedictinos a cargo del padre Bede Griffiths, monje católico y autor de varios libros que aunaban la sabiduría del cristianismo y el hinduismo. Aceleramos por la Autopista 1 con las ventanas abiertas, disfrutando de la brisa del Pacífico. Mi amigo paró en una estación de servicio para llenar el tanque de gasolina y yo aproveché para realizar unas llamadas desde una cabina. Al colgar, me fijé en un dato muy curioso: justo allí, debajo de mis narices, el listado telefónico estaba abierto por las letras «Lis», que resaltaban en la parte superior de la página. Recordé que el apellido de mi amigo Gary, del que llevaba años sin saber nada, era Liss. Recorrí la lista de nombres con el dedo por pura curiosidad y me sorprendí al llegar a un Gary Liss. «Esto no puede ser. No lo veo desde 1972, en aquella cueva de Nepal. Han pasado diecisiete años». Su dirección era Malibu Road, en Malibu Beach. Alcé la mirada y me fijé en el cartel que había justo sobre la cabina telefónica, que rezaba: «Malibu Road». Miré a lo largo de la calle y atisbé una casita justo en el número que se indicaba. Recapacité: seguro que existían miles de personas en Estados Unidos con ese nombre. Recordé, además, que nos habían indicado que debíamos llegar antes del anochecer, así que impuse mi mente racional a la emoción que me invadía ante la más mínima posibilidad de reencontrarme con mi viejo amigo, anoté la dirección y decidí que regresaría e investigaría más adelante, cuando tuviera tiempo.

Un año después, en el verano de 1989, cuando regresé de la India, me prestaron un automóvil y conduje solo desde Los Ángeles hasta Malibu Beach. El misterio no dejaba de crecer. Donde el año pasado había visto una casa, ahora solo quedaba un solar vacío. Le pregunté a un vecino:

—¿Sabe qué ha ocurrido con esta casa?

—La derribaron el mes pasado.

—¿Conoce a la persona que vivía ahí?

—No, lo siento.

Confundido, me quedé allí parado, sin saber qué hacer. Tras el solar se veía una pista de tenis, y detrás una hermosa casa en primera línea de playa. No me cabía duda alguna de que yo desentonaba allí, en el elegante barrio de Malibú, con la cabeza afeitada y mis túnicas de color azafrán. De repente, salió de la casa un hombre de mediana edad, bien vestido, con un cuello muy fuerte y unos músculos enormes esculpidos por los brazos y el pecho. El fisiculturista me miró con recelo, y yo también. Avanzó a trompicones por la pista de tenis en dirección hacía mí. «Tal vez debería irme», pensé. Sin embargo, cuando el hombre se aproximó lo suficiente, reconocí un rostro muy familiar entre tantos músculos y años de envejecimiento. Exultante de alegría, exclamé:

—¡Gary, soy yo! ¡El *sadhu* de la cueva! ¿Te acuerdas de mí?

—¡Eres tú, hermano mío! —gritó—. No me creo lo que ven mis ojos.

La mano invisible del Señor nos había vuelto a reunir.

Habían pasado dieciocho años, y ambos habíamos cambiado mucho. Yo seguía pesando unos 55 kilos, pero había reemplazado mis largas rastas por una cabeza afeitada, y vestía una túnica de color azafrán. Gary ya no llevaba el pelo largo ni tampoco barba; iba bien afeitado, con el pelo cortado a cepillo. Atrás quedó aquel cuerpo flacucho: ahora, mirara donde mirara, solo veía puro músculo. Saltaba a la vista que habíamos emprendido caminos muy distintos. Una sensación de aprensión me invadió el corazón. «¿Tendré todavía algo en común con esta persona?».

Gary preguntó:

—¿Cómo te llamas ahora? ¿Richard, Monk, Krishna Das . . .?

—La gente me llama Radhanath Swami, pero puedes llamarme Swami.

—Bueno, Swami —continuó—. Como ves, he cambiado mucho en los últimos dieciocho años. No esperes que sea la misma persona de antes.

—Gary, ponme al día, por favor.

Resultó que había derribado su antigua casa y se disponía a edificar una nueva. Me invitó a la elegante vivienda junto a la orilla del mar, que pertenecía a sus tíos, y pasamos horas y horas actualizándonos.

Gary me contó que, cuando abandonó la India, hizo dedo por toda África, América del Sur, América Central y luego subió al norte desde México. Había pasado casi siete años como un viajero infatigable hasta que, por fin, decidió regresar a los Estados Unidos para estudiar Derecho, motivado por Mahatma Gandhi. Mientras se preparaba para sus estudios, se volcó en el fisiculturismo para recuperar la salud, mermada por tantos viajes por el extranjero. Pasaron los años, se licenció en Derecho y se casó, pero también se convirtió en un campeón regional de fisiculturismo. Cuando le ofrecieron un puesto como entrenador físico en el prestigioso Malibu Gym, optó por convertirlo en su medio de subsistencia, y desde entonces, se había ganado la vida entrenando a la gente acomodada de Malibú, Hollywood y Los Ángeles.

—¡Gary! —exclamé—. ¡Jamás pensé que terminarías viviendo en Malibu Beach y que trabajarías como entrenador físico de la élite! Los misterios de la vida nunca dejan de sorprenderme.

Hablamos día y noche en aquella opulenta casa frente al mar, con el sonido de las olas de fondo. Me senté con las piernas cruzadas en la moqueta del piso, me recosté contra la pared y dije:

—Gary, tu cuerpo y estatus social han cambiado en todos los sentidos, pero yo aún percibo en ti la misma bondad, lealtad y anhelo de búsqueda espiritual que hace dieciocho años.

Aquella noche se derrumbaron todas las barreras de aprensión que existían entre nosotros cuando compartimos nuestras reflexiones, como si aquella cueva en la jungla del Himalaya se hubiera transformado en una lujosa casa en Malibu Beach. Parecía que solo habían transcurrido unos minutos desde nuestro último encuentro, y nos sentíamos más unidos que nunca.

A Gary le brotaron lágrimas en los ojos cuando escuchó mi historia.

—Swami, he pensado en ti miles de veces. Sabía que terminarías convirtiéndote en algo así. Aún recuerdo aquella noche en Creta, cuando escuchaste la llamada, y pese a los años que han transcurrido desde entonces, todavía la sigues. Impresionante.

Me invadió una oleada de recuerdos, pero luego se retiró al océano de nuestros corazones agradecidos.

—Swami— dijo Gary—. Nuestras vidas son radicalmente opuestas. ¿Qué tenemos en común? Yo soy entrenador físico y convenzo a las personas de que serán felices con un cuerpo sano y hermoso. Tú eres un *swami* y los convences de que, para alcanzar la felicidad, no hay que limitarse al cuerpo, sino también al alma eterna.

Sonreí y le respondí:

—El Señor habita en todos nuestros corazones, por lo que el cuerpo se considera un templo de Dios. Gary, unamos nuestros talentos. Tú enseñarás a los demás a reforzar el templo y yo les mostraré qué hacer en su interior.

Gary resplandecía de alegría.

—¡Eso es! Comencemos un nuevo camino.

Con el paso de los años, sentí una deuda creciente hacia la tierra y el pueblo de la India. Solía recordar la promesa que le hice al agente de inmigración sij cuando era poco más que un niño, desesperado y sin dinero, postrado frente la frontera india: «Prometo que algún día haré algo bueno por tu gente».

En 1986, regresé y me establecí de forma permanente en la India, en concreto en el centro de Bombay, ya que consideraba que, allá donde había una gran necesidad, se abría una oportunidad única para servir. Como servicio a mi gurú y a las bellas personas de la India, tuve la suerte de colaborar en la fundación de varios templos que ejercerían de centros educativos espirituales; *ashrams* para cultivar la vida pura y un hospital donde tratar a los pacientes con medicina convencional y alternativa para ofrecer una mejor calidad de vida al cuerpo, la mente y el alma. El hospital también organiza hoy en día campamentos médicos gratuitos tanto en el día a día como en situaciones de emergencia (actos terroristas, terremotos, tsunamis, etc.). Junto con Ramesh Baba, mi amigo de toda la vida, y sus seguidores, celebramos un campamento anual en Vrindavan, donde se llevan a cabo entre seiscientas y setecientas cirugías de cataratas al año. También hemos tenido la oportunidad de fundar escuelas para promover la educación académica, moral y espiritual; un orfanato para niños oprimidos; una granja donde demostrar la viabilidad de la agricultura sostenible y la protección de las vacas, y cocinas en las que se ofrecen almuerzos a diario a unos ciento cincuenta mil niños desnutridos en las escuelas de los barrios pobres. Conscientes del incremento de la inmoralidad y el odio sectario, ofrecemos cursos de educación en valores en varias escuelas primarias y secundarias, donde se reúnen estudiantes de comunidades hindúes, musulmanas, cristianas, judías, jainistas, budistas y parsis, que aprenden valores éticos universales con historias y analogías de las grandes religiones del mundo. Además, para formar en la integridad a los líderes del futuro, llevamos a cabo programas culturales semanales en una treintena de universidades de la zona.

Sin embargo, para mí esto no supone ni un ápice en comparación con los tesoros que he recibido por parte de la gente de la India, tanto de los santos como de la gente común. Ellos han bendecido mi vida con Krishna y con mi querido gurú, y me han ofrecido un sinfín de oportunidades para servirlos y compartir esta bendición con el mundo. En 1989, mis padres me visitaron por primera vez en la India. La experiencia les cambió la vida. Cayeron rendidos ante los devotos de Bombay, y mantuvieron la amistad con varios de ellos durante mucho tiempo. Cuando mi querida madre abandonó este mundo en 2004, en Chicago, mi padre y mis hermanos me pidieron que me encargara del panegírico y que llevara sus cenizas a la India, ya que según afirmaban: «Ella se enorgullecía mucho de lo que haces allí, y sentía un gran amor hacia los tuyos».

Celebramos una ceremonia a la orilla del Ganges, con casi dos mil devotos rezando y cantando de corazón, y deposité sus cenizas en la Madre Ganges. Con lágrimas de gratitud, recordé cómo treinta y cuatro años antes había aceptado al Ganges como madre. Mientras veía cómo convergían las cenizas en la corriente, recé entre lágrimas: «Hoy se unen la madre de mi nacimiento físico y la madre de mi nacimiento espiritual, y fluyen juntas en esta hermosa corriente para llegar al mar. Te lo ruego, amado Señor: lleva el alma de mi madre al océano de tu gracia eterna».

Aquel momento fue muy simbólico para mí. «Yoga» significa «unión con nuestra esencia espiritual», y la religión supone el regreso a esa misma esencia. El *bhakti* yoga es la ciencia de transformar lo material en espiritual. Al armonizar nuestras relaciones, talentos y propiedades en la devoción al Señor, nuestro amor espiritual despierta, el cuerpo físico y el alma espiritual se unen con un único objetivo, y el amor que compartimos en este mundo alcanza el plano espiritual eterno. En el Bhagavad Gita se afirma que este misterio encarna la perfección del yoga y la realización vital de los seres humanos.

Ahora, al mirar atrás, siento una gratitud eterna por el camino que emprendí y por todas las personas que me ayudaron a crecer mientras lo recorría. Jamás habría imaginado adónde me llevaría la mano invisible del destino. He llegado a la conclusión de que, si nos limitamos a aferrarnos a nuestros ideales sagrados y no permitimos que ni los éxitos ni los fracasos nos desvíen del sendero correcto, descubriremos que existen unos poderes asombrosos más allá de nuestro entendimiento, y que nos ponen a prueba para protegernos y empoderarnos.

Rezo para que mi humilde historia insufle esperanza a todos mis lectores. Nuestro verdadero hogar nos espera al final del intrincado viaje de la vida: un lugar de paz eterna, que nos invita a perseverar hasta que nosotros también nos reunamos con nuestro amor perdido.

NOTA DEL AUTOR

A LO LARGO DE LOS AÑOS, varias personas me han presionado a escribir esta historia. Yo siempre me había resistido, pareciéndome inapropiado escribir una historia sobre mí, hasta que un día ocurrió algo que me hizo cambiar de opinión. En mayo del 2005, recibí una llamada de mí íntimo amigo, Bhakti Tirtha Swami. Me dijo que se estaba muriendo y deseaba que lo acompañara en sus últimos momentos. Bhakti Tirtha Swami era un afroamericano que se crió en un gueto de Cleveland y se convirtió en un maestro espiritual de renombre mundial, cuyos admiradores incluían, entre otros, a Nelson Mandela, Muhammad Ali y Alice Coltrane.

Me trasladé hasta su modesta vivienda en la Pensilvania rural, donde Bhakti Tirtha Swami atravesaba la fase final de un cáncer de melanoma. Me miró desde la cama en la que yacía con una sonrisa radiante y dijo: «Quiero morir en tus brazos. Quédate a mi lado, por favor». Pasé las siguientes siete semanas junto a él, hablando de los misterios y los milagros y disfrutando historias de los textos devocionales sánscritos.

Nadie me conocía tan bien como Bhakti Tirtha Swami. Él conocía todos los detalles de mi búsqueda espiritual, y también mi resistencia a plasmarlos sobre el papel. Un día, me tomó la mano, me miró a los ojos y dijo: «Esta no es tu historia. Es la historia de cómo Dios guía a un joven en un fascinante viaje a descubrir los secretos intrínsecos que yacen dentro de todo ser humano. No seas avaro. Comparte lo que se te ha concedido». Se le quebró la voz y se le derramó una lágrima por su mejilla de ébano. «Prométeme, me dijo, aquí en mi lecho de muerte, que escribirás esa historia». Unos días después, el 27 de junio de 2005, abandonó este mundo. Este libro es un intento de honrar su deseo.

AGRADECIMIENTOS

Quiero expresar mi más sincera gratitud a todos los amigos que han contribuido a que este libro se hiciera realidad, comenzando por Joshua Greene, por ser un hermano tan cariñoso y una guía para mí, y por ofrecerme su experiencia y sus conocimientos en todas las fases de este proyecto. Su inspiración es un regalo valiosísimo. A la Dra. Marguerite Regan y a su esposo David Carter por su inapreciable contribución al manuscrito con sus dotes de investigación, redacción y edición, por su amor y su sentido del humor, y por sus intentos de enseñarme a escribir. Les estaré eternamente agradecido, y también a su gurú Tamal Krishna Goswami, que volcó sus bendiciones en este trabajo. Gracias a Kyra Ryan, una editora que rebosa talento y que logró extraer de mi memoria recuerdos que llevaban mucho tiempo olvidados. Su profesionalidad y sus conocimientos dieron forma al manuscrito actual. Me siento en deuda con ella por su sabiduría y su sensibilidad.

Mi más sincero agradecimiento a Satvarupa das Goswami, Sacinandana Swami, Giriraja Swami, Niranjana Swami, Devamrita Swami, Bhakti Vijnana Goswami, Shyamasundara, Gurudas, Gaura Vani Buchwald, Radha Vallabha, Yajna Purusha, Gadadhara Pandit, Kaustubha, Raghunath Cappo, Atmananda, Steven Rosen, Kristin Dornig, Arish Fyzee, Gary Liss, Vraja Lila, Jambavati, Jay Gurupada, Namamrita, Shyamasundari, Balarama, Kishori Lila y a mi bondadosa hermana espiritual Rukmini Devi por su apoyo y sus sugerencias de valor inestimable.

Gracias de corazón a la congregación de Radha Gopinath Temple (Bombay, India), especialmente a Rajiv Srivastava, Narendra Desai, Kushal Desai y Hrishikesh Mafatlal por su entusiasmo por ayudar de todas las formas posibles. Gracias también a Govinda, Gauranga, Gaura Gopal, Gaura Govinda, Radhey Shyama, Chaitanya Charana, Radha Kunda, Jagannath Priya, Radha Gopinath, Devananda Pandit, Shyamananda y Sanat Kumara por sus aportes. A Jagannath Kirtan por elaborar los mapas, a Gopinath Charan por sus fotografías y a Arjun Mehra por crear un sitio web.

Ha sido un placer trabajar con mi querido amigo Raoul Goff, de Mandala Publishing, que volcó su experiencia y su corazón en este libro junto a Arjuna van der Kooij, Ashley Nicolaus, Jake Gerli, Chris Maas y Rasikananda.

El afecto de Jerry Slavin, mi padre; el de Idelle, mi difunta madre, y el de Marty y Larry, mis dos hermanos con sus familias, así como su entusiasmo por ver este libro publicado han hecho que todos los esfuerzos merecieran la pena.

Por último, quiero transmitirte mi más sincero agradecimiento a ti, lector, que has abierto tu corazón con tanta bondad para permitir que te sirva con esta humilde tentativa.